Zeitschrift für Betriebswirtschaft

Ergänzungsheft 3/2000

Hochschulorganisation und Hochschuldidaktik

ZfB-Ergänzungshefte

4/95 Management of Structural Change
Schriftleitung: Horst Albach
174 Seiten. ISBN 3 409 13950 8

1/96 Betriebswirtschaftslehre und der Standort Deutschland
Schriftleitung: Horst Albach/Klaus Brockhoff
170 Seiten. ISBN 3 409 13770 X

2/96 Betriebliches Umweltmanagement 1996
Schriftleitung: Horst Albach/Harald Dyckhoff
182 Seiten. ISBN 3 409 13790 4

3/96 Governance Structures
Schriftleitung: Horst Albach
166 Seiten. ISBN 3 409 13794 7

1/97 Marketing
Schriftleitung: Horst Albach
188 Seiten. ISBN 3 409 13952 4

2/97 Finanzierung
Schriftleitung: Horst Albach
124 Seiten. ISBN 3 409 13953 2

3/97 Personal
Schriftleitung: Horst Albach
192 Seiten. ISBN 3 409 13954 0

4/97 Betriebswirtschaftslehre und Rechtsentwicklung
Schriftleitung: Horst Albach/Klaus Brockhoff
136 Seiten. ISBN 3 409 13955 9

1/98 Betriebliches Umweltmanagement 1998
Schriftleitung: Horst Albach/Marion Steven
186 Seiten. ISBN 3 409 13956 7

2/98 Finanzierungen
Schriftleitung: Horst Albach
200 Seiten. ISBN 3 409 13957 5

1/99 Innovation und Investition
Schriftleitung: Horst Albach
142 Seiten. ISBN 3 409 13958 3

2/99 Innovation und Absatz
Schriftleitung: Horst Albach
176 Seiten. ISBN 3 409 11455 6

3/99 Finanzmanagement 1999
Schriftleitung: Horst Albach
212 Seiten. ISBN 3 409 11509 9

4/99 Planung und Steuerung von Input-Output-Systemen
Schriftleitung: Horst Albach/Otto Rosenberg
178 Seiten. ISBN 3 409 11493 9

5/99 Krankenhausmanagement
Schriftleitung: Horst Albach/Uschi Backes-Gellner
209 Seiten. ISBN 3 409 13959 1

1/2000 Corporate Governance
Schriftleitung: Horst Albach
152 Seiten. ISBN 3 409 11600 1

2/2000 Virtuelle Unternehmen
Schriftleitung: Horst Albach/Dieter Specht/Horst Wildemann
260 Seiten. ISBN 3 409 11628 1

Hochschulorganisation und Hochschuldidaktik

Schriftleitung

Prof. Dr. Dr. h.c. mult. Horst Albach
Prof. Dr. Dr. h.c. Peter Mertens

GABLER

Die Deutsche Bibliothek – CIP-Einheitsaufnahme

Zeitschrift für Betriebswirtschaft : ZfB. – Wiesbaden :
Betriebswirtschaftlicher Verl. Gabler
   Erscheint monatl. – Aufnahme nach Jg. 67, H. 3 (1997)
   Reihe Ergänzungsheft: Zeitschrift für Betriebswirtschaft /
   Ergänzungsheft. – Fortlaufende Beil.: Betriebswirtschaftliches
   Repetitorium. – Danach bis 1979: ZfB-Repetitorium
   ISSN 0044-2372
2000, Erg.-H. 3. Hochschulorganisation und Hochschuldidaktik 2000. – 2000
Hochschulorganisation und Hochschuldidaktik / Schriftl.: Horst Albach;
Peter Mertens, – Wiesbaden : Gabler, 2000
   (Zeitschrift für Betriebswirtschaft ; 2000, Erg.-H. 3)
   ISBN 978-3-409-13960-1   ISBN 978-3-322-89810-4 (eBook)
   DOI 10.1007/978-3-322-89810-4

Alle Rechte vorbehalten

© Betriebswirtschaftlicher Verlag Dr. Th. Gabler GmbH, Wiesbaden 2000
Lektorat: Ralf Wettlaufer

Der Gabler Verlag ist ein Unternehmen der Fachverlagsgruppe BertelsmannSpringer

Das Werk einschließlich aller seiner Teile ist urheberrechtlich geschützt. Jede Verwertung außerhalb der engen Grenzen des Urheberrechtsgesetzes ist ohne Zustimmung des Verlags unzulässig und strafbar. Das gilt insbesondere für Vervielfältigungen, Übersetzungen, Mikroverfilmungen und die Einspeicherung und Verarbeitung in elektronischen Systemen.

http://www.gabler.de
http://www.zfb-online.de

Höchste inhaltliche und technische Qualität unserer Produkte ist unser Ziel. Bei der Produktion und Verbreitung unserer Bücher wollen wir die Umwelt schonen: Dieses Buch ist auf säurefreiem und chlorfrei gebleichtem Papier gedruckt. Die Einschweißfolie besteht aus Polyäthylen und damit aus organischen Grundstoffen, die weder bei der Herstellung noch bei der Verbrennung Schadstoffe freisetzen.

Die Wiedergabe von Gebrauchsnamen, Handelsnamen, Warenbezeichnungen usw. in diesem Werk berechtigt auch ohne besondere Kennzeichnung nicht zur der Annahme, daß solche Namen im Sinne der Warenzeichen- und Markenschutz-Gesetzgebung als frei zu betrachten wären und daher von jedermann benutzt werden dürften.

Gesamtherstellung: Konrad Triltsch, Print und digitale Medien GmbH, D-97199 Ochsenfurt-Hohestadt

ISBN 978-3-409-13960-1

Inhalt

Zeitschrift für Betriebswirtschaft, Erg.-Heft 3/2000

Editorial VII

Bachelor- und Master-Studiengänge in der BWL – eine Alternative zum Diplom?
Professor Dr. Dr. h.c. Alfred Kieser, Mannheim 1

Gegen die Mythen der Hochschulreformdiskussion – Wie Selektionsorientierung, Nonprofit-Verfassungen und klassische Professorenbeschäftigungsverhältnisse im amerikanischen Hochschulwesen zusammenpassen
Professor Dr. Egon Franck, Freiberg 19

Stellenwert und Kriterien der Studentenauswahl an US-Hochschulen
Dipl.-Volkswirt Christian Schwirten, Freiberg 37

Chancen und Grenzen der Virtualisierung an Hochschulen
Bestandsaufnahme und Bewertung der Situation in Deutschland
Professor Dr. Franz Lehner, Regensburg 57

Multimediales Telelehren und Telelernen an Virtuellen Universitäten
Professor Dr. Freimut Bodendorf, Nürnberg 73

Aktives Lernen mit hypermedialer Lernsoftware
Professor Dr. Leena Suhl, Paderborn 93

Corporate Universities – Ein Lösungsansatz für die Unterstützung des organisatorischen und individuellen Lernens
Dr. Wolfgang Kraemer, Saarbrücken 107

Das Vorschlagswesen als ein Instrument der Lehre
Ein Beitrag zur innovativen Kultur an Hochschulen
Professor Dr. Karin Wagner, Berlin 131

„Grundlagen der Wirtschaftsinformatik" an Fachhochschulen als Fernsehserie mit tutorieller Betreuung aus dem Internet
Professor Dr. Dr. Heribert Popp, Deggendorf 143

Inhalt

Das Planspiel als Lehrmethode für Massenveranstaltungen
Erfahrungen an der Wirtschafts- und Sozialwissenschaftlichen Fakultät
der Friedrich-Alexander-Universität Erlangen-Nürnberg
Dr. Luise Hölscher, Nürnberg 155

Experimentelle Didaktik in wirtschaftswissenschaftlichen Studiengängen
Professor Dr. Peter-J. Jost und Elke Renner, Vallendar 179

Eine produktionstheoretisch fundierte Kostenrechnung für Hochschulen
Dargestellt am Beispiel der Fernuniversität Hagen
Professor Dr. Günter Fandel, Hagen, und Dr. Andrea Paff, Düsseldorf 191

WINFO*Line* – ein Beispiel für eine kooperative internetbasierte Lernwelt
Dipl.-Kauffrau Svenja Hagenhoff, Göttingen 205

Zu neuen Entwicklungen in der Hochschul-Kostenrechnung
Professor Dr. Dr. h.c. mult. Horst Albach, Bonn 219

ZfB · Grundsätze und Ziele X
ZfB · Herausgeber / Internationaler Herausgeberbeirat XI
ZfB · Impressum / Hinweise für Autoren XII

Editorial

Hochschulorganisation und Hochschuldidaktik

Dieses ZfB-Ergänzungsheft setzt eine Serie fort, in der bisher die folgenden drei Ausgaben erschienen sind:

- Betriebswirtschaftliche Hochschuldidaktik – Materialien und Untersuchungsergebnisse, Ergänzungsheft 1971
- Betriebswirtschaftliche Hochschulausbildung, Ergänzungsheft 1982
- Hochschuldidaktik und Hochschulökonomie, Ergänzungsheft 1994

In den letzten Jahren haben sich einige Entwicklungen ergeben, die teilweise völlig neu sind, teilweise als Renaissance früherer Konzepte gelten mögen. In erster Linie ist hier das Internet zu nennen, das eine neue Form von Distanzunterricht erlaubt. Erörterungen und erste Erfahrungen dazu findet man in den Beiträgen von *Bodendorf* über multimediales Telelehren und Telelernen, von *Hagenhoff* über das Kooperationsprojekt WINFO*Line* sowie im Beitrag von *Popp* über eine als Fernsehserie ausgestrahlte Vorlesung. Diese Arbeiten haben wir zusammen mit einem Beitrag von *Lehner* über die Virtualisierung an Hochschulen im zweiten Kapitel dieses Ergänzungsheftes unter der Überschrift „Virtuelle Universitäten" zusammengefaßt.

Eine zweite Gruppe von Aufsätzen reflektiert die aktuelle Diskussion zu den Insitutionen des tertiären Bildungssektors. Dabei kreisen viele Gedanken um den Vergleich mit US-amerikanischen Einrichtungen, so in den Artikeln von *Franck*, der sich mit Recht gegen die „Mythen der Hochschulreformdiskussion" wendet, von *Schwirten*, der die Studentenauswahlverfahren an deutschen Universitäten mit denen amerikanischer Universitäten und Business Schools vergleicht. *Kraemer* stellt Corporate Universities vor, eine Form der unternehmensinternen Weiterbildung, die von General Electric entwickelt wurde und schnell Nachahmer in Deutschland gefunden hat, zumal die hier bestehenden hervorragenden Einrichtungen durch die Umtaufe in „ABC-University" an Charme und sicher an Prestige gewannen. Vorbildcharakter für die deutschen Universitäten haben sie allemal nicht, solange sie nicht auch die Spitzenforschung des Hauses dort versammeln (sofern sie existiert) und ein „ABC-Journal of Excellence" herausgeben.

In dem ersten Kapitel über „Hochschulreform – und kein Ende" gibt *Alfred Kieser* den Grundton mit seinem Beitrag „Bachelor- und Master-Studiengänge in der Betriebswirtschaftslehre – eine Alternative zum Diplom?" an. Kieser gehörte einer Kommission des Wirtschafts- und Sozialwissenschaftlichen Fakultätentages an, die dem Fakultätentag einen Bericht über Bachelor- und Master-Studiengänge vorlegte. Aufgrund dieses Berichtes hat die 47. Vollversammlung des Fakultätentages am 6. November 1998 „Leitlinien zur Einführung von Bachelor- und Master-Studiengängen" verabschiedet. In diesen Leitlinien wird „der fragwürdige Erlaß des Wissenschaftsministeriums Nordrhein-Westfalen kritisiert und im Ergebnis scharf abgelehnt. Der Erlaß schreibt vor, daß „sich eine Fakultät zwischen Diplom auf der einen und Bachelor- und Masterstudiengängen auf der anderen Seite zu entscheiden habe". Aber auch die Leitlinien des Fakultätentages sind nicht unproblematisch. Sie verlangen für einen deutschen Bachelor-Grad eine Studiendauer von „Grundstudium plus zwei Semester". Die ausländischen Partnerhochschulen deutscher Universitäten haben bisher den Abschluß des Grundstudiums als Eingangsvoraussetzung

Editorial

zum Studium an der Graduate School, also als „Bachelor" anerkannt. Nun ist zu befürchten, daß die ausländischen Universitäten diese Zulassungsbedingung verschärfen. Dies würde dann zu einer Verlängerung des deutschen Studiums und nicht zu einer Verkürzung führen. Doppelstudium-Studiengänge ließen es bisher zu, das deutsche und das ausländische Diplom (z.B. einen MBA einer amerikanischen Business School) in neun Semestern zu erreichen. Ob das in Zukunft noch möglich sein wird, dürfte im wesentlichen von dem Geschick der deutschen Universität abhängen, dem ausländischen Partner den deutschen Etikettenschwindel mit „Bachelor" und „Master" im vorgeblichen Interesse internationaler Harmonisierung der Bildungssysteme zu erklären.

Die Reform der Hochschulstudiengänge wäre glaubhafter, wenn sie mit einer Reform der deutschen Oberschule einherginge. Bei nüchterner Betrachtung wird man vielleicht doch noch erkennen, daß die von deutschen Politikern und Repräsentanten der Wirtschaft zuweilen „hochgejubelten" amerikanischen Modelle durchaus nicht immer überlegen sind. Häufig ist das Gegenteil der Fall. Aber wir sind auf gutem (abschüssigem) Wege der scheinbaren „Harmonisierung" von Studiengängen. Der Wirtschafts- und Sozialwissenschaftliche Fakultätentag weist in seinem Beschluß über „Mindestanforderungen an wirtschaftswissenschaftliche Diplom-Studiengänge an Universitäten" mit Recht darauf hin, daß es bereits Prüfungsordnungen gibt, „die signifikant von der geltenden Rahmenprüfungsordnung abweichen. Dies geht so weit, daß einzelne Fakultäten Volkswirtschaftslehre im Hauptstudium des Diplomstudiengangs Betriebswirtschaftslehre nur noch als Option vorsehen". Vierundvierzig Jahre nach Gutenbergs Kölner Rede über „Betriebswirtschaftslehre als Wissenschaft" ist damit das Ende seiner Vorstellung von der „Einheit der Wirtschaftswissenschaft" eingeläutet. Die ZfB wird gegen diese Entwicklung kämpfen.

Daß die Hochschulen zu echten Reformen fähig sind, unterstreicht das dritte Kapitel, dessen Beiträge „Innovative Lehrmethoden" behandeln. *Luise Hölscher* beschreibt das Wagnis, ein lange bekanntes betriebswirtschaftliches Lehrverfahren, das Planspiel, welches eigentlich ein gutes Zahlenverhältnis zwischen Dozenten und Lernenden voraussetzt, in einem Massenbetrieb zu verwenden, wie er (leider) für die betriebswirtschaftliche Ausbildung an deutschen Universitäten charakteristisch ist. *Jost* und *Renner* beschreiben einen Versuch, das Planspiel durch spieltheoretische und organisationssoziologische Experimente zu ersetzen oder zu ergänzen. *Suhl* untersucht die Bedeutung moderner Lernsoftware für aktive Lernprozesse. Und *Karin Wagner* vertritt die These, daß die Entwicklung einer „innovativen Lernkultur" an den Universitäten durch Einführung des Vorschlagswesens gefördert werden könnte.

Das vierte Kapitel enthält einen längeren und einen kürzeren Beitrag zur Kostenrechnung an Hochschulen. In der Arbeit von *Fandel* und *Pfaff* kommt wieder einmal zum Ausdruck, wie kostengünstig das BWL-Studium für die öffentliche Hand ist. Der Beitrag von *Albach* setzt sich kritisch mit dem Kostenrechnungssystem auseinander, das die Technische Universität Dresden vor kurzem auf einem Workshop vorgestellt hat.

HORST ALBACH   PETER MERTENS

Bachelor- und Master-Studiengänge in der Betriebswirtschaftslehre

Bachelor- und Master-Studiengänge in der BWL – eine Alternative zum Diplom?

Von Alfred Kieser

Überblick

- Staatliche Stellen und Hochschulrektorenkonferenz dringen auf die Einführung von Bachelor- und Master-Studiengängen. Sie begründen dies damit, dass solche Studiengänge die internationale Vergleichbarkeit deutscher Abschlüsse erhöhen und eine Intensivierung der Praxisorientierung ermöglichen würde.

- Es wird gezeigt, dass eine internationale Standardisierung für Bachelor- und Master-Studiengänge nicht existiert, sodass deutsche Absolventen mit diesen Abschlüssen, die im Ausland studieren wollen oder dort Beschäftigung suchen, detaillierte Information über Inhalt und Qualität der vermittelten Qualifikation beibringen müssten. Ausländischen Interessenten an einem Studium in Deutschland müsste deutlich gemacht werden, welche spezifischen Ausprägungen deutsche Bachelor- und Masterstudiengänge aufweisen.

- Es wird weiter ausgeführt, dass die Einführung der neuen Studiengänge Probleme für die Abstimmung zwischen Ausbildungs- und Beschäftigungssystem mit sich bringen könnte.

- Es wird gezeigt, dass eine theoriebasierte Ausbildung nicht unbedingt mit geringerer Berufsfähigkeit gleichzusetzen ist, wie dies von der Befürwortern der neuen Studiengänge unterstellt wird.

- Schließlich werden strategische Optionen für wirtschaftswissenschaftliche Fakultäten deutscher Universitäten unter Berücksichtigung der an sie von staatlicher Seite herangetragenen Forderungen nach der Einführung neuer Studiengänge aufgezeigt.

Eingegangen: 2. März 2000

Professor Dr. Dr. h.c. Alfred Kieser, Fakultät für Betriebswirtschaftslehre, Universität Mannheim, 68131 Mannheim, kieser@bwl.uni-mannheim.de, Vorsitzender des Wirtschafts- und Sozialwissenschaftlichen Fakultätentages. Für kritische Kommentare bin ich Dr. Thomas Armbrüster und Prof. Dr. Hans-Horst Schröder zu Dank verpflichtet. Für die gezogenen Schlussfolgerungen bin ich allein verantwortlich.

Alfred Kieser

A. Die Initiative zur Einführung von Bachelor- und Master-Studiengängen

Das neue Hochschulrahmengesetz bestimmt in § 19 die Möglichkeit der Einführung von Bachelor (BA)- und Master (MA)-Studiengängen, wobei der BA-Abschluss „berufsqualifizierend" zu sein hat. Fachhochschulen können ebenfalls BA- und MA-Grade verleihen, und zwar ohne den Zusatz FH. MA-Studiengänge an Universitäten sollen BA-Absolventen von Fachhochschulen offen stehen. MA-Abschlüsse von Fachhochschulen sollen zur Promotion berechtigen.

Kultusministerkonferenz (KMK), Wissenschaftsrat (WR), Hochschulrektorenkonferenz (HRK) und Deutscher Akademischer Austauschdienst (DAAD) wirken, wie zahlreiche Publikationen und Beschlüsse zeigen, einträchtig darauf hin, Hochschulen zur Installierung von BA- und MA-Studiengänge zu bewegen. So veranstalteten DAAD und HRK Anfang November 1999 einen Kongress zu BA- und MA-Studiengängen, auf dem Vertreter von Bundesregierung, Landesregierungen und Wirtschaft sich nachhaltig für eine Einführung von BA- und MA-Programmen einsetzten. Der Vertreter der Bundesregierung wies darauf hin, dass seit Verleihung von Nobelpreisen für Wirtschaftswissenschaften (1963) 26 von 43 Preisträgern aus den USA kamen, also aus einem Land mit solchen Studiengängen! Ein Staatssekretär aus Niedersachsen führte beredt Klage über die geringe Zahl an Ausländern an deutschen Hochschulen. Die neuen Studiengänge würden mehr Ausländer in deutsche Hochschulen locken. Deshalb würde in Niedersachsen und anderswo darauf gedrungen, Diplome „flächendeckend" durch BA- und MA-Abschlüsse zu ersetzen.

Das intensive Werben ist nicht vergeblich. Aus einer Veröffentlichung der KMK von Ende 1999 (1999a, S. 6) geht hervor, dass die deutschen Hochschulen bis Mitte 1999 204 BA- und 167 MA-Studiengänge beantragt haben, von denen der größte Teil bereits genehmigt wurde. Die BA-Studiengänge erstrecken sich meist über drei, die MA-Studiengänge meist über zwei Jahre. 257 der beantragten neuen Studiengänge entfallen auf Universitäten, 114 auf Fachhochschulen. Fachlich liegt der Schwerpunkt sowohl bei den Universitäten als auch bei den Fachhochschulen auf den Ingenieurwissenschaften, gefolgt von den Rechts-, Wirtschafts- und Sozialwissenschaften sowie den Mathematik- und Naturwissenschaften. 167 der neuen Studiengänge sind MA-Studiengänge. Damit nicht langwierige bürokratische Prozesse den Reformeifer bremsen, sollen die neuen Studiengänge durch Agenturen akkreditiert werden, was die staatliche Genehmigung beschleunigt (Beschluss der KMK vom 05.03.1999b).

Weshalb werden die Hochschulen so vehement unter Reformdruck gesetzt? Eine Veröffentlichung der KMK mit dem Titel *Stärkung der internationalen Wettbewerbsfähigkeit des Studienstandorts Deutschland* (1999a) führt zu den *offiziellen* Gründen aus:

„(Die Einführung der neuen Studiengänge) verbindet sich mit der Erwartung, dass gestufte Hochschulabschlüsse in einem Hochschulsystem, in dem bereits jetzt deutlich mehr als 30% der Jugendlichen einer Altersgruppe ihre Ausbildung erhalten, den unterschiedlichen Erwartungen der Studierenden an Hochschulausbildung und den Anforderungen in den Berufen besser gerecht wird als ein System, in dem ein erster berufsqualifizierender Abschluss erst nach 4 bis 5 Jahren Studium erreicht werden kann. Mit der Stufung der Studiengänge

Bachelor- und Master-Studiengänge in der Betriebswirtschaftslehre

- soll ein differenzierteres Studienangebot eröffnet werden, das entsprechend der Interessen der Studierenden und den Anforderungen in den beruflichen Tätigkeitsfeldern die Kombinierbarkeit unterschiedlicher Fächer erleichtert und die Durchlässigkeit zwischen den Hochschultypen erhöht
- soll eine effektivere Berufsvorbereitung erreicht werden, in der sich – der schnellen Entwicklung in den beruflichen Anforderungen entsprechend – an ein erstes kompaktes und zeitlich gestuftes Studium nach Berufsaufnahme weitere Phasen der Ausbildung an die Hochschule anschließen
- soll die wissenschaftliche Vertiefung verbessert werden, indem die zweite Ausbildungsphase eine gezieltere wissenschaftliche Orientierung erhalten kann
- soll eine Verkürzung der Studienzeiten erreicht und einer größeren Anzahl befähigter Studierender die Chance geboten werden, die Hochschule bereits nach drei bis vier Jahren mit einem qualifizierten Abschluss zu verlassen.

Unter internationalen Gesichtspunkten erleichtern gestufte Studiengänge die Integration ausländischer Studierender in das deutsche System und zugleich die Eingliederung deutscher Studierender in ausländische Studiensysteme. Mit einem ersten und einem zweiten Hochschulabschluss verbinden sich klare Vorstellungen über die Wertigkeit der Abschlüsse, was wiederum die Chancen der Absolventen dieser Studiengänge bei der beruflichen Eingliederung im Ausland verbessert."

Argumente zu Untermauerung der Annahme, dass die neuen Studiengänge die Effektivität der Berufsvorbereitung erhöhen, findet sich in einem umfangreichen Paper des WR vom 9. Juli 1999 mit dem Titel *Stellungnahme zum Verhältnis von Hochschulausbildung und Beschäftigungssystem.* Es lohnt sich, einige Stellen aufmerksam zu Kenntnis zu nehmen:

„Die Anforderungen des Arbeitsmarktes wie die Erwartungen und Interessen der Studierenden zeigen ..., dass die universitären Studiengänge für den weit überwiegenden Teil der Studierenden auf eine breite Verwertbarkeit der Qualifikationen auf dem Arbeitsmarkt außerhalb von Wissenschaft und Forschung zielen müssen. ... Dieser veränderten Rolle der Hochschulen in der Gesellschaft hat das deutsche Hochschulwesen in der Vergangenheit zunächst durch eine institutionelle Differenzierung Rechnung getragen, zuerst und zahlenmäßig dominierend durch den Auf- und Ausbau der Hochschulen, später auch durch die (außerhalb des Hochschulsektors angesiedelten) Berufsakademien. Der institutionelle Ausbau der Fachhochschulen, verbunden mit einem immer noch begrenzten Fächerspektrum, hat bislang lediglich zu einem geringfügigen Anstieg des Anteils der Studierenden an Fachhochschulen geführt. In der Gesamtbilanz zeigt sich, dass der Hochschulausbau seit den 70er Jahren entgegen der Empfehlungen des Wissenschaftsrates und des öffentlichen hochschulpolitischen Konsenses überwiegend Universitätsausbau geblieben ist. Der weit überwiegende Teil der Studierenden studiert nach wie vor an Universitäten. ...

Bei den gegebenen Größenverhältnissen beider Hochschularten kann die institutionelle Differenzierung in Universitäten und Fachhochschulen (sowie Berufsakademien) allein den Erfordernissen einer praxisorientierten Hochschulausbildung für die weit überwiegende Zahl der Studierenden jedoch nicht angemessen Rechnung tragen. Vielmehr ist es zugleich eine dringende Aufgabe der Universitäten, eine Reform der Studiengänge durchzuführen, die differenziert zwischen solchen Angeboten, die primär auf den Erwerb von Forschungsbefähigung ausgerichtet sind, und solchen, die einen stärkeren Praxisbezug aufweisen und damit den Wünschen und Erwartungen der Mehrzahl der Studierenden entsprechen." (S. 57–59)

Zusammengefasst: Das Studium an Universitäten ist zu wissenschaftlich, bereitet eher für eine wissenschaftliche Laufbahn als für eine Berufstätigkeit außerhalb der Universität vor. Deshalb wäre es am besten, man würde die Fachhochschulen, die eine praxisorientierte Ausbildung bieten, schnell stark ausbauen. Weil dies aber in dem erforderlichen Umfang nicht möglich ist, müssen die Universitäten ebenfalls eine praxisorientierte Ausbildung, wie sie für die Fachhochschulen typisch ist, betreiben. Erstaunlich ist, dass „die Wünsche und Erwartungen der Mehrzahl der Studierenden" nicht stärker in der Wahl des Hochschultyps zum Tragen kommen.

Ein Grund für den Reformeifer wird von denen, die die neuen Studiengänge propagieren, nie genannt, obwohl er, wie der Autor aus zuverlässiger Quelle weiß, in den internen Beratungen von WR und KMK eine große Rolle gespielt hat: die Finanznot. Nach den jüngsten Prognosen der KMK (Mitteilungen 3/1997) wird die Studienplatznachfrage in Deutschland aus demographischen Gründen bis zum Jahr 2008 deutlich zunehmen, um danach wieder leicht zurückzugehen. Ohne Kapazitätserhöhung würde, bei Beibehaltung des traditionellen Ausbildungsgänge, eine erhebliche Angebotslücke entstehen. Da ein Ausbau der Universitäten wegen der chronischen Finanznot nicht realisierbar ist und Studiengebühren weiterhin tabu sind, bleibt nur der Ausweg, durch die Einführung von Kurzstudiengängen Kapazität zu gewinnen.

Deshalb sind die staatlichen Stellen auch darauf aus, traditionelle Studiengänge weitgehend durch BA- und MA-Studiengängen zu ersetzen, wobei nur ein kleiner Teil der BA-Absolventen in MA-Studiengängen weiter studieren soll. So ist in einem Erlass des Ministeriums für Wissenschaft und Forschung des Landes Nordrhein-Westfalen vom 4.3.1998 zu lesen: „Nach einer Erprobungszeit von mindestens fünf Jahren, in denen konsekutive und herkömmliche Studiengänge parallel angeboten werden können, muss sich eine Hochschule für das Angebot einer Alternative entscheiden." Für die Etablierung der neuen Studiengänge stellt das Ministerium Unterstützung in Aussicht. „Wie die Erfahrung in anderen Hochschulsystemen ... zeigt, (setzt) nur ein Teil der Bachelor-Absolventen seine Ausbildung in einem Master-Programm fort", heißt es in dem Papier weiter.

Im Folgenden wird zu prüfen sein, inwieweit die Argumentation der Befürworter der neuen Studiengänge trägt. Zuerst gehen wir dabei der Frage nach, ob es so etwas wie einen internationalen Standard für BA- und MA-Studiengänge gibt. Im Anschluss daran wird geprüft, ob die neuen Studiengänge für deutsche Studenten den Übergang in ausländische Universitäten und Beschäftigungsverhältnisse erleichtern und das Studium in Deutschland für Ausländer attraktiver machen. Weiter wird diskutiert, ob eine BA-Qualifikation den Vorstellungen der Praxis über Berufsfähigkeit gerecht werden kann. Abschließend werden einige Gedanken zur Strategie von wirtschaftswissenschaftlichen Fakultäten entwickelt.

B. Gibt es internationale Standards für Bachelor- und Masterstudiengänge und trägt die Einführung solcher Grade in Deutschland zur Internationalisierung der deutschen Universität bei?

Wenn die neuen Studiengänge ausländische Studenten in deutsche Universitäten locken und die Akzeptanz deutscher Absolventen in ausländischen Universitäten und auf ausländischen Arbeitsmärkten erhöhen soll, so muss es so etwas wie Standards für diese Abschlüsse geben. Tatsächlich wird in der Diskussion um die neuen Abschlüsse dieser Eindruck erweckt. Vielleicht liegt es am deutschen System der Rahmenordnungen, dass man hierzulande davon ausgeht, bestimmte universitäre Grade bezeichneten Vergleichbares. Tatsächlich verbirgt sich hinter BA- und MA-Graden eine unüberblickbare Fülle der unterschiedlichsten Studiengänge. Das britische tertiäre Bildungssystem ist völlig anders gestaltet als das der USA und innerhalb dieser beiden Länder sind auch wieder erhebliche Unterschiede zu registrieren. Im Folgenden soll versucht werden, die amerikanischen und britischen BA- und MA-Abschlüsse kurz zu skizzieren (vgl. Meißner/Ohse 1999; Teichler 1999; Schnitzer 1998), weil dies für das Verständnis der Inhalte und Funktionen solcher Abschlüsse unerlässlich ist. Im Anschluss daran soll die Frage diskutiert werden, ob die Einführung dieser Abschlüsse an deutschen Universitäten einen signifikanten Beitrag zur Internationalisierung der betriebswirtschaftlichen Ausbildung leisten kann.

I. BA und MA-Studiengänge in den USA

Circa 81 Prozent aller Amerikaner absolvieren, nachdem sie sechs Jahre eine Elementary School besucht haben, die High School, die sie im Alter von ungefähr 18 Jahren beenden. Zum Vergleich: In Deutschland erwerben nach i.d.R. dreizehn Jahren Schulbesuch ca. 25 Prozent der Schüler das Abitur. High School Diploma und Abitur sind nicht vergleichbar. In Deutschland wird die Allgemeinbildung im Gymnasium – generell im Sekundärbereich – vermittelt, während in den USA dazu Kurse etwa im Umfang eines Studienjahrs in den ersten beiden Jahre des BA-Studiums vorgesehen sind.

Was die Propädeutika und die Einführungs- und Vertiefungsfächer der Volks- und Betriebswirtschaftslehre anbelangt, so ist, wie Meißner/Ohse (1999, S. 32) feststellen, die BA-Ausbildung in den USA „praktisch identisch ..., unterschiedlich sind allenfalls die Stundenumfänge". Allerdings kann der Student in der amerikanischen Bachelor-Ausbildung in den Wirtschaftswissenschaften im Vergleich zum deutschen Grundstudium aus einer mehr oder minder großen Liste, die von Universität zu Universität verschieden ist, einen Schwerpunkt auswählen. Hinzu kommen Kurse – meist in kleinen Gruppen – zur Vermittlung sozialer Fähigkeiten wie Leadership, Kommunikation oder Teamwork. Schließlich sind noch Wahlpflichtveranstaltungen in einem größeren Umfang (an der Tippie School of Management der University of Iowa, die Meißner/Ohse, 1999, S. 31, als Beispiel heranziehen, im Umfang zwischen 12 und 18 Semesterwochenstunden), zu besuchen.

Ein direkter Übergang in ein Master-Studium ist für einen ca. 22-jährigen Bachelor nur für Volkswirtschaftslehre möglich. Wer sich für ein Master of Business Administration

(MBA) bewerben will, muss einige Jahre Berufserfahrung sammeln. Circa 25% der Studenten mit Bachelor-Abschluss in Management schreiben sich nach einer solchen Unterbrechung in einem MBA-Programm ein. Die Praxiserfahrung ist nicht erforderlich, wenn der Student nach der BA-Ausbildung ein i.d.R. fünfjähriges Promotionsstudium beginnt. Jeder Bachelor-Grad, also etwa auch ein naturwissenschaftlicher oder ein ingenieurwissenschaftlicher, berechtigt zum MBA-Studium. Dementsprechend setzen auch die Anfangskurse keine spezifischen Fachkenntnisse voraus. Die meisten Business Schools bieten neben dem Full-time MBA-Program auch noch Part-time Programs für Berufstätige an. Executive MBA Programs unterschiedlicher Länge sind auf die spezifischen Anforderungen von Topmanagern zugeschnitten (Crainer/Dearlove 1999).

In der Full-time MBA-Ausbildung an amerikanischen Universitäten, die in der Regel zwei Jahre umfasst, gibt es einen Kern von Pflichtveranstaltungen (an der Tippie School of Management sind es bspw. die Hälfte der geforderten Semesterwochenstunden; Meißner/Ohse 1999, S. 34). Die übrigen Veranstaltungen können, zumindest an den gößeren Business Schools, aus einem breiten Spektrum ausgewählt werden. Auch wenn der Student eine Spezialisierung wählen muss, was nicht immer der Fall ist, hat er noch viel Raum, um sich ein individuelles Programm an Veranstaltungen zusammenzustellen. An vielen Business Schools nimmt die Vermittlung sozialer Fähigkeiten wie Leadership, effektives Verhandeln, Umgang mit Konflikten oder Teamarbeit einen relativ breiten Raum ein. Häufig werden Planspiele oder Fallübungen in einem größeren Umfang eingesetzt.

Zwischen den Business Schools bestehen erhebliche Qualitätsunterschiede (Franck 1999). Deshalb spielen Rankings und Auswahltests eine so große Rolle. Das Ranking einer Business School hat einen erheblichen Einfluss auf Einstellungschancen und Anfangsgehälter ihrer Absolventen.

II. BA- und MA-Studiengänge in Großbritannien

BA-Programme an britischen Universitäten erstrecken sich ganz selten über zwei, meist über drei, mitunter auch über vier Jahre. Sie können auch in Form eines fünf- bis sechsjährigen Teilzeitstudiums absolviert werden. Nach einem solchen Studium werden Titel vergeben wie: Bachelor of Arts (B.A.), Bachelor of Science (B.Sc.), Bachelor of Education (B.Ed.) oder Bachelor of Engineering (B.Eng.).

Darüber hinaus werden noch bestimmte Ausrichtungen unterschieden. So bedeutet Honours Degree, dass ein Fach vertieft studiert wurde. Programme, die zu Joint, Combined oder Double Honours Degree führen, umfassen zwei oder mehr Studienfächer, die etwa in gleichem Umfang studiert werden. Ein General Honours Degree bedeutet, dass ein weniger spezialisiertes Studium mit mehreren Fächern auf niedrigerem Niveau absolviert worden ist. Bezeichnungen wie Arts oder Science sind ziemlich beliebig. Manche Institute verleihen BA-Grade sowohl in Naturwissenschaften als auch in Geisteswissenschaften. Häufig wird der Bachelor auch als zweiter Abschluss vergeben, bspw. als Bachelor of Philosophy, Bachelor of Divinity oder Bachelor of Architecture. In Oxford ist der B.Sc. ein zweiter Abschluss nach dem BA.

Die Pflichtkurse sind dem Inhalt nach wieder durchaus vergleichbar mit Propädeutik und Einführungs- und Vertiefungsveranstaltungen deutscher wirtschaftswissenschaftlicher Fakultäten. Darüber hinaus gibt es aber in der britischen Undergraduate-Ausbildung in Management einen umfangreichen Wahlpflichtteil. Hier versuchen die Ausbildungsgänge, sich ein spezifisches Profil zu geben. Zu den Elementen, die hier eingebaut werden, gehören bspw. betreute Praktika, Beratungsprojekte sowie die Möglichkeit, zwischen einer oder zwei Spezialisierungen oder einer Generalisten-Ausbildung wählen zu können.

Die Ausbildung zum MBA umfasst gewöhnlich ein Jahr. In der Regel wird sie nicht an derjenigen Universität absolviert, an der man den BA-Abschluss gemacht hat. Es gibt Programme, die ein BA-Examen in Business Administration voraussetzen, und solche, die zwar einen Bachelor, aber keinen einschlägigen fordern. Ein Master bezeichnet nicht immer einen zweiten Abschluss. In vielen Ingenieurwissenschaften beispielsweise ist der Master der erste Titel.

Soweit der Überblick über BA- und MA-Programme an amerikanischen und britischen Business Schools. Er macht deutlich: Wenn deutsche Universitäten und Fachhochschulen BA- und MA-Studiengänge einrichten, kann man nicht sagen, dass sie sich an einem internationalen Standard orientieren. Den gibt es nicht. Es gibt, sieht man von den Core Courses ab, nicht einmal Standards innerhalb der USA oder Großbritanniens.

III. Bringen die neuen Ausbildungsgänge mehr Ausländer an deutsche Universitäten?

Es kann die These aufgestellt werden, dass die Hauptursache für den geringen Ausländeranteil an deutschen Universitäten nicht im Fehlen von BA- und MA-Studiengängen, sondern in den schlechten Studienbedingungen begründet ist. Deutschland liegt bei den direkten staatlichen Bildungsausgaben im Verhältnis zum Bruttoinlandsprodukt im Jahre 1993 mit 4,5% an 21. Stelle von 26 Ländern (OECD 1996, S. 17ff.). Der Durchschnitt beträgt 5,3%. Bei den jährlichen Ausgaben je Student im Verhältnis zum Bruttoinlandsprodukt je Einwohner – ein Indikator, der sich grob als der Anteil der in einem Land investierten Finanzmittel je Student im Verhältnis zum relativen Wohlstand des Landes interpretieren lässt – liegt Deutschland nur auf Platz 11 von 16 (OECD 1996, S. 17ff.). Die durchschnittlichen jährlichen Ausgaben aller OECD-Staaten pro Student liegen bei 9.326 $, in Deutschland bei 6.322 $. Auch wenn man berücksichtigt, dass das schlechte Abschneiden Deutschlands z.T. auf die lange Studiendauer und auf die hohe Zahl an eingeschriebenen, aber nicht studierenden Personen zurückzuführen ist, kann man konstatieren, dass das deutsche Hochschulsystem dramatisch unterfinanziert ist. Man kann es keinem Vater in Malaysia verdenken, wenn er seine Kinder lieber an amerikanische oder britische Business Schools schickt als an überfüllte deutsche wirtschaftswissenschaftliche Fakultäten. Viele dieser Business Schools haben auch international hoch renommierte Forscher in ihren Reihen. Hinzu kommt, dass dort in (gutem) Englisch unterrichtet wird. Man muss akzeptieren, dass Englisch in der Welt verbreiteter ist als Deutsch. Auch Veranstaltungen in (nicht-muttersprachlichem Englisch) in deutschen BA- und MA-Studiengängen können dieses Problem nicht beseitigen.

Auf jeden Fall müsste, weil Standards fehlen, ausländischen Interessenten an einem Studium in Deutschland erklärt werden, welche Inhalte sich hinter deutschen BA- und MA-

Abschlüssen verbergen und wie sich FH- und Universitätsabschlüsse voneinander unterscheiden – keine leichte Aufgabe.

IV. Erhöhen Bachelor- und Master-Studiengänge die Chancen deutscher Studenten bei Bewerbungen auf ausländische Studien- und Arbeitsplätze?

Deutsche Studenten mit einem Vordiplom eines wirtschaftswissenschaftlichen Studiengangs treffen häufig auf gewisse Schwierigkeiten, wenn sie sich auf Studienplätze in MBA-Programmen bewerben, weil zur Zulassung ein erster berufsbezogener Abschluss und meist auch noch eine Berufstätigkeit vorausgesetzt werden. In dem Umfang, in dem amerikanische Business Schools jedoch gute Erfahrungen mit deutschen Studenten machen, gehen diese Schwierigkeiten zurück. Eine ganze Reihe deutscher Universitäten unterhält gut funktionierende Austauschprogramme auf der Ebene der Graduiertenausbildung mit angesehenen amerikanischen und britischen Universitäten. Wie bereits festgestellt: Auch deutsche BA- und MA-Abschlüsse würden im internationalen Austausch der Erklärung bedürfen.

Was die Chancen deutscher Absolventen auf den internationalen Arbeitsmärkten anbelangt, so käme es darauf an, den mit der Einstellung betrauten Managern im Ausland verständlich zu machen, dass der an einer deutschen Universität erworbene Grad eines Diplom-Kaufmanns durchaus äquivalent zu einem anforderungsreichen MBA ist. Die Einführung von Credit Points und von Transcripts, die alle besuchten Veranstaltungen mit den erzielten Noten ausweisen, sowie von Diploma Supplements, die diese Äquivalenz zum Ausdruck bringen, können diesem Anliegen dienlich sein. Diese Erklärungsaufgabe erscheint auf jeden Fall erheblich einfacher als der Versuch, Ausländern Unterschiede zwischen Dipl.-Betriebswirt (FH), Dipl.-Kfm., Bachelor of Management an einer Fachhochschule, Bachelor of Management an einer Universität, MBA an einer Fachhochschule und MBA an einer Universität verständlich zu machen.

C. BA- und MA-Studiengänge in der Betriebswirtschaftslehre und die Anforderungen der Praxis

I. Zur Abstimmung zwischen Ausbildungs- und Beschäftigungssystem

Die Befürworter der neuen Studiengänge argumentieren, wie gezeigt wurde, dass die bestehenden Studiengänge, für die Betriebswirtschaftslehre also die Diplomstudiengänge, nicht mehr angemessen auf eine Berufstätigkeit vorbereiten. Die universitären Studiengänge seien zu stark an einer Ausbildung des wissenschaftlichen Nachwuchses und zu wenig an den tatsächlichen Bedürfnissen der Praxis orientiert. Die neuen Studiengänge böten bessere Rahmenbedingungen für ein praxisgerechtes Studium.

Die Kardinalfrage lautet: Kann ein deutscher BA in Betriebswirtschaftslehre Berufsfähigkeit vermitteln, wie er das laut Hochschulgesetz soll? Wenn es die amerikanischen und britischen Universitäten schaffen, dem Beschäftigungssystem 22-jährige berufsfähige Absolventen abzuliefern, warum sollen das die deutschen Universitäten nicht können? Bei der Beantwortung dieser Frage muss man jedoch berücksichtigen, dass Ausbildungs- und Beschäftigungssystem eines Landes in langen evolutorischen Prozessen aufeinander abgestimmt werden. In verschiedenen Kulturen bilden sich stark unterschiedliche Begriffe von Berufsfähigkeit heraus und auch unterschiedliche Vorstellungen darüber, auf welchen Fähigkeiten und Fertigkeiten erfolgreiches Management beruht. So besteht bspw. in angelsächsischen Unternehmen eine vergleichsweise hohe Bereitschaft, Bewerber mit BA-Abschlüssen in anderen Fächern als Management oder Economics, also etwa in Geschichte oder Philosophie, einzustellen (Teichler 1999; Useem 1989). Der Persönlichkeitsbildung und der Bewährung in einem anforderungsreichen Studium gleich welcher Art wird dort im Verhältnis zur fachspezifischen Ausbildung ein weit höheres Gewicht beigemessen als in Deutschland.

Dass die fachspezifische Ausbildung in Deutschland eine höhere Bedeutung hat als etwa in England, zeigt auch eine komparativ-empirische Studie zum mittleren Management (Stewart et al. 1994; Kieser/Walgenbach, 1995). Wenn deutsche Manager ausführen, worauf es bei der Wahrnehmung ihrer Aufgaben besonders ankommt, so heben sie vor allem die fachliche Qualifikation hervor. Deutsche mittlere Manager wollen alle fachlichen Aufgaben besser, mindestens aber ebenso gut wie ihre Mitarbeiter beherrschen. Für britische mittlere Manager bedeutet effektives Management im Gegensatz dazu die Fähigkeit, die Arbeitsprozesse in ihren Abteilungen „am Laufen zu halten", die Mitarbeiter zu motivieren, ohne sich mit fachlichen Problemen auseinandersetzen zu müssen. Die unterschiedliche Gewichtung der fachlichen Ausbildung kommt auch in den Karrieresystemen zum Ausdruck. Die Karrieren der deutschen Manager verlaufen i.d.R. innerhalb eines Fach- bzw. Funktionsbereichs, es sind „Kaminkarrieren". In Großbritannien sind dagegen Wechsel zwischen Fach- bzw. Funktionsbereichen etwas ganz Normales.

Im internationalen Vergleich zeigt sich, dass deutsche Unternehmen relativ flache Hierarchien und kleine zentrale Stäbe haben (Lane 1989). Dies ist nicht zuletzt auch auf die Qualifikationen zurückzuführen, die Absolventen in ihren Ausbildungsgängen mitbekommen. Deutsche Manager auf mittleren und unteren Ebenen sind zu einem hohen Maß an Selbstkoordination in der Lage. Beispielsweise befähigt eine Ausbildung als Diplom-Kaufmann oder Diplom-Ingenieur, komplexe Problemstellungen eigenständig zu bearbeiten und zu lösen. Mitglieder ausländischer Organisationen sind viel stärker auf Unterstützung durch zentrale Stabsabteilungen und auf detaillierte Planvorgaben angewiesen. Die Vorstellung über Berufsfähigkeit, das wird in der Diskussion in Deutschland oft übersehen, sind in einem hohen Maße kulturgeprägt. In Deutschland sind sie weitgehend mit Berufsfertigkeit gleichzusetzen. Änderungen im Qualifikationssystem können deshalb empfindliche Störungen im Beschäftigungssystem nach sich ziehen.

II. Zur Einschätzung von BA- und MA-Abschlüssen durch deutsche Manager

Das Institut der deutschen Wirtschaft Köln hat im Oktober 1999 im Auftrag der informedia-Stiftung Gemeinnützige Stiftung für Gesellschaftswissenschaften und Publizistik, Köln 281 Personalverantwortliche aus Unternehmen unterschiedlicher Branchen in ganz Deutschland zu den Beschäftigungschancen von BA- und MA-Absolventen befragt. Erste vorläufige Ergebnisse aus dieser Studie lassen sich wie folgt zusammenfassen (List 2000):

(1) Die befragten Personalmanager zeigten sich über die neuen Studiengänge nicht gut informiert und waren sich dementsprechend in ihren Einschätzungen sehr unsicher. Nur 25 Prozent wissen gut oder sehr gut über die neuen Abschlüsse Bescheid. Ihre Unsicherheit zeigte sich aber auch im häufigen Ankreuzen der Antwortmöglichkeit „weiß nicht" bei den Fragen zu den neuen Studiengängen. Für die Unternehmen scheinen die Besonderheiten eines ersten berufsqualifizierenden Abschlusses, wie des Bachelors, dessen Qualifikationsniveau im Vergleich zu den traditionellen Abschlüssen im Durchschnitt als niedriger eingestuft wird, keineswegs eindeutig zu sein. Je intensiver die Auslandsaktivitäten ihres Unternehmens waren, desto eher sahen sich die Befragten zu einer Meinungsäußerung in der Lage und desto eher äußerten sie sich positiv über die neuen Studiengänge.
(2) Anders als zunächst erwartet, ließen sich keine gravierenden Unterschiede im von den Befragten erwarteten Qualifikationsprofil der BA- und MA- Studiengänge feststellen. Allerdings wird dem Bachelor eine größere Praxisnähe zugetraut, dem Master dagegen mehr theoretisch-analytisches Denkvermögen.
(3) Nach den Einstellungschancen der Absolventen der neuen Studiengänge in Konkurrenz zu den bestehenden Diplomen gefragt (vorausgesetzt beide Bewerber haben das gleiche Fach mit der gleichen Note abgeschlossen), zeigte sich, dass grundsätzlich die Hälfte der Befragten den Bachelor[1] als dem FH-Diplom, den Master[2] als dem Universitäts-Diplom gleichwertig beurteilt. Immerhin jeder Dritte traute dem Bachelor aber auch gleiche Chancen wie einem Universitäts-Diplomanden zu. Master-Absolventen werden in überwiegender Mehrheit als besser oder zumindest gleich qualifiziert wie FH-Diplom-Absolventen eingestuft. Nur jeder Zehnte räumte ihnen bessere Chancen als den Uni-Diplom-Absolventen ein. Ein Differenzierung nach Abschlüssen in Disziplinen, also bspw. in Betriebswirtschaftslehre, lassen die Daten nicht zu.
(4) Große Unsicherheit und damit ein hoher Anteil an Enthaltungen und „weiß nicht"-Antworten ergab sich auch bei der Einschätzung der künftigen Entwicklung des neuen Studiensystems. Nur circa jeder Fünfte glaubt daran, dass Bachelor bzw. Master die bestehenden Grade mit der Zeit ablösen werden.
(5) Die Leiterin der Untersuchung folgert (in einer Email an den Verfasser): „Will man den künftigen BA-Absolventen faire Chancen auf dem Arbeitsmarkt einräumen, muss man sie mit beruflich verwertbaren und in dem geforderten Zeitrahmen auch vermittelbaren Qualifikationen auf den Arbeitsmarkt entlassen. Unabhängig davon wird man nicht umhin können, die bestehenden Schwächen der Hochschulausbildung im bestehenden System der Studiengänge, die ja noch zumindest übergangsweise bestehen bleiben (!), anzupacken."

Man kann m.E. aus dieser Untersuchung folgendes Fazit ziehen: Die Fülle an in der Diskussion stehenden Abschlüssen – Diplom an der Fachhochschule, Diplom an der Universität, Bachelor an der Fachhochschule, Bachelor an der Universität, Master an der Fachhochschule, Master an der Universitäten – verwirrt die Praktiker. Sie sind unsicher über die Qualifikationen, welche die Absolventen der neuen Studiengänge mitbringen. Im Zweifel räumen sie den traditionellen Studiengängen bessere Einstellungschancen ein.

Bachelor- und Master-Studiengänge in der Betriebswirtschaftslehre

Was Praktiker an den neuen Studiengängen vor allem positiv finden ist eine Verkürzung der Studienzeiten und die (durch die Etiketten suggerierte) Erhöhung der internationalen Vergleichbarkeit. Es kann angenommen werden, dass insbesondere in jenen Berufsfeldern, in denen ein extremer Mangel an Nachwuchskräften herrscht, eine Verkürzung der Studienzeiten gefordert wird. Wenn der Mangel behoben ist, fällt die Qualität der Ausbildung dann wieder stärker ins Gewicht. Nicht untypisch sind die Aussagen des Bereichsleiters Konzernführungskräfte und Personalentwicklung der Deutsche Lufthansa AG, Thomas Sattelberger (o.V. 1999):

„Im Zuge der stärkeren Internationalisierung nicht nur der Geschäfte, sondern auch der Arbeitsmärkte sehen wir die Einführung von 3-jährigen Bachelor-Studiengängen als unumgänglich an. Sie ermöglichen nicht nur eine Vergleichbarkeit der Abschlüsse zumindest im europäischen Rahmen, sondern schaffen auch Transparenz am internationalen Arbeitsmarkt und mehr Perspektiven für Absolventen insbesondere im europäischen Arbeitsmarkt. Es muss im deutschen Hochschulsystem endlich Schluss sein mit dem Motto ‚lang, kompakt, teuer und alle das Gleiche‘, ein Motto, das uns die Chancen von Flexibilisierung und Differenzierung im Ausbildungssystem nimmt und die Studierenden nur vor die Alternative ‚friss oder stirb‘ stellt."

Man kann Sattelberger freilich entgegen halten, dass durch Fachhochschulen und Berufsakademien eine gewisse Differenzierung der Ausbildung bereits gegeben ist.

Ob die Praxis mit den Absolventen der neuen Studiengänge, wenn sie denn auf dem Markt sind, wirklich zufrieden sein wird, ist eine ganz andere Frage. Es könnte durchaus sein, dass die Bewerber mit BA-Diplom im Wettbewerb um Arbeitsplätze von den höherqualifizierten Absolventen traditioneller Studiengänge verdrängt werden. In Dänemark, wo der Bachelor vor gut einem Jahrzehnt eingeführt wurde, ist genau diese Entwicklung eingetreten (Fritsche 1999). Zunächst haben die dänischen Unternehmen die Aussicht auf jüngere Studienabgänger freudig begrüßt. Als die ersten Generationen von Bachelors auf den Arbeitsmarkt drängten, zeigte es sich jedoch, dass ihnen ein großes Risiko aufgebürdet worden war. Wie Karen Sonne Jakobsen, die Vorsitzende des dänischen Bildungsrates für die Geisteswissenschaften, ausführt: „Es hat sich als schwierig erwiesen, den Bachelor auf dem dänischen Arbeitsmarkt einzuführen. Der Enthusiasmus der Unternehmer und besonders der Industrie der 80er Jahre hat sich in eine mehr oder weniger deutliche Absage an den Bachelor umgekehrt." Einen Arbeitsvertrag erhalten fast ausschließlich Absolventen mit den „bewährten berufsqualifizierenden Abschlüssen". Wer einen Bachelor in der Tasche hat, so ihre ernüchternde Bilanz, werde oftmals beargwöhnt als „gescheiterter Student" (zit. N. Fritsche 1999).

Vor einer solchen Entwicklung haben Brockhoff/Hauschildt bereits 1993 (S. 35) gewarnt: „Manche Repräsentanten der Unternehmen wünschen sich zwar einen Hochschulabsolventen als Bewerber, der das Alter eines britischen Bakkalaurius hat, verlangen aber zugleich den Kenntnisstand eines deutschen Diplom-Kaufmanns. Es ist nicht zu erkennen, wie beides gemeinsam erreicht werden könnte."

Mit der Forderung nach Einführung der neuen Studiengänge ist in der Regel auch die Forderung verbunden, das betriebswirtschaftliche Studium weniger theorieorientiert, was gleichgesetzt wird mit „stärker praxisorientiert", zu gestalten. Nicht nur WR, KMK und HRK bringen diese Forderung vor, sondern auch Vertreter der Universitäten. So schreiben Meißner/Ohse (1999, S. 9) zu betriebswirtschaftlichen BA-Studiengängen an Universitäten, die sie im Prinzip befürworten:

> „Damit das Produkt (der Bachelor in Betriebswirtschaftslehre, A. K.) zugleich gesellschaftlich und individuell nützlich ist, sind von Anfang an im Curriculum Methoden, Faktenwissen und Praxisbezug in Stil und Inhalt zu verankern. Die fachliche Ausbildung muss durch Allgemeinbildung und Persönlichkeitsentwicklung ergänzt werden. Zum gestrafften Kanon exemplarischen Lernens müssen notwendigerweise einschlägige Praxismodule hinzukommen. Modularisiertes Lernen, permanente studienbegleitende Prüfungen, credit-point-system, der Verzicht auf lange Hausarbeiten und eine maximale Zeitnutzung – d.h., keine langen Semesterferien – sind Grundbedingungen solcher Kurse."

Es ist nun aber keineswegs ausgemacht, dass eine theorieorientierte universitäre Ausbildung die Tauglichkeit für die Praxis reduziert. Was Müller-Armack (1971, S. 10, zit. n. Brockhoff/Hauschildt) vor mehr als 20 Jahren schrieb, ist immer noch gültig:

> „Was die Universität der Praxis geben kann, sind nicht Schüler, die einen Lehrfundus sich einverleibt haben, sondern wissenschaftlich ausgebildete Menschen, die durch eine, wenn auch nur begrenzte, Teilnahme an der wissenschaftlichen Forschung selbst kritischen Sinn, Innovationsfähigkeit, Orientierungsvermögen vor neuen Aufgaben entwickeln, und die durch die wissenschaftliche Arbeit an irgend einer Stelle eine Disziplinierung des Denkens und Arbeitens vermittelt bekamen, verbunden mit der Verpflichtung und dem Ethos gegenüber erkannten Wahrheiten."

Ähnlich äußerte sich bereits 1988 die Fachkommission für Ausbildungsfragen der Schmalenbach-Gesellschaft, als sie zum Ausdruck brachte, dass

> „zu einem ... anspruchsvollen Fähigkeitsprofil, das eine Führungskraft aufweisen sollte, ... nicht allein ein Hochschulstudium beitragen (kann), das ausschließlich auf die Vermittlung von unmittelbar anwendbarem Wissen und praktischen Fertigkeiten ausgerichtet ist. Vielmehr sollte durch die akademische Ausbildung eine Denkschulung angestrebt werden, die zur selbständigen Urteilbildung und zur Lösung von Problemen, die sich in immer neuer und andersartiger Form stellen, befähigt."

Nun ist es richtig, dass Praktiker, wenn sie zu den Schwächen der traditionellen Ausbildung in Betriebswirtschaft befragt werden, den Absolventen von Universitäten einen zu geringen Praxisbezug attestieren. In einer Befragung des Instituts der deutschen Wirtschaft (Konegen-Grenier/List 1993) konstatierten 52% der befragten Personalverantwortlichen Schwächen bei Universitätsabsolventen. 86% davon bemängelten einen „fehlenden Praxisbezug". Andererseits: Von den 53%, die sich zu Stärken von Universitätsabsolventen äußerten, heben 98 (!)% positiv das theoretisch-analytische Denkvermögen hervor. Was nun? Ist es vielleicht doch von Nutzen für die Praxis, wenn sich Betriebswirtschafts-Studenten mit Theorien und deren Anwendung auf praktische Probleme intensiv beschäftigen? Vielleicht stimmt es ja, dass nichts so praktisch ist wie eine gute Theorie? Wer als „Theoretiker" mit Praktikern über eine praxisgerechte Ausbildung diskutiert, stellt häufig gewisse Kommunikationsprobleme fest:

> „Für den Praktiker ist der Theoretiker immer praxisfern, und arbeitet er noch so stark empirisch, er erfährt täglich, dass die Theorie auf sein spezielles Problem nicht passt. Die schlechten Praktiker meiden daher auch die Theorie und das Gespräch mit den Professoren. Sie sehen in den Theoretikern stets die terribles simplificateurs. Die guten Praktiker hindert es nicht, immer wieder nach theoretischer Durchdringung der Praxis zu rufen. Sie tun das in der Gewissheit, dass es ihnen schon gelingen wird, die für ihr spezielles Problem relevante theoretische Substanz destillieren zu können." (Albach 1952, S. 24, zit. n. Brockhoff/Hauschildt, 1993, S. 34)

Manchen Praktikern, so könnte man hinzufügen, erscheinen Theoretiker auch als terribles complicateurs, weil sie zu vielen Problemkomplexen eine Fülle von inkompatiblen theoretischen Aussagen produzieren (Kieser 1999).

Es ist natürlich wünschenswert, Studenten stärker mit Techniken zu Kommunikation, Teambildung und Präsentation vertraut zu machen und in größerem Umfang Fallübungen, Planspiele und Übungen in kleinen Gruppen einzusetzen, wie das von der Praxis immer wieder gefordert wird (Konegen-Grenier/List 1993, S. 17ff.) und wie dies in amerikanischen Business Schools üblich ist. Nur: Bei der bestehenden Überfüllung der Universitäten und den vorgegebenen Curricularnormwerten ist dies außerordentlich schwer zu leisten. Und im übrigen braucht man keine neuen Studiengänge, um solche Elemente stärker in die Ausbildung zu integrieren.

Sollen Universitäten generelle Theorien und Methoden vermitteln, also kognitive Fähigkeiten allgemeiner Art, oder direkt anwendbares Wissen, bspw. Managementkonzepte, die keiner fundierten theoretischen Analyse bedürfen? Fabel/Brauckmann/Rodenheber (1999) kommen auf der Basis einer Auswertung von empirischen Arbeiten zur Rolle der Hochschulausbildung für die Akquisition von Humankapital zu folgender Schlussfolgerung:

> „(1) Die im Hochschulstudium erworbenen kognitiven Fähigkeiten beeinflussen über den gesamten Lebenszyklus die Produktivität der Absolventen.
> (2) Die Möglichkeiten zur Einkommenserzielung werden von ‚Vintage'-Effekten auf das kumulierte Humankapital signifikant beeinflusst. Spezifischere Hochschulausbildungen sind mit stärkeren ‚Vintage'-Effekten verbunden.
> (3) Spezifischere Ausbildungen senken darüber hinaus die Wahrscheinlichkeit der Allokation einer (ausbildungsgerechten) Beschäftigung."

D. Gibt es einen Bedarf an Master-Studiengängen an deutschen wirtschaftswissenschaftlichen Fakultäten?

Nicht viel, so wurde bisher konstatiert, spricht für die Einführung von BA-Studiengängen an deutschen wirtschaftswissenschaftlichen Fakultäten. Etwas anders sieht es bei MA-Studiengängen aus. MA-Studiengänge können für Absolventen nicht-wirtschaftswissenschaftlicher Studiengänge, also etwa für Ingenieure oder Naturwissenschaftler, eine sinnvolle Qualifizierung darstellen, insbesondere dann, wenn diese nach einer beruflichen Tätigkeit in Managementpositionen einrücken. Auch für ausländische Studierende mit einem BA-Abschluss, die sich auf Euroland konzentrieren wollen, können MA-Studiengänge eine interessante Alternative darstellen, wenn sie von Fakultäten mit einer hohen

Forschungsreputation angeboten werden und unter Bedingungen – insbesondere Betreuungsrelationen –, wie sie in amerikanischen und britischen Universitäten üblich sind. Der Einsatz der englischen Sprache im Unterricht könnte die Attraktivität weiter erhöhen (wie es etwa niederländische und französische Universitäten vorexerzieren).

Der Markt für (englischsprachige) Executive MBAs hat bereits ein beachtliches Volumen erreicht und weist enorme Wachstumsraten auf. Die Fuqua-School of Business bspw. legte 1996 einen Global Executive MBA auf. Die Studiengebühren betragen $ 86.000 (Crainer/Dearlove 1999, S. 91). Das Programm umfasst Studienaufenthalte in Asien und Europa. Von einem Campus in Frankfurt am Main aus soll der europäische Markt weiter erschlossen werden. Andere amerikanische Business Schools drängen ebenfalls auf den europäischen Markt, auf dem auch Unternehmensberatungen und so genannte Corporate Universities aktiv sind. Auch einige europäische Business Schools sind recht erfolgreich, z.B. die London Business School, INSEAD, IMD oder die Rotterdam Business School. Deutsche staatliche Universitäten sind auf dem nationalen Markt etwas tätig, auf dem internationalen jedoch nicht. Wie sollen sie auch adäquate Unterkünfte für Topmanager errichten und Studiengebühren verbuchen? Außerdem: MA-Programme dürfen nach den derzeit gültigen Vorgaben nur diejenigen Hochschulen einrichten, die auch BA-Studiengänge etablieren oder bereits etabliert haben.

E. Welche Strategien sollen wirtschaftswissenschaftliche Fakultät verfolgen?

Die wichtigste Ergebnisse unserer Analyse sind:

1. Universitäten sehen sich einem starken Druck nach Einführung von BA- und MA-Studiengängen ausgesetzt. Als offizielle Ziele dieser Reform werden vor allem Erhöhung der internationalen Anschlussfähigkeit und Verstärkung des Praxisbezugs genannt. Eine nicht unwesentliche Ursache ist aber auch die Not bei der Finanzierung des Hochschulsystems. Ein BA-Absolvent kostet weniger als ein Diplom-Absolvent und Master-Absolventen soll es nur in geringer Zahl geben.
2. Es gibt keinen internationalen Standard für BA- und MA-Studiengängen. Auch nach der Einführung von BA- und MA-Studiengängen in Deutschland müsste ausländischen Universitäten und Arbeitgebern erläutert werden, welche Inhalte mit welchen Methoden vermittelt wurden. Der Gewinn an Internationalisierung gegenüber den bisherigen Studiengängen fällt entsprechend gering aus.
3. Wenn die Annahme stimmt, dass die Hauptursachen des geringen Ausländeranteils an deutschen Universitäten durch die schlechten Studienbedingungen, Deutsch als Unterrichtssprache und den Verlust einer führenden Position in der Forschung gegeben sind, dann würden die neuen Programme kaum mehr ausländische Studierende in deutsche Universitäten locken. Denn diese Ursachen würden durch die Einführung von BA- und MA-Studiengängen nicht beseitigt.
4. BA-Abschlüsse werden nur dann erfolgreich sein, wenn die Praxis in Deutschland ihre Anforderungen an die Berufsfähigkeit bzw. Berufsfertigkeit von Absolventen reduziert. Die Passung zwischen Ausbildungs- und Beschäftigungssystem, die sich in langen evolutorischen Prozessen herausgebildet hat, wird durch die neuen Studiengänge gefähr-

det. Die Praxis hat erhebliche Schwierigkeiten, zwischen BA-, Diplom- und MA-Studiengängen an Fachhochschulen und Universitäten zu differenzieren. Die Gefahr, dass BA-Absolventen am Arbeitsmarkt auf der Strecke bleiben, ist nicht gering einzuschätzen.

Diese Ergebnisse der Analyse legen m. E. die folgenden strategischen Konsequenzen nahe:

1. Angesichts der sich abzeichnenden Schwierigkeiten bei der Einführung der neuen Studiengänge ist nicht nachvollziehbar, weshalb staatliche Stellen die bewährte Differenzierung zwischen Fachhochschulen, die kürzere, praxisorientierte Studiengänge anbieten, und Universitäten, die eine Ausbildung auf theoretischer Grundlage betreiben, aufheben wollen. Wenn die Aufteilung von Studenten zwischen diesen beiden Ausbildungstypen geändert werden soll, erscheint es wenig effizient, Universitäten zu einer fachhochschularttigen Ausbildung zu nötigen. Auch der Versuch, die bestehende Universitätsausbildung in Betriebswirtschaftslehre als wenig praxisgerecht zu diskreditieren, ist nicht begründet. Vieles spricht dafür, dass kognitive Fähigkeiten, die in einer theorieorientierten Ausbildung vermittelt werden, weniger schnell veralten und in einem höheren Maße Wissenserwerb „aus eigener Kraft" ermöglichen, als die Vermittlung von unmittelbar praktischen Techniken. Nicht nur die Ausrichtung an der Theorie, auch die Breite der Ausbildung macht Diplom-Kaufleute vielseitig einsetzbar. Soll das Verhältnis von praxisorientierter Fachhochschul-Ausbildung und theorieorientierter Ausbildung an Universitäten verändert werden, scheint ein stärkerer Ausbau von Fachhochschulen, selbst wenn dieser zu Lasten der Kapazitäten der Universitäten gehen soll, wesentlich effizienter.

2. Die wirtschaftswissenschaftlichen Fakultäten würden gegen die von ihr vermittelten strategischen Ansätze verstoßen, wenn sie ein „Produkt" wie den Diplom-Kaufmann, das sich in der Praxis bewährt hat, durch die Einrichtung von BA- und MA-Studiengängen in größerem Umfang selbst kannibalisieren würden. Besonders diejenigen Fakultäten, die stark überbucht sind, würden sich und dem wirtschaftswissenschaftlichen Studium insgesamt einen Bärendienst erweisen, wenn sie sich auf gefährliche Experimente mit neuen Studiengängen einlassen würden, die ihrem Selbstverständnis einer Einheit von Forschung und Lehre zuwider laufen.

3. Das Argument, der Arbeitsmarkt müsse eine Entscheidung zwischen den neuen und den alten Studiengängen fällen, ist zum einen höchst problematisch, wenn nicht wenige junge Menschen mit BA-Ausbildung als Testfälle herhalten müssen. Es klingt auch nicht glaubwürdig, wenn das Ministerium in Nordrhein-Westfalen eine fünfjährige Erprobungszeit im Prinzip für ausreichend hält. In fünf Jahren sind erst wenige BA-Absolventen und noch keine MA-Absolventen, die von BA-Studiengängen übergewechselt sind, auf dem Markt. Daraus folgt, dass die Erprobungszeit länger angesetzt werden muss.

4. Damit soll nicht gesagt sein, dass kein Anlass besteht, die bisherigen Studiengänge zu reformieren. Viel Motivation zur Reform könnte geschaffen werden, würde den Universitäten die Möglichkeit eingeräumt, ihre Studenten selbst auszuwählen. Die vom Hochschulgesetz eingeräumte Auswahl von 20% der Bewerber ist unzureichend. Die Praxis, die Auswahl der ZVS der Auswahl durch die Fakultät überzuordnen (die ZVS kann den Fakultäten Studenten zuweisen, die diese bereits abgewiesen haben), macht

die gestattete Auswahl vollends zur Farce. Das Streben nach Profilierung der Fakultäten in Forschung und Lehre würde bei einem umfassenderen Auswahlrecht ein wesentlich höheres Gewicht erhalten. Die Einführung von Studiengebühren in Verbindung mit einem Finanzierungssystem würde die Studienzeiten drastisch verkürzen und den Fakultäten eine bessere Ausstattung ermöglichen (unter der Voraussetzung, dass die staatliche Finanzierung nicht entsprechend gekürzt würde), so dass sie vielleicht auch soziale Kompetenz und damit zusätzliche praxisrelevante Fähigkeiten in kleineren Kursen besser vermitteln könnte.

Anmerkungen

1 Wobei nicht zwischen FH- und Uni-Bachelors unterschieden wurde.
2 Wieder ohne Unterscheidung in FH- und Uni-Master.

Literatur

Albach, H. (1992), Über die Praxisnähe der betriebswirtschaftlichen Ausbildung: Non-universitati set vitae oeconomicae discimus, Hochschulnachrichten der wissenschaftliche Hochschule für Unternehmensführung Koblenz, Heft 1, S. 24–30.
Brockhoff, K., Hauschildt, J. (1993), Plädoyer für eine bedürfnisgerechte Differenzierung der Ausbildung in der Betriebswirtschaftslehre, Zeitschrift für Betriebswirtschaft, Ergänzungsheft 3, S. 27–39.
Crainer, S., Dearlove, D. (1999), Gravy Training: Inside the Business of Business Schools, San Francisco 1999.
Fabel, O., Brauckmann, A., Rodenheber, M. (1999), Der „Trade-Off" zwischen allgemeinem und spezifischen Humankapital in der betriebswirtschaftlichen Hochschullehre, Arbeitspapier, Universität Konstanz.
Fachkommission für Ausbildungsfragen der Schmalenbach-Gesellschaft – Deutsche Gesellschaft für Betriebswirtschaft e.V. für den Bereich des Studiums der Allgemeinen Betriebswirtschaftslehre (1988), Anforderungsprofil für die Hochschulausbildung in Allgemeiner Betriebswirtschaftslehre, Zeitschrift für betriebswirtschaftliche Forschung, 40, S. 1037–1043.
Franck, E. (1999), Gegen die Mythen der Hochschulreformdiskussion – Wie Selektionsorientierung, Nonprofit-Verfassung und klassische Professorenbeschäftigungsverhältnisse im amerikanischen Hochschulwesen zusammenpassen, Arbeitspapier, TU-Bergakademie Freiberg.
Fritsche, A. (1999), Studium im Sauseschritt. Bachelor- und Master-Titel versprechen seit kurzem einen schnellen Hochschulabschluss. Doch liegt in der Kürze die Würze? in: DIE ZEIT v. 18.2.
Kieser, A. (1999): Kommunikationsprobleme zwischen Wissenschaft, Unternehmensberatung und Praxis bei der Konzipierung und Anwendung „praktikabler" Organisationskonzepte, in: Egger, A., Grün, O., and Moser, R. (Hrsg.), Managementinstrumente und -konzepte. Entstehung, Verbreitung und Bedeutung für die Betriebswirtschaftslehre. Stuttgart, S. 63–88.
KMK (1997), Mitteilungen und Informationen des Sekretariats der Kultusministerkonferenz 3/97.
KMK (1999a): Stärkung der internationalen Wettbewerbsfähigkeit des Studienstandortes Deutschland. Gemeinsamer Bericht des Bundes und der Länder an die Regierungschefs. Beschluss der Kultusministerkonferenz vom 22.10. (http://www.kmk.org/doku/home.htm, Abruf am 24.01.2000)
KMK (1999b): Strukturvorgaben für die Einführung von Bachelor-/Bakkalaureus und Master-/Magister-Studiengängen. Beschluss der Kultusministerkonferenz vom 5.3.
Konegen-Grenier, Ch., List, J. (1993), Die Anforderungen der Wirtschaft an das BWL-Studium. Ergebnisse einer Unternehmensbefragung, Beiträge zur Gesellschafts- und Bildungspolitik, Institut der deutschen Wirtschaft, Köln, Heft 7.
Lane, C. (1989), Management and Labour in Europe, Aldershot.

List, J. (2000), Beschäftigungsmöglichkeiten für die Absolventen von Bachelor- und Masterstudiengängen. Kurzfassung. Institut der deutschen Wirtschaft, Köln.

Meißner, W., Ohse, D. (1999), Bachelor- und Master-Studiengänge für Wirtschaftswissenschaften an US-amerikanischen und britischen Universitäten im Vergleich zu deutschen Diplom-Studiengängen. Manuskript Universität Frankfurt am Main (erscheint 2000 in der Reihe DOK & MAT von DAAD/HRK).

Ministerium für Wissenschaft und Forschung des Landes Nordrhein-Westfalen (1998), Erlass zur internationalen Attraktivität der Hochschulen, Eckwerte für die Genehmigung gestufter Studiengänge mit Bachelor- und Master-Abschlüssen (auslandsorientierte Studiengänge) in der Erprobungsphase.

Müller-Armack, A. (1977), Holzwege der Universitätsreform. Aus Stätten wissenschaftlicher Bildung werden höhere Schulen. Frankfurter Allgemeine Zeitung, 6. Mai, S. 9–10.

o.V. (1998), Nachgefragt: Bachelor aus der Sicht der Wirtschaft, Forschung & Lehre, Heft 10, 520–523.

OECD (1996), Education at a Glance: Bildung kompakt – OECD-Indikatoren, Paris.

Schnitzer, K. (1998), Bachelor- und Master-Studiengänge im Ausland – Vergleich der Systembedingungen gestufter Abschlüsse, HIS-Kurzinformationen A3/98.

Stewart, R., Barsoux, J.-L., Kieser, A., Ganter, H.-D., Walgenbach, P. (1994), Managing in Britain and Germany. London.

Teichler, U. (1999), gestufte Studiengänge und –abschlüsse in den Geistes- und Sozialwissenschaften, in: DAAD, Tagungsdokumentation – Bachelor und Master in den Geistes-, Sprach- und Kulturwissenschaften.

Useem, M. (1989), Liberal Education and the Corporation, New York.

Walgenbach, P., Kieser, A. (1995), Mittlere Manager in Deutschland und Großbritannien, in: Schreyögg, G., Sydow, J. (Hrsg.), *Managementforschung 5: Empirische Studien*, Berlin, S. 259–310.

WR (1999), Stellungnahme zum Verhältnis von Hochschulausbildung und Beschäftigungssystem vom 09.07. (http://www.wrat.de/liste-wr.htm#1999, Abruf am 24.01.2000).

Alfred Kieser

Zusammenfassung

Staatliche Stellen drängen derzeit auf die Einführung von Bachelor- und Master-Studiengängen in deutschen Universitäten. Solche Studiengänge, so die Begründung, würden das Studium in Deutschland international kompatibel machen mit positiven Auswirkungen für den Anteil ausländischer Studenten an deutschen Universitäten und für die Chancen der Absolventen auf Studien- oder Arbeitsplätze im Ausland. Auch könnte im Rahmen dieser Reform die Praxisrelevanz der betriebswirtschaftlichen Ausbildung an Universitäten erhöht werden. In diesem Aufsatz erfolgt eine kritische Auseinandersetzung mit diesen Gründen. Es wird gezeigt, dass der Beitrag der Reform zur Internationalisierung gering ist, weil es keine internationalen Standards für Bachelor- und Masterstudiengänge in Betriebswirtschaftslehre gibt und weil die Praxisrelevanz der herkömmlichen Studiengänge höher ist als von den Reformern zugestanden wird. Auch wird darauf hingewiesen, dass eine Bachelor-Ausbildung der Vorstellung deutscher Manager von Berufsfähigkeit generell nicht entspricht.

Summary

State agencies presently propagate the introduction of B. A. and M. A. study programmes at German universities in which such a differentiation is not common. Programmes of these types, it is argued, would increase the international compatibility of German university programmes with positive outcomes for the percentages of foreign students in German universities and for the chances of graduates of German universities of being accepted in universities abroad and finding job opportunities on the international labour market. In this article, these reasons are critically discussed. It is shown that the potential contribution of the reform to an increase of the compatibility of German university programmes is modest, because there are no international standards for B. A. and M. A. programmes in business administration. It is also shown that the relevance for practice of the existing university programmes in business administration are more relevant for practice than the reformers admit. In addition, it is pointed out that a B. A. programme generally is not in accordance with the expectation of German managers of the amount of professional training an undergraduate should receive.

13: Ausbildungs- und Berufsfragen

Gegen die Mythen der Hochschulreformdiskussion – Wie Selektionsorientierung, Nonprofit-Verfassungen und klassische Professorenbeschäftigungsverhältnisse im amerikanischen Hochschulwesen zusammenpassen

Von Egon Franck

Überblick

- Zwei Mythen beeinflussen die deutschen Hochschulreformdiskussion: Die Vorstellung, Hochschulen müßten immer mehr wie Unternehmen verfaßt und organisiert werden, und die Vorstellung, Professoren müßten ihre „Privilegien" zu Gunsten einer sogenannten leistungsorientierten Entlohnung aufgeben.

- Sowohl die Theorie wie auch die Praxis des US-amerikanischen Hochschulwesens zeigen jedoch, daß eine Nonprofit-Verfassung offenbar eine notwendige Rahmenbedingung für Selektion und Elitenbildung an Universitäten ist.

- Gerade die klassischen Bestandteile des Professorenbeschäftigungsverhältnisses – die „Privilegien" – erweisen sich in der weiteren Analyse als die Grundbausteine des „Effizienzmotors" für Nonprofit-Elitehochschulen.

- Für eine Annäherung an die amerikanischen Elitehochschulen sind daher andere als die derzeit in Deutschland diskutierten „Wege" einzuschlagen.

Eingegangen: 9. März 2000

Professor Dr. Egon Franck, Technische Universität Bergakademie Freiberg, Lehrstuhl für Allgemeine Betriebswirtschaftslehre, insbes. Industriebetriebslehre, Lessingstraße 45, 09596 Freiberg i. Sa.

A. Problemstellung und Inhaltsüberblick

Die Ausgangslage ist wohl bekannt. Um mit den USA in Wissenschaft und Technik Schritt halten zu können, werden rigidere Selektionsmechanismen und Elitenbildung von immer mehr Beteiligten an der Hochschulreformdiskussion in Deutschland als legitime Ziele akzeptiert. Über den Sinn einer Orientierung auf Spitzenleistungen, wie sie offensichtlich vom amerikanischen Hochschulwesen hervorgebracht werden, soll hier gar nicht erst diskutiert werden.

Das Augenmerk liegt viel mehr auf den Vorschlägen zur Umsetzung dieser Zielsetzung. Neben einer ganzen Reihe nachvollziehbarer Ansätze zur Steigerung der Wettbewerbsfähigkeit, die letztlich jedoch nicht tonangebend in der hochschulpolitischen Diskussion sind[1], gibt es eine Flut fragwürdiger Vorschläge, die ganz offensichtlich auf Mißverständnissen über die Funktionsweise amerikanischer Hochschulen beruhen. Zwei dieser Mythen, die trotz ihres zähen Lebens falsch sind, greife ich für diesen Beitrag heraus.

I. Der Mythos des Hochschulunternehmens

Kapitalistische Unternehmen haben bekanntlich sehr anreizstarke Verfassungen. Ihr „Effizienzmotor" beruht auf der Zuweisung und Kopplung residualer Entscheidungsrechte mit residualen Ertragsrechten (Gewinnaneignungs- und Liquidationsrechten). Weil die Verträge zur Koordination der Ressourcenlieferanten für einen aufwendigen Produktions- und Vermarktungsprozeß angesichts unvollständiger Information zwangsläufig lückenhaft bleiben werden, setzt eine erfolgreiche Geschäftstätigkeit die Zuweisung residualer Entscheidungsrechte an einen oder an eine Gruppe von Ressourcenlieferanten voraus.[2] Damit diese (Letzt-) Entscheidungsinstanz ihre Verhaltensspielräume effizienzorientiert ausfüllt, werden ihr die residualen Ertragsrechte ebenfalls zugewiesen. So entsteht dann die Institution des Eigentums. Sie funktioniert deswegen als „Effizienzmotor", weil sie zur Folge hat, daß die (Letzt-) Entscheider die ökonomischen „Früchte" ihres Verhaltens in Gestalt des Residuums (Gewinn, kapitalisierbare Wertsteigerungen) „ernten". Unternehmen haben folglich einen eigentumsbasierten „Antrieb", und zwar auch dort, wo sich das Eigentum aus dem Unternehmen selbst in den Markt zurückgezogen hat. So sind die residualen Entscheidungs- und Ertragsrechte in Publikumsgesellschaften zwar auf viele unternehmensexterne Aktionäre verstreut. Dennoch funktioniert auch hier der eigentumsbasierte „Antrieb": Den Aktionären kommt in der problematischen Agency-Beziehung zu den Managern unter anderem der Markt für Unternehmensführung (market for corporate control) zu Hilfe, auf dem die zersplitterten Residualrechte gehandelt und daher von Akteuren, die „slack" erkennen, jederzeit gebündelt werden können.

Liegt es vor dem Hintergrund dieser Überlegungen nicht nahe, den deutschen Hochschulen damit wieder auf die Sprünge zu helfen, daß man sie immer mehr wie Unternehmen verfaßt und organisiert? Sollte es da überhaupt noch verwundern, wenn sich um die Konkurrenzfähigkeit mit den USA besonders Besorgte zu Wort melden, um deutsche Hochschulen sogar an die Börse zu bringen?[3]

Es ist die Empirie des amerikanischen Hochschulwesens, die zu einer gewissen Zurückhaltung beim Aufgreifen dieses Mythos Anlaß gibt. In den USA sind Hochschulen in pri-

Gegen die Mythen der Hochschulreformdiskussion

vater Trägerschaft solchen in staatlicher Trägerschaft nämlich nicht grundsätzlich überlegen. Gar zu vermuten, unternehmerisch als For-Profits operierende Hochschulen seien erfolgreicher bei der Ausbildung von Eliten als Nonprofits, hieße die Empirie völlig auf den Kopf zu stellen. Winston (1999) hat sich ausführlich mit dem sogenannten hierarchischen Markt auseinandergesetzt, auf dem die amerikanischen Hochschulen konkurrieren. Man kann das Ergebnis stark verdichtet so darstellen: Alle Elitehochschulen sind Nonprofits, ob sie nun wie Berkeley vom Staat oder wie Stanford von einer privaten Stiftung betrieben werden. Alle For-Profits sind dagegen im untersten Zehntel des hierarchisch strukturierten Hochschulmarktes angesiedelt. Elitehochschulen legen ein Marktverhalten an den Tag, das sie grundlegend von den For-Profit-Hochschulen unterscheidet. Sie zahlen die höchsten Subventionen an ihre Studenten, denn die Studiengebühren – so hoch sie auch sein mögen – decken einen immer geringeren Teil der Ausbildungskosten ab, je weiter man in der Hierarchie der Hochschulen nach oben steigt. Je angesehener eine Hochschule ist, desto größere Anfangsverluste nimmt sie also beim Verkauf ihrer Dienste in Kauf.

For-Profits versuchen dagegen, ihre Ausbildungskosten über die Studiengebühren zu decken. Am untersten Ende der Qualitätsskala angesiedelt, tragen sie nichts zur Selektion und Elitenbildung bei, für die das amerikanische Hochschulwesen berühmt ist. Ihre Nische ist die spezifische Berufsausbildung. Ganz offensichtlich gehen also Elitenbildung und Unternehmensbildung zumindest im amerikanischen Hochschulwesen nicht Hand in Hand, sie scheinen sich sogar gegenseitig wirksam auszuschließen.

II. Der Mythos des Professorenanreizens

Hinter dem allgegenwärtigen Schlagwort der leistungsorientierten Entlohnung für Hochschullehrer verbirgt sich natürlich eine einfache ökonomische „Anreizformel": Eine bestimmte Leistung wird nur erbracht, wenn daran eine Belohnung geknüpft ist, deren Wert aus Sicht des Erbringers sein notwendiges „Anstrengungsleid" übersteigt. Was liegt daher näher, als entsprechende „leistungsbezogene Preisgelder" für Professoren einzuführen, so daß „Faulpelze" und Leistungsträger für ihr Verhalten jeweils adäquat bestraft bzw. belohnt werden?[4]

Auch wenn nicht klar ist, was die eigentliche Leistung von Professoren ausmacht und wie die im einzelnen noch zu definierenden Leistungskategorien gemessen und bewertet werden sollen[5], scheint für die Hauptakteure der hochschulpolitischen Diskussion sicher, daß das bestehende Professorenbeschäftigungsverhältnis den Anforderungen einer leistungsabhängigen Entlohnung nicht genügt.[6]

Tatsächlich richten sich die Reformbestrebungen gerade auch gegen jene Bestandteile dieses Beschäftigungsverhältnisses, die man als klassisch bezeichnen kann. Etwas pointiert könnte man diese klassischen Bestandteile als eine Konzentration von „Privilegien" auf eine relativ kleine Gruppe in jeder Fakultät, die ordentlichen Universitätsprofessoren, umschreiben. Sie haben eine Lebenszeitstellung mit garantierten Einkommen, die beträchtlich höher sind als die Gehälter aller anderen Wissenschaftler der Fakultät. Die anderen Wissenschaftler haben dagegen nur Zeitverträge und sind, was ihren weiteren Karriereverlauf in der Wissenschaft angeht, vom Urteil der Professoren abhängig. Alle diese

Punkte stehen im Moment auf dem Prüfstand. Die Lebenszeitstellung von Professoren wird in Frage gestellt. An die Stelle garantierter Gehälter soll ein System mit einem wesentlich geringeren Festeinkommen und Boni treten, deren Gewährung in Abhängigkeit von Leistungsindikatoren erfolgt, die relativ kurzfristig immer wieder neu zu vereinbaren und zu überprüfen sind. Darüber hinaus soll die Situation des wissenschaftlichen Nachwuchses in vielerlei Hinsicht verbessert werden. Schnelleres Aufrücken zum Professor, früheres selbständiges Forschen, mehr Sicherheit, bessere Bezahlung und mehr Unabhängigkeit von den Professoren sind die wesentlichen Schlagworte in dieser Diskussion. An die Stelle der klassischen „Privilegien" soll also ein System treten, in dem viel stärker die individuelle Leistung den Ausschlag gibt, ohne Ansehen auf Ränge und Titel. So schließt sich der Kreis zur eingangs präsentierten einfachen „Anreizformel".

Wenn man sich die Mühe macht, zu untersuchen, wie es denn eigentlich um das Professorenbeschäftigungsverhältnis an den als Vorbild geltenden amerikanischen Elitehochschulen steht, dann gerät man erneut ins Grübeln. Denn gerade die klassischen Bestandteile des Beschäftigungsverhältnisses, die bei uns auf dem Prüfstand stehen, scheinen dort völlig unversehrt zu bestehen. Auch dort gibt es Professoren, die eine Lebenszeitstellung, die sogenannte Tenure, haben. Pikanterweise ist das Tenure-System gerade an den renommiertesten Universitäten – den Research Universities – am stärksten ausgeprägt.[7] Ein Assistant Professor verdient dort etwa 50% des Gehaltes eines Full Professors.[8] Die kurzfristig gewährten Gehaltsbestandteile der Senior Faculty, zu der man die Professoren mit Lebenszeitstellung rechnet, halten sich sehr in Grenzen bzw. existieren erst gar nicht. Für alle Wissenschaftler außerhalb der Senior Faculty gelten strengste Up-Or-Out-Rules. Über dieses Up (Beförderung in die nächste Stufe auf dem Weg zum Full Professor) oder Out (Kündigung) entscheiden selbstverständlich die Full Professors.

Auch hier entsteht also erneut das bekannte Problemmuster: Die renommiertesten amerikanischen Hochschulen pflegen die klassischen Bestandteile des Professorenbeschäftigungsverhältnisses am stärksten, die bei uns aber just zum Zwecke der Sicherung der Wettbewerbsfähigkeit mit eben diesen amerikanischen Elitehochschulen modifiziert werden sollen.

Im folgenden werden die aus der Konfrontation der beiden Mythen mit der Realität entstehenden Fragen untersucht. Abschnitt zwei befaßt sich mit wesentlichen Voraussetzungen von Selektion und Elitenbildung im Hochschulwesen und zeigt, daß die Nonprofit-Verfassung eine notwendige Rahmenbedingung für den Aufbau einer Qualitätsreputation darstellt. In Abschnitt drei wird besprochen, warum die klassischen Bestandteile des Professorenbeschäftigungsverhältnisses gerade in einem Nonprofit-Regime zwingend notwendig sind, um Selektion und Elitenbildung zu ermöglichen. Abschnitt vier gibt Hinweise zu dem Weg, der eingeschlagen werden müßte, wenn tatsächlich der „Anschluß" an die sogenannte Ivy League angestrebt würde.

B. Selektion, Elitenbildung und Nonprofit-Verfassungen im Hochschulwesen

I. Klassische Argumente für eine Nonprofit-Verfassung und ihre Grenzen

Die wohl prominenteste Kategorie von Argumenten für den Nonprofit-Status von Hochschulen betont substantielle Informationsasymmetrien in der Beziehung zwischen Lehrenden und Studenten.[9] Demnach entscheiden sich Studenten, die kaum Kontrollmöglichkeiten haben, ihre Ausbildungsinvestition in einer Nonprofit-Institution zu tätigen, weil sie dort anders als in einer For-Profit-Institution systematisch weniger Mißtrauen gegenüber den wahren Absichten der Ausbilder haben müssen. Der Nonprofit-Status wäre demnach ein Signal gegen Marktversagen auf dem Markt für höhere Bildung. Rothschild/White (1993, S. 21) führen dazu kritisch aus:

> "A simple claim that there are substantial asymmetric information (agent-principal) problems surrounding the instructor-student relationship – which might make student „customers" suspicious of the motives of the instructors in a profit-seeking enterprise – is not sufficient by itself. Our society tolerates and supports profit-seeking trade schools, law firms, and medical practices, where agent-principal problems are substantial. The hospital sector has a mix of private nonprofit, religious, and government-operated enterprises (as is true of universities); but the hospital sector also includes for-profit enterprises."

Eine weitere Kategorie von Argumenten wählt den Umweg über die Nichtmarktfähigkeit der Leistungen von Hochschulen und begründet diese mit dem Vorliegen von Spillovers. Demnach hat die Humankapitalproduktion vielfältige positive Auswirkungen auf die Gesellschaft, die der einzelne Student naturgemäß in seinem Investitionskalkül vernachlässigen wird. Der „Kunde" unterschätzt folglich die Leistungen von Hochschulen systematisch und in beträchtlichem Maße. Es stellt sich die Frage, ob Hochschulen überhaupt „gewinnfähig" wären. Es ist klar, daß sich dieses Argument noch verschärfen läßt, wenn man die Spillovers der Grundlagenforschung beachtet und dann noch Verbundvorteile zwischen Lehre und Forschung unterstellt. Auf diese Weise kann eine staatliche Subventionierung der Hochschulen begründet werden, die sicherstellt, daß es nicht zur Unterproduktion von gesellschaftlich erwünschtem Humankapital und Grundlagenwissen kommt. Aber folgt aus dieser staatlichen Subventionierungsnotwendigkeit der Nonprofit-Status der Subventionsempfänger? Dies scheint nicht notwendigerweise der Fall zu sein, denn die Praxis der staatlichen Subventionsvergabe beschränkt sich auch heute keineswegs auf Subventionsempfänger mit einer Nonprofit-Verfassung. Zumal der Staat hier auch den Weg einer indirekten Förderung der Hochschulen über die Studenten gehen könnte und dies bekanntlich teilweise sogar tut.

Keines der vorgebrachten Argumente erscheint daher zwingend. Der von Rothschild/White (1993, S. 21) ins Gespräch gebrachte Krankenhaussektor, in dem auch For-Profits erfolgreich agieren, erscheint mir ein geeigneter Bezugspunkt für die weitere Analyse zu sein. Er weist nämlich ähnliche Informationsasymmetrien in der „Kundenbeziehung" wie das Hochschulwesen auf. Hinzu kommen auch hier erhebliche Spillovers, denn Patienten haben ebenfalls keinen Anlaß, alle positiven Folgen ihrer Gesundheit für die Gesellschaft ins private Kalkül zu ziehen. Und dennoch operieren For-Profits im Krankenhauswesen anders als im Hochschulwesen mit erheblichem Erfolg. Der entscheidende Unterschied zwischen Hochschulen und Krankenhäusern, der für den Nonprofit-Status der ersteren den Ausschlag gibt, muß daher woanders liegen.

Dieses Spezifikum der Hochschulen liegt nach meiner Auffassung in ihrer etwas komplexeren Kunden- bzw. Marktstruktur. Hochschulen vermarkten nicht nur Ausbildungsleistungen an die als „Kunden" immer wieder in den Vordergrund gerückten Studenten.

Darüber hinaus erbringen sie Selektions- bzw. „Sortierleistungen", die den Unternehmen die Allokation von Bewerbern auf Stellen auf den durch erhebliche Informationsprobleme belasteten Märkten für Humankapital erleichtern. So manche Besonderheit, die ausgehend von einer Betrachtung des Marktes für Ausbildung unverständlich oder nicht ausreichend erklärbar ist, wird durch ein erfolgreiches Agieren auf dem Markt für Sortierleistungen erforderlich gemacht.[10]

II. Sortierleistungen, Spendenfinanzierung und Nonprofit-Status

Die Erklärung des Nonprofit-Status umfaßt zwei Komponenten. Zunächst kann man zeigen, daß eine erfolgreiche Produktion und Vermarktung von Sortierleistungen ein Finanzierungssystem erforderlich macht, in dem der Aktivierung möglichst hoher privater Spenden eine zentrale Rolle zukommt. Im zweiten Schritt läßt sich dann begründen, daß die Spendenfinanzierung nur unter der Voraussetzung einer Nonprofit-Verfassung funktioniert.

Weil Humankapital bekanntlich die typischen Eigenschaften eines Erfahrungs- bzw. Vertrauensgutes hat[11], sind Märkte für Humankapital der Gefahr einer Negativauswahl bzw. im Extremfall sogar des Marktversagens ausgesetzt. Hochschulen agieren schon immer auch als Sortiereinrichtungen, die über die Auswahl von Studierenden und die Vergabe differenzierter Noten und Zeugnisse Arbeitgebern die Auswahl von Stellenbewerbern erleichtern und so gepoolte Humankapitalmärkte aufspalten. Auch auf dem Markt für Sortierleistungen gibt es aber erhebliche Informationsasymmetrien. Unternehmen, die Verträge mit Hochschulabsolventen schließen, stehen außerhalb des Hochschulbetriebs und können nicht ohne weiteres beurteilen, ob die Hochschulen im Rahmen der Immatrikulation und des Studiums ernsthaft selektiert haben. In einem Wettbewerbsregime müssen Hochschulen ihre Selektionsbemühungen daher ebenfalls durch Signale in den Markt für Sortierleistungen kommunizieren. Dieses „Metasignaling" der Hochschule auf dem Markt für Sortierleistungen beeinflußt offenbar die Wirksamkeit des Signaling der Absolventen auf dem Arbeitsmarkt. Es legt sozusagen den „Wert" des erhaltenen Zeugnisses für die Überwindung der Qualitätsunsicherheit auf dem Arbeitsmarkt fest.

Die möglichst umfangreiche Finanzierung der Hochschule über private Spenden stellt in diesem Zusammenhang ein valides Signal dar.[12] Die Absolventen einer gut selektierenden Hochschule werden in der Wirtschaft ex post größere Hebel bedienen. Damit können sie selbst als Privatpersonen und Firmenvertreter im Durchschnitt mehr spenden als die Absolventen einer schlecht selektierenden Hochschule. Sie haben außerdem auch einen stärkeren Einfluß auf jene Drittpersonen und –institutionen, die als Förderer des Hochschulwesens agieren. Deren Spendenbereitschaft reagiert positiv auf den Absolventenerfolg einer Hochschule, einerseits weil Erfolg die Aufmerksamkeit der Spender anzieht, andererseits weil Spender Einrichtungen bevorzugen, die nachgewiesenermaßen aus dem Geld „etwas machen". Je stärker sich eine Hochschule dieser Finanzierungsquelle bedient, desto glaubwürdiger signalisiert sie, daß sie am ex post-Erfolg ihrer Absolventen interessiert ist, sie es folglich auf die Selektion von Talent abgesehen hat. Würde sie die Spendenfinanzierung in starkem Maße durch eine Finanzierung über Studiengebühren ersetzen, signalisierte sie Interesse an jenen Studenten, die ex ante am meisten geben kön-

Gegen die Mythen der Hochschulreformdiskussion

nen. Weil aber Talent und Vermögen bei Studenten nicht positiv korreliert sind und weil Märkte für Investitionen in Humankapital bekanntlich versagen – denn das Versprechen, sich anzustrengen und einen möglichst guten Abschluß zu schaffen, ist als Sicherheit kaum verwertbar – sendet eine solche Hochschule eine mit der Produktion von Sortierleistungen inkompatible Botschaft.

Wie Winston (1999, S. 18ff.) zeigt, decken die Studiengebühren in der Tat einen immer geringeren Anteil an den Ausbildungskosten ab, je weiter man in der Reputationshierarchie der amerikanischen Hochschulen nach oben wandert. Zwar steigen auch die Studiengebühren mit zunehmender Qualitätsreputation der Hochschulen an[13], aber sie steigen sehr viel langsamer als die gesamten Ausbildungskosten, so daß die Studenten der renommiertesten Universitäten auch die höchsten Vorleistungen der Hochschule mit auf den Weg nehmen. Diese Hochschulen liefern sich folglich auch in besonderer Weise dem späteren Urteil ihrer Alumnis und anderer Spender aus, das vom Erfolg dieser Alumnis in Wirtschaft und Gesellschaft positiv beeinflußt wird. Die gleichen Elitehochschulen erhalten auch den Großteil des sogenannten Spendenkuchens, der letztlich dazu führt, daß sie die größten Stiftungsvermögen besitzen.[14]

Wenn die Abhängigkeit vom Mechanismus „Spendenfinanzierung" eine kritische Voraussetzung zur Signalisierung und damit natürlich auch zur Herstellung überlegener Selektionsleistungen ist, wie hier behauptet wird, dann kann die Erklärung des Nonprofit-Status für Hochschulen ab jetzt auf bekannte Argumente zurückgreifen.

Fama/Jensen (1983a, 1983b), aber auch bereits Hansmann (1980) haben die ökonomische Bedeutung des Nonprofit-Status für Einrichtungen, die sich in einem erheblichen Umfang über Spenden finanzieren, erklärt. Donatoren, die außerhalb der Einrichtungen stehen, die mit Spendengeldern betrieben werden, sind prinzipiell nicht in der Lage einzuschätzen, wie sinnvoll oder zwecksentsprechend die Spendengelder eingesetzt werden. In Nonprofit-Institutionen gilt der sogenannte Non-Distribution-Constraint, d.h. Gewinnaneignungs- und Liquidationsrechte sind nicht zugewiesen. Wenn kein Akteur die Möglichkeit hat, individuelle Gewinne bzw. Liquidationserlöse zu apropriieren, fehlt schon mal ein sonst kaum zu kontrollierender „Kanal" für die eigennützige Bereicherung auf Kosten der Donatoren. Noch wichtiger ist, daß der Wegfall der für For-Profits typischen Einengung aller Handlungen auf die Erzielung von Gewinnen Raum schafft für die Verfolgung vielfältigerer Ziele.[15] Dies kommt einer heterogenen Donatorenstruktur stärker entgegen. Jeder Spender kann so hoffen, daß auch für seine Absichten Platz ist in einer Struktur, in der eine „übermächtige" Gewinnorientierung, die alles andere wegdrängen könnte, gezielt ausgeschlossen wurde. Als Signal gegen eine in diesem breiten Sinne verstandene Spendenentfremdung erhöht der Nonprofit-Status die Spendenbereitschaft.

Man kann daher zusammenfassen: Selektion verlangt das gezielte „Abhängigmachen" der Hochschule von privaten Spenden, und Spendenfinanzierung setzt eine Nonprofit-Verfassung als „Vorrichtung" zur glaubhaften Berücksichtigung der Donatoren-Interessen voraus.

C. Das klassische Professorenbeschäftigungsverhältnis als „Ersatzeffizienzmotor" der Nonprofit-Hochschulen

Der zwingend erforderliche Nonprofit-Status geht aber nun leider mit der Zersetzung des für Unternehmen typischen „Effizienzmotors" einher, der auf Eigentum und einem durch die Handelbarkeit des Eigentums entstehenden Markt für Unternehmensführung basiert. Die notwendige Abschaffung der residualen Ertragsrechte erzeugt daher zwangsläufig ein Kontrollvakuum und stellt Nonprofit-Institutionen vor erhebliche interne Agency-Probleme, die in der Literatur von verschiedenen Autoren bereits behandelt wurden.[16] Es ist meines Wissens das Verdienst von Brown (1997), Elemente des Professorenbeschäftigungsverhältnisses in diesem Kontext als Surrogat für Eigentum interpretiert zu haben.

Für eine relativ einfache Problembeschreibung muß man drei Gruppen ökonomischer Akteure in die Betrachtung einbeziehen:[17] Die Professoren (Faculty), die Verwaltung (Administration) und den Aufsichtsrat (Board of Trustees). In ihren frühen Arbeiten argumentieren Fama/Jensen (1983a, 1983b), daß ein Board of Trustees, der mit Individuen besetzt wird, die in erheblichem Umfang Spenden und Zeit in die Institution eingebracht haben und weiter einbringen, die Rolle von „Ersatzeigentümern" übernimmt. Dieser Effekt wird noch verstärkt, wenn es sich bei den Trustees um Personen mit hoher öffentlicher Reputation handelt, für die ein Ansehensverlust schwerer wiegt als die Vorteile opportunistischer, den langfristigen Interessen der Hochschule entgegenlaufender Entscheidungen.[18] Natürlich gibt es praktische Beispiele opportunistischen Verhaltens von Aufsichtsräten und Kuratoren in Nonprofit-Institutionen. Daraus kann man jedoch nicht ableiten, daß ein Board of Trustees prinzipiell inkompatible Anreize hat, denn es kommt bei diesem Kontrollorgan ganz entscheidend auf die „richtige" Besetzung an, eben mit Personen, die sehr umfangreiche private Ressourcen einsetzen und ein hohes Reputationskapital zu verspielen haben.

Das prinzipielle Problem des Board of Trustees in Hochschulen ist eher ein Informations- als ein Anreizproblem. Der „Produktionsprozeß" von Hochschulen, in dem hochgradig spezialisiertes Humankapital die zentrale Rolle spielt, ist so spezifisch, daß Trustees kaum in der Lage sein dürften, sich einen ausreichenden Überblick zu verschaffen. Mit der Proliferation und den großen Fortschritten in den Wissenschaften hat sich dieses Problem, daß die Professorenschaft in Bereichen „produziert", die sich einem wie auch immer angereizten „Laienaufsichtsrat" einfach entziehen müssen, drastisch verschärft.[19]

Die Bestellung eines Administrators als Reaktion auf dieses Agency-Problem zu verstehen, ist nur auf den ersten Blick naheliegend, denn auch ein Administrator ist in den einzelnen Wissenschaftsdisziplinen ein Laie und daher außer Stande, Lehre und Forschung und damit akademische Angelegenheiten richtig zu bewerten.[20] Die Einführung spezialisierter Verwaltungen hat eher etwas mit den Vorteilen der Arbeitsteilung zu tun. Es ist unwirtschaftlich, Professoren, die erhebliche Investitionen in fachlich spezialisiertes Humankapital verkörpern, in reinen Verwaltungsangelegenheiten zu beschäftigen. Sie werden der Forschung und Lehre entzogen, wo ihr Wertgrenzprodukt erheblich ist, und einem Bereich zugeführt, in dem ihr Wertgrenzprodukt minimal ist. Es ist wirtschaftlicher, auch für die Verwaltung Fachleute zu beschäftigen.[21] Für die Trustees entsteht durch diese Arbeitsteilung eher ein zusätzliches Problem, nämlich das der Kontrolle des Verwalters, der ebenfalls Ziele verfolgen kann, die nicht zwingend im langfristigen Hochschulinteresse sein müssen.

Den Schlüssel zur Lösung dieses „puzzles" von Agency-Problemen liefert das Beschäftigungsverhältnis der Professoren.

I. Eigentümerstatus für den Lieferanten der kritischen und schwer kontrollierbaren Ressource

Die ökonomische Theorie prognostiziert, daß jene Inputlieferanten in komplexen Produktionsprozessen eine Eigentümerposition einnehmen sollten, die den größten Einfluß auf den Produktionserfolg haben und deren Leistung am schwersten zu messen ist.[22] Im Hochschulwesen scheint diese Rolle durchaus auf die Professoren zugeschnitten. Sie „liefern" ohne Zweifel kritisches Humankapital. Gleichzeitig sind aber die individuellen Leistungsbeiträge dieser hochspezialisierten Humankapitalisten für Trustees und Verwalter schwer bewertbar. Es stellt sich daher die Frage, wie man Professoren faktisch zu „Ersatzeigentümern" machen kann, ohne ihnen dabei explizite residuale Ertragsrechte zuzuweisen, die wiederum die Nonprofit-Verfassung sprengen würden. Das Informationsproblem der – annahmegemäß mit den richtigen Anreizen ausgestatteten – Trustees, ob Professoren tatsächlich jene akademischen Entscheidungen treffen, die dem Ruf der Hochschule am zuträglichsten sind, würde keine Rolle mehr spielen, wenn die Professoren die Folgen ihrer eigenen Entscheidungen für den Ruf der Hochschule in ausreichendem Maße selbst zu spüren bekämen. Professoren, deren Interessen auf diese Weise denen der Trustees angeglichen würden, könnten den letzteren auch beim Monitoring des Administrators Unterstützung geben, indem sie beispielsweise die notwendigen Informationen bereitstellten.[23]

II. Surrogate für residuale Ertragsrechte durch ein Lohnschema mit Deferred Compensation

Lohnschemata, bei denen Arbeitnehmer auf den ersten Karrierepositionen unter ihrem Wertgrenzprodukt und später dann über ihrem Wertgrenzprodukt entlohnt werden, sind unter dem Stichwort Deferred Compensation in der Personalökonomik aus unterschiedlichen Perspektiven erklärt worden.[24] Diese „Ausbeutung" der Neulinge zu Gunsten der Senioren greift Brown (1997, S. 451 ff.) für seine Erklärung des Quasi-Eigentümerstatus der Professoren auf. Weil die Mitglieder der Senior Faculty, die wie gesagt im Durchschnitt das Doppelte eines Assistant Professors verdienen, an keiner anderen Hochschule in den Genuß diese Senioritätsbonus kommen würden, erhalten sie über das Deferred Compensation-Schema eine hochschulgebundene Rente. Der Wert dieser Rente ist abhängig von der Reputation des eigenen Fachbereichs und der Hochschule insgesamt. Wie Eigentümer haben die Mitglieder der Senior Faculty daher Anreize, den Wert ihres Residuums zu maximieren, indem sie ernsthaft an Entscheidungsprozessen teilnehmen und sich als Monitor betätigen. Je bessere Kollegen und Studenten attrahiert und selektiert werden, desto größer wir die Reputation der Schule, desto mehr Geld wird eingenommen und desto höher ist der Senioritätsbonus in Gestalt von Gehaltszahlungen und Ressourcenausstattungen. Brown (1997, S. 452) führt aus:

"This is why we observe faculty members devoting considerable time and resources to attend committee meetings, and participating in university governance and decision making when there seems to be little personal reward from such actions."

III. Schutz der „Quasieigentümer" durch Tenure

Wenn die Senior Faculty über Deferred Compensation tatsächlich am stärksten die Reputationsschwankungen ihrer Schule internalisiert, dann muß sie in allen Entscheidungsprozessen, die Auswirkungen auf die akademische Reputation zeitigen, auch die Letztentscheidungsrechte halten. Mit diesen Letztentscheidungsrechten ist dann insbesondere nicht vereinbar, daß ein Mitglied der Senior Faculty von dem Administrator gekündigt werden kann. Bemüht man in Anlehnung an Brown (1997, S. 453) ein Bild aus dem For-Profit-Sektor, dann würde dies bei der Aktiengesellschaft einer Kündigung von Aktionären durch die Manager entsprechen. Wer dem residualen Ertragsrisiko am stärksten ausgesetzt ist – bei der Aktiengesellschaft sind das nun mal die Aktionäre, in der Hochschule die Senior Faculty –, der sollte unter Effizienzaspekten auch die Letztentscheidungsrechte halten – was sich bei der Aktiengesellschaft bekanntlich auch darin niederschlägt, daß die Aktionäre das Management entlassen können, und nicht etwa umgekehrt. Die Institution der Tenure vervollständigt daher lediglich den Quasi-Egentümerstatus der Senior Faculty. Sie sorgt dafür, daß die Hauptträger des „Geschäftsrisikos" vor den Zugriffen der anderen Gruppen geschützt werden, um auf diese Weise die weiter oben beschriebene Monitoring-Funktion auch tatsächlich ausüben zu können.

IV. Up-Or-Out-Regeln

Eine sich nach oben verjüngende positionale Struktur innerhalb der Fakultäten mit Rangstufen vom Assistant Professor zum Full Professor mit Tenure erfüllt wichtige Anreizfunktionen.[25] Sie erleichtert z.B. die Umsetzung von Deferred Compensation-Lohnschemata, denn Assistant Professors akzeptieren die Bezahlung unter ihrem Wertgrenzprodukt auch deswegen, weil sie mit einer gewissen Wahrscheinlichkeit den „Preis" der nächsten Stufe im Beförderungsturnier mit einrechnen. Für die Senior Faculty liefert das aufwendige Beförderungsturnier aber vor allem auch Informationen über die relative Leistungsfähigkeit der Kandidaten und erleichtert so einen ansonsten schwierigen Screening-Prozeß. Wie in einer Partnerschaft ist es im Interesse der etablierten Partner, nur die leistungsfähigsten Kandidaten als „Miteigentümer" aufzunehmen. Nur wenn Leistungsfähigkeit auf diese Weise belohnt wird, zieht das veranstaltete Turnier aber gerade die leistungsfähigen Kandidaten als Bewerber an. Es versteht sich daher auch, daß nicht jeder Kandidat befördert werden kann, denn dann käme das für den Screening-Prozeß so wichtige Beförderungsturnier automatisch zum Erliegen.

Setzt sich ein Kandidat gegen seine Konkurrenten nicht durch, dann ist seine Weiterbeschäftigung ökonomisch nicht mehr attraktiv.[26] Da er nicht mehr mit dem „Preis" der nächsten Beförderungsrunde rechnet, hat er Anreize, seine akademischen Standards verglichen mit einem noch hoffnungsvollen Neunfänger erheblich zu reduzieren. Darüber hinaus besetzt er einen Platz, der ansonsten im Beförderungsturnier zur Gewinnung von Informationen über die relative Leistungsfähigkeit potentieller „Miteigentümer" verwendet werden könnte. Es ist daher nachvollziehbar, wenn amerikanische Elitehochschulen konsequent mit Up-Or-Out-Regeln operieren. Diese begrenzen dann logischerweise auch den Geltungsbereich der Tenure auf die oberen Positionen im Beförderungsturnier. Nur die Senior Faculty als die eigentlichen Quasi-Eigentümer sind dann, ähnlich wie die Partner in Beratungs- und Anwaltsgesellschaften, nicht kündbar.

V. Die relativ unbedeutende Frage der Trägerschaft einer Nonprofit-Hochschule

Vor dem Hintergrund dieser Überlegungen ist die Frage der Trägerschaft einer Nonprofit-Hochschule nach meiner Auffassung relativ unbedeutend. Sie reduziert sich im wesentlichen auf die Bestellung und Zusammensetzung des Aufsichtsgremiums. Staatliche Aufsicht spielt bei Hochschulen in staatlicher Trägerschaft eine größere Rolle. Die eher marginale Tragweite dieses Unterschiedes wird deutlich, wenn man die Frage nach dem eigentlichen „Effizienzmotor" im Hochschulwesen stellt. Bei beiden Arten der Trägerschaft ist es die Senior Faculty, die als „Quasi-Eigentümer" für den eigentlichen „Antrieb" sorgt. Grundlage sind die klassischen Elemente des Beschäftigungsverhältnisses von Professoren, die an Elitehochschulen vergleichbar sind, seien diese nun staatlich oder privat verfasst. Im Unterschied zu anderen Branchen hat die Frage der Trägerschaft im Hochschulwesen also keinen Einfluß auf die „wahren" Eigentumsverhältnisse. Es ist daher nur verständlich, daß staatliche Schulen – so z.B. die Haas School of Business in Berkeley – prinzipiell in der gleichen Liga wie private Eliteschulen – also etwa die Wharton School der University of Pennsylvania – „mitspielen" können.[27]

Man kann zusammenfassen, daß sich die klassischen Bestandteile des Professorenbeschäftigungsverhältnisses konsistent als Mechanismen zur „Heilung" der Anreizprobleme begreifen lassen, die mit Nonprofit-Verfassungen im Hochschulwesen einher gehen. Diese Nonprofit-Verfassungen sind aber zur Produktion von Selektionsleistungen und Eliten unumgänglich, wie im letzten Abschnitt begründet wurde. So paßt in den amerikanischen Elitehochschulen alles zusammen: Selektion, Nonprofit-Verfassungen und die „Standesprivilegien" der ordentlichen Professoren.

D. Der „Weg" in die Ivy League

In diesem Beitrag wird nicht diskutiert, wie sinnvoll eine Orientierung an den amerikanischen Spitzenhochschulen als Zielvorstellung für die deutsche Bildungspolitik ist. Es ist nur der „Weg", der kritisch reflektiert wird. Wer die sogenannte Ivy-League nach Deutschland ausdehnen möchte, müßte ganz andere Ansatzpunkte wählen. Sie lassen sich im Einklang zu den obigen Überlegungen zu zwei Bereichen zusammenfassen:

I. Stärkung der „Auslieferungsmöglichkeiten" der deutschen Hochschulen

Hochschulen müssen sich gezielt und in hohem Maße von dem zukünftigen Erfolg ihrer Alumnis abhängig machen können. Nur so können valide Qualitätssignale in einem durch pathologische Qualitätsunsicherheit geplagten Markt gesendet werden, und nur wenn diese Qualitätskommunikation Erfolg hat, lohnt sich Selektion und Elitenbildung. Der kritische Erfolgsfaktor für den Aufbau dieser Commitment-Technologie ist das Funktionieren des Spendenwesens[28], das in Deutschland bekanntlich schwach entwickelt ist. Exemplarisch seien hier nur einige wenige Punkte angerissen, die aber die Richtung angeben.

Auf der Hochschulebene setzt das die Entlassung der staatlichen Hochschulen in eine weitgehende Finanzautonomie voraus.[29] Die Überführung öffentlicher Hochschulen in private Trägerschaft ist keineswegs erforderlich. Man kann es nicht deutlich genug sagen: Im Hochschulwesen hat die Frage der Trägerschaft keinen Einfluß auf die „Eigentumsverhältnisse"! Wenn Hochschulen effizient organisiert sind, dann werden ihre „Eigentumsverhältnisse" ausschließlich durch das Professorenbeschäftigungsverhältnis festgelegt. Die Entkopplung der Trägerschaft von den „wahren" Eigentumsverhältnissen unterscheidet das Hochschulwesen von anderen Branchen. Wer daher glaubt, allein durch die Privatisierung staatlicher Hochschulen auf lange Sicht etwas zu erzielen, irrt sich.[30] Die vorübergehende Prominenz der Privatisierungsfrage ist durch das Finanzkorsett begründet, in dem sich öffentliche Hochschulen in Deutschland derzeit noch bewegen und das privaten Hochschulen (hoffentlich nur vorübergehende) Flexibilitätsvorteile schafft. Dieses Finanzkorsett hat aber nicht grundsätzlich oder gar zwingend etwas mit der Trägerschaftsfrage zu tun. Am Beispiel der USA, wo staatliche Elitehochschulen ihre über den Spendenmechanismus und andere Instrumente[31] angetriebene Commitment-Technologie noch wesentlich erfolgreicher aufbauen konnten als viele Hochschulen in privater Trägerschaft, sollte dies eigentlich rasch deutlich werden.[32]

Auf der Ebene der Steuer- und Wirtschaftsgesetze müßten ebenfalls die Rahmenbedingungen zur Erleichterung und Förderung von Spenden an Hochschulen verbessert werden. So können in den USA bekanntlich Alumni-Spenden und Spenden an Hochschulen von der Steuer abgesetzt werden. Dieser „Verzicht" des Staates auf Steuereinnahmen scheint eine wesentliche Voraussetzung dafür zu sein, daß Alumnis über ihren mehr oder weniger erfolgreichen Einsatz in Wirtschaft und Gesellschaft die Lenkungsfunktion für die Finanzströme übernehmen können. Eine mögliche „Gerechtigkeitslücke" – denn der Staat fördert damit jene, die in den Genuß einer Spitzenausbildung kommen und selbst wohlhabend werden[33] – ist scheinbar die Voraussetzung dafür, daß die Finanzströme anreizkompatibel vor allem zu jenen Hochschulen gelenkt werden, die besonders erfolgreich Eliten „produzieren".

II. Schaffung von Quasi-Eigentümern auf der Hochschulebene

Auf den ersten Blick sind die als klassisch bezeichneten Bestandteile des Professorenbeschäftigungsverhältnisses – Lebenszeitstellung, Deferred Compensation, Up-Or-Out-Regeln – im deutschen Hochschulwesen vorhanden. Damit sie jedoch so wirken, daß Quasi-Eigentümer auf der Ebene der einzelnen Hochschule entstehen, müßten sie offensichtlich nicht auf Landes- oder Bundesebene, sondern auf der Ebene der einzelnen Hochschulen verankert werden.

Amerikanische Professoren maximieren eine über das Deferred Compensation-Schema geschaffene hochschulbezogene Rente. Was diese letztlich wert ist, hängt von der Reputations- und Vermögenssituation der eigenen Hochschule ab, die auf diese Weise stark ins Augenmerk der Professoren rückt. Offensichtlich dürfen Professoren keine Landesbeamten sein, wenn dieser Mechanismus wirken soll. Dies bedeutet aber nicht, daß die Lebenszeitstellen abgeschafft, sondern daß sie lediglich – wie beim Tenure-System – durch die Hochschulen selbst vergeben und bewirtschaftet werden. Es kann auch nicht darum gehen, Gehaltsniveaus zwischen den einzelnen Rangstufen innerhalb der Fakultät zu nivellieren, denn dies würde den Deferred Compensation-Mechanismus offensichtlich beschädigen und so die Grundlage für den Residualeigentümerstatus der Senior Faculty unterminieren. Der Residualeigentümerstatus setzt des weiteren aber voraus, daß eine Abhängigkeit zwischen dem absoluten Gehaltsniveau sowie der Ressourcenausstattung der Senior Faculty und der Reputations- und Vermögenslage der Schule institutionalisiert wird. Mit einem einheitlichen Landes- oder Bundesbesoldungssystem sind diese Forderungen inkompatibel. Das Beschäftigungsverhältnis der Professoren müßte daher in ein Beschäftigungsverhältnis mit der einzelnen Hochschule transformiert werden. Hier auf der Ebene der einzelnen Hochschule würden alle klassischen Komponenten der Professorenbeschäftigung ihre ökonomische Funktion erfüllen, wie die Analyse der amerikanischen Situation zeigt. Man bekäme auf diese Weise Quasieigentum und damit den Inbegriff einer leistungsorientierten Entlohnung für Professoren schlechthin.

Diese Überlegungen legen auch nahe, daß man mit Reformen, die den wissenschaftlichen Nachwuchs betreffen, sehr differenziert und vorsichtig umgehen muß. So sind alle Experimente abzulehnen, die den Deferred Compensation-Mechanismus oder die Up-Or-Out-Regel aufweichen. Man würde damit den „Effizienzmotor" im Hochschulwesen aus zwei Gründen beschädigen: Die Anreize der Senior Faculty, die Reputation der Fakultät zu bewirtschaften, schwinden mit dem Abschmelzen der durch Deferred Compensation geschaffenen hochschulbezogenen Rente. Mit der Aufweichung der Up-Or-Out-Regel erschwert man die Veranstaltung eines aussagefähigen relativen Leistungsturniers noch zusätzlich und beraubt die Senior Faculty nicht nur ihrer Anreize, sondern auch ihres entscheidenden Werkzeugs zur Gewinnung von Information über geeigneten Nachwuchs.

Reformen für den wissenschaftlichen Nachwuchs sollten statt dessen auf die Verbesserung der Selektionsleistung der veranstalteten Turniere gerichtet sein. In diesem Punkt gibt es in Deutschland erheblichen Nachholbedarf. So ließe sich die Objektivierbarkeit des Screening-Prozesses durch eine Formalisierung der Doktoranden- und Postdoktorandenausbildung sowie durch einen stärkeren Einbezug von Marktsignalen erheblich steigern. Promotionsstudium und formale Postdoc-Programme begrenzen die Abhängigkeit des wissenschaftlichen Nachwuchses von einzelnen Professoren und engen deren diskretionäre Verhaltensspielräume ein. Sie schaffen zudem vergleichbare Ausgangsbedingungen für alle Kandidaten – z.B. hinsichtlich der verfügbaren Zeit – und verbessern so die Grundvoraussetzungen für eine aussagefähige relative Leistungsbewertung. Die stärkere Auswertung von Publikationen in referierten Journalen für die „Beförderung" begrenzt ebenfalls Abhängigkeiten von einzelnen „Ziehvätern" oder „Ziehmüttern" zu Gunsten einer Zertifizierung durch die Scientific Community. Sie verhindert zudem folgenschwere

Fehlspezialisierungen, indem sie die Möglichkeit einzelner Professoren, wissenschaftlichen Nachwuchs für eine selbstreferentielle Schulenbildung zu mißbrauchen, erheblich einschränkt. Kumulative Habilitationsverfahren, in denen ein bestimmtes Punkteprogramm durch referierte Beiträge zu erarbeiten ist, sind in diesem Kontext eine Möglichkeit, Einzelurteile in dem Selektionsprozeß stärker durch den Peer Review-Mechanismus[34] zu substituieren.

Auch wenn also bei der Nachwuchsgewinnung erhebliches Reformpotential besteht, umschreiben die in der politischen Diskussion häufig verwendeten Begriffe der Erleichterung und Attraktivitätssteigerung die Richtung der notwendigen Verbesserungen nur unzureichend. Tatsächlich sollte man es ja ungeeigneten Nachwuchswissenschaftlern so schwer machen, daß es für sie so gut wie ausgeschlossen ist, ans Ziel zu kommen. Das erst lockt und begünstigt geeigneten wissenschaftlichen Nachwuchs, der von allgemeinen Erleichterungen nur Nachteile hätte. Das Verfolgen einer wissenschaftliche Karriere wird für geeignete Kandidaten attraktiver, gerade wenn sie den anderen zuverlässig verwehrt wird und so Zufall und Opportunismus aus dem Spiel bleiben.

Für eine in diesem engeren Sinne verstandene Erleichterung und Attraktivitätssteigerung ist aber ausschließlich die Verbesserung der Selektionsmechanismen ausschlaggebend. Dafür muß man weder die Deferred Compensation beschädigen, indem man die Gehaltsdifferentiale zwischen Professor und Assistent reduziert, noch die Up-Or-Out-Regel aussetzen, indem man Dauerbeschäftigungsverhältnisse für Assistenten einführt. Auf diesem Weg, auf dem das österreichische Hochschulwesen bekanntlich schon ein Stück vorangeschritten ist, erzielt man mit hoher Wahrscheinlichkeit das Gegenteil, weil man ganz offensichtlich die Selektionsleistung der Nachwuchsturniere verringert anstatt sie zu stärken.

Anmerkungen

1 Vgl. z.B. den recht ausgewogenen Überblick bei Kieser (1999).
2 Vgl. hierzu Easterbrook/Fischel (1991).
3 Das schlägt z.B. der SPD-Bildungspolitiker Peter Glotz vor. Vgl. dazu Handelsblatt vom 19.10.1999.
4 Die härteste Attacke gegen den Stand der Universitätsprofessoren wurde ausgerechnet vom Präsidenten der Hochschulrektorenkonferenz, Klaus Landfried, initiiert, der „Faulpelzen" mit Sanktionen, Disziplinarmaßnahmen und im Extremfall mit dem Rausschmiss auf den Leib rücken möchte. Siehe dazu eine Serie von Zeitungsinterviews, z.B. Hannoversche Allgemeine Zeitung vom 26. Juli 1999, taz vom 27. Juli 1999.
5 Siehe dazu ausführlich Franck/Opitz (1999c).
6 Die derzeitige Bundesbildungsministerin Edelgard Bulmahn hat eine Expertenkommission eingesetzt, die bis Ende 2000 Vorschläge zu einem neuen Dienstrecht für Professoren erarbeiten soll. Die im folgenden diskutierten Reformvorschläge basieren in erster Linie auf Berichten aus der Arbeit dieser Kommission, auf Berichten aus der Arbeit der Kultusministerkonferenz (KMK) und der Hochschulrektorenkonferenz (HRK). Einen schnellen Überblick geben die Hefte von Forschung&Lehre, insbesondere Heft 9/99.
7 Siehe Froomkin (1990), S. 213f. und McPherson/Schapiro (1999), S. 91. Gerade die Elitehochschulen verstärken das Tenure-System derzeit durch Abschaffung des Mandatory Retirement noch weiter, so daß tatsächlich die Institution einer „lebenslangen" Beschäftigung entsteht.
8 Siehe Milgrom/Roberts (1992), S. 382.
9 Vgl. dazu den in vielerlei Hinsicht wegweisenden Beitrag von Hansmann (1980).
10 Vgl. dazu ausführlich Franck/Opitz (1999a).

11 Vgl. zur Systematisierung von Inspektions-, Erfahrungs- und Vertrauensgütern grundlegend Nelson (1970). Zu einer entsprechenden Analyse des Hochschulbereiches vgl. z.B. Franck/Schönfelder (1999).
12 Vgl. dazu Franck/Opitz (1999a), die ein breites Spektrum von Möglichkeiten zum Aufbau einer Commitment-Technologie behandeln.
13 Studiengebühren haben weniger eine Finanzierungs- als eine Marktaufspaltungsfunktion, d.h. sie unterstützen die Hochschulen bei ihren „Sortierbestrebungen"; vgl. dazu ausführlich Franck/Opitz (1999b).
14 25 Institutionen haben Stiftungsvermögen von mehr als einer Milliarde USD. Zusammen bringen diese Hochschulen über die Hälfte des gesamten Stiftungsvermögens aller amerikanischen Hochschulen auf; vgl. dazu Klinger (1988). An dieser Stelle könnte man geneigt sein, eine „einfachere" Erklärung für den Zusammenhang zwischen der Reputation der Hochschulen und dem Spendenaufkommen zu akzeptieren. So läßt sich einwenden, daß die Reputation eines Absolventen stark an die Reputation der Hochschule gekoppelt ist. Diese Reputation wird durch Spenden gepflegt und aufrecht erhalten. Der Absolvent „kauft" sich den Reputationserhalt sozusagen durch Spenden. Zu diesem Mechanismus vgl. Hansmann (1990), S. 27. Nach meiner Auffassung ist das eine mögliche Erklärung dafür, warum Alumnis den lediglich implizit geschlossenen Vertrag über eine ex post-Bezahlung der erhaltenen Ausbildungsdienste einhalten *wollen*. Bei der hier skizzierten Commitment-Technologie geht es aber um die Frage, wieviel Geld die Alumnis selbst und durch Einfluß auf Dritte für ihre Hochschule einspielen *können*. Hat die Hochschule schlecht selektiert und ausgebildet, dann werden ihre Alumnis nur kleine Hebel bedienen. So sehr sie im eigenen Interesse die Reputation ihrer Hochschule durch Spenden auch pflegen wollten, sie werden dazu kaum in der Lage sein. Nur wer die „Produktion" von High Potentials beherrscht, kann es auf sich nehmen, sich dem Spendenmechanismus in erheblichem Umfang auszuliefern, indem er entsprechende Vorleistungen an die Studenten abgibt. Die Frage der Alumni Compliance und der Mechanismus der Commitment-Technologie sind also zwei verschiedene Dinge.
15 Vgl. dazu auch Rose-Ackerman (1996), S. 715 ff.
16 Vgl. Fama/Jensen (1983a), (1983b), Jensen (1993); vgl. Brown (1997) für einen Überblick.
17 Die folgende Erklärung basiert im wesentlichen auf dem Aufsatz von Brown (1997). An einigen Stellen wird jedoch erheblich vereinfacht und modifiziert.
18 Vgl. dazu auch Picot/Dietl/Franck (1999), S. 255.
19 Brown (1997, S. 443–446) beschreibt in einem historischen Überblick auch die Anfänge der privaten amerikanischen Hochschulen. Es waren einfache Schulen zur Ausbildung von Priestern und Lehrern, die im festen Griff eines lokalen „Laienaufsichtrates" bzw. der Kirche standen. Er führt zur Entwicklung der Hochschulen aus: „The increased specialization among faculty and academic disciplines made it more difficult for the trustees to effectively evaluate the university's performance (Brown (1997), S. 444)."
20 Hier entfernt sich die Argumentation von Brown (1997).
21 McCormick/Meiners (1988) zeigen in einer empirischen Untersuchung, daß der akademische Output von Fakultäten zurück geht, je höher der Grad der Selbstverwaltung ist.
22 Vgl. z.B. Milgrom/Roberts (1992), S. 311.
23 Darauf, daß die Trustees auf die Informationszuarbeit der Faculty beim Monitoring des Administrators angewiesen sind, hat schon Coelho (1976) hingewiesen.
24 Vgl. für eine Vielfalt von Erklärungsmöglichkeiten Milgrom/Roberts (1992), S. 358–446, wo eine Lohnverschiebung auf spätere Jahre in unterschiedlichen Kontexten immer wieder auftaucht. Die prominente Bonding-Erklärung des Phänomens geht zurück auf Lazear (1979, 1981).
25 Für die Existenz von Up-Or-Out Regeln gibt es neben der folgenden auch noch andere Erklärungen; vgl. Milgrom/Roberts (1992), S. 382; vgl. Franck/Pudack (1999) für verschiedene ökonomische Implikationen dieser Regel in der Beratungsbranche.
26 Vgl. Brown (1997), S. 453.
27 Die Auswertung der aktuellen Rankings der Zeitschrift U.S.News unter http://www.usnews.com/ durch den Verfasser ergab folgendes Bild. Unter den Top 50 der National Universities sind 18 Universitäten in staatlicher Trägerschaft. Fachbezogen läßt sich noch weiter differenzieren. Unter den Top 50 der Business Schools finden sich 25 Public Schools. Unter den Top 50 Anbie-

tern von Ph.D.-Programmen in Economics sind 24 Hochschulen in staatlicher Trägerschaft. Unter den Top 50 Engineering-Anbietern stehen nicht weniger als 31 staatliche Schulen.
28 Genau genommen ist für die Commitment-Technologie nur entscheidend, daß eine Form der erfolgsabhängigen ex post-Entlohnung der Hochschule gewählt wird. Neben der Spendenvariante, die in den USA offensichtlich eine sehr erfolgreiche Umsetzungsmöglichkeit einer solchen ex post-Entlohnung darstellt, sind zumindest prinzipiell auch andere Formen denkbar. Vgl. dazu Franck/Opitz (1999a), (1999b).
29 Das bedeutet nicht, daß der Staat sich seiner durch Spillovers begründbaren Fördererrolle entziehen kann. Eine anreizkompatible Förderung könnte z.B. durch Spendenmatching – also proportionale Zuschläge des Staates auf das eingeworbene Spendenaufkommen – sichergestellt werden.
30 Eine Auswertung der Top 50 National Universities unter http://www.usnews.com/ zeigt, daß z.B. die staatlichen Hochschulen University of Virginia, University of California at Los Angeles, University of California at San Diego, University of Michigan at Ann Arbor, University of North Carolina at Chapel Hill, Georgia Institute of Technology und University of Wisconsin at Madison im sogenannten „alumni giving rank" allesamt unter den Top 50 rangieren.
31 Vgl. Franck/Opitz (1999a).
32 Vgl. in diesem Zusammenhang Simon (1998), der in der Privatisierung der deutschen Hochschulen eine Art von „Allheilmittel" entdeckt zu haben glaubt. Schon der Titel „Hochschulen: Durch Privatisierung zur Weltklasse" drückt dies aus.
33 Siehe dazu ausführlicher Franck/Schönfelder (1999).
34 Vgl. zur Anreizkompatibilität des Peer Review Franck/Schönfelder (1999). Den zu Grunde liegenden Matching-Mechanismus beschreibt Jungwirth (1999).

Literatur

Brown, W. O. (1997), University Governance and Academic Tenure: A Property Rights Explanation, in: *Journal of Institutional and Theoretical Economics*, Vol 153, S. 441–461.

Carmichael, H. L. (1988), Incentives in Academics: Why Is There Tenure?, in: *Journal of Political Economy*, Vol. 96, S. 453–472.

Coelho, Ph. R. P. (1976), Rules, Authorities, and the Design of Not-For-Profit Firms, in: *Journal of Economic Issues*, Vol. 10, S. 415–428.

Easterbrook, F.; D. Fischel (1991), The Economic Structure of Corporate Law, Cambridge (MA) 1991.

Fama, E.; M. C. Jensen (1983a), Separation of Ownership and Control, in: *Journal of Law and Economics*, Vol. 26, S. 305–325.

Fama, E.; M. C. Jensen (1983b), Agency Problems and Residual Claims, in: *Journal of Law and Economics*, Vol. 26, S. 327–349.

Franck, E.; C. Opitz (1999a), Hochschulen als „Sortiereinrichtungen" in Humankapitalmärkten, in: *Zeitschrift für Betriebswirtschaft*, 69. Jhrg., S. 1313–1330.

Franck, E.; C. Opitz (1999b), Zur Funktion von Studiengebühren angesichts von Informationsasymmetrien auf Humankapitalmärkten, Freiberger Arbeitspapiere 99/08, TU Bergakademie Freiberg, erscheint in: *Schmalenbachs Zeitschrift für betriebswirtschaftliche Forschung*, 53. Jhrg., 2001.

Franck, E.; C. Opitz (1999c), Leistungsorientierte Entlohnung für Professuren – Ökonomische Anmerkungen zur geplanten Dienstrechtsreform im deutschen Hochschulwesen, Freiberger Arbeitspapiere 99/28, TU Bergakademie Freiberg 1999.

Franck, E.; T. Pudack (1999), Unternehmensberatungen und die Selektion von Humankapital, Freiberger Arbeitspapiere 99/13, TU Bergakademie Freiberg, erscheint in: *Die Unternehmung*, 54. Jhrg., 2000.

Franck, E.; B. Schönfelder (1999), On the Role of Competition in Higher Education. Uses and Abuses of the Economic Metaphor, Freiberger Arbeitspapiere 99/25, TU Bergakademie Freiberg, erscheint in: *Schmalenbach Business Review*, 52. Jhrg., 2000.

Froomkin (1990), The Impact of Changing Levels of Financial Resources on the Structure of Colleges and Universities, in: S. A. Hoenach; E. L. Collins (eds.): The Economics of American Universities, Albany (NY) 1990, S. 189–214.

Hansmann, H. B. (1980), The Role of Nonprofit Enterprise, in: *Yale Law Journal*, Vol. 89, S. 835–901.

Hansmann, H. B. (1990), Why Do Universities Have Endowments?, in: *Journal of Legal Studies*, Vol. 19, S. 3–42.

Jensen, M. C. (1993), The Modern Industrial Revolution, Exit, and the Failure of Internal Control Systems, in: *Journal of Finance*, Vol. 48, S. 831–853.

Jungwirth, C. (1999), Die Konzentration von Humankapital, Job-Matching-Prozesse und Informationsstreuung, Freiberger Arbeitspapiere 99/32, TU Bergakademie Freiberg.

Kieser, A. (1999), Über Marktmechanismen nachdenken – Aspekte zum Wettbewerb an Universitäten, in: *Forschung & Lehre*, 6/1999, S. 284–285.

Klinger, D. (1988), Fiscal 1997 NACUBO Endowment Study Results. Washington: National Association of College and University Business Officers.

Lazear, E. P. (1979), Why is there Mandatory Retirement?, in: *Journal of Political Economy*, Vol. 87, S. 1261–1284.

Lazear, E. P. (1981), Agency, Earnings Profiles, Productivity, and Earnings Restrictions, in: *American Economic Review*, Vol. 71, S. 606–620.

McCormick, R. E.; R. E. Meiners (1988), University Governance: A Property Rights Perspective, in: *Journal of Law and Economics*, Vol. 31, S. 423–442.

McPherson, M. S.; M. O. Schapiro (1999), Tenure Issues in Higher Education, in: *Journal of Economic Perspectives*, Vol. 13, S. 85–98.

Milgrom, P.; J. Roberts (1992), Economics, Organization and Management, Englewood Cliffs (N.J.) 1992.

Nelson, Ph. (1970), Information and Consumer Behaviour, in: *Journal of Political Economy*, Vol. 78, S. 311–329.

Picot, A.; H. Dietl; E. Franck (1999), Organisation – Eine ökonomische Perspektive, 2. Auflage, Stuttgart 1999.

Rose-Ackerman, S. (1996), Altruism, Nonprofits, and Economic Theory, in: *Journal of Economic Literature*, Vol. 34, S. 701–728.

Rothschild, M.; L. White (1993), The University in the Marketplace: Some Insights and Some Puzzles, in: C. Clotfelter; M. Rothschild (eds.), Studies of Supply and Demand in Higher Education, Chicago 1993, S. 11–42.

Simon, H. (1998), Hochschulen: Durch Privatisierung zur Weltklasse, in: *Das Wirtschaftsstudium*, Heft 11/98, S. 1249–1250.

Winston, G. C. (1999), Subsidies, Hierarchy and Peers: The Awkward Economics of Higher Education, in: *Journal of Economic Perspectives*, Vol. 13, S. 13–36.

Zusammenfassung

Zwei Mythen der deutschen Hochschulreformdiskussion – die Vorstellung, Hochschulen müßten immer mehr wie Unternehmen verfaßt und organisiert werden, und die Vorstellung, Professoren müßten ihre „Privilegien" zu Gunsten einer sogenannten leistungsorientierten Entlohnung aufgeben – werden in diesem Beitrag aufgegriffen und ökonomisch analysiert. Ganz im Einklang zur amerikanischen Empirie zeigt auch die Theorie, daß eine Nonprofit-Verfassung notwendige Rahmenbedingung für Selektion und Elitenbildung im Hochschulwesen ist. Gerade die klassischen Bestandteile des Professorenbeschäftigungsverhältnisses – die „Privilegien" – erweisen sich in der weiteren Analyse als die Grundbausteine des „Effizienzmotors" für Nonprofit-Elitehochschulen. Andere Reformvorschläge zur Annäherung an die amerikanischen Elitehochschulen werden daher vorgestellt.

Summary

The German discussion of reforms in Higher Education is strongly influenced by two dysfunctional myths. They state that universities should be governed like firms and professors should receive a rather short-term performance-based remuneration incompatible with the classical employment relation characterized by tenure, deferred compensation and up-or-out-rules. However, the economic analysis confirms the empirical facts in U.S. Higher Education and shows that the nonprofit status of universities is a prerequisite for building up strong selection procedures and a quality reputation in this specific market. The classical elements of the employment relation of professors contribute to the solution of the agency problems usually attributed to nonprofits. Therefore other proposals for improving the competitiveness of German universities are exposed.

13: Ausbildungs- und Berufsfragen
014: Volkswirtschaftlicher Rahmen

Stellenwert und Kriterien der Studentenauswahl an US-Hochschulen

Von Christian Schwirten

Überblick

- Ein geringer Teil der amerikanischen Hochschulen erhält wesentlich mehr Bewerbungen als dort Studienplätze zur Verfügung stehen.
- Dieser Beitrag untersucht, warum diese Hochschulen die Studentenauswahl mit großer Sorgfalt betreiben und welche Auswahlkriterien dabei zum Einsatz gelangen.
- Trotz gewisser Mängel tragen die amerikanischen Auswahlverfahren der Forderung nach Leistungsgerechtigkeit und Leistungsstimulierung in hohem Maße Rechnung.
- Deutsche Hochschulen können daraus wertvolle Anregungen gewinnen, da sie aufgrund der Novellierung des Hochschulrahmengesetzes zukünftig stärkeren Einfluß auf die Zusammensetzung ihrer Studentenschaft haben.

Eingegangen: 28. Februar 2000

Dipl.-Volkswirt Christian Schwirten, wissenschaftlicher Mitarbeiter an der TU Bergakademie Freiberg, Forschungsstelle Innovationsökonomik, Lessingstraße 45, D-09596 Freiberg, schwirt@vwl.tu-freiberg.de.

A. Einleitung

Immer häufiger wird in der hochschulpolitischen Diskussion eine Stärkung des Wettbewerbs in der Lehre gefordert, um das Leistungsniveau der Hochschulen zu steigern. Essentieller Bestandteil von Wettbewerb in der Lehre ist der Wettbewerb um Studenten (Müller-Böling, 1996), d.h. das Recht der Studenten auf freie Hochschulwahl sowie das Recht der Hochschulen, sich selber ihre Studenten auszusuchen. Obwohl der Wissenschaftsrat bereits 1985 eine Stärkung des Wettbewerbs um Studenten forderte (Wissenschaftsrat, 1985), haben die Hochschulen erst mit der 1998 beschlossenen Novelle des Hochschulrahmengesetzes (HRG) mehr Einfluß auf die Auswahl und Zusammensetzung ihrer Studentenschaft erhalten. Diese Reformmaßnahme ist ein geeigneter Anlaß, einen Blick auf die amerikanischen Hochschulen zu werfen, die seit jeher ihre Studenten selber auswählen.

Nach einer theoretischen Analyse, warum die Studentenauswahl für Hochschulen allgemein und in den USA in besonderem Maße von Bedeutung ist (Abschnitt B), wird mit Hilfe einiger statistischer Daten verdeutlicht, daß nur ein geringer Teil der US-Hochschulen die Mehrzahl der Bewerber ablehnt und damit als sehr selektiv einzustufen ist (Abschnitt C). Abschnitt D beschreibt den typischen Ablauf des amerikanischen Bewerbungsverfahrens. Im Hauptteil des Aufsatzes (Abschnitt E) werden die verschiedenen Auswahlkriterien beschrieben. Aus Platzgründen liegt der Schwerpunkt hierbei auf der Undergraduate-Ebene. Ergänzende Hinweise zur Graduate-Ebene zeigen jedoch, daß die Studentenauswahl auf beiden Ebenen ähnlichen Mustern folgt. Daran schließen sich eine Beschreibung der hinter den Kriterien liegenden Auswahlphilosophie (Abschnitt F), einige kritische Anmerkungen zu den US-Auswahlverfahren (Abschnitt G) sowie ein Vergleich deutscher und amerikanischer Auswahlverfahren hinsichtlich der Leistungsgerechtigkeit und Leistungsstimulierung (Abschnitt H) an. Der abschließende Abschnitt I geht der Frage nach, welche Chancen und Herausforderungen auf deutsche Hochschulen durch die HRG-Novelle zukommen.

B. Wettbewerbliche Verfassung und Finanzierung des amerikanischen Hochschulsystems

I. Das Interesse der Studenten an der Hochschulwahl

Amerikanische High School-Absolventen können sich direkt an einer beliebigen Zahl frei wählbarer Hochschulen bewerben und unterliegen starken Anreizen, die Hochschulwahl nicht nach dem Zufallsprinzip oder allein nach der Nähe zum Wohnort zu treffen. Zum einen variiert die Qualität der US-Hochschulen sehr stark, zum anderen gibt es große Unterschiede hinsichtlich der Studiengebühren (an den teuersten Hochschulen mittlerweile bis zu knapp 30.000 US-Dollar pro Jahr), wodurch für jede Hochschule ein individuelles Preis-Leistungs-Verhältnis resultiert.

Zu den von der Hochschule angebotenen Leistungen zählen neben der Qualität des Lehrpersonals und den vermittelten Studieninhalten aus zwei Gründen das Niveau und die Zusammensetzung der Kommilitonen. Erstens dienen Hochschulen, wie andere Organisa-

Stellenwert und Kriterien der Studentenauswahl an US-Hochschulen

tionen auch, als ‚Reputationsgemeinschaften' (Basu, 1989; Hansmann, 1986; Trow, 1984). Für Unternehmen oder andere Arbeitgeber ist die genaue Beurteilung der Qualifikation eines Hochschulabsolventen grundsätzlich mit erheblichem Aufwand verbunden, der sich jedoch deutlich verringert, sofern eine Hochschule über eine Reputation verfügt, aus der mit ausreichend großer Sicherheit auf die Qualität der Studenten geschlossen werden kann.[1] Daraus erwachsen für Studenten ähnlichen Leistungsniveaus – insbesondere für die besten Studenten – Anreize, sich mittels ‚Zusammenschluß' gegenseitig ihre Qualifikation zu zertifizieren und bei potentiellen Arbeitgebern durch vergleichsweise niedrige Inspektionskosten einen Bewerbungsvorteil zu verschaffen.

Während Reputationsgemeinschaften bloß die *sichtbare Assoziation* ähnlich qualifizierter Personen erfordern, ist die Zusammensetzung der Studentenschaft auch aus einem zweiten Grund von Bedeutung, der mit der *Interaktion* der Studenten zu tun hat: Wie zahlreiche Studien belegen, beeinflussen die Kommilitonen in nicht unerheblichem Maße den Lernprozeß des einzelnen Studenten (sog. Peer Effect), d.h. das Niveau der Studentenschaft spielt sowohl für die fachlichen Fortschritte als auch die Persönlichkeitsentwicklung eine große Rolle (Astin, 1993; Pascarella/Terenzini, 1991). Nicht zufällig sind vor allem die amerikanischen Eliteuniversitäten als Campushochschulen organisiert, auf deren Campus ein Großteil der Studenten wohnt (z.T. ist im ersten Studienjahr das Wohnen auf dem Campus Pflicht) und dank eines umfangreichen Freizeitangebots (Sportcenter, Orchester, Chöre, Theatergruppen, Studentenzeitung, politische und andere Vereinigungen) auch wesentliche Teile der Freizeit verbringt.

II. Das Interesse der Hochschulen an der Studentenauswahl

Auch die Hochschulen haben in den Vereinigten Staaten starke Anreize, der Studentenauswahl große Aufmerksamkeit zu schenken. Da private wie staatliche Hochschulen die Höhe ihrer Studiengebühren selber festlegen, läßt sich durch geschickte Auswahl der Studenten (Erfüllung der Funktion als Reputationsgemeinschaft, Maximierung des Peer Effects) c.p. die Zahlungsbereitschaft der Studenten erhöhen und die Einnahmesituation der Hochschule, ohne nachteilige Ausweitung der Studentenzahlen, über höhere pro-Kopf-Einnahmen verbessern. Außerdem – und unabhängig von der Erhebung von Studiengebühren – befruchten überdurchschnittliche Studenten in besonderem Maße die Forschung, verursachen einen geringeren Betreuungsaufwand und eignen sich besonders als studentische Hilfskräfte, wodurch insgesamt die Anwerbung guter Wissenschaftler erleichtert wird.

Zu den langfristigen Vorteilen zählt die finanzielle Unterstützung der Hochschule durch die Absolventen (Alumni), die mit der Qualifikation der Studenten und dem damit korrelierten Erfolg der Absolventen tendenziell ansteigt. Die Rolle der Absolventen beschränkt sich in Amerika allerdings nicht auf die Spendenfunktion. Erfolgreiche Alumni erleichtern außerdem den Zugang zu Forschungsgeldern und Beratungstätigkeiten in Wirtschaft, Politik etc. und bereichern Forschung und Lehre durch Vorträge oder die Teilnahme an Seminaren und anderen Veranstaltungen, weswegen die Alumni-Betreuung an US-Hochschulen eine hohe Priorität genießt. Selbst ohne direkte Unterstützung fördern erfolgreiche Alumni die Hochschule, indem sie deren Renommee steigern und auf indirekte

Weise die Einwerbung von Spenden, Forschungsgeldern oder Beratungsaufträgen vereinfachen.

In jedem Hochschulsystem, in dem Hochschulen um Studenten konkurrieren, existieren gewisse Anreize, durch besondere Anstrengungen gute Bewerber anzuziehen und die Studentenauswahl mit Sorgfalt zu betreiben. In den USA sind diese Anreize besonders ausgeprägt, weil dort der Großteil der Hochschuleinnahmen aus wettbewerblichen Verfahren stammen, in denen die Qualität der Studenten bzw. Absolventen direkt oder indirekt von Bedeutung ist.[2]

Insgesamt stellt sich das amerikanische Hochschulsystem als ein stark wettbewerbliches System dar, in dem die Studenten an die besten Hochschulen zu gelangen und die Hochschulen die besten Studenten für sich zu gewinnen versuchen. Die Kombination von freier Hochschulwahl durch die Studenten und Auswahl der Studenten durch die Hochschulen führt zu einer Konzentration der besten Studenten an einer relativ kleinen Zahl von Elitehochschulen. Nach Auffassung von Cook und Frank (1993) hat die Elitenkonzentration in der Vergangenheit aufgrund gestiegener Mobilität (u.a. bedingt durch sinkende relative Preise für Transport- und Telekommunikationsdienstleistungen) sogar zugenommen. In Europa wird oft übersehen, daß das amerikanische Hochschulsystem keineswegs nur aus Eliteuniversitäten besteht, sondern unterhalb der Spitzengruppe eine große Zahl von ‚Second Tier'- und ‚Third Tier'-Hochschulen existiert und ganz am unteren Ende des stark stratifizierten Hochschulsystems ‚Institutions of Higher Education' rangieren, denen in Deutschland das Prädikat Hochschule oder Fachhochschule kaum zuerkannt würde. So zeigt z.B. Pieper (1989) in einer Analyse der, die geringe Zahl von Spitzen-Universitäten deutlich übersteigenden, Gesamtheit amerikanischer Business Schools, daß die deutsche Ausbildung zum Diplom-Kaufmann im Vergleich zum amerikanischen MBA-Studium in vielerlei Hinsicht als überlegen zu werten ist.

C. Ausmaß der Notwendigkeit zur Selektion

Bedingt durch die Stratifizierung des Hochschulsystems stellt sich die Herausforderung der Studentenauswahl nicht an allen US-Hochschulen gleich stark, sondern nur ein geringer Teil der Hochschulen erhält wesentlich mehr Bewerbungen als Studienplätze vorhanden sind und erlangt damit den an eine deutliche Übernachfrage geknüpften Status einer ‚Elite-Hochschule'. Für den Bereich des zum Bachelor-Abschluß führenden Undergraduate-Studiums sind in Tabelle 1 die 20 selektivsten Colleges der amerikanischen Forschungsuniversitäten aufgeführt.[3] Das selektivste Undergraduate College ist das der Harvard University, das nur 11% seiner Bewerber eine Zusage erteilt (Acceptance Rate); dort schreiben sich 78% der angenommenen Bewerber schließlich auch ein (Yield).[4] Während in der Acceptance Rate die Schärfe des von der Hochschule durchgeführten *Ausleseprozesses* zum Ausdruck kommt, schlägt sich in dem Yield die *Selbstselektion* unter den angenommenen Bewerbern nieder. Quantitativ ist dieser Selbstselektionsprozeß nicht unbedeutend. Bereits an der auf Platz 16 rangierenden Pennsylvania State University ist der Anteil der von der Hochschule akzeptierten Bewerber (38%) größer als der Anteil der akzeptierten Bewerber, die sich an der Hochschule immatrikulieren (nur 37%), d.h. hier selektieren die angenommen Bewerber bereits stärker als die Hochschule.

Stellenwert und Kriterien der Studentenauswahl an US-Hochschulen

Tab. 1: Annahmequoten und Yield-Quoten der selektivsten Undergraduate Colleges amerikanischer Forschungsuniversitäten

Name der Hochschule	Acceptance Rate[1]	Yield[2]	Name der Hochschule	Acceptance Rate[1]	Yield[2]
1. Harvard University (pr[3])	11	78	11. Tufts University (pr)	32	32
2. Princeton University (pr)	13	68	12. Northwestern University (pr)	32	39
3. Stanford University (pr)	16	61	13. Cornell University (pr)	33	45
4. Yale University (pr)	18	59	14. University of Virginia (st)	33	50
5. Darmouth College (pr)	20	48	15. UNC Chapel Hill (st)	37	56
6. Georgetown University (pr)	23	47	16. Pennsylvania State Univ. (st)	38	37
7. MIT (pr)	25	55	17. UC Los Angeles (st)	39	35
8. Cal Tech (pr)	25	43	18. Univ. of Notre Dame (pr)	40	51
9. UC Berkeley (st[4])	31	42	19. Johns Hopkins (pr)	40	30
10. Duke University (pr)	31	69	20. Boston College (pr)	41	37

Quelle: eigene Berechnungen mit Daten aus TIME/The Princeton Review (1997) und U.S.News (1997); die Angaben beziehen sich auf das akademische Jahr 1996/97.
1 = Anteil der angenommenen Bewerber an allen Bewerbern in %; 2 = Anteil der eingeschriebenen Studienanfänger an angenommenen Bewerbern in %; 3: pr = privat; 4: st = staatlich.
MIT = Massachussetts Institut of Technology; Cal Tech = California Institute of Technology; UC = University of California; UNC = University of North Carolina.

Wie Tabelle 1 bereits in Ansätzen erkennen läßt, sind die privaten Undergraduate Colleges der Forschungsuniversitäten selektiver als die staatlichen. Im (gewichteten) Durchschnitt liegt die Annahmequote an allen Colleges der Forschungsuniversitäten bei 63% (vgl. Tabelle 2, Datenspalte 1), an den staatlichen Colleges wird mit durchschnittlich 70% jedoch ein deutlicher höherer Bewerberanteil zugelassen als an den privaten Colleges (nur 51%). Noch weniger selektiv sind die Undergraduate Colleges der Master's-Universitäten, die insgesamt sogar 73% der Bewerber zulassen.[5] Deutlich rigoroser ist die Auswahl an den Professional Schools, wo die Annahmequoten zwischen 39% (Business Schools) und 4% (Medical Schools) liegen. Aufschlußreich ist auch der durchschnittliche Yield (Tabelle 2, Datenspalte 2). Außer in der Gruppe der Business Schools und der Medical Schools ist der Selbstselektionsprozeß unter den angenommenen Bewerbern (Yield) im Gruppendurchschnitt quantitativ bedeutsamer als der von den Hochschulen durchgeführte Auswahlprozeß (Acceptance Rate).

Gleichwohl alle US-Hochschulen in ihrer Funktion als „Sortiereinrichtungen in Humankapitalmärkten" (Franck/Opitz, 1999) eine gewisse Auswahl treffen, lehnt also nur ein geringer Teil der Einrichtungen mehr als die Hälfte der Bewerber ab (Tabelle 2, Datenspalte 3). Neben den Professional Schools sind es vor allem die Undergraduate Colleges der privaten Forschungsuniversitäten, die der Notwendigkeit der Studentenauswahl in besonderen Maße gegenüber stehen und aus einem großen Pool hochqualifizierter Bewerber eine kleine Auswahl treffen müssen.

Tab. 2: Durchschnittliche Selektivität amerikanischer Undergraduate Colleges und Professional Schools

	Acceptance Rate[1]	Yield[2]	Anteil der Institutionen, die mehr als 50% der Bewerber ablehnen (in %)
Undergraduate Colleges der *privaten* Forschungsuniversitäten (n = 69)	51	35	28
Undergraduate Colleges der *staatlichen* Forschungsuniversitäten (n = 119)	70	42	6
alle Undergraduate Colleges der Forschungsuniversitäten (n = 188)	63	40	14
alle Undergraduate Colleges der Master's-Universitäten (n = 346)	73	44	3
Business Schools (n = 254)	39	58	39
Law Schools (n = 162)	40	32	62
Medical Schools (n = 87)	6	52	100

Quelle: eigene Berechnungen mit Daten aus TIME/The Princeton Review (1997), U.S.News (1997) und Newsweek (1997); die Angaben beziehen sich auf das akademische Jahr 1996/97.
1 = durchschnittlicher Anteil der angenommenen Bewerber an allen Bewerbern in % (gewichtet mit Zahl der Bewerber).
2 = durchschnittlicher Anteil der eingeschriebenen Studienanfänger an angenommenen Bewerbern in % (gewichtet mit Zahl der angenommenen Bewerber).

D. Ablauf des Bewerbungs- und Auswahlverfahrens

Die Bewerbung an einer Hochschule stellt in den USA einen wesentlich langwierigeren Prozeß als in Deutschland dar. Bereits im vorletzten Jahr der High School beginnen die Schüler, an den Examina der standardisierten und für die Bewerbung wichtigen Tests wie dem SAT oder dem ACT (vgl. Abschnitt E. II.) teilzunehmen. Außerdem besichtigen in diesem Jahr viele Schüler mit ihren Eltern verschiedene Universitäten, die zu diesem Zweck spezielle Campus-Führungen und Informationsveranstaltungen anbieten. Die marktliche Verfassung des Hochschulsystems zwingt die Hochschulen zu einem beachtlichem Bündel an Werbemaßnahmen (Stewart, 1992, S. 12–14). So besuchen außerdem die für die Studentenauswahl zuständigen Admissions Officers der überregional rekrutierenden Colleges auf ‚Werbetouren' ausgewählte High Schools in den ganzen USA, gleichwohl der Nutzen derartiger Maßnahmen nicht unumstritten ist (Hernandez, 1997, S. 97f.). Zahlreiche Colleges erwerben zudem vom College Board die Adressen einzelner, nach Kriterien wie Testergebnissen, geographischer Herkunft oder Ethnizität ausgewählter Schüler, um diese mit Werbebroschüren auf die Hochschule aufmerksam zu machen (Duffy/Goldberg, 1998, S. 55f.).

Die Bewerbung an den Hochschulen erfolgt im letzten High School-Jahr, und es wird den Schülern empfohlen, sich an mehreren Hochschulen unterschiedlicher Qualität und

Stellenwert und Kriterien der Studentenauswahl an US-Hochschulen

Selektivität zu bewerben. So haben sich trotz Bewerbungsgebühren von ca. 40 bis 50 US-Dollar je Hochschule im Jahr 1995 41% der Studienanfänger an mindestens vier Hochschulen beworben (McDonough et al., 1998). Im normalen Bewerbungsverfahren liegen die Bewerbungstermine der meisten Hochschulen im Zeitraum Anfang Dezember bis Ende Januar, die Zu- bzw. Absagen werden im darauffolgenden April verschickt.

Eine Reihe selektiver Hochschulen bietet auch ein Early Decision-Bewerbungsverfahren an. Dabei können sich Studienbewerber zum 1. November bewerben und erhalten bereits Mitte Dezember eine Zu- bzw. Absage. Im Early Decision-Modus darf man sich jedoch nur an einer einzigen Hochschule bewerben und ist im Falle einer Zusage zur Immatrikulation verpflichtet, d.h. eine spätere Bewerbung an anderen Hochschulen im Normalverfahren ist nicht mehr möglich. Viele Hochschulen besetzen ca. ein Viertel bis ein Drittel ihrer Studienplätze im Early Decision-Verfahren, durch das eine aus Hochschulsicht wünschenswerte Selbstselektion unter den potentiellen Bewerbern einer Hochschule ausgelöst wird (Hernandez, 1997, S. 30): Early Decision-Bewerber sind im Regelfall Studienbewerber, für die die betreffende Hochschule deutlich die erste Wahl darstellt. Aus Gründen des Aufbaus langfristig-loyaler Beziehungen zu ihren Studenten und Alumni sind amerikanische Hochschulen an solchen Kandidaten besonders interessiert. Als weiterer Vorteil des Verfahrens gilt, daß sich durch den Annahmezwang einem neuen Studienjahrgang bereits eine gewisse, ausgewogene Grundstruktur geben läßt (vgl. dazu auch Abschnitt F.).

Begleitet wird der Bewerbungsprozeß von, an den High Schools angestellten, College Counselors, die den Schülern bei der Auswahl potentieller Colleges sowie dem Schreiben der Bewerbungen helfen, die die Werbebesuche der Admissions Officers der Hochschulen koordinieren und die ganz allgemein den Kontakt zu den Universitäten halten. Insgesamt wenden sich also nicht nur die Hochschulen in hohem Maße an die Schüler, sondern auch die High Schools reagieren auf die Anforderungen der Hochschulen.

Auf dem Undergraduate-Level wird die Auswahlentscheidung in der Regel von den bereits erwähnten Admissions Officers und deren Vorgesetztem, dem zum professionellen Hochschulmanagement gehörenden Dean bzw. Director of Admissions, getroffen.[6] An den selektiven Hochschulen wird jede Bewerbung meist zwischen zwei- und fünfmal gelesen, wobei die sehr guten bzw. sehr schlechten Bewerbungen im Normalfall eine schnelle Entscheidung erlauben, während eine häufigere Lektüre der Bewerbungsunterlagen vor allem bei Kandidaten im Mittelfeld notwendig ist. An einigen Hochschulen treffen die einzelnen Admissions Officers in Abstimmung mit dem Dean of Admisssions die Auswahlentscheidung, an anderen fällt die Entscheidung im Kreis aller Admissions Officers oder in Unterkomitees (Fetter, 1995, S. 48; Hernandez, 1997, S. 94–105).

Eine direkte Beteiligung von Professoren an den Auswahlentscheidungen stellt auf dem Undergraduate-Level die Ausnahme dar, die Admissions Officers sind jedoch an maßgeblich von den Professoren formulierte Auswahlvorgaben gebunden (Fetter, 1995, S. 12). Bei Masters-Studiengängen und Ph. D.-Programmen wirken hingegen häufig Professoren, z.T. auch in der Lehre tätige Doktoranden (sog. Teaching Assistants) an der Auswahl mit. Der Umfang dieser Einbindung variiert je nach Hochschule und Professional School bzw. Department (Klitgaard, 1985, S. 18–48).

E. Die Auswahlkriterien

Staatliche wie private Hochschulen besitzen in den USA ein hohes Maß an Autonomie hinsichtlich der konkreten Ausgestaltung der Auswahlverfahren, weshalb eine Vielzahl von Auswahlverfahren existiert. Die folgende Darstellung beschränkt sich auf die am häufigsten verwendeten Selektionskriterien.[7]

I. Noten

Schulnoten zählen auch in den USA zu den wichtigsten Auswahlkriterien. Eine reine Beschränkung auf den Abiturnoten-Durchschnitt, wie sie in Deutschland im ZVS-Auswahlverfahren üblich ist, wird an selektiven US-Hochschulen jedoch nicht praktiziert. Ein derartiges Verfahren ist nämlich keineswegs so objektiv wie vielfach behauptet oder angenommen: Durch die Wahl von als einfach geltenden Fächern läßt sich der Notendurchschnitt ebenso anheben wie durch die Wahl von Lehrern oder Schulen, die für ‚großzügiges' Zensurverhalten bekannt sind, was in Deutschland zur weiten Verbreitung der „Technik der Zensuroptimierung" (Meyer, 1996, S. 21) geführt hat.

Um das Problem ungleicher Benotungsstrenge bzw. der ‚Noteninflation' auszuschalten, sind die US-Hochschulen vor allem an der Rangposition eines Bewerbers innerhalb seines Schuljahrganges interessiert. Sofern der College Counselor diese in den Bewerbungsunterlagen nicht vermerkt hat, versucht die Hochschule selber mit Hilfe der im ‚High School Profile' (eine Selbstdarstellung der Schulen) vermerkten allgemeinen Notenverteilung die Rangposition abzuschätzen. Da amerikanische High Schools den Charakter von Gesamtschulen haben und die meisten Fächer in unterschiedlichen Schwierigkeitsgraden anbieten, berücksichtigt die Hochschule bei der Ermittlung der Rangposition, in welchem Umfang ein Schüler besonders schwere Kurse wie Honors- oder Advanced Placement-Kurse belegt hat.[8] Sofern von der High School bei der Ermittlung der Rangposition keine Gewichtung der Kurse vorgenommen wurde, korrigiert die Hochschule die Rangposition nachträglich. Außerdem achten die Hochschulen auf die Kursinhalte sowie den Notentrend während der drei High School-Jahre.

Bei Bewerbern für Masters- oder Ph.D.-Studiengänge fällt neben der Abschlußnote des Bachelor-Studiums auch das Renommee der Hochschule, an der das erste Studium absolviert wurde, ins Gewicht. Außerdem wird darauf geachtet, daß die im Undergraduate-Studium belegten Kurse inhaltlich in einem sinnvollen Zusammenhang zu dem Aufbaustudium stehen.

II. Ergebnisse standardisierter Tests

Fast alle Hochschulen verlangen von ihren Bewerbern die Teilnahme an standardisierten, bundesweit durchgeführten Tests. Auf der Undergraduate-Ebene sind dies der SAT (Scholastic Assessment Test) bzw. der ACT (American College Test); 90% aller Colleges der Forschungsuniversitäten fordern einen dieser beiden Tests von ihren Bewerbern (U.S. News, 1997, S.70–74). Für Bewerber im Graduiertenstudium stehen der LSAT (Law

Stellenwert und Kriterien der Studentenauswahl an US-Hochschulen

School Admission Test), der GMAT (Graduate Management Admission Test), der MCAT (Medical College Admission Test) sowie der mit Schwerpunkten für verschiedene Fachrichtungen angebotene GRE (Graduate Record Examination) zur Verfügung.

Obwohl die *Aussagekraft* der standardisierten Tests nicht unumstritten ist, sind sie v.a. deswegen weit verbreitet, weil sie ein hohes Maß an *Vergleichbarkeit* herstellen. Je schlechter eine Schule (im Fall einer College-Bewerbung) oder Hochschule (Bewerbung für Aufbaustudiengänge) die Leistungen eines Bewerbers dokumentiert, um so wichtiger werden die Testergebnisse für einen Vergleich der Leistungen verschiedener Bewerber.

An den selektiven Hochschulen werden die Bewerber üblicherweise auf der Grundlage ihrer Schul- bzw. Studiennoten und Testergebnisse in Kategorien von 1–9 oder 1–5 eingestuft. Das Gewichtungsverhältnis von Schulnoten zu Testergebnissen variiert dabei von Hochschule zu Hochschule. Dieses ‚akademische Rating' ist ein wichtiges Auswahlkriterium, entscheidet jedoch nicht allein über die Zulassung. Mit dem Rating steigt zwar der Prozentsatz der in einer Kategorie zugelassenen Bewerber, aber selbst in der obersten Kategorie wird ein geringer Teil der Bewerber nicht zugelassen und in den unteren Kategorien noch ein kleiner Teil der Bewerber angenommen. Überdurchschnittliche Schulnoten und Testergebnisse erhöhen die Zulassungswahrscheinlichkeit, garantieren alleine jedoch deswegen keinen Studienplatz, weil in die Auswahlentscheidung auch die Persönlichkeit des Bewerbers und seine extracurricularen Aktivitäten einfließen.

III. Gutachten

Die meisten Colleges verlangen zwei Empfehlungsschreiben von Lehrern, um auch den Schüler ‚hinter den Noten und Testergebnissen' erkennen und abschätzen zu können, welchen Gewinn dieser für die Hochschule darstellt (Hernandez, 1997, S. 139–141). Wie sehr beruhen die Schulleistungen auf einem bloßen Streben nach guten Noten oder Anerkennung, wie sehr hingegen auf einem echten Interesse an Wissen und Verstehen? Erfüllt ein Schüler bloß die an ihn gestellten Anforderungen oder entwickelt er auch eigene Gedanken und bringt damit Diskussionen voran? Wie wird das akademische Potential eines Bewerbers eingeschätzt und wie stark hat er sich bislang bemüht, dieses auszuschöpfen? Neben akademischen Aspekten zielen die Gutachten auf die Persönlichkeit des Bewerbers und eventuelle charakterliche Vorbehalte ab, die einer der Gründe sein können, warum ein Bewerber trotz überdurchschnittlicher Schulnoten und Testergebnisse abgelehnt wird. Bei Bewerbern für Aufbaustudiengänge stammen die Gutachten von Professoren der Hochschule, an der das Bachelor-Studium absolviert wurde, bzw. von Arbeitgebern, sofern ein Kandidat bereits über Berufserfahrung verfügt.

IV. Bewerbungsessay

Ein weiterer Bestandteil der Bewerbung ist ein Essay zu von der Hochschule vorgegebenen oder von den Bewerbern selbst zu wählenden Fragen. Ähnlich den Gutachten dienen die Essays dazu, mehr über Charakter, Persönlichkeit, Reifegrad und Motivation der Bewerber herauszufinden. In dieselbe Richtung zielen offene Fragen im Bewerbungsformular der Hochschule, z.B. danach, welches Schulfach bzw. welche Aktivität der Bewerber am sinnvollsten erachtet und aus welchem Grunde (Hernandez, 1997, S. 111, 118). Als Reaktion auf diese Anforderung hat der US-Buchmarkt eine Reihe von Publikationen hervorgebracht, die Ratschläge für das Schreiben von Bewerbungsessays geben.

Auf der Graduierten-Ebene sollen Bewerber in dem Essay darlegen, welche Erfahrungen sie in das Studium einbringen können. Dies ist vor allem bei den Business Schools wichtig, die von ihren Bewerbern in der Regel eine zwei- bis vierjährige Berufstätigkeit verlangen. Des weiteren sollen Bewerber erkennen lassen, daß sie eine klare Vorstellung von den Besonderheiten des Angebots der Hochschule und dessen Nutzen für sie selbst haben. In ‚sozialen' Berufen (Medizin, Public Service Studies u.ä.) geht es nicht zuletzt darum, eine für die Ausbildung prädestinierende Werthaltung erkennen zu lassen.

V. Lebenslauf

1. Sonstige akademische Leistungen

Ein weiterer wichtiger Bestandteil der Bewerbungsunterlagen ist der Lebenslauf der Bewerber, an dem vor allem drei Bereiche von Interesse sind: Erstens alle über Schulnoten und Testergebnisse hinausgehenden akademischen Aktivitäten, wie die Belegung von Kursen an einem lokalen College oder Community College (eine Art Fachschule) außerhalb der Schulzeit, die Teilnahme an Sommerkursen von Hochschulen (die auch Schülern offen stehen), individuelle und von Lehrern betreute Forschungsprojekte sowie Preise und Auszeichnungen aus regionalen oder nationalen Forschungswettbewerben. Diese Angaben sind insbesondere für solche Schüler wichtig, deren Testergebnisse und Schulnoten nicht im Spitzenbereich liegen und deren Leistungsfähigkeit und -bereitschaft sich erst bei umfassender Darstellung Ihrer ganzen akademischen Interessen und Aktivitäten zeigt.

2. Extracurriculare Aktivitäten

Ein zweiter Bereich umfaßt alle extracurricularen Aktivitäten innerhalb und außerhalb der High School, die in der Bewerbung inklusive des wöchentlichen Zeitaufwandes, der dabei eingenommenen ‚Leadership Position' sowie der Anzahl der Jahre, über die die Aktivität ausgeübt wurde, aufzulisten sind. Neben Ausdauer und Tiefe des Engagements, genießen in den USA gerade Leadership-Qualitäten eine hohe Priorität (Klitgaard, 1985, S. 136), da Bewerbern mit Führungsqualitäten ein großer ‚sozialer Mehrwert' und damit eine besondere Förderungswürdigkeit zugeschrieben wird. Extracurriculare Aktivitäten entscheiden insbesondere bei Bewerbern mit akademischen Ratings im Mittelfeld über Ablehnung oder Zusage, aber auch bei Kandidaten mit sehr hohen akademischen Ratings kann das Fehlen jeglicher extracurricularer Aktivitäten ein Ablehnungsgrund sein. Die Hochschulen achten also nicht nur darauf, wie sehr ein Bewerber geeignet ist, bestimmten Studienanforderungen zu genügen, sondern auch, welchen potentiellen Gewinn er für das Campus-Leben der Hochschule und die Kommilitonen darstellt. Neben dem künstlerisch-musischen Bereich (Orchester, Chöre, Schauspielgruppen, täglich erscheinende Studentenzeitung etc.) spielt hierbei vor allem der Hochschulsport eine wichtige Rolle. Da sportliche Veranstaltungen an den US-Hochschulen mit ihren großzügigen Sportzentren und -anlagen nicht nur ein fester Bestandteil des studentischen Freizeitprogramms sind, sondern außerdem für Medienaufmerksamkeit, Einnahmen aus dem Verkauf von Eintrittskarten und Übertragungsrechten sowie die Mobilisierung von Alumni-Spenden (Brooker/ Klastorin, 1981) sorgen, herrscht zwischen den Universitäten eine starke Konkurrenz um Spitzensportler. Dies führt in den populärsten Sportarten mitunter zu gesenkten Auswahlanforderungen und unterdurchschnittlichen akademischen Leistungen der Sportler (Fetter, 1995, S. 166; Sigelman, 1995). Aus diesem Grund kommt es im Sportbereich nicht selten zu Konflikten zwischen Sporttrainern und an Einnahmen interessierten Hochschulentwicklern einerseits und den an gewissen akademischen Standards interessierten Auswahlausschüssen und Professoren andererseits. Verteidigt wird die Sonderbehandlung der Sportler oft mit dem Umstand, daß durch Spitzensportler auf Dauer auch ein besserer Bewerberpool für die gesamte Hochschule angezogen wird (McCormick/Tinsley, 1987; Mixon, 1995)

3. Sozioökonomischer Hintergrund

Ein dritter Bereich des Lebenslaufs umfaßt die formale Bildung und den Beruf der Eltern, die Ausbildung der Geschwister sowie als freiwillige Angabe die ethnische Herkunft. Diese Angaben ermöglichen es, alle akademischen Leistungen und extracurricularen Aktivitäten eines Bewerbers vor dessen sozioökonomischem Hintergrund zu bewerten (Fetter, 1995, S. 10). Dies ist deshalb von Bedeutung, weil an amerikanischen Hochschulen ein breiter Konsens herrscht, daß Bewerber aus unvorteilhaften sozioökonomischen Verhältnissen (geringes Einkommensniveau; Eltern keine Akademiker; Bewerber womöglich erstes Familienmitglied, das eine Hochschule besucht) gegenüber Bewerbern aus Mittelschichtfamilien mit identischen Schulnoten oder Testergebnissen relativ gesehen eine höhere Leistung erbracht haben und ein größeres akademisches Potential besitzen.

Durch biographische Angaben lassen sich aber auch sogenannte ‚Special Cases' identifizieren, die eine gewisse Vorzugsbehandlung in der Erwartung besonderer Vorteile wie der loyalen Unterstützung der Hochschule (Kinder von Mitarbeitern und Alumni der Hochschule), Spenden in Millionenhöhe (Kinder äußerst vermögender Eltern) oder kostenloser Publicity (Kinder sehr prominenter Politiker oder Filmschauspieler) erhalten (Fetter, 1995, S. 81f.). Die Vorzugsbehandlung dieser Special Cases wird zwar oft kritisiert, von den Hochschulen jedoch mit dem Hinweis gerechtfertigt, daß sie langfristig im Interesse aller Studenten läge. Nicht minder umstritten ist die unter dem Begriff ‚Affirmative Action' firmierende bevorzugte Behandlung ethnischer Minderheiten (vgl. dazu Fußnote 9).

VI. Persönliche Interviews

Persönliche Interviews spielen auf dem Undergraduate-Level eine wesentlich geringere Rolle als vielfach angenommen wird. Die verpflichtende Teilnahme an einem Auswahlgespräch ist für Hochschule und Bewerber mit beachtlichen Transaktionskosten (Zeitaufwand, Reisekosten) verbunden, die seitens der Hochschule nur dann gerechtfertigt sind, wenn ihnen auch entsprechende Erträge in Form einer in befriedigendem Maße reduzierten Wahrscheinlichkeit einer Fehlauswahl gegenüber stehen. Zu den ‚Kosten' eines verpflichtenden Auswahlgespräches zählt für die Hochschulen außerdem die sinkende Größe und Qualität des Bewerberpools, da die mit einem Auswahlgespräch verbundenen Kosten viele minderbemittelte, aber qualifizierte Kandidaten von einer Bewerbung abhalten.

Da gleichzeitig auf der Undergraduate-Ebene die Aussagekraft von Interviews zurückhaltend eingeschätzt wird, verzichten die meisten Colleges auf ein Pflichtinterview (Fetter, 1995, S. 46f.). Interviews von maximal 30 Minuten stellen punktuelle Momentaufnahmen dar, deren Informationsgehalt bei aufgeregten und interviewunerfahrenen 17- oder 18-jährigen Bewerbern relativ gering ist. Statt dessen verlassen sich die meisten Colleges auf den Lebenslauf, der eine lange Zeitspanne abdeckt, und die Empfehlungen von Lehrern, die die Bewerber seit Jahren kennen und gut einschätzen können. Die meisten Colleges bieten allerdings freiwillige Interviews am Hochschulort (meist im Rahmen einer Campusbesichtigung) oder mit Alumni am heimatlichen Wohnort an, werten das Fehlen eines Interviews jedoch nicht gegen einen Kandidaten. Ggf. dient das Interview lediglich als Ergänzung der umfangreichen, übrigen Bewerbungsunterlagen (Hernandez, 1997, S. 143–152).

Anders stellt sich die Situation bei Master-Studiengängen und Ph. D.-Programmen dar. Zwar führen auch auf diesem Level nicht alle Hochschulen Interviews durch bzw. einige Hochschulen interviewen nur einen (vorselektierten) Teil der Bewerber, insgesamt sind persönliche Gespräche mit Bewerbern hier aber verbreiteter (Klitgaard, 1985). So lädt z.B. eine steigende Zahl führender Business Schools MBA-Bewerber zu Interviews ein, weil die Erfahrung gemacht wurde, daß dadurch die Qualität der Auswahlergebnisse in einem den Aufwand rechtfertigenden Maße gesteigert und gegenüber anderen Business Schools ein Wettbewerbsvorsprung errungen werden konnte (Byrne, 1997, S. 25).

F. Die Auswahlphilosophie: Exzellenz, Vielfalt, Homogenität

Grundsätzlich versuchen amerikanischen Hochschulen die besten Studenten für sich zu gewinnen. Dieses Streben nach ‚*Excellence*' ist ein besonderes Merkmal des im Vergleich zu Deutschland sehr kompetitiv verfaßten amerikanischen Hochschulsystems. Excellence wird dabei umfassend verstanden und bezieht sich keineswegs nur auf die in Schule oder Undergraduate-Studium erbrachten Leistungen. Insbesondere an den, meist als Campusuniversitäten organisierten, Elitehochschulen besteht ein ausgeprägtes Bewußtsein dafür, daß der Bildungsprozeß und die Persönlichkeitsentwicklung der Studenten nicht nur in Hörsälen und Seminarräumen stattfindet und vom akademischen Personal abhängt, sondern auch von extracurricularen Aktivitäten sowie dem Zusammentreffen mit Kommilitonen unterschiedlichster Herkunft und Interessen profitiert. Deshalb spielt neben dem Aspekt der Excellence die *Vielfalt* (‚Diversity') eine große Rolle (Alger, 1997; Gladieux, 1996; Klitgaard, 1985, S. 5; Stewart, 1992). Wichtig ist nicht nur, daß Studenten überhaupt durch extracurricularen Aktivitäten zur Bereicherung des Campuslebens beitragen, sondern auch, daß diese Aktivitäten in vielfältigen Bereichen stattfinden. Zur Diversity zählt aber auch eine ‚optimale' Mischung hinsichtlich der geographischen, sozioökonomischen oder ethnischen Herkunft der Studenten.

Um der Multi-Dimensionalität der Studieneignung und des Gesamtbeitrags eines Studenten zur Bereicherung des Campus' gerecht werden zu können, praktizieren US-Hoch-

Stellenwert und Kriterien der Studentenauswahl an US-Hochschulen

schulen eine gewisse Diskriminierung, die oft Unverständnis oder Protest auslöst. So kann es vorkommen, daß ein Bewerber, der gegenüber einem anderen Bewerber in einer Hinsicht (z.B. den Schulnoten) besser abschneidet, deswegen nicht angenommen wird, weil der andere Bewerber hinsichtlich eines anderen als wichtig erachteten Kriteriums (z.B. musische Begabung oder ethnische Zugehörigkeit) wesentlich ‚besser' abschneidet und insgesamt als ein größerer Gewinn für Hochschule und Kommilitonen betrachtet wird.[9] Gerade die Relativierung der Noten oder Testergebnisse durch andere Auswahlkriterien kann nicht nur zum Gefühl ungerechter Behandlung seitens der abgelehnten Bewerber führen, sondern auch zu Spannungen zwischen ausschließlich auf akademische Leistungen fixierten Professoren und dem Dean of Admissions. Letzterer hat daher hinsichtlich der Zusammenstellung einer ausgewogenen Studentenschaft in der Regel die direkte Rückendeckung durch die Universitätsleitung (Moll, 1992).

Neben der Diversity in gewissen Bereichen wird zugleich auf eine ausreichendes Maß an *Homogenität* in anderen Bereichen Wert gelegt, um unproduktive Konflikte und Reibungsverluste zu vermeiden. Basiert z.B. das Curriculum stark auf Teamarbeit oder Case Studies, dann ist es sinnvoll, daß sich die Studenten auch mit diesen Methoden identifizieren. Zusammenfassend folgt die Auswahlphilosophie der US-Hochschulen der Strategie, bezüglich gewisser Aspekte Vielfalt herzustellen, hinsichtlich anderer Homogenität zu wahren, und in jedem Bereich möglichst die besten Studenten für sich zu gewinnen.

G. Kritik der Auswahlverfahren

Auffallend ist, daß amerikanische Hochschulen der *Auswahl der Studienanfänger* zwar eine große Aufmerksamkeit widmen, die Qualität der Auswahlverfahren selber hingegen vergleichsweise wenig evaluieren. Dabei hängt der Nutzen des nicht unbeachtlichen Auswahlaufwandes wesentlich von der *Auswahl der Auswahlkriterien* ab. So beruhen denn in vielen Fällen Auswahlentscheidungen auf Annahmen, deren Gültigkeit nur wenig überprüft wurde (Klitgaard, 1985; Moll, 1992). Eine Vielzahl von Hochschulen nutzt kaum oder gar nicht die Ergebnisse von Untersuchungen zum statistischen Zusammenhang zwischen Auswahlkriterien und *Studienerfolg*, obwohl die Erfolgs-Prognosegüte eines Kriteriums wesentlich dessen Wert für den Auswahlprozeß bestimmt. Für einzelne Auswahlkriterien ist dieser Zusammenhang noch nicht einmal zufriedenstellend untersucht. Da die akademische Ausbildung jedoch weniger einen Selbstzweck darstellt, sondern vielmehr der Berufsvorbereitung dient, wäre konsequenterweise auch der Zusammenhang zwischen Studienerfolg und *beruflichem Erfolg* zu analysieren. Aufgrund der Indeterminiertheit menschlichen Verhaltens läßt sich zwar nicht genau vorhersagen, inwieweit ein Studienbewerber nach der Ausbildung auch erfolgreich sein wird, bei völligem Verzicht auf eine derartige Qualitätskontrolle der Auswahlverfahren steigt jedoch die Wahrscheinlichkeit, daß Bewerber ausgewählt werden, die im Studium, nicht jedoch im späteren Berufsleben erfolgreich sind.[10] Voraussetzung jeder Überprüfung von Auswahlkriterien ist eine klare Vorstellung seitens der Hochschule, welche Art von Studenten bzw. Absolventen eigentlich hervorgebracht werden soll. Klitgaard (1985) räumt ein, daß allerdings selbst an Hochschulen wie der Harvard University von vagen Pauschalaussagen abgesehen (z.B.

„führend in der eigenen Disziplin sein"), häufig keine klaren Vorstellungen bezüglich der eigenen Zielstellung („Mission') existieren.

Ein weiterer Kritikpunkt betrifft die Vernachlässigung der mit dem Auswahlverfahren verbundenen *Transaktionskosten*. Obwohl Bewerbung und Auswahl für Schüler, Lehrer und Hochschulen einen erheblichen Aufwand verursachen, werden die Kosten der Verwendung einzelner Auswahlkriterien kaum erfaßt. Ebenso wird die Frage weitgehend ignoriert, ob diesen Kosten auch ausreichend hohe Erträge in Form einer verringerten Wahrscheinlichkeit einer Fehlauswahl gegenüberstehen. Dies muß verwundern, könnte sich eine Hochschule durch Verringerung des Bewerbungsaufwandes doch prinzipiell einen Wettbewerbsvorteil verschaffen.[11] Klitgaard (1985, S. 137) schätzt z.B. in vielen Fällen (vor allem an wenig selektiven Hochschulen) den Nutzen von Bewerbungsessays als eher gering ein. Umgekehrt kann es sinnvoll sein, neben dem Verzicht auf überflüssige Auswahlkriterien bzw. dem Ersatz sehr teurer Auswahlkriterien durch preiswertere, ähnlich aussagekräftige Kriterien, die Einführung zusätzlicher Kriterien in Erwägung zu prüfen, wie der Fall der persönlichen Interviews bei Business Schools zeigt. Insgesamt dürfte also an vielen amerikanischen Hochschulen hinsichtlich der Zielgerichtetheit sowie der Wirtschaftlichkeit der Auswahlverfahren noch einiger Verbesserungsspielraum existieren.

H. Leistungsgerechtigkeit und Leistungsstimulierung durch Auswahlverfahren

Die in Deutschland in vielen zulassungsbeschränkten Studiengängen von der ZVS durchgeführte zentrale und gleichmäßige Verteilung der Studienbewerber auf alle Hochschulen, wie sie in ähnlicher Form auch McPherson und Schapiro (1990) für die USA zur Diskussion stellen, würde in den Vereinigten Staaten nicht nur an den Elitehochschulen auf Widerstand stoßen. Zum einen liefe sie auf eine Beschneidung individueller Freiheit (Studienbewerber) bzw. kollektiver Freiheit (Hochschulautonomie) hinaus, der in den USA ein hoher Rang eingeräumt wird, selbst wenn diese Freiheit zu vielen Mehrfachbewerbungen und vermeintlich überflüssigem Aufwand (geringer Yield) führt. Eine gleichmäßige Verteilung aller Studenten würde außerdem als Verstoß gegen das im amerikanischen Schul- und Hochschulsystem stark ausgeprägte Leistungsethos empfunden. Gute Schüler würden nicht mehr für ihre Leistungen mit einem Studienplatz an einer Elitehochschule belohnt. (Bei gleichmäßiger Studentenverteilung können sich Elitehochschulen ja kaum noch herausbilden.) Umgekehrt hängen die Einnahmen der Hochschulen stark von deren Leistungen ab, ohne daß die Hochschulen einen der wichtigsten leistungsrelevanten Faktoren – die Zusammensetzung und Qualität der Studentenschaft – noch beeinflussen könnten. *Leistungsgerechtigkeit* und *Stimulierung leistungssteigernden Wettbewerbs* stellen zwei eng miteinander verknüpfte Aspekte dar, und hinsichtlich beider sind die Auswahlverfahren amerikanischer Hochschulen den meisten in Deutschland verwendeten Verfahren als überlegen zu werten.

Studieneignung ist ein sehr komplexes Phänomen. Durch die Vielzahl der in den USA angewandten Kriterien und deren Bewertung vor dem sozioökonomischen Hintergrund wird die Leistung bzw. Eignung eines Studienbewerbers wesentlich umfassender und fairer bewertet als bei einer Auswahlentscheidung allein aufgrund der Abitur-Durchschnittsnote oder gar der Wartezeit, die mit dem Leistungsniveau in keinerlei Zusammen-

Stellenwert und Kriterien der Studentenauswahl an US-Hochschulen

hang steht. Auch besteht in den USA für die Begründung der ZVS-Wartezeitquote – Bewerber mit schlechter Abiturnote sollen eine zweite Chance erhalten – keine Basis. Aufgrund der Direktbewerbung an der Hochschule und der Freiheit der Hochschulen hinsichtlich der Ausgestaltung des Auswahlverfahrens hat ein Studienbewerber in den USA mehr Bewerbungschancen als in Deutschland; die Zahl der Chancen entspricht der Zahl der verschickten Bewerbungen.

Gegen das US-System mag sich der Vorwurf von Fehlentscheidungen oder Willkürentscheidungen erheben lassen. Kein Auswahlverfahren ist jedoch gänzlich frei von Fehlentscheidungen und größer als im Auswahlverfahren der ZVS dürfte in den USA die Fehlerquote kaum sein. Zudem erlaubt die weitgehende Autonomie der konkurrierenden Hochschulen nicht nur eine schnelle Korrektur von Mängeln im Auswahlverfahren, sondern der „Wettbewerb als Entdeckungsverfahren" (Hayek, 1968) besitzt zudem eine immanente Tendenz, die Verbesserung der Auswahlverfahren zu fördern und zu erzwingen. Nur vergleichsweise geringen Kontrollen durch den Staat unterworfen, könnten amerikanische Hochschulen theoretisch zwar Willkürentscheidungen treffen, von der Kontrolle und Sanktion durch den Wettbewerb (Konkurrenz um Studiengebühren, Spenden, Wissenschaftler, Forschungsgelder und Prestige) gehen jedoch starke Anreize aus, nur ‚begründete Willkürentscheidungen' zu treffen.

Ein gerechtes (d.h. ein auf die Leistungen im umfassenden Sinne abstellendes) und von den Hochschulen selber durchgeführtes Auswahlverfahren ist zugleich Voraussetzung dafür, daß sich leistungssteigernder Wettbewerb in der Lehre auch voll entfalten kann. Zu besonderen Bemühungen um die Studenten werden Hochschulen nur dann bereit sein, wenn sie dafür auch mit besonders guten bzw. passenden Studenten belohnt werden. Dies sind nicht automatisch die Studenten mit den besten Schulnoten, geschweige denn die mit der längsten Wartezeit. Ohne die Möglichkeit, durch freie Auswahl der Studenten eine besonders motivierte und qualifizierte Studentenschaft zusammen zu stellen, hätten die Gründer von privaten und innovativen Hochschulen wie Witten/Herdecke, der WHU in Koblenz oder der Leipziger Handelshochschule wohl kaum die vielen mit einer Hochschulgründung verbundenen Mühen auf sich genommen.

I. Ausblick: Auswirkungen der HRG-Novelle

Durch die Novellierung des Hochschulrahmengesetzes (HRG) erfahren das Ortsverteilungs- und das Auswahlverfahren der ZVS zwei Veränderungen: Zukünftig werden bis zu 25% der *von der ZVS zu verteilenden* Studenten nicht mehr gemäß sog. sozialer Kriterien wie der Wohnortnähe, sondern nach der Abiturnote den Hochschulen zugewiesen (Einführung der „Leistungsquote"). Dadurch erhöht sich für gute Abiturienten die Chance, an eine vom Heimatort weit entfernt liegende Hochschule ihrer Wahl zu gelangen. Für die Hochschulen entstehen umgekehrt Anreize, durch ein besonderes Studienangebot für möglichst viele überdurchschnittliche Bewerber aus dem gesamten Bundesgebiet zum Erstwunsch bei der ZVS-Bewerbung zu avancieren. Ferner werden im Auswahlverfahren zukünftig bis zu 25% *aller zu vergebenden* Studienplätze nicht mehr von der ZVS, sondern im Rahmen eines von den Hochschulen selber durchzuführenden Auswahlverfahrens verteilt. Zur Grundlage ihrer Auswahlentscheidung dürfen die Hochschulen alternativ oder kumulativ die Abiturnote, die Berufserfahrung sowie ein über Motivation und Eignung Aufschluß gebendes Bewerbungsgespräch machen.

Vor dem Hintergrund der amerikanischen Auswahlverfahren sind an dieser Reform mehrere Aspekte zu kritisieren. So wird ein Teil der Studienplätze immer noch über die Wartezeit und damit nicht leistungskonform vergeben, während bei einem anderen Teil die Abiturnote das einzige Vergabekriterium bleibt. Außerdem ist in dem Auswahlgespräch der Hochschule jene Möglichkeit, mehr über Talente, Motivation und Hintergrund eines Bewerbers zu erfahren an die Form des mit gewissen Problemen behafteten Interviews gebunden (vgl. Abschnitt E.VI.).

Von der HRG-Reform sollten allerdings auch aus drei weiteren Gründen keine übermäßigen Leistungssteigerungen erwartet werden. Erstens bedürfen Hochschulen, um sich im Wettbewerb durch überdurchschnittliche Leistungen profilieren zu können, einer umfassenden Autonomie (freie Wahl der Organisations- und Entscheidungsstrukturen, eigenständige Festlegung der Studieninhalte und Prüfungsmodalitäten, wirkliche Finanzautonomie), die in Deutschland vielfach (noch) nicht gegeben ist. Zweitens haben viele deutsche Hochschulen noch nicht ausreichend realisiert, welche Bedeutung dem Peer Effect sowie den extracurricularen Aktivitäten zukommen und daß das – in Deutschland unterentwickelte – Campusleben einen wichtigen Bestandteil des universitären Bildungsauftrags im weiten Sinne darstellt. Drittens wird sich schließlich der Druck zu besonderen Leistungsanstrengungen und sorgfältiger Studentenauswahl so lange in Grenzen halten, wie die Hochschulen im wesentlichen staatlich und leistungsunabhängig grundfinanziert werden, anstatt, wie in den USA üblich, größtenteils aus wettbewerblich vergebenen Ressourcen wie privaten und staatlichen Forschungsgeldern, Spenden oder variablen Studiengebühren.

Dennoch stellt die HRG-Reform einen Schritt in die richtige Richtung dar, und die staatlichen Hochschulen sollten darin nicht nur den für sie steigenden Aufwand, sondern auch die Perspektive stärkerer Leistungshonorierung sehen. Zugleich bedeutet die HRG-Reform eine echte Herausforderung. Der Wettbewerb um Studenten wird zunehmen und damit auch das Gefälle zwischen den Hochschulen. Stärker als bisher wird es zukünftig bessere und weniger gute Hochschulen geben. Gerade aus dieser Ungleichheit – für die Wettbewerbsteilnehmer Chance und Gefahr zugleich – erwächst ja der Leistungsanreiz. Von der Fiktion gleichwertiger Hochschulabschlüsse gilt es endgültig Abschied zu nehmen. Neben der Frage, ob jemand studiert hat, wird die Frage an Bedeutung gewinnen, an welcher Hochschule das Studium absolviert wurde. Schon jetzt locken die zahlreichen Privathochschulen einen überproportional hohen Anteil begabter Studenten von den staatlichen Hochschulen weg.

Räumliche Mobilität vorausgesetzt, dürfte es den besten Studenten relativ gleichgültig sein, wo sich die Eliten konzentrieren, solange sie sich überhaupt stärker zu konzentrieren beginnen. Den einzelnen Hochschulen, insbesondere den staatlichen, kann freilich nicht egal sein, an welchen Hochschulort es zukünftig die Besten eines Jahrgangs zieht. Gerade in der Anfangsphase des zu erwartenden Ausdifferenzierungsprozesses können kleine Qualitätsunterschiede zwischen den Universitäten große Auswirkungen auf das Verhalten der Studienbewerber und die langfristige Wettbewerbsposition einer Hochschule haben. Reputation wirkt stark selbstverstärkend: Ein hohes Renommee zieht gute Studenten und Wissenschaftler an, was wiederum das Renommee steigert usw. Daher sollten

Stellenwert und Kriterien der Studentenauswahl an US-Hochschulen

die Hochschulen umgehend und nicht erst nach Wirksamwerden der HRG-Reformen besondere Leistungsanstrengungen unternehmen *und* diese durch gute Öffentlichkeitsarbeit auch in das Bewußtsein potentieller Studenten rücken, um sich einen wertvollen ‚First Mover Advantage' zu verschaffen.

Anmerkungen

1 Reputation bedeutet in diesem Sinne weniger, daß eine Hochschule besonders gut ist, sondern vielmehr, daß die Qualität der Studenten relativ homogen ist und folglich auch die Wahrscheinlichkeit, daß ein zufällig herausgegriffener Student stark vom Durchschnittsniveau abweicht, eher gering ist.
2 Im akademischen Jahr 1993/94 stammten an den privaten (staatlichen) US-Hochschulen 42% (18%) der Einnahmen aus Studiengebühren, 9% (4%) aus privaten Spenden und Forschungsgeldern, 5% (1%) aus dem aus Spenden und Vermächtnissen aufgebauten Vermögen der Hochschulen und 23% (23%) aus dem Verkauf von sonstigen Leistungen (Unikliniken, Studentenwohnheime etc.). Von den staatlichen Mitteln, die die privaten Hochschulen erhielten, entfielen 68% auf im Wettbewerb einzuwerbende Forschungsgelder („grants and contracts") (U.S. Department of Education, 1996, S. 334f.).
3 Als ‚Forschungsuniversitäten' gelten in den USA jene Hochschulen, die gemäß der Klassifikation der Carnegie Foundation als „Research Universities" oder „Doctoral Universities" gelten. Diese müssen pro Jahr eine bestimmte Zahl an Doktortiteln verleihen und verfügen daneben meist über eine gewisse Zahl von Masters-Programmen (Carnegie Foundation, 1994, xix).
4 Sehr häufig wird die Acceptance Rate als ein Indikator für die Qualität einer Hochschule interpretiert. Lewis (1998) kritisiert an diesem Vorgehen, daß dabei Selbstselektionsprozesse sowie die Qualität des Bewerberpools unberücksichtigt bleiben und schlägt statt dessen die Verwendung von korrigierten Acceptance Rates vor, bei denen die Qualität des Bewerberpools berücksichtigt wird. In der Praxis werden als alternative Qualitätsindikatoren jedoch häufiger das durchschnittliche Qualifikationsniveau der Studienanfänger verwendet sowie der Yield, in dem zum Ausdruck kommt, in welchem Maße eine Hochschule die ‚erste Wahl' ihrer Bewerber darstellt.
5 ‚Master's Universitäten' sind Hochschulen, die die Carnegie-Klassifikation in der Rubrik „Master's Colleges and Universities" führt (Carnegie Foundation, 1994, xix). Neben einem geringeren Forschungs- Reputationsniveau unterscheiden sie sich von den Forschungsuniversitäten vor allem durch eine stärker regionale Rekrutierung ihrer Studenten.
6 Ein Teil der Admissions Officers besteht aus jungen Absolventen der betreffenden oder einer hinsichtlich Selektivität und Qualität vergleichbaren Hochschule, die die Anforderungen einer selektiven Hochschule aus eigener Erfahrung kennen und daher das akademische Potential der Bewerber gut einschätzen können. Die meisten dieser Admissions Officers üben diese relativ wenig attraktive Tätigkeit nur einige Jahre aus. Der andere Teil des Auswahlpersonals besteht aus Personen, die diese Tätigkeit dauerhaft ausüben und die an einer (z.T. deutlich) weniger selektiven Hochschule studiert haben, jedoch aufgrund langjähriger Erfahrung Potential und Eignung der Bewerber beurteilen können sollten (Hernandez, 1997, S. 1–3).
7 Vgl. dazu ausführlicher Duffy/Goldberg (1998), Fetter (1995), Hernandez (1997), Klitgaard (1985) und Willingham/Breland (1982).
8 Advanced Placement-Kurse besitzen von allen Kursen das höchste, College-Anforderungen entsprechende Niveau. Aus diesem Grund werden sie von den Hochschulen auch als Studienleistungen anerkannt. Die Prüfungen zu den Advanced Placement-Kurse nimmt der externe „College Board" ab. Dadurch wird ein hohes Maß an Vergleichbarkeit zwischen Schülern unterschiedlicher Schulen hergestellt.
9 Die bevorzugte Zulassung von Angehörigen bestimmter ethnischer Minderheiten wird in den USA oft unter dem Begriff ‚Affirmative Action' subsumiert, der allerdings unpräzise ist, da es verschiedene Formen und Motivationen der Vorzugsbehandlung gibt. Sofern die Zugehörigkeit zu einer ethnischen Minderheit mit einem niedrigen sozioökonomischen Status einher geht, er-

halten farbige Bewerber wie jeder andere Bewerber aus ähnlichen sozioökonomischen Verhältnissen einen Korrektiv-Bonus bei der Bewertung ihrer akademischen Leistungen. Hier geht es lediglich um allgemeine Chancengleichheit ('Equal Opportunity'). Darüber hinaus kann es zu einer weitergehenden Vorzugsbehandlung bestimmter Rassen im Interesse einer ausgewogenen Studentenschaft kommen (Ziel der Diversity). Gerechtfertigt wird diese Diskriminierung mit dem Interesse an einer möglichst hohen Gesamtausbildungsqualität. Affirmative Action im engeren Sinne stellt erst eine über dieses Ausmaß noch hinausgehende Vorzugsbehandlung ethnischer Minderheiten dar, die als Kompensation für vergangene Diskriminierung benachteiligter Rassen gedacht ist. Ausführlicher zur Problematik der Affirmative Action: Feinberg (1998), Garcia (1997), Glaser (1998), Köhler-Braun (1998) sowie Twale et al. (1992).

10 Eine Übersicht über die Aussagekraft verschiedener Prädiktoren hinsichtlich Studien- bzw. beruflichem Erfolg findet sich bei Willingham und Breland (1982) sowie Klitgaard (1985).

11 Beim Verzicht auf entbehrliche oder kontraproduktive Auswahlkriterien entsteht allerdings ein klassisches Trittbrettfahrerproblem. Um glaubhaft zu machen, daß sich durch den Verzicht auf ein Kriterium die Qualität des Auswahlverfahrens und damit auch der Studentenschaft nicht vermindert hat, muß eine Hochschule auch den empirischen Beleg dafür (Studie über die Aussagegehalt eines Kriteriums) veröffentlichen. Weil auch andere Hochschulen diese Ergebnisse dann nutzen können, ist der Anreiz zur Überprüfung der Auswahlkriterien eher gering. Aus diesem Grund könnte es sinnvoll sein, für die empirische Evaluation der Auswahlverfahren öffentliche Mittel bereitzustellen, verbunden mit der Auflage, die Ergebnisse allen Hochschulen zur Verfügung zu stellen.

Literatur

Alger, J. R. (1997): The Educational Value of Diversity, *Academe*, 83/1, 20–23.
Astin, A. W. (1993): *What Matters in College? Four Critical Years Revisited,* San Francisco (Jossey-Bass).
Basu, K. (1989): A Theory of Association: Social Status, Prices and Markets, *Oxford Economic Papers*, 41, 653–671.
Brooker, G.; Klastorin, T. D. (1981): To the victors the spoils? College athletics and alumni giving, *Social Science Quarterly*, 62, 744–750.
Byrne, J. A. (1997): *Business Week guide to the best business schools,* 5. Auflage, McGraw-Hill (New York).
Carnegie Foundation (1994): *A Classification of Institutions of Higher Education – 1994 Edition,* Princeton, NJ (Carnegie Foundation for the Advancement of Teaching).
Cook, P. J.; Frank, R. H. (1993): The Growing Concentration of Top Students at Elite Schools, in: Clotfelter, C. T.; Rothschild, M. (Hrsg.): *Studies of Supply and Demand in Higher Education,* Chicago/London (University of Chicago Press), 121–140.
Duffy, E. A.; Goldberg, I. (1998): *Crafting a Class: College Admissions and Financial Aid 1955–1994,* Princeton, NJ (Princeton University Press).
Feinberg, W. (1998): *On Higher Ground: Education and the Case for Affirmative Action,* New York (Teachers College Press).
Fetter, J. H. (1995): *Questions and Admissions: Reflections on 100,000 Admissions Decisions at Stanford,* Stanford, CA (Stanford University Press).
Franck, E.; Opitz, C. (1999): Hochschulen als „Sortiereinrichtungen" in Humankapitalmärkten, *Zeitschrift für Betriebswirtschaft*, 69, 1313–1329.
Garcia, M. (Hrsg.) (1997): *Affirmative Action's Testament of Hope: Strategies for a New Era in Higher Education,* Albany, NY (State University of New York Press).
Gladieux, L. E. (1996): A Diverse Student Body: The Challenge of Equalizing College Opportunities, *The Journal of College Admission*, 152/153, 4–9.
Glaser, I. (1988): Affirmative Action and the Legacy of Racial Injustice, in: Katz, P. A.; Taylor, D. A. (Hrsg.): *Eliminating Racism: Profiles in Controversy,* New York/London (Plenum Press), 341–357.

Stellenwert und Kriterien der Studentenauswahl an US-Hochschulen

Hansmann, H. (1986): A Theory of Status Organizations, *Journal of Law, Economics, and Organization*, 2, 119–130.
Hayek, F. A. v. (1968): *Der Wettbewerb als Entdeckungsverfahren,* Kieler Vorträge NF 56, Kiel (Institut für Weltwirtschaft).
Hernandez, M. A. (1997): *A is for Admission. The Insider's Guide to Getting into the Ivy League and Other Top Colleges,* New York (Warner Books).
Klitgaard, R. (1985): *Choosing Elites,* New York (Basic Books).
Köhler-Braun, K. (1998): Affirmative Action, *WiSt – Wirtschaftswissenschaftliches Studium*, 27, 365–367.
Lewis, Gary M (1988): How selective are selective private colleges? *Research in Higher Education*, 29, 319–342.
McCormick, R. E.; Tinsley, M. (1987): Athletics versus academics? Evidence from SAT scores, *Journal of Political Economy*, 95, 1103–1116.
McDonough, P. M. et al. (1998): College Rankings: Democratized College Knowledge for Whom? *Research in Higher Education*, 39, 513–537.
McPherson, M. S.; Schapiro, M. O. (1990): *Selective Admission and the Public Interest,* New York (College Entrance Examination Board).
Meyer, H. J. (1996): Studierfähigkeit und Hochschulzugang, in: Meyer, H. J.; Müller-Böling, D. (Hrsg.): *Hochschulzugang in Deutschland – Status quo und Perspektiven,* Gütersloh (Verlag Bertelsmann Stiftung), 15–28.
Mixon, F. G. (1995): Athletics versus Academics? Rejoining the Evidence from SAT Scores, *Education Economics*, 3, 277–283.
Moll, R. W. (1992): A Gentle War: The College Admissions Office Versus the Faculty, *Change,* May/June 1992, 42–47.
Müller-Böling, D. (1996): Wettbewerb im Hochschulzugang, in: Meyer, H. J.; Müller-Böling, D. (Hrsg.): *Hochschulzugang in Deutschland – Status quo und Perspektiven,* Gütersloh (Verlag Bertelsmann Stiftung), 29–40.
Newsweek (1997): *How to Get Into Graduate School 1998,* (Newsweek Inc.).
Pascarella, E. T.; Terenzini, P. T. (1991): *How College Affects Students: Findings and Insights from Twenty Years of Research,* San Francisco (Jossey-Bass).
Pieper, R. (1989): *Business Schools in den USA: Mythen und Fakten.* Berlin/New York (de Gruyter).
Sigelman, L. (1995): It's Academic – or Is It? Admissions Standards and Big Time College Football, *Social Science Quarterly*, 76, 247–261.
Stewart, D. M. (1992): *College Admission Policies in the 1990s: A Look Toward the Future,* New York (College Entrance Examination Board).
TIME / The Princeton Review (1997): *The Best College For You and How To Get In: 1998 Edition,* (Time Inc.).
Trow, M. A. (1984): The Analysis of Status, in: Clark, B. R. (Hrsg.): *Perspectives on Higher Education,* Berkeley et al. (University of California Press), 132–164.
Twale, D. J.; Douvanis, C. J.; Sekula, F. J. (1992): Affirmative action strategies and professional schools: case illustrations of exemplary programs, *Higher Education*, 24, 177–192.
Wissenschaftsrat (1985): *Empfehlungen zum Wettbewerb im deutschen Hochschulsystem,* Köln (Wissenschaftsrat)
U.S. Department of Education (1996): *Digest of Education Statistics 1996,* Washington, D.C. (U.S. Department of Education / National Center of Education Statistics).
U.S. News (1997): *America's Best Colleges 1998,* Washington, D.C. (U.S. News & World Report Inc.).
Willingham, W. W.; Breland, H. M. (1982): *Personal Qualities and College Admissions,* New York (College Entrance Examination Board).

Zusammenfassung

Die besten der amerikanischen Hochschulen stehen vor dem Problem, wesentlich mehr Bewerbungen zu erhalten als sie Studienplätze zu vergeben haben. Da das amerikanische Hochschulsystem sehr wettbewerblich organisiert ist und die Qualität der Studenten entscheidend für die Wettbewerbsposition ist, wählen US-Hochschulen ihre Studenten sehr sorgfältig aus. Durch eine Vielfalt von Kriterien wird nicht nur umfassend die akademische Qualifikation bewertet, sondern auch der Beitrag eines Bewerbers zum allgemeinen Campusleben einer Hochschule (extracurriculare Aktivitäten) berücksichtigt. Außerdem versuchen die Hochschulen nicht bloß ‚die besten' Studenten zu gewinnen, sondern sind auch an einer ausgewogenen Studentenschaft interessiert. Damit sind die in den USA üblichen Auswahlverfahren den in Deutschland praktizierten hinsichtlich der Leistungsgerechtigkeit und Leistungsstimulierung überlegen.

Summary

Leading American universities face the problem that they receive significantly more applications than the number of vacancies they have available for students. Since the American university system is very competitive and the quality of students is a key variable in competition, U.S. universities carefully select their own students. The wide variety of criteria used embraces not only academic qualifications, but also the potential of the applicant to contribute to general Campus life at the University (extra-curricular activities). Additionally, the universities seek not only to win the "best" students, but also to establish a well-balanced student body. Therefore, the selection process in the U.S. treats students more justly and stimulates special efforts by the universities more than the selection methods commonly used in Germany.

13: Aus- und Weiterbildungsfragen

Chancen und Grenzen der Virtualisierung an Hochschulen

Bestandsaufnahme und Bewertung der Situation in Deutschland

Von Franz Lehner

Überblick

- Der Beitrag gibt eine Bestandsaufnahme und Bewertung zur Virtualisierung des Hochschulunterrichts in Deutschland.

- Ziel des Beitrags ist es, den aktuellen Entwicklungsstand Deutschlands im Bereich der virtuellen Hochschulen zu dokumentieren und im internationalen Vergleich kritisch zu analysieren. Dabei geht es vor allem um die Herausforderungen, die sich durch die zunehmenden Nutzungsmöglichkeiten des Internets als Unterrichtsmedium ergeben sowie um Konsequenzen für den Bereich der akademischen Ausbildung.

- Die methodische Grundlage bildet die Auswertung der aktuellen Literatur unter Einbezug der praktischen Erfahrungen des Autors. Diese Erfahrungen beziehen sich auf die verschiedenen Formen des Teleteaching, die eigene Entwicklung von zwei Internet-Lernumgebungen sowie die Analyse der derzeit an deutschsprachigen Hochschulen realisierten Systeme.

- Der Überblick über den Entwicklungsstand und die voraussichtliche weitere Entwicklung richten sich gleichermaßen an theoretisch und praktisch interessierte Leser. Die bekanntesten Systeme und Institutionen sowie die Erscheinungsformen von virtuellen Hochschulen werden kurz vorgestellt.

Eingegangen: 5. März 2000

Professor Dr. Franz Lehner, Lehrstuhl für Wirtschaftsinformatik III, Universität Regensburg, Universitätsstr. 31, 93040 Regensburg. Forschungsschwerpunkte: Internet und Multimedia, Teleteaching, Wissensmanagement sowie Softwarewartung.

A. Einführung

Der Wandel, der in der Hochschulausbildung generell zu beobachten ist, nahm seinen Ausgang im anglo-amerikanischen Sprachraum. Die Primärausbildung ist kürzer und breiter angelegt. Nach einer ein- bis mehrjährigen Berufserfahrung besteht die Möglichkeit, ein qualifiziertes Masterstudium anzuschließen (meist zweijährig), das vertiefende Fähigkeiten und Arbeitstechniken vermitteln soll. Für die wissenschaftliche Laufbahn werden PhD-Programme angeboten, die die erforderlichen Voraussetzungen für diesen Tätigkeitsbereich schaffen sollen. Parallel dazu gibt es ein wachsendes Angebot an berufsbegleitenden Kursen (z.B. Executive Development Programme für den Führungskräftenachwuchs). Der Weiterbildungsmarkt befindet sich auch im akademischen Bereich in einer Wachstumsphase, wobei bereits jetzt Verschiebungen zu einem lebens- und berufsbegleitendem Lernen deutlich werden. Ein Vergleich mit den USA und Kanada macht deutlich, dass hierzulande noch immer ca. 90 Prozent der Bildungsausgaben in den ersten 25 Lebensjahren anfallen, während dies in den genannten Ländern nur etwa 40 Prozent sind, der Rest teilt sich auf die Weiterqualifikation und Umschulungen auf. Hier zeichnen sich also Veränderungen ab, die auch für das deutsche Hochschulsystem von Bedeutung sein dürften. Und es ist zu erwarten, dass das Teleteaching dabei eine wesentliche Rolle spielen wird. Die Bedeutung der neuen Unterrichtsformen wurde in Deutschland mittlerweile auch auf politischer Ebene erkannt und findet sich in verschiedenen Dokumenten zur Hochschulreform als längerfristige Perspektive formuliert (z.B. HRK 1996, Wissenschaftsrat 1998, Masterplan Internet 2005).

An vielen Hochschulen und Fachhochschulen ist eine Ausweitung der Teleteaching-Aktivitäten mehr oder weniger fest geplant. Diese Aktivitäten basieren in Deutschland allerdings noch immer weitgehend auf Einzelinitiativen von Instituten oder Lehrstühlen, d.h. es gibt keine verbindliche bildungspolitische Richtungsvorgabe. Soweit eine Integration in Studiengänge erkennbar ist, fehlen trotzdem klare Strategien, die eine längerfristige und systematische Planung auf institutioneller Ebene erlauben würden. Die Gründe dafür sind vielfältig und nicht immer in der Neuheit der Technologien zu suchen. Die Situation kann sich allerdings rasch ändern, da die Erfahrungen und die technologischen Möglichkeiten weiter verbessert werden, aber auch der zunehmende Wettbewerb zwischen Hochschulen sowie der Kostendruck eine rasche Anpassung erzwingen könnten.

B. Teleteaching als „Kerngeschäft" virtueller Hochschulen

Virtuelle Hochschulen entsprechen in ihrem Leistungsspektrum traditionellen Hochschulen, wobei wesentliche Funktionen mit informationstechnischen Mitteln (Rechnersysteme, Netzwerke, elektronische Wissensspeicherung und –vermittlung usw.) erbracht werden. Auf die Gründe für diese Entwicklung wurde bereits in der Einführung kurz hingewiesen (siehe dazu auch Schumann/Hagenhoff 1998, Kouki/Wright 1999, Kraemer 1999, Bullinger/Braun 1999, Bremer 1999, Johannsen et al. 1999). Zum Aufbau virtueller Hochschulen als Institution gibt es noch nicht viel Literatur. Die meisten Veröffentlichungen befassen sich mit der technischen Seite oder mit konkreten Unterrichtserfahrungen. Zur Gestaltung von so genannten „Educational Environments" siehe z.B. Harrison (1999), Bi-

Chancen und Grenzen der Virtualisierung an Hochschulen

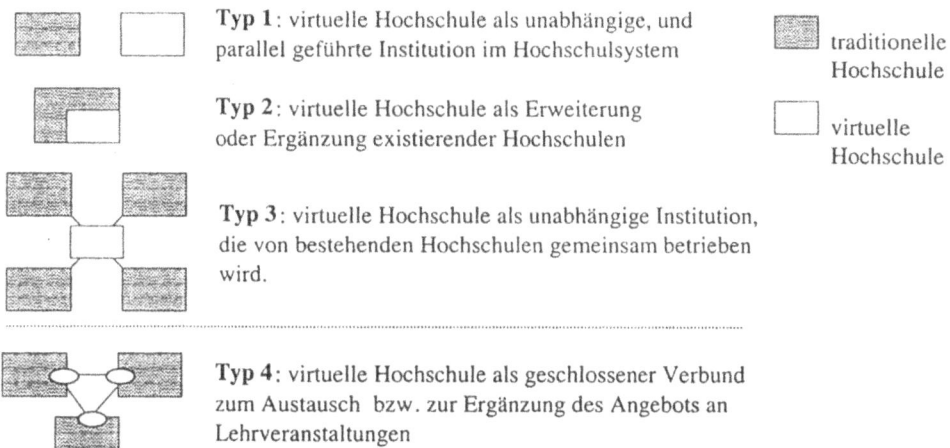

lotta (1995), Milius (1999), Seitz (1995, S. 84–139), Kerres (1998) und Bruns/Gajewski (1999). Nur ein einziger Bericht konnte über die Projektierung und die Konzeptionsphase für eine virtuelle Universität gefunden werden (Rada 1997).

Das wesentliche Merkmal einer virtuellen Hochschule ist die weitgehende räumliche und zeitliche Unabhängigkeit der Studierenden von den angebotenen Lehrinhalten. Obwohl die Forschung prinzipiell nicht ausgeschlossen ist, konzentriert sich die Diskussion derzeit fast ausschließlich auf die Lehre. Diese geht einher mit einem Verzicht auf die traditionellen, hochschulspezifischen Lernumgebungen wie Hörsäle oder Seminarräume. An ihre Stelle treten virtuelle Lernräume, welche durch das Teleteaching bzw. seine verschiedenen Ausprägungsformen genutzt werden. Teleteaching ist natürlich nicht nur an einer virtuellen Hochschule möglich. Es ist jedoch die an einer solchen Institution vorherrschende Unterrichtsform, wobei die „virtuelle Hochschule" den dafür erforderlichen Rahmen bereit stellt. Bezüglich der organisatorischen und technischen Realisierung wird z.B. auf Milius (1999), Karad/Scheuse (1999), Kerres (1998), Simon (1997), Press (1994) und Buhrmann (1997) verwiesen.

Die virtuellen Hochschulen können zwar auf keine Tradition verweisen, dennoch kristallisieren sich mittlerweile einige idealtypische Strukturen heraus, die vermutlich auch die weitere Entwicklung prägen werden. Sie unterscheiden sich u.a. hinsichtlich ihrer organisatorischen Ausgestaltung, dem Grad der Virtualisierung und dem Leistungsangebot. Abbildung 1 zeigt vier idealtypische Strukturformen im Überblick, die anschließend noch etwas näher erläutert werden. Die einzelnen Typen schließen sich gegenseitig nicht aus, d.h. eine Hochschule kann durch ihr Angebot auch mehreren Typen zugeordnet werden.

Die reinste Form besteht darin, eine neue und eigenständige Organisation zu errichten, die als private oder öffentliche Hochschuleinrichtung in Konkurrenz zu den traditionellen Hochschulen tritt (Typ 1). Das Lehrangebot ist im idealen Fall ausschließlich virtuell, d.h. auf Teleteaching aufgebaut (z.B. Jones International University, die erste in Amerika zugelassene Cyber-Universität). Die Praxis zeigt allerdings, dass auf Präsenzveranstaltungen meist nicht ganz verzichtet werden kann. Eine Mischform stellt die Erweiterung der traditionellen Hochschule um eine „virtuelle Komponente" dar (Typ 2). An diesen Hochschulen finden sich sowohl der Präsenzunterricht als auch ein entsprechendes Angebot für einen Teleunterricht. Streng genommen sind in dieser Gruppe auch Fernuniversitäten einzuordnen, welche einen Teil ihres Studienangebots als Präsenzveranstaltungen anbieten. Während die beiden bereits genannten Erscheinungsformen von einer einzigen Institution getragen werden, finden sich als dritte Form Kooperations- oder Verbundprojekte, bei denen mehrere Hochschulen gemeinsam zu einer virtuellen Hochschule beitragen, die jedoch nach außen unter einer einheitlichen Bezeichnung und unabhängig von den Trägern auftritt (Typ 3). Auch in diesem Fall besteht der bereits bekannte Spielraum zwischen einer „reinen" virtuellen Hochschule und einem gemischten Angebot von Tele- und Präsenzveranstaltungen. Unter den Trägerinstitutionen können sich neben traditionellen Hochschulen natürlich auch virtuelle Hochschulen befinden. Im Fall von Typ 2 und 3 erfolgt der operative Betrieb mitunter durch ein Kompetenzzentrum, das als Know-how-Träger auf neue Medien spezialisiert ist. Die vierte Gruppe bilden schließlich interuniversitäre Kooperationen, also eine geschlossene Gruppe, die z.B. dem „Lastausgleich" zwischen den beteiligten Partnern dient. Meist steht in diesem Fall keine eigenständige Organisation zur Verfügung, sondern die Betreuung wird direkt durch beteiligte Fakultäten oder Studiengänge geleistet.

Nicht thematisiert wurde bisher die Beteiligung der Wirtschaft bzw. einzelner Unternehmen. Diese Beteiligung ist natürlich prinzipiell denkbar und wird teilweise auch schon praktiziert. Die Kursangebote bereits bestehender Institutionen sind außerdem zum Teil kostenpflichtig, von manchen wird die Einhebung von Gebühren noch überlegt. Dies bedeutet auch, dass im Falle der Einrichtung einer virtuellen Hochschule Überlegungen zur Rechtsform angestellt werden müssen. Natürlich bedarf jede der vorgestellten Formen einer entsprechenden organisatorischen und technischen Basis zur Realisierung des Angebots. Mindestens erforderlich sind eine ausreichende technische Infrastruktur (Rechner, Netzwerk) sowie Personal für die administrative und inhaltliche Betreuung des Lehrangebots. Bestehende Hochschulen haben dabei einen enormen Vorteil, weil sie auf die vorhandene Infrastruktur zurückgreifen können. Für Typ 1 als „reinster" Form einer virtuellen Hochschule muss diese Infrastruktur entweder neu geschaffen oder von Dienstleistern zugekauft werden. Virtuelle Hochschulen bedürfen für ihren Betrieb also durchaus auch realer Organisationseinheiten.

C. Nutzung der neuen Medien an deutschen Hochschulen – Versuch einer Bestandsaufnahme und Vergleich mit der internationalen Entwicklung

I. Vorbemerkungen

Die Praxis ist gekennzeichnet von einer großen Fülle, Vielfalt und Experimentierfreudigkeit auf dem Gebiet des Teleteaching. Insgesamt gewinnt man den Eindruck einer noch nicht abgeschlossenen Entwicklung und zugleich eines akuten Handlungsbedarfs, wenn man den Blick auf die internationale Situation richtet. Dies ergibt sich vor allem aus der

Tatsache, dass das Angebot übermäßig stark von amerikanischen Hochschulen (ca. 83%) dominiert wird. Der Anteil Europas beträgt nach einer der wenigen Studien zu diesem Thema lediglich 6% (vgl. Kouki/Wright 1999, 105). Deutschland, das demnach international noch deutlich geringer repräsentiert ist, hat damit einen doppelten Nachteil. Zum einen ist durch die globale Verfügbarkeit des Internets das internationale Angebot hierzulande überdurchschnittlich stark vertreten, und zum anderen ist die internationale Präsenz Deutschlands besorgniserregend gering, was natürlich auch mit der Unterrichtssprache zusammenhängt. Es besteht letztlich die Gefahr, durch eine Fehleinschätzung der Technologien und falsche Erwartungen als Studienort für ausländische Studierende immer weniger attraktiv zu werden.

II. Situation und Erfahrungen in Deutschland

Das bisherige Angebot und die bereits bestehenden Einrichtungen in Deutschland werden meist nur sehr exemplarisch dargestellt. Aus diesem Grund wird versucht, erstmals eine möglichst umfassende Landkarte zu zeichnen und einzelne Initiativen etwas näher zu charakterisieren. Kriterien für die Auswahl waren ein Angebot auf akademischem Niveau, das über einzelne oder fallweise Kurse hinausgeht (Langfristigkeit) oder als Kooperation für einen längeren Zeitraum definiert (Vorlesungsverbund), an einer Hochschule oder Universität (mindestens auf Fakultätsebene) angesiedelt, und das über das Internet für Studienberechtigte zugänglich ist. Die große Fülle darüber hinaus existierender Einzelinitiativen (meist auf Instituts- oder Lehrstuhlebene) wurde bereits an anderer Stelle erwähnt. Hier wird für Interessierte auf die verfügbaren Quellen und Link-Sammlungen verwiesen (siehe z.B. Lehner 1999, Kouki/Wright 1999, Kopp/Michl 1999, Bruns/Gajewski 1998, Bremer 1998 und 1999, Bertelsmann/Nixdorf 1997, Schwarzer 1998, Johannsen et al. 1999, Lutz/Ortmann 1999, DFN-Verein 1999). Es handelt sich dabei meist um isolierte Angebote, die oft nur lose in den Studienbetrieb integriert sind.

Bereits vorweg kann gesagt werden, dass ein fest etabliertes Online-Studienangebot, das über einzelne Kurse oder Lehrveranstaltungen hinausgeht, an deutschen Hochschulen noch die Ausnahme bildet. Die in Abbildung 1 eingeführte Typisierung wird zur Klassifikation der nachfolgenden Zusammenstellung verwendet. Im Prinzip finden sich für alle vier Typen Beispiele, die seit mehreren Jahren existieren, und es kann davon ausgegangen werden, dass diese Erscheinungsformen auch die Hochschullandschaft der Zukunft prägen werden. Es ist zu erwarten, dass die bereits erwähnten Einzelinitiativen allmählich integriert werden bzw. in neu entstehende Institutionen einfließen.

Institutionelles Angebot (Typ 1 und 3)
Fernuniversität Hagen (Virtual University System VUS)
International Tele-University Germany (INTUG bzw. VIROR, Gemeinschaftsprojekt zwischen Freiburg, Karlsruhe, Heidelberg, Mannheim) – Weiterführung nicht gesichert
Vernetztes Studium Chemie (Berliner Fachinformationszentrum Chemie) – in Vorbereitung
Virtuelle Hochschule Bayern (VHB) – Probebetrieb ab Sommersemester 2000
Virtuelle Hochschule Baden Württemberg – in Vorbereitung
Virtuelle Fachhochschule für Technik und Wirtschaft (Leitung FH Lübeck) – in Vorbereitung
Bundesleitprojekt Virtuelle Fachhochschule

Institutionelles Angebot (Typ 2)
Campus Kanal (Kompetenzzentrum Multimedia, FH München)
Hyperwave Server des Fachbereich 17 (Mathematik/Informatik) der Universität-GH Paderborn
Lehre 2000 (Universität Saarbrücken, virtueller Studiengang Wirtschaftsinformatik)
Projekt VIRTUS der Universität zu Köln
Virtuelle Universität Ulm (Projektstatus unklar)
Lern-Server der Fakultät für Informatik, Universität Karlsruhe
ViKar (Virtueller Hochschulverbund Karlsruhe) – in Vorbereitung
Virtuelle Universität Regensburg (VUR) – Probebetrieb ab Sommersemester 2000

Verbundprojekte (Typ 4)
Erlangen/Nürnberg (z.T. mit Regensburg)
Dresden/Freiberg
Projektverbund Virtueller Campus: Universitäten Hannover, Hildesheim, Osnabrück
JaTeK – Java Based Teleteaching Kit (Dresden/Leipzig)
LAMP (Informatikausbildung für Nichtinformatiker, Universitäten Augsburg, Passau sowie LMU und TU München) – in Vorbereitung
Mannheim/Heidelberg
VIPRATECH (Chemie, Leipzig/Oldenbourg)
WINFO-LINE (Saarbrücken, Göttingen, Leipzig, Kassel)

Deutschsprachiges Ausland
Virtual University Wien
Telemachos (Donau-Universität Krems) – in Vorbereitung
Virtual Campus Switzerland – in Vorbereitung
Universität St. Gallen – Projekt KnowledgeMedia
Classroom 2000 (Schweiz, Postgraduate Ausbildung in Informatik und Telekommunikation)

Ausgewählte Initiativen auf europäischer Ebene
EOUN – European Open University Network (Hesse/Giovis 1997)
Jean Monet Module „Telematics in Europe" – in Vorbereitung
EuroPACE 2000 (Van Heddegem 1997)

Die bisherigen Initiativen sind insofern kritisch zu bewerten, als viele der angeführten Projekte noch immer Pilot- oder Entwicklungscharakter haben. Sie finden sich überdies nur selten auf der Homepage der Universität. Dies erschwert nicht nur die Auffindbarkeit für Interessierte, sondern gibt auch einen Hinweis auf den (eher geringen) Stellenwert, der diesem Thema beigemessen wird. Unterstrichen wird dies noch durch die teilweise geschlossenen Benutzergruppen; d.h. die Angebote sind meist nicht allgemein zugänglich und es fehlt auch eine entsprechende Beratung oder Information (Sicherstellung der Betreuung). Dies sollte nicht verwechselt werden mit der Forderung nach einem kostenfreien Angebot, da es bei Telekursen durchaus üblich ist, Studiengebühren zu verlangen. Bei den institutionellen Angeboten (Typ 2) ist anzumerken, dass die meisten Initiativen auf Fakultätsebene oder niedriger und nicht auf Hochschulebene angesiedelt sind. Auch die übrigen genannten Auswahlkriterien sind nicht in allen Fällen streng erfüllt (meist fehlt ein geschlossenes oder umfassendes Ausbildungsangebot). An manchen Universitäten laufen

Abb. 2: Homepage („Portal") der VUS

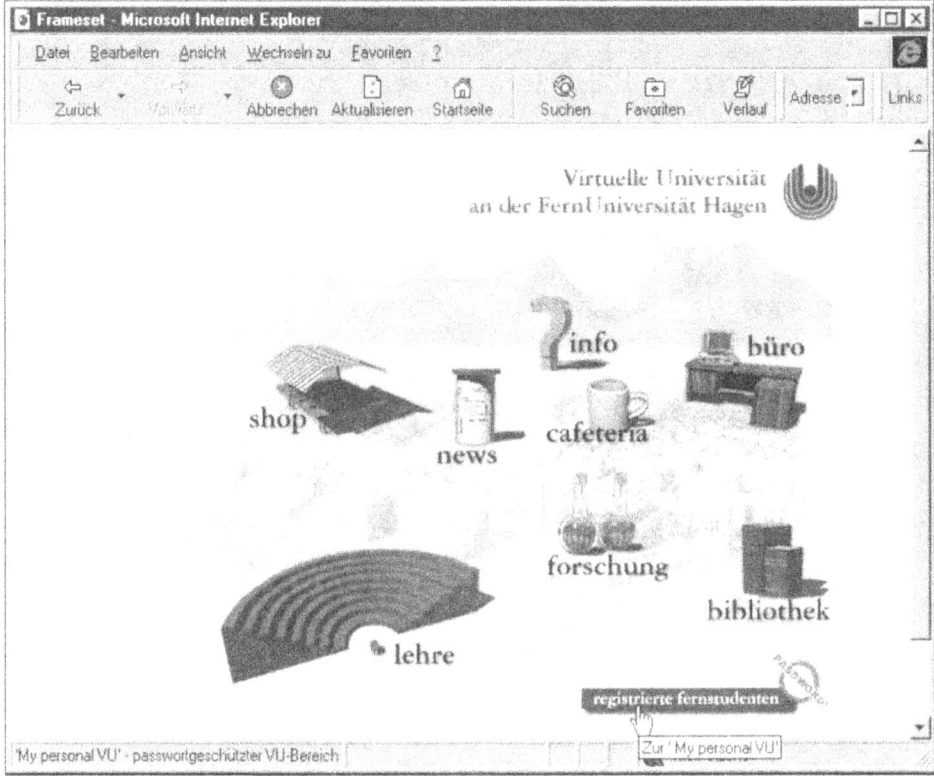

mehrere Projekte oder Initiativen parallel, wobei auf der verfügbaren Informationsgrundlage nicht immer klar ist, ob und wie die Koordination erfolgt.

Einige ausgewählte Beispiele werden nachfolgend zum besseren Verständnis des Entwicklungsstandes noch kurz vorgestellt.

- Die **Universität Hagen** (FernUniversität) mit über 55000 Studenten hat als erste Hochschule in Deutschland das Konzept einer virtuellen Universität verwirklicht. Dabei werden alle wichtigen Funktionen einer traditionellen Universität in einem einzigen homogenen System, dem Virtual University System (kurz VUS) mittels neuester Netzwerktechnologien integriert. Dazu gehören die elektronische Versendung sämtlicher Lehrmaterialien, eine mächtige und anwenderfreundliche Kommunikationsplattform für alle Beteiligten (Studenten und Tutoren), Gruppenarbeit mittels CSCW (Computer Supported Cooperative Work), virtuelle Seminare, neue Formen von Übungen und Praktika via Netzwerk, ein einfacher Zugang zu Bibliotheken und Administration, und ein Informations- und Tutorensystem. Die technische Basis der VUS ist das Internet. Die Studenten werden (ähnlich wie bei manchen amerikanischen Universitäten) mit einem PC, einer einfachen Videokamera, einem Mikrofon und einem günstigen Internet-Zugang ausgestattet. Durch die VUS wird der PC somit Lieferant von Lehrmaterialien, Experimentierumgebung, Infoterminal und Kommunikations-Center in einem. Die Lehrmaterialien beinhalten Multimediakurse, (interaktives) Video, Computer Based Training, Simulationen, Experimentier-Software, Animationen und gedrucktes Material. Besonderen Wert wurde auf eine breite Unterstützung der Kommunikation gelegt, da der soziale Kontakt als besonders wichtig eingestuft wird.

- Die **Tele-akademie der FH Furtwangen** ist eine zentrale Einrichtung der Fachhochschule Furtwangen, die 1995 gegründet wurde. Sie hat die Aufgabe, die wissenschaftliche Weiterbildung an der Hochschule zu koordinieren und dabei insbesondere die Anwendung neuer multi- und telemedialer Lerntechnologien zu erproben. Im Vordergrund stehen internet-basierte Kurse und Weiterbildungsprogramme, Videokonferenzen und Multimedia. Die Tele-akademie bietet neben Vorlesungsskripten und begleitenden Lehrmaterialien im Internet auch eine Reihe von Videokonferenzen über IDSN an. Die Teilnahme an den Online-Kursen ist kostenpflichtig.
- Mit dem **CampusKanal** eröffnet das Kompetenzzentrum Multimedia (KMM) der Fachhochschule München die Möglichkeit zum Aufbau einer hochschulinternen, technologie-basierten virtuellen Lernplattform. Der Campus Kanal ermöglicht es, Videosequenzen via Internet weltweit abrufbar zu machen. Ergänzt wird dieses Angebot durch vorlesungsbegleitendes Material (Übungen, weiterführende Informationen, Skripte, Links etc.) sowie durch direkte Kommunkationsmöglichkeiten zwischen Kursteilnehmern und Dozenten beispielsweise via e-mail, Forum und Chat. Das Angebot, das sich noch im Aufbau befindet, umfasst neben Ring-Vorlesungen ein Multimedia-Zertifikat und einzelne Vorlesungen in englischer Sprache.
- In den Jahren 1993/94 entstanden in der Region um Chemnitz eine Reihe von lokalen und regionalen Netz-Initiativen mit unterschiedlichen Trägern und Zielrichtungen. Dabei kam ein enormer Informations- und Wissensbedarf bei den beteiligten Unternehmen und Verwaltungen zum Vorschein. Da die **TU Chemnitz-Zwickau** über die notwendige Infrastruktur verfügte – die Universität gehört zu den 20 intensivsten Nutzern des WIN/BWIN (Wissenschafts-Internet in Deutschland) und besitzt seit 1990 eine Internet-Verbindung – bot es sich geradezu an, die gewonnenen Erkenntnisse und Erfahrungen im Bereich der Informations- und Kommunikationstechnologien an die Unternehmen der Region weiterzugeben. Da ein Präsenzstudium für die meisten im Berufsleben stehenden Interessenten nicht in Frage kam, wurde ein Fernstudium konzipiert. Der Studienbetrieb wurde 1995 aufgenommen. Angeboten wird ein Aufbaufernstudium „Informations- und Kommunikationssysteme", das kostenpflichtig ist und komplett über das Internet absolviert werden kann.
- Das Projekt „Teleteaching/Telelearning Referenzsysteme und Service Center im Breitband Wissenschaftsnetz" der **Universität Erlangen-Nürnberg** hatte zum Ziel, Vorlesungen, die an der Universität gehalten wurden, samt vorlesungsbegleitendem Material, im Internet zur Verfügung zu stellen. Dazu wurden die Vorlesungen aufgezeichnet und mit dem zugehörigen Folienmaterial in digitaler Form gespeichert. An der Universität Erlangen-Nürnberg wurde zur Erstellung der angesprochenen Veranstaltungen ein einfach zu bedienendes Authoring-Werkzeug in Java entwickelt, das es dem Dozenten erlaubt, die aufgezeichneten Vorlesungen selbst zu bearbeiten und mit zusätzlichen Materialien, Selbstkontrollfragen usw. zu verbinden. Das Gesamtsystem soll ab

Chancen und Grenzen der Virtualisierung an Hochschulen

2000 voll einsatzfähig sein. Seit 1997 werden aufgrund der besonderen Situation der Standorte Erlangen und Nürnberg regelmäßig Vorlesungen und andere Lehrveranstaltungen unter Einsatz der vorhandenen Telekommunikationsinfrastruktur an beiden Orten verfügbar gemacht, um den Studierenden die Hin- und Rückfahrt zu ersparen.

- Erstmals im Sommersemester 1996 fand zwischen den Hochschulstandorten Dresden und Freiberg eine verteilte Übung zur Vorlesungseinheit „Rechnernetze" statt, die teilweise von Dresden, teils von Freiberg aus angeboten wurde. Nach Abschluss dieses Projekts begann die TU-Dresden in Kooperation mit der Universität Leipzig mit **JaTeK** (Java Based Teleteaching Kit) ein neues Projekt. Ziel war es, eine leistungsfähige Lernumgebung im Internet zu schaffen, die vorrangig asynchron und damit zeit- und ortsunabhängig Wissen an Lernende vermitteln kann. Lerninhalte werden im Internet publiziert und können sowohl Dokumente, Bilder, Audio, Video und Animationen sowie Übungen und Experimente, die mit eigenen Werkzeugen erstellt werden, enthalten.

- Die **Universitäten Mannheim und Heidelberg** schlossen 1995 ein weitreichendes Kooperationsabkommen, um das Präsenzstudium durch die Veranstaltungen der jeweils anderen Universität zu erweitern. Dabei werden insbesondere Physikvorlesungen von Heidelberg nach Mannheim und Informatik-Veranstaltungen von Mannheim nach Heidelberg übertragen.

- Die **Virtuelle Hochschule OberRhein** (Verbundprojekt VIROR) besteht aus einem Zusammenschluss der Universitäten Freiburg, Karlsruhe, Heidelberg und Mannheim, mit dem Ziel der gemeinsamen Nutzung verteilter Ressourcen zur Bereicherung des Lehr- und Studienangebots der beteiligten Hochschulen. Somit sollen Studierende der Region Oberrhein künftig die Bildungsangebote von vier Hochschulen gleichzeitig nutzen können. Dabei werden sowohl Vorlesungen an die entfernten Hochschulen live über das Internet übertragen, als auch LoD-Angebote bereitgestellt, die zeitunabhängig abgerufen werden können. Seit Mitte 1998 werden erste Lehrveranstaltungen angeboten. Unter der Bezeichnung **International Tele-University Germany** (INTUG) erfolgt die Vermarktung universitärer Ausbildungsleistungen an ausländische Studierende und an international tätige Unternehmen. Als Rechtsform dafür wurde eine GmbH gewählt.

- Die **Virtuelle Hochschule Bayern** (VHB) plant die Aufnahme des Studienbetriebs in der ersten Hälfte des Jahres 2000. Das Studienangebot soll ausschließlich über das Internet erfolgen und wird durch eine Vernetzung aller bayerischen Hochschulen und Universitäten realisiert.

- **VIRTUS** ist ein Projekt für den Einsatz neuer Medien in der Hochschule, entwickelt und realisiert an der Wirtschafts- und Sozialwissenschaftlichen Fakultät der Universität zu Köln. Ziel ist die gewinnbringende Nutzung dieser Technologien für Studium, Lehre und Weiterbildung. Mit rund 10.000 Studenten ist die Kölner WiSo-Fakultät die größte Fakultät ihrer Art in Deutschland. Am Projekt beteiligen sich inzwischen die Mehrheit der Professorinnen und Professoren.

- Der virtuelle Hochschulverbund Karlsruhe – **ViKar** – verbindet die Hochschulen der Region, um den Studierenden durch konsequente Nutzung multimedialer Netzdienste ein räumlich und zeitlich flexibles, bedarfsorientiertes Lernen zu ermöglichen. Zugleich ist eine Öffnung des Lehrangebotes zur wissenschaftlichen Weiterbildung über die Grenzen der Hochschulen hinaus beabsichtigt. Über den **Lern-Server** der Fakultät für Informatik werden an der Universität Karlsruhe Dienste zur Organisation und zu Inhalten des Studiums angeboten. Dazu gehören z.B. Skripte, Vorlesungsfolien, Übungsblätter, Literaturhinweise, aber auch Dokumente mit multimedialem Mehrwert, wie beispielsweise interaktive Übungsaufgaben und Simulationen. Die Struktur ist am Studienplan ausgerichtet.

Abschließend lässt sich zur Situation in Deutschland feststellen, dass zwar erste Schritte gesetzt wurden, das Angebot aber sicher nicht der Kompetenz und der Stellung der deutschen Hochschulen entspricht. Viele Programme sind noch in Entwicklung und wenig koordiniert. Man gewinnt insgesamt den Eindruck, dass die Hochschulen der Virtualisierung selbst noch wenig Bedeutung beimessen. Man wird damit an eine ähnliche Entwicklung im Bereich des Electronic Commerce erinnert, wo in Deutschland die Chancen ebenfalls sehr spät erkannt wurden. Um an das internationale Niveau anzuschließen, ist es unabdingbar, das Studienangebot direkt über ein „Portal" möglichst auf der Homepage der (realen oder virtuellen) Universität zu positionieren. Abbildung 2 zeigt als Beispiel die Homepage der Fernuniversität Hagen. Für internationale Angebote ist überdies der Unterrichtssprache Aufmerksamkeit zu schenken, die Englisch sein sollte.

III. Studien und internationaler Vergleich

Wie bereits erwähnt, ist die empirische Faktenlage zum Thema Teleteaching bzw. virtueller Hochschulen nicht besonders gut. Eine Erhebung, die etwas umfassender Einblick gibt, stammt aus dem Jahr 1997 und muss möglicherweise bereits in einigen Punkten aktualisiert werden. Was den Referenzcharakter für die Entwicklung im deutschsprachigen Raum betrifft, dürften die Grundaussagen jedoch nach wie vor Gültigkeit haben, sodass die wesentlichen Punkte kurz wiedergegeben werden. Die Untersuchung bezog 300 amerikanische Hochschulen und Universitäten ein, unter denen sich auch die Top 100 befanden. Die Ergebnisse werden in die Bereiche Netzinfrastruktur, Lehre, Studentenadministration sowie Soziales strukturiert (vgl. Kouki/Wright 1999, 97–103).

Bei der Netzinfrastruktur und der Computerausstattung sind die Unterschiede zwischen Universitäten äußerst groß. Ohne auf die Details einzugehen, kann festgestellt werden, dass die Top-Universitäten eine hervorragende technische Ausstattung ihrer Studenten garantieren, die neben einem eigenen PC für jeden Studenten einen EMail-Account, eine eigene Homepage, freien und unbegrenzten Internetzugang sowie elektronische Bibliotheksdienste umfassen. Der Unterschied zu Universitäten mit einem niedrigeren Ranking ist erheblich, was zum Teil mit der Finanzierung und den Möglichkeiten des Fundraising erklärt wird. Die Verfügbarkeit einer entsprechenden technischen Infrastruktur ist jedoch eine unabdingbare Voraussetzung für ein Teleteaching. Diese Voraussetzung ist hierzulande zumindest an Universitäten in hohem Maß gegeben. Was den privaten Internetzugang von zu Hause oder im Studentenheim betrifft, gibt es aber in Deutschland ebenfalls noch große Unterschiede.

Die Lehre ist die wichtigste Kategorie in der Studie von Kouki/Wright. Hier zeigt sich ein sehr differenziertes Bild, weil in den USA bereits ein breites Angebot von virtuellen Hochschulen existiert. Betrachtet man zunächst die Möglichkeiten, die das Internet für eine begleitende Unterstützung des Unterrichts bietet (z.B. Kursinformationen, Vorlesungsmaterialien, Übungsaufgaben), so wird dieses Instrument auch von manchen der traditionsreichen Universitäten nur sehr spärlich genutzt. Dies trifft z.B. auf Stanford und Harvard zu, von denen vermutet wird, dass der Grund für die Zurückhaltung in der Befürchtung zu suchen ist, etwas vom elitären Charakter zu verlieren. Es zeigte sich aber auch, dass Universitäten durch ein entsprechendes Angebot an Teleteaching deutlich an Reputation gewinnen konnten, und dass außerdem neue und sehr flexible Studienmöglichkeiten geschaffen werden konnten. Die neuen Lern- und Unterrichtsformen werden allgemein gut angenommen und bieten vor allem auch kleineren Universitäten eine hervorragende Möglichkeit, ihre Position deutlich zu verbessern und im neuen Wettbewerb zwischen den Hochschulen Punkte zu machen.

Die Studentenadministration und soziale Angebote umfassen einen sehr weiten Bereich, sodass der direkte Vergleich schwierig ist. Die Dienstleistungen reichen von der Online-Einschreibung über die Kursanmeldung und Online-Vorlesungsverzeichnisse bis zu persönlichen Auskünften und zur Verwaltung des Studienbuchs, Verteilung von Kursunterlagen usw. Die Voraussetzung ist natürlich auch hier wieder eine funktionierende technische Infrastruktur. Probleme werden von manchen mit der Vertraulichkeit im Internet sowie beim Zugriff auf persönliche Daten von Studierenden gesehen. Auch die Wahrung des Copyrights scheint für viele noch ein Problem zu sein. Das Angebot im sozialen Bereich (z.B. Jobbörse, Veranstaltungskalender, Chats, Newsgroup) ist vor allem bei jenen Universitäten vielfältig, die die Liste in bezug auf die infrastrukturellen Voraussetzungen anführen.

Zusammenfassend lässt sich feststellen, dass die US-amerikanischen Universitäten in Bezug auf die Nutzung der neuen Medien ein Bild großer Lebendigkeit bieten und dass die Grundeinstellung sehr technologiefreundlich ist. Wie aus anderen Quellen ersichtlich ist, drängen mittlerweile auch kanadische und australische Universitäten verstärkt in den globalen akademischen Bildungsmarkt. Als Hauptgründe für das Engagement wurden die Verbesserung der eigenen Wettbewerbsposition im Hochschulkontext, ein positives Image, die Flexibilisierung des Leistungsangebotes sowie neue Angebote (z.B. Unterstützung des lebenslangen Lernens durch Weiterbildungsangebote) genannt.

D. Zusammenfassung: Thesen und Szenarien zur weiteren Entwicklung

Die Aufgaben der Hochschulen und Universitäten werden zu einem wesentlichen Teil von ihrer gesellschaftlichen Umwelt und dem daraus abgeleiteten Bedarf bestimmt. Hier sind seit einigen Jahren umfassende Veränderungen zu beobachten (vgl. Kraemer 1999, Bullinger/Braun 1999). Als Forderungen an das Hochschulsystem leiten sich daraus u.a. die Flexibilisierung, Internationalisierung und die „Modularisierung" der Ausbildung ab (d.h. statt einmaliger Ausbildung für das gesamte Berufsleben eine Ausbildung in mehreren Stufen, Postgraduate Angebote) sowie die Einstellung auf rasche Änderungen in der Wissensbasis. Diese Forderungen können durch das Teleteaching in vielfältiger Weise erfüllt werden, sodass hier ein unmittelbarer Nutzen erwartet wird (vgl. z.B. Schumann/Hagenhoff 1998, 151, Bullinger/Braun 1999, 32–33).

Auch die deutliche Kostenreduktion wird häufig als Wirkung des gezielten Einsatzes von Teleteaching angeführt (vgl. z.B. Schumann/Hagenhoff 1998, 151). Da keine wirklich empirisch gesicherten Erfahrungen vorliegen, kommt dieser Vermutung ein spekulativer Charakter zu. Neben den Erfahrungen des Autors, die bei bestimmten Unterrichtsformen wie z.B. Teleseminaren durchaus kostensteigernde Faktoren erkennen ließen (vgl. Lehner 1999), sind natürlich auch Entwicklung, Betrieb und Wartung der virtuellen Unterrichtseinrichtungen ins Kalkül zu ziehen. Weitere Faktoren sind die Neukonzeption und Aktualisierung von mediengerecht aufbereiteten Bildungsangeboten sowie der erhöhte Koordinationsaufwand, wenn mehrere Partner beteiligt sind. Fazit ist derzeit, dass eine verlässliche Aussage über die Kosten nicht möglich ist, dass aber eine deutliche und längerfristige Kostensenkung eher unwahrscheinlich ist.

Die Anforderungen an die neuen Lernformen und -medien im Unterrichtseinsatz sind mittlerweile gut untersucht, die Ergebnisse sind aber nicht allgemein bekannt, sondern nur unter Fachleuten verbreitet. Das Thema sollte jedoch wegen seiner grundlegenden Bedeutung stärker in die Vermittlung des allgemeinen pädagogischen Wissens eingebunden werden. Außerdem sollte eine entsprechende Servicestelle an jeder Universität eingerichtet werden, um die Nutzung der neuen Medien aktiv zu fördern. Die stärkste Veränderung ergibt sich wohl für die Studierenden selbst. Die veränderte Situation wird dabei von den Betroffenen nicht immer realistisch eingeschätzt, obwohl bereits viele Studien darauf hinweisen, dass die neuen Lern- und Unterrichtsformen einen hohen Grad an Selbständigkeit erfordern. Diese Voraussetzung ist aber oftmals nicht gegeben, sodass die Folge u.a. Unzufriedenheit mit dem „System" und ein geringer Lernerfolg sind. Die Beurteilung der Gesamtsituation wird abschließend in sieben Thesen gefasst, die zum Teil durch den Handlungsbedarf ergänzt werden:

1. Auf der Makroebene werden sich auch in Deutschland neue Institutionen etablieren, wobei möglichst rasch ein gesetzlicher Rahmen für das Angebot von Universitätslehrgängen und Studiengängen auf der Basis der neuen Medien zu schaffen ist. Eine wichtige Rolle werden bei diesen neuen Institutionen Kooperationen spielen, und zwar einerseits zwischen Hochschulen, aber auch in zunehmenden Maße mit der Wirtschaft (auch wenn dies nicht dem klassischen Ideal der Universität entspricht).
2. Auf der Mikroebene ist festzustellen, dass das bestehende Angebot bereits jetzt genutzt wird, wenngleich eher zögerlich. Große Defizite liegen bei den Lehrinhalten (contents), aber nicht für alle Unterrichtsformen ist die Entwicklung solcher „Konserven" möglich, erforderlich oder sinnvoll. Selbstlernangebote werden nur für bestimmte, relativ stabile Wissensgebiete mit einer großen Hörerzahl ökonomisch sinnvoll zu entwickeln sein.
3. Die Rolle des Lehrers verändert sich zwar teilweise, bleibt aber auch im Kontext der neuen Medien unverändert wichtig. Der Mythos von der nach oben offenen Studentenzahl wird auch beim Unterricht über das Internet eine Illusion bleiben.
4. Das ökonomische Einsparungspotenzial durch die Virtualisierung des Unterrichts erweist sich als unrealistisch, vor allem, wenn eine hohe Ausbildungsqualität im Universitätsbereich beibehalten werden soll. Das virtuelle Unterrichtsangebot deckt darüber hinaus einen wachsenden Bedarf ab, der durch das traditionelle Hochschulsystem nur unzureichend unterstützt wird.
5. Die ökonomischen Folgen für das Hochschulsystem werden gewöhnlich zu optimistisch oder falsch eingeschätzt. Eine umfassende Kostenreduktion ist mit den neuen Me-

Chancen und Grenzen der Virtualisierung an Hochschulen

dien nicht realisierbar. Möglich sind jedoch neue Formen der nationalen und internationalen Zusammenarbeit sowie jetzt noch nicht erkennbare Synergien, die das deutsche Hochschulsystem insgesamt stärken können.
6. In Deutschland ist bereits jetzt eine solide technologische Basis bzw. Infrastruktur vorhanden, sodass diese Seite kein Hindernis mehr für ein größeres Teleteaching-Angebot darstellt. Die Hindernisse bestehen jedoch auf struktureller bzw. institutioneller Ebene, und auch die Bereitschaft etablierter Dozenten und Hochschullehrer für die Nutzung der neuen Unterrichtsmöglichkeiten ist oft gering. Die Bereitstellung einer entsprechenden Ausbildung für interessierte Dozenten und der Aufbau einer unterstützenden Infrastruktur wird daher als vordringliche Aufgabe angesehen.
7. Eine Nachfrage nach einem internet-basierten Ausbildungsangebot aus Deutschland auf Hochschulniveau ist auch international vorhanden, wenngleich der tatsächliche Bedarf nur schwer zu prognostizieren ist.

Halten die Trends, die in den USA zu beobachten sind, auch in deutschen Hochschulen Einzug, nämlich die Zunahme von Teilzeitstudien, die zunehmende Privatisierung und ein Wettbewerb zwischen den Hochschulen, dann wird das Anbieten der Lehre über räumliche Grenzen hinweg zu einem wichtigen Erfolgsfaktor werden (vgl. Kraemer 1999, http://www.jtg-online/jahrbuch/band6/sommer 1f.html). Die Hochschulen, die ihre Bildung möglichst weiträumig anbieten können, werden den größten Erfolg haben, wobei die Qualität der Bildungsangebote ebenfalls entscheidend sein wird. Dabei ist auch eine Zusammenstellung eines individuellen Stundenplans aus Vorlesungen verschiedener Universitäten, die nicht auf Deutschland beschränkt sein müssen, denkbar. In den USA soll es bis zur Jahrtausendwende bereits eine Million sogenannter „Cyberstudents" geben, die Zahl soll sich in den kommenden Jahren verdreifachen und auch viele ausländische Studenten beinhalten (vgl. http://www.jtg-online/jahrbuch/band6/sommer 1f.html). Die technischen Schwierigkeiten, die heute teilweise noch in manchen Veranstaltungen auftreten, sind kein prinzipielles Hindernis mehr, sie sollten aber als weiterer Ansporn dienen, die Hard- und Software zu verbessern und noch stärker an die individuellen Bedürfnisse anzupassen. Kompatibilität zwischen verschiedenen Systemen und einfache, intuitive Benutzeroberflächen sind nämlich gerade für gelegentliche Computernutzer entscheidende Kriterien. Die enorme Popularität des Internets setzte auch erst zu dem Zeitpunkt ein, als die Nutzung so einfach wurde, dass auch Laien damit umgehen konnten. Die Entwicklung der Lehre in den kommenden Jahrzehnten wird jedenfalls in mancher Hinsicht stärker mit den Traditionen brechen als in den letzten paar hundert Jahren.

Teleteaching und Telelearning werden in den kommenden Jahren die traditionelle Hochschullehre nicht ersetzen, sondern bereichern. Die treibenden Kräfte sind aber weniger die Kosten und die besseren Lernerfolge, sondern andere Faktoren, die weitgehend durch das Umfeld der Hochschulen mitbestimmt werden. Zu diesen Faktoren zählen die Flexibilisierung des Studiums, der Beitrag zum Image und zur Servicequalität einer Hochschule, der Wettbewerb zwischen Hochschulen, neue Möglichkeiten für die Kooperation mit Partnerhochschulen und nicht zuletzt auch die rasche Reaktionsmöglichkeit auf Ausbildungsbedarfe (Erschließung neuer Zielgruppen, aber auch Einnahmemöglichkeiten). In all diesen Bereichen hat bereits jetzt jede einzelne Hochschule die Möglichkeit, initiativ zu werden und ihre Chancen zu nützen. Aufgrund ihrer größeren Flexibilität werden private Hochschulen möglicherweise eine Vorreiterrolle einnehmen. Aber auch die Neugründung von Hochschulen, möglicherweise zusammen mit internationalen Partneruniversitäten ist zu erwarten. Die Universität der Zukunft wird zwar nicht virtuell sein, sie wird jedoch die Potenziale der neuen Technologien für eine hochwertige Ausbildung nutzen, und sie wird damit auch in der Lage sein, veränderten Anforderungen und neuen Aufgaben gerecht zu werden.

Literatur

Bertelsmann Siftung, Heinz Nixdorf Stiftung (Hrsg.): Virtuelles Lehren und Lernen an deutschen Universitäten. Gütersloh 1997.
Bilotta, E. et al.: An educational environment using WWW. In: Computer Networks and ISDN Systems, Vol. 27, 6/1995, S. 905–909.
Bremer, C.: Die Integration verschiedener Lehr- und Lernformen in Online-Lehrveranstaltungen. In: Information Management, IM 1/1999, S. 49–57 (siehe auch: http://www.bremer.cx/, Stand Dezember 1999).
Bruns, B., Gajewski, P.: Multimediales Lernen im Netz. Berlin et al. 1999.
Buhrmann, P.: Die virtuelle Universität: Konzept und Architektur am Beispiel der FernUniversität Hagen. Dissertation, Hagen 1997.
Bullinger, H.-J., Braun, M.: Virtualisierung des wissenschaftlichen Lehrens und Lernens. In: Information Management, IM 1/1999, S. 27–33.
DFN-Verein: http://www.dfn.de; Spezialausgabe vom März 1999 zum Thema verteiltes Lehren und Lernen (Stand Dezember 1999).
Harrison, N.: How to design Self-directed and Distance Learning Programs. New York 1999.
Hesse, F. W., Giovis, C.: Struktur und Verlauf aktiver und passiver Partizipation beim netzbasierten Lernen in virtuellen Seminaren. In: Unterrichtswissenschaft. Zeitschrift für Lernforschung, Bd. 25, 1/1997, S. 34–55.
HRK (Hrsg.): Moderne Informations- und Kommunikationstechnologien (Neue Medien) in der Hochschullehre. Dokumente zur Hochschulreform 111/1996, 53175 Bonn, 1996.
Hübner, U.: Erfahrungen mit dem IUK-Aufbaustudium. http://www.tu-chemnitz.de/home/iuk/veroeff/iuk-erf2/iukerfa.htm (Stand 9/99).
Ibrahim, B., Franklin, St.: Advanced Educational Uses of the World-Wide Web. In: Computer Networks and ISDN Systems, Vol. 27, 6/1995, S. 871–877.
Issing, L. J.: Auf dem Weg zum virtuellen Studium? In: Simon, H. (Hrsg.): Virtueller Campus. Forschung und Entwicklung für neues Lernen und Lehren. Münster 1997, S. 147–163.
Johannsen, A., Diggelen, W. van, Krcmar, H.: Die Auswirkungen der Telepräsenz auf das kooperative Telelearning. In: Information Management, IM 1/1999, S. 59–66.
Karad, J., Scheuse, Th.: Wissenschaftliche Ausbildung Online: Bald Realität in der International Tele-University Germany. In: Information Management, IM, Bd. 14, 1/1999, S. 71–74.
Keegan, D.: Unterrichten in Europa via Satellit. In: Simon, H. (Hrsg.): Virtueller Campus. Forschung und Entwicklung für neues Lernen und Lehren. Münster 1997, S. 65–76.
Kerres, M.: Multimediale und telemediale Lernumgebungen: Konzeption und Entwicklung. München 1998.
Kerres, M.: Telelernen – Szenarien, Technik und Didaktik. Bd. 3/1997 der Arbeitshilfen für die Erwachsenenbildung, herausgegeben durch die Pädagogische Arbeitsstelle für Erwachsenenbildung, Villingen-Schwenningen 1997.
Kerres, M.: Mediendidaktische Konzeption und Erfahrungen mit dem Tele-Seminar „Lernen im Internet". In: Simon, H. (Hrsg.): Virtueller Campus. Forschung und Entwicklung für neues Lernen und Lehren. Münster 1997, S. 119–130.
Kopp, H., Michl, W.: Neue Medien in der Lehre. Neuwied/Berlin 1999.
Kouki, R., Wright, D.: Telelearning via the Internet. Idea Group Publishing Hershey (PA)/London 1999.

Kraemer, W.: Education Brokerage. In: Information Management, IM 1/1999, S. 17–26.
Lehner, F.: Teleteaching in der Wirtschaftsinformatik – Erfahrungen an der Universität Regensburg, Forschungsbericht Nr. 25, Lehrstuhl für Wirtschaftsinformatik III, Universität Regensburg, Februar 1999.
Lutz, M., Ortmann, G.: Lernen und interaktive Medien. In: Kopp, H., Michl, W.: Neue Medien in der Lehre. Neuwied/Berlin 1999, S. 130–143.
Massay, J.: Virtual Campus. In: Computing, 25.7.1996, S. 32–34.
Milius, F.: E-Learning Framework. In: Information Management, IM 1/1999, S. 35–43.
Press, L.: Tomorrow's Campus. In: Communications of the ACM, Bd. 37, 7/1994, S. 13–17.
Rada, R.: Lessons From a Virtual University Task Force. In: Failures & Lessons Learned in Information Technology Management, Vol. 1, 1/1997, S. 31–37.
Rubin, E.: The Virtual University: A Case Study of The University of Maryland University College. In: Simon, H. (Hrsg.): Virtueller Campus. Forschung und Entwicklung für neues Lernen und Lehren. Münster 1997, S. 91–100.
Schumann, M., Hagenhoff, S., Greve-Kramer, W., Ehrenberg, D., Röder, S.: Erfahrungsbericht zu einem internetbasierten Seminar. In: Information Management, IM 1/1999, S. 67–70.
Schumann, M., Hagenhoff, S.: Virtuelle Universität. In: Wirtschaftsinformatik, Bd. 40, 2/1998, S. 150–152.
Schwarzer, R. (Hrsg.): MutliMedia und TeleLearning, Lernen im Cyberspace. Frankfurt 1998.
Seitz, R.: Computergestützte Tele- und Teamarbeit. Betriebliche Modelle, Werkzeuge und Einsatzpotentiale in der universitären Ausbildung. Wiesbaden 1995.
Simon, H. (Hrsg.): Virtueller Campus. Forschung und Entwicklung für neues Lernen und Lehren. Münster 1997
Van Heddegem, J.: A Virtual University for Europe. In: Simon, H. (Hrsg.): Virtueller Campus. Forschung und Entwicklung für neues Lernen und Lehren. Münster 1997, S. 101–104.
Wissenschaftsrat: Empfehlungen zur Hochschulentwicklung durch Multimedia in Studium und Lehre. Mainz 1998.

Franz Lehner

Zusammenfassung

Mit der Einrichtung von virtuellen Universitäten findet eine institutionelle Manifestation statt, die sich im akademischen Bildungsbereich schon länger abzeichnet. Die begriffliche Nähe zu virtuellen Unternehmen verweist zwar auf Gemeinsamkeiten, die sich beim derzeitigen Stand der Entwicklung in Deutschland aber hauptsächlich auf die gemeinsame technologische Basis sowie den ökonomischen Druck und die Globalisierung beschränken, die auch vor den Universitäten nicht Halt machen. Damit ist bereits angedeutet, dass hierzulande ein Nachholbedarf festgestellt wird, der sich durch die bereits vorhandene (Tele-)Präsenz ausländischer Hochschulen auch zu einem Wettbewerbsnachteil entwickeln kann. Der vorliegende Beitrag befasst sich mit der aktuellen Entwicklung auf diesem Gebiet und versucht den Handlungsbedarf auszuloten. Die Basis dafür bilden die mehrjährigen Erfahrungen des Autors mit verschiedenen Formen des Teleteaching, die eigene Entwicklung von softwaretechnischen Plattformen für den Unterricht über das Internet sowie die Auseinandersetzung mit dem zunehmenden internationalen Angebot und seiner Bewertung. Der Bereich der betrieblichen Aus- und Weiterbildung sowie der öffentliche Bildungsmarkt werden ausgeklammert. Die Konzentration erfolgt hier auf die Situation an den Hochschulen und Universitäten in Deutschland, wobei die internationale Entwicklung als Bezugsrahmen verwendet wird.

Summary

The implementation of virtual universities is the result of process which started a few years ago and leads to new types of academic institutions. There are, of course, some similarities between the concept of virtual organisations and virtual universities. The use of new media for teaching purposes on an academic level is still at the beginning at german universities. For this reason similarities between the virtualization of business and academia are restricted to the common technological base, the globalisation, and the economic preassure which is faced in both areas. The global presence of anglo-american universities via the internet may lead to disadvantages of german universities in the near future. This paper describes the current situation in this field and points out challenges as well as demands for action. The basis of this work is the authors practical experienc with nearly all kinds of teleteaching, the development of internet-based teaching environments as well as the analysis of existing projects and institutions. The paper concentrates on academic institutions and initiatives in Germany.

13: Ausbildungs- und Berufsfragen

Multimediales Telelehren und Telelernen an Virtuellen Universitäten

Von Freimut Bodendorf

Überblick

- Durch die fortgeschrittenen Möglichkeiten des Internets wird es möglich, in elektronischer Form aufbereitetes Wissen zu vermitteln, ohne dass sich die Lernenden physisch an eine Bildungsstätte begeben müssen. Werden in der Hochschulausbildung umfangreichere Telelehr-/Telelernangebote bereitgestellt, so spricht man u.a. von Virtuellen Universitäten.

- Eine besondere Qualität bieten hierbei multimedial gestaltete Lerninhalte unter Einbeziehung von Video- und Audiomaterial. Didaktisch wichtig sind interaktive Elemente sowie Möglichkeiten der Kommunikation zwischen Studierenden und Lehrenden.

- Nach einem Überblick über multimediale Lehrumgebungen werden verschiedene Szenarien der telemedialen Ausbildung vorgestellt, wie z.B. Televorlesung, Teleübung, Teleseminar, Teleexkursion oder „Lecture on Demand". Aus Erfahrungen einiger innovativer Projekte lassen sich Einblicke in die Potenziale der Teleaus- und Weiterbildung gewinnen sowie deren Perspektiven, aber auch Grenzen abschätzen.

Eingegangen: 10. März 2000

Professor Dr. Freimut Bodendorf, Inhaber des Lehrstuhls für Betriebswirtschaftslehre, insbesondere Wirtschaftsinformatik II an der Friedrich-Alexander-Universität Erlangen-Nürnberg, Lange Gasse 20, 90403 Nürnberg. Wichtige Tätigkeitsgebiete sind Anwendungssysteme in der Dienstleistungswirtschaft, Electronic Business, Electronic Commerce und elektronische Märkte, Geschäftsprozessoptimierung und -steuerung, telemediale Ausbildung, multimediale Lehrsoftware, Wissensmanagement.

A. Einführung

Unterricht beschäftigt sich im allgemeinen mit der Vermittlung von Wissen (informationsbezogener Aspekt) und der Fähigkeit, dieses Wissen im konkreten Fall in Form von Verhaltensweisen anzuwenden (verhaltensbezogener Aspekt). An dem Prozess sind in der Regel Lehrende, Lernende und Unterrichtsgegenstände bzw. -inhalte beteiligt, die in Interaktionsbeziehungen stehen. Moore spricht von Learner-Instructor Interaction, Learner-Learner Interaction und Learner-Content Interaction (Moore, 1993, S. 20 ff). Einen pädagogisch wichtigen Anteil haben dabei die Interaktionen zwischen Lehrenden und Lernenden, die von vielen Dozenten als unbedingt notwendig und von vielen Lernenden als überaus wünschenswert angesehen werden („regarded as essential by many educators, and highly desirable by many learners" (Moore, 1993, S. 20). Besteht zwischen Lehrenden und Lernenden eine räumliche Distanz, so wird von Fernunterricht (Distance Education) gesprochen (Peters, 1993, S. 16). Telelehren und Telelernen sind spezielle Ausprägungen von Distance Education, bei denen der Transport von Lehrinhalten vom Lehrenden zum Lernenden sowie die Interaktion zwischen Lehrenden und Lernenden über eine räumliche Distanz auf der Basis elektronischer Medien erfolgen (Held, Kugemann, 1994, S. 1). Dabei sind zwei grundlegende Ansätze zu unterscheiden:

- *Asynchrones Telelehren/Telelernen*:
  Der Lehrende bzw. ein Team von Entwicklern „gießt" den Lehrstoff in eine computergestützte Selbstlernumgebung, die auf einem Anbieterrechner oder einem Speichermedium wie CD-ROM oder DVD abgelegt wird und bei Bedarf vom Lerner abgerufen und genutzt werden kann. Zwischen Produktion und Konsum der Selbstlernumgebung liegt eine nahezu beliebig lange Zeitspanne.
- *Synchrones Telelehren/Telelernen:*
  Es findet eine Online-Informationsübertragung und Kommunikation zwischen Lehrenden und Lernenden und auch zwischen den Lernenden selbst statt. Produktion und Konsum von „Lehre" fallen zeitlich zusammen.

Bei der technischen Realisierung der telemedialen Ausbildung findet man relativ selten den synchronen oder den asynchronen Ansatz in Reinform vor. So werden z.B. im realen Hörsaal gehaltene Vorlesungen parallel synchron an entfernte Stellen übertragen, und zusätzlich stehen elektronische Begleitmaterialien zur asynchronen Nutzung zur Verfügung. Umgekehrt werden z.B. zu asynchron abrufbaren Teachwarepaketen oder Materialien im World Wide Web auch synchrone Diskussionszeiten angeboten, bei denen sich Dozenten bzw. Tutoren und Lernende im Rahmen eines Online-Chats oder einer Videokonferenz austauschen.

Telelehren und Telelernen unterscheiden sich dadurch, dass ersteres den Lehr-/Lernprozess aus der Sicht der Lehrenden und Pädagogen behandelt, während bei letzterem die Perspektive der Lernenden im Vordergrund steht. Da in der Regel sowohl Lehrende als auch Lernende um eine effiziente Vermittlung bzw. ein problemloses Verstehen eines Unterrichtsinhalts bemüht sind, hängen die Begriffe Telelehren und Telelernen mehr oder weniger eng zusammen, je nachdem, ob Lehrende und Lernende gleichzeitig (synchrone Interaktion) oder zeitversetzt (asynchrone Interaktion) am Lernprozess teilnehmen.

Werden Telelehr-/Telelernszenarien an Hochschulen eingeführt, die eine Wissensvermittlung bzw. eine fachliche Ausbildung ermöglichen, ohne dass sich die Studierenden physisch an die Bildungsstätte, z.B. in einen realen Hörsaal oder Seminarraum, begeben müssen, so spricht man von virtuellen Universitäten bzw. virtuellen Hochschulen. (Vgl. Bodendorf et al., 1996a und VHB, 2000). Eine wichtige Rolle spielen hierbei technische Einrichtungen zur digitalen Multimedia-Präsentation und -Kommunikation.

B. Neue Medien in der Ausbildung

I. Übersicht und Typologie

Jedes Lehrmedium leistet seinen eigenen, begrenzten Beitrag zur Vermittlung des Unterrichtsgegenstandes, jedes bietet dem Lernenden anderes und fordert andere Leistungen von ihm und keines leistet alles (Glöckel, 1996, S. 45). Diese Erkenntnis und die Forderung, viele Wahrnehmungskanäle (Vester, 1996, S. 191, „Je mehr Wahrnehmungsfelder im Gehirn beteiligt sind, desto mehr Assoziationsmöglichkeiten für das tiefere Verständnis werden vorgefunden, desto größer werden Aufmerksamkeit und Lernmotivation ...") zu nutzen, verlangen eine Vielfalt an Lehrmedien als Hilfsmittel zur Wissensvermittlung in einem didaktisch aufbereiteten Unterricht. Dies gilt sowohl für die konventionelle Stoffvermittlung als auch für das Telelehren.

In der Didaktik wird aus Sicht des Lehrenden zwischen *darbietenden, zusammenwirkenden* und *aufgebenden* Aktions- bzw. Arbeitsformen differenziert, die von seiten des Lernenden als *aufnehmend, zusammenwirkend* und *ausführend* bezeichnet werden (Glöckel, 1996, S. 60). Abhängig vom zeitlichen Bezug zwischen Angebot und Konsum lassen sich verteilt synchrone und verteilt asynchrone Formen unterscheiden (vgl. Abbildung 1). Bei synchronem Telelehren/Telelernen fallen Leistungserbringung und -konsum zeitlich zusammen, im asynchronen Fall nicht.

Aus mehr technischer Sicht können Medien in drei für verteilte Lernprozesse wichtige Kategorien eingeteilt werden. Diese legen dar, in welcher Form der Unterrichtsstoff (Lehrinhalt) dargestellt wird, welches System Träger (Speicher) des Lehrinhalts ist und wel-

Abb. 1: Beispiele zum Telelehren/Telelernen

Aktions- oder Arbeitsform Kontakt zwischen Lehrenden und Lernenden	darbietend bzw. aufnehmend	zusammenwirkend	aufgebend bzw. ausführend
verteilt synchron	*Televorlesung*	*Teleübung* *Teleseminar*	*Teleübung* *Telefallstudie*
verteilt asynchron	*Lecture on Demand*	*Teletutoring*	*Computer Based Training*

ches System den Inhalt eines Trägers im Falle verteilter Unterrichtsformen an entfernte Teilnehmer transportiert (Verteilung):

- *Repräsentation von Informationen (Darstellungsmedien – Primärmedien)*
  Informationen über den Unterrichtsgegenstand oder Lernstoff können durch die Medien Sprache, Gestik, sozialer Kontakt, Text, Bild, Ton/Geräusch/Musik, Bewegtbild und Gegenstand/Lebewesen an Lernende weitergegeben werden. Diese Darstellungsformen werden im weiteren Primärmedien genannt, da sie über die Sinne Hören, Sehen, Fühlen und Riechen/Schmecken aufgenommen werden.
- *Träger von Informationen (Trägermedien – Sekundärmedien)*
  Über Primärmedien dargestellte Informationen lassen sich mithilfe verschiedener technischer Systeme zeitlich konservieren. Glöckel bezeichnet solche Vorrichtungen als „Hilfsmittel" (Glöckel, 1996, S. 41) für den Unterricht. Hier werden exemplarisch Tafel, Papierunterlagen, Ton-/Videoaufzeichnungen, Computeranwendungen und Modelle realer Gegenstände behandelt. Der Lehrende selbst befindet sich ebenfalls in dieser Kategorie, da er, abstrakt betrachtet, auch einen Träger und Darsteller von Primärmedien verkörpert. Er nimmt allerdings eine Sonderstellung ein, da er die übrigen Medien dieser Ebene nutzt und steuert.
- *Verteilung von Informationen (Verteilermedien – Tertiärmedien)*
  Beim Telelehren werden verschiedenste Verteilungsmedien eingesetzt, zu denen u.a. Audio-/Video-Übertragungseinrichtungen bzw. -Server, Groupware-Systeme, Whiteboard-Anwendungen, Dokumenten-Server, Shared-Application-Systeme und Virtual-Reality-Systeme zählen.

In Abbildung 2 werden die Lehrmedien-Kategorien als Ebenenmodell dargestellt. Medien erster und zweiter Ordnung stehen über die Beziehung „umfasst vollständig" in Verbindung, wodurch ausgedrückt wird, dass ein Trägermedium das Primärmedium ohne nennenswerte Verluste aufnehmen kann. Dieselbe Beziehung zwischen Trägermedien und Verteilermedien bedeutet den annähernd verlustfreien Transport der jeweils vom Trägermedium festgehaltenen Information. Mit Videokonferenzsystemen hoher Qualität können beispielsweise die Inhalte von Tafelanschriften gut transportiert werden.

Abb. 2: Kategorien von Lehrmedien

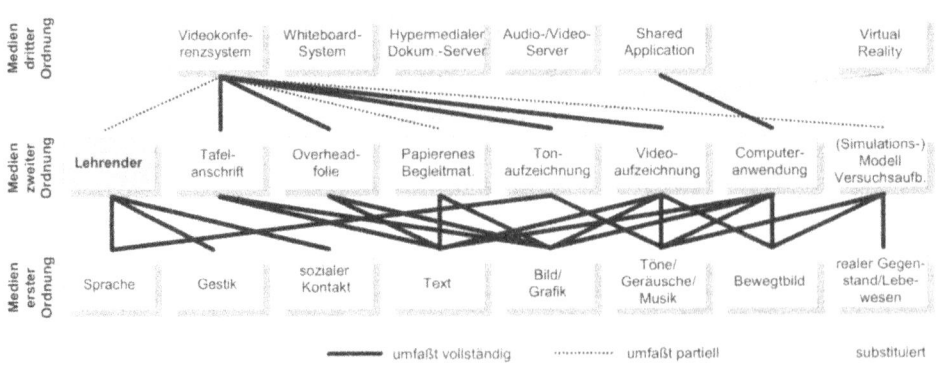

Die Beziehung „umfasst partiell" zwischen einem Medium dritter und zweiter Ordnung drückt aus, dass das Verteilermedium nicht alle Informationsarten verlustfrei transportiert, die das entsprechende Trägermedium bereitstellt. So ist beispielsweise in einem Videokonferenzsystem kein direkter sozialer Kontakt möglich. Die dritte Beziehung „substituiert" zwischen Medien der beiden oberen Ebenen bedeutet, dass durch den Einsatz eines Verteilermediums (z.B. Whiteboard-System) das entsprechende Trägermedium (in diesem Fall Tafel und Overhead) als Hilfsmittel im Unterricht ersetzt werden kann.

II. Multimediale Lehrumgebung

Um synchrones Telelehren zu ermöglichen, müssen Lehrumgebungen verschiedene Anforderungen erfüllen. Die Räume, von denen aus unterrichtet wird (Einzelarbeitsplatz, Seminarraum, Hörsaal), sind so auszustatten, dass der Lehrende einerseits moderne Lehrmedien nutzen kann und andererseits alle Medien zweiter Ordnung (vgl. Abbildung 2) über entsprechende elektronische Übertragungskanäle an räumlich entfernte Empfangsstellen für die Telelernenden übertragen werden können. Telelehrumgebungen bestehen somit aus Räumen und Arbeitsplätzen, die mit speziellen Multimedia-Computern und Audio-/Video-Peripherie ausgerüstet sind, Netzwerken, die Sende- und Empfangsstellen verbinden, und Software, mit der Medien dritter Ordnung gesteuert werden.

Eine weitere Anforderung ist die Skalierbarkeit der Mediennutzung. Auf der einen Seite muss eine Telelehrumgebung aus pädagogischen Gründen in der Lage sein, höchsten Qualitätsansprüchen gerecht zu werden, um alle Lehrmedien unter Beibehaltung ihrer didaktischen Wirkung abbilden zu können. Beispielsweise ist der verlustfreie Transport von Sprache und Gestik zwischen Lehrenden und Lernenden in vielen Lernsituationen sehr wichtig. Auf der anderen Seite muss aus wirtschaftlichen und aus Gründen der Ortsflexibilität versucht werden, möglichst eine bereits vorhandene Infrastruktur zu nutzen und z.B. existierende PCs und Kommunikationseinrichtungen einzubinden. Um Teilnehmer zu erreichen, die nicht über Netzzugänge mit hoher Geschwindigkeit verfügen, wie z.B. Studierende in ihrer Wohnung, ist an ein „Downscaling" der Verteilermedien auf niedrige Bandbreiten zu denken. Hier bietet sich u.a. das öffentliche ISDN (Integrated Services Digital Network) an, das allerdings mit 64 bzw. 128 Kbit/s für qualitativ hochwertige Videoübertragungen nicht geeignet ist (vgl. Grebner et al., 1997).

Aus Akzeptanzgründen ist eine benutzerfreundliche Bedien- und Konfigurierbarkeit der vorhandenen Ausrüstung (Hardware und Software) für den Lehrenden unumgänglich.

Abstrakt betrachtet bestehen Telelehrumgebungen aus mindestens zwei Stellen, an denen sich Teilnehmer zusammenfinden und die durch Kanäle verbunden sind, über die Lehrmedien zweiter Ordnung transportiert werden (vgl. Abbildung 3). Medienkanäle stellen Verbindungen zwischen allen Teilnehmerstellen her.

Teilnehmerstellen sind einerseits Einrichtungen zur Bereitstellung von „Lehre", andererseits Orte des Telelernens. Lehre kann synchron oder asynchron angeboten werden. Im asynchronen Fall wird z.B. Lehrmaterial auf einem Server gespeichert und kann über das World Wide Web abgerufen werden. Synchrones Telelehren ist z.B. bei der Online-Übertragung einer Vorlesung aus einem Hörsaal gegeben.

Abb. 3: Schema einer Telelehrumgebung

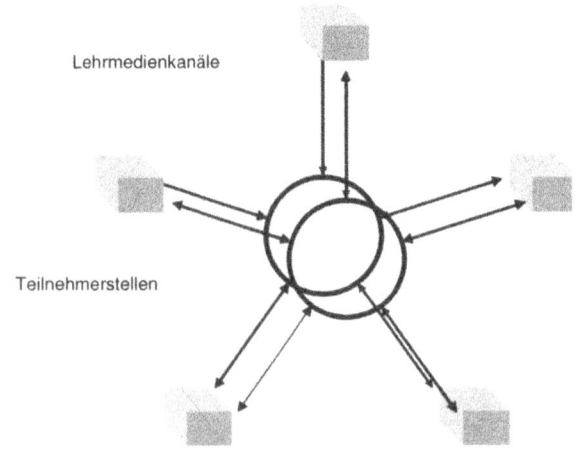

Abb. 4: Ausrüstung eines Hörsaals für Telelehren

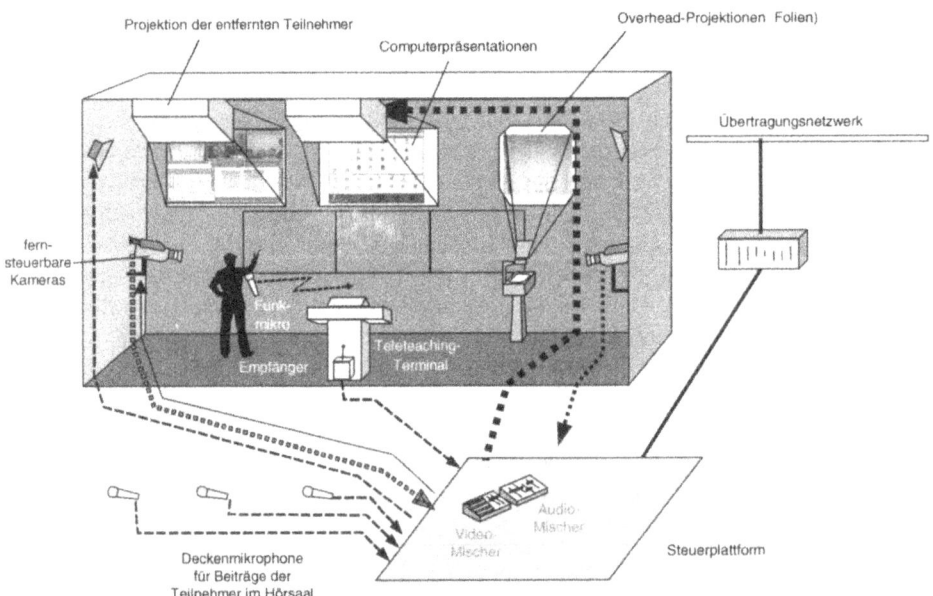

Die Ausrüstung eines Hörsaals als Teil einer Telelehrumgebung besteht im wesentlichen aus den Hauptkomponenten Steuerplattform, Teleteaching-Lehrterminal, Projektionstechnik, A/V-Peripherie und konventionellen sowie elektronischen Lehrmedien zweiter Ordnung. Abbildung 4 zeigt eine denkbare Hörsaalausstattung, die u. a. auch die gängigen konventionellen Lehrmedien unterstützt. Die verbalen Äußerungen des Dozenten

Abb. 5: Telelehrterminal

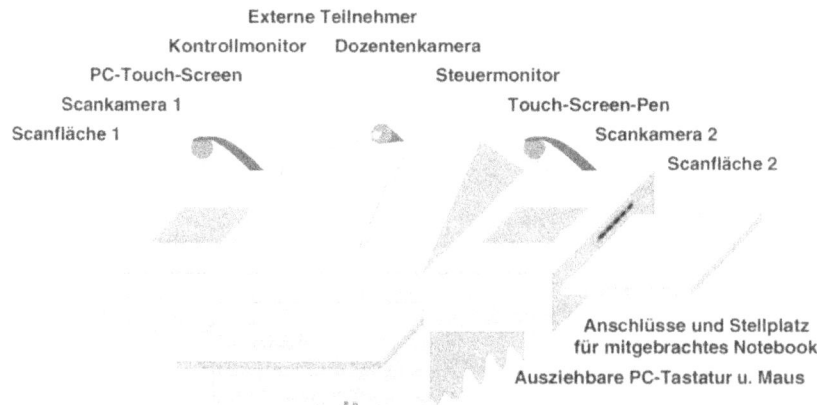

und der lokalen Teilnehmer sowie sonstige gesprochene Beiträge werden über Mikrofone an die Steuerplattform weitergegeben und von dort über einen Audiokanal an die entfernten Teilnehmerstellen übertragen. Bewegtbilder werden mithilfe von mehreren im Hörsaal verteilten und selbst- bzw. fernsteuerbaren Kameras eingefangen und in der gleichen Weise an entfernte Stellen gesendet. Tafelbild und Overhead-Projektion überträgt man ebenfalls mithilfe der Videokameras.

Elektronische Lehrmedien, wie Computerpräsentationen (so genannte „Power Point-Folien" u.a.) oder Audio-/Videovorführungen, werden über entsprechende Projektoren lokal dargestellt und gleichzeitig digitalisiert übertragen.

Das in Abbildung 5 skizzierte Telelehrterminal dient der Unterstützung des Lehrenden bei der Nutzung elektronischer Medien. Konventionelle Folien werden auf eine Scanfläche gelegt und von einer Kamera als feingerastertes Bild in digitalisierter Form weitergegeben. Im Hörsaal wird die Projektion mithilfe eines lokalen Beamers dargestellt, während ein separater Medienkanal für die Verteilung an die externen Teilnehmerstellen sorgt. Alle Änderungen, die während des Vortrags auf der Folie erfolgen, können von den lokalen und entfernten Teilnehmern in gleicher Qualität mitverfolgt werden.

Ein Vorteil dieser Vorgehensweise ist, dass man mit Papiervorlagen in der gleiche Weise verfahren und auch kleinere Gegenstände oder Lebewesen auf die Scanfläche legen kann, die dann sowohl lokal als auch bei den entfernten Teilnehmerstellen großflächig dargestellt werden.

Eine weitere Aufgabe des Terminals besteht darin, Softwarevorführungen und Computerpräsentationen zu vereinfachen. Das Terminal besitzt hierzu neben einer ausziehbaren Tastatur und Maus einen Touch-Screen-Monitor. Damit lassen sich Anwendungen über einen besonderen Stift steuern und handschriftliche Anmerkungen einbringen. Der Monitor wird damit wie ein Overheadprojektor verwendet. Für die Kommunikation mit entfernten Teilnehmern besitzt das Terminal einen Monitor, auf dem z.B. zwischenfragende Teilnehmer eingeblendet werden. Ein Kontrollmonitor präsentiert wahlweise eines der beiden Scankamerabilder oder das Dozentenkamerabild. Ein dritter Bildschirm zeigt

Steuerdaten oder Meldungen einer entfernten Teilnehmerstelle an und nimmt, ebenfalls per Touch-Screen, Steuerbefehle entgegen.

C. Formen des Telelehrens

I. Televorlesung

Bei Televorlesungen in einem „virtuellen Hörsaal" steht das direkte Darbieten im Vordergrund, wobei dem Lehrenden alle konventionellen und elektronischen Lehrmittel und -medien wie Tafel, Overhead, Computer für Animationen usw. zur Verfügung stehen. Die eingesetzten Medien wie auch alle anderen Informationsquellen (Sprache, Gestik, Mimik usw.) werden über Kommunikationskanäle an entfernte Zugangsstellen übertragen. Darüber hinaus wird eine multilaterale Kommunikation aller Teilnehmer unterstützt.

Abbildung 6 zeigt exemplarisch die Bildschirmkonfiguration an einer entfernten Zugangsstelle. Die eingesetzte Videokonferenzsoftware unterstützt die Übertragung des Bewegtbilds und des Tons der Vortragenden (1) sowie der eingesetzten Unterrichtsmaterialien (hier der Tafel, (2)). Darüber hinaus werden das Bewegtbild und der Ton ausgewählter externer Teilnehmer übermittelt (3) sowie die synchrone textuelle und graphische Kommunikation zwischen Lehrenden und Lernenden über Groupware-Funktionalitäten, wie z.B. ein Whiteboard-System (4), ermöglicht.

Abb. 6: Beispielkonfiguration des Bildschirminhalts einer Televorlesung

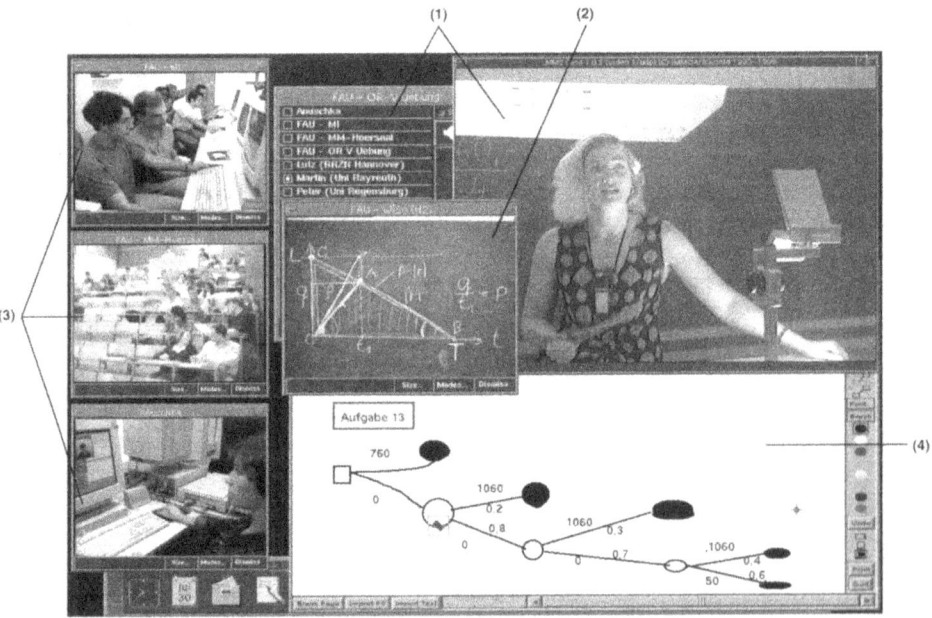

Abb. 7: Televortrag über ein Telelehrterminal

Televorlesungen werden in der Regel aus einem Hörsaal übertragen. Lehrende können aber auch Vorlesungen und Vorträge ohne lokales Publikum von ihrem Arbeitsplatz aus halten, während das Auditorium von entfernten Zugangspunkten aus teilnimmt (Langenbach et al., 1997a, S. 59). Neben vollständigen Vorträgen mögen auch kürzere Präsentationen zur Veranschaulichung und Vertiefung bestimmter Themen vom Arbeitsplatz oder einem Telelehrterminal aus „exportiert" werden.

Abbildung 7 zeigt ein derartiges Szenario, das das in Abbildung 5 skizzierte Telelehrterminal nutzt. Die Empfängerseite wird über einen Großbildschirm direkt gegenüber dem Vortragenden präsentiert. Dialoge und Diskussionen mit den entfernten Teilnehmern sind damit online in der Art einer Videokonferenz möglich.

II. Teleübung

Interaktion zwischen Studenten und Tutoren ist ein elementarer Bestandteil von Übungen. In weit größerem Maße als bei Televorlesungen besteht in einem Übungsszenario eine große Herausforderung darin, die erhöhte Interaktion zwischen Studenten und Dozenten mit der zur Verfügung stehenden Infrastruktur abzubilden und zu befördern. Aus diesem Grund wird in verteilten Übungen stärker als in der Vorlesung mit Whiteboard- oder ver-

Abb. 8: Bildschirmkonfiguration einer Teleübung

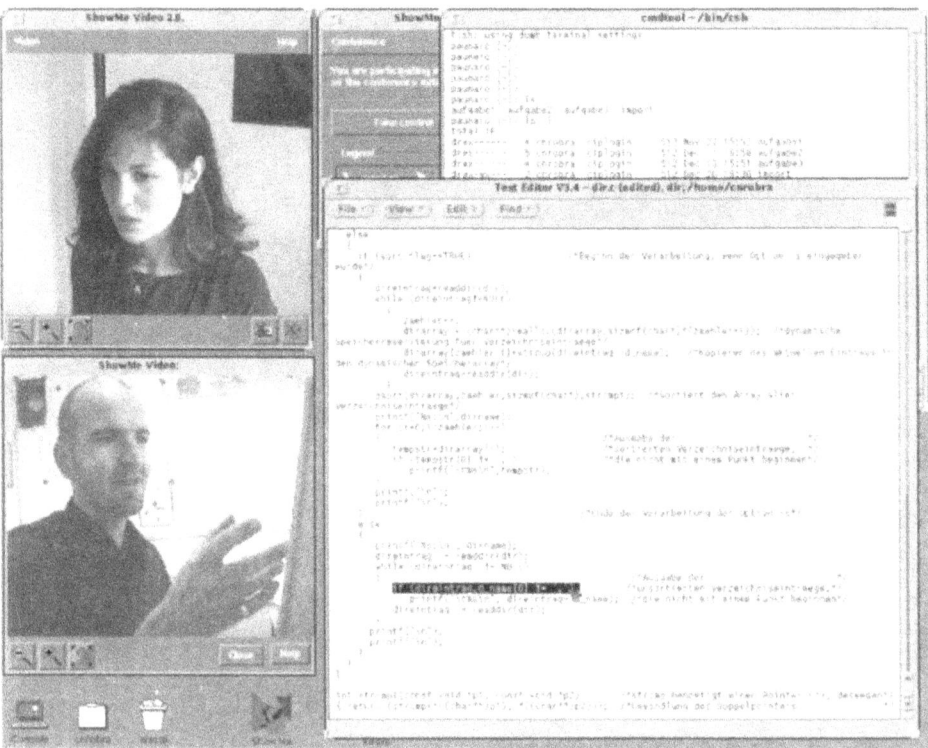

teilten Applikationen gearbeitet. Anforderungen, Arbeitsaufträge und Ergebnisse müssen in elektronischer Form übermittelt werden und in weiteren Folgesitzungen wiederverwendbar sein.

Abbildung 8 zeigt eine Bildschirmkonfiguration für eine Programmierübung. Der Bildschirm des Studierenden wird über eine Shared-Application-Anwendung auf den Schirm des Tutors gespiegelt, der per Videokonferenz und Telebedienung des Cursors Hinweise und Hilfestellung gibt.

Im Rahmen von Teleübungen können Studierende z.B. auch mit Praktikern aus der Wirtschaft zusammenarbeiten (Langenbach et al., 1997b). In diesem Szenario bringt die Hochschule theoretische Grundlagen ein, während praxisorientiertes Know-how von externen Teilnehmern einfließt.

Neben Angeboten, die zusammenwirkende Arbeitsformen fördern (vgl. Abb. 1), unterstützt die Teleübung eine eher aufgebend-ausführende Beziehung zwischen Lehrenden und Lernenden. Hierzu zählen klassische Rechnerübungen, bei denen die Lernenden die vom Tutor gestellten und online übermittelten Aufgaben an geographisch entfernten Zugangspunkten entweder in Einzelarbeit oder in verteilten Kleingruppen lösen (Bodendorf et al., 1996b, S. 34).

III. Teleexkursion

Im Rahmen von praxisbezogenen Veranstaltungen werden bei Teleexkursionen Studierende nicht wie üblich zu einem Unternehmen befördert, um sich vor Ort über dessen Aufbau und Tätigkeit zu informieren. Vielmehr stellen Unternehmen sich und ihre Arbeit mit Hilfe von Konferenzsystemen dar, indem sie aufgezeichnete oder Live-Begehungen audiovisuell übertragen und im Anschluss oder direkt während einer Begehung Fragen der Studierenden beantworten und Diskussionen durchführen. Mitarbeiter des Unternehmens steuern hierzu Computerpräsentationen oder führen eine Kamera im Rahmen einer „Remote-Begehung". Die Beantwortung von Zwischenfragen bzw. das Aufgreifen von Anregungen geschieht über Videokonferenz. Abbildung 9 zeigt einen Bildschirminhalt während einer Teleexkursion.

Diese Form der Exkursion kann z.B. im Rahmen einer zweistündigen Lehrveranstaltung in einem Multimedia-Hörsaal (vgl. Abbildung 4) durchgeführt werden. Voraussetzung ist hier die Anbindung des Unternehmens an das Internet oder eine direkte Verbindung zur Universität über ISDN oder ein anderes digitales Netz.

Abb. 9: Beispielkonfiguration des Bildschirminhalts bei einer Teleexkursion

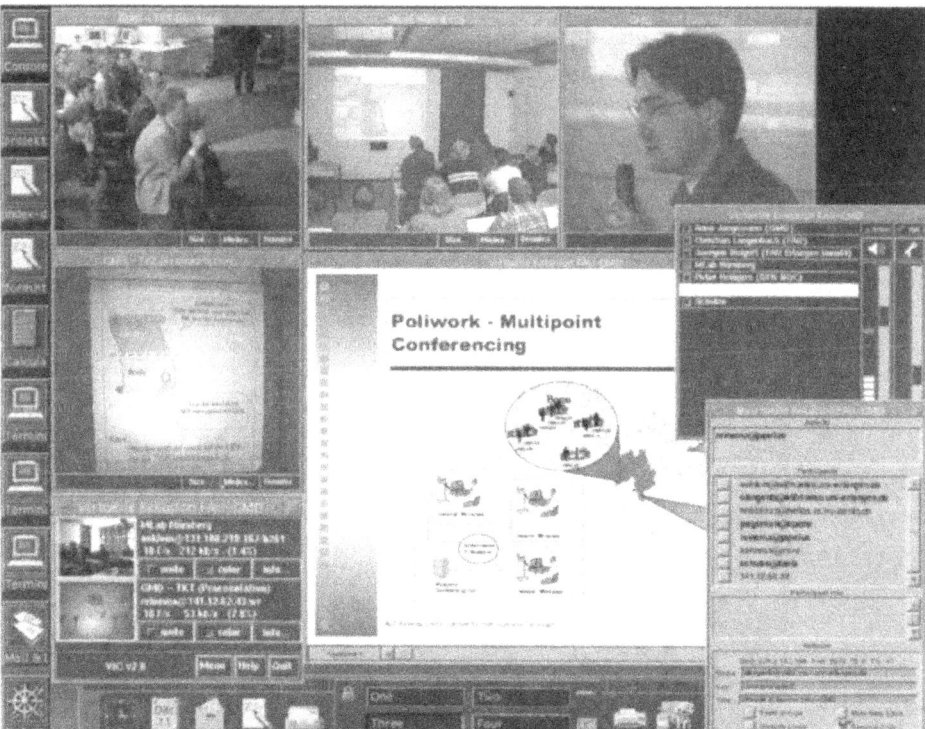

IV. Teleseminar

Die für Teleübungen und Teleexkursionen skizzierten Szenarios sind in ähnlicher Form auch für Teleseminare oder Teleworkshops möglich. Die Abbildungen 10 und 11 zeigen Schnappschüsse aus einem verteilten Seminar der Lehrstühle für Wirtschaftsinformatik der Universität Bayreuth (Prof. Dr. Armin Heinzl), der Universität Erlangen-Nürnberg (Prof. Dr. Freimut Bodendorf) und der Universität Regensburg (Prof. Dr. Franz Lehner). Insgesamt bestand das Seminar aus Vorträgen zum Themengebiet „Electronic Commerce", die abwechselnd aus den verschiedenen beteiligten Standorten übertragen und synchron diskutiert wurden.

In Teleworkshops werden z.B. Probleme oder Geschäftsvorfälle aus der Praxis von Studierenden zusammen mit einem Betreuer aus einem Unternehmen in der Form von Fallstudien behandelt.

Diese Telekooperation kann synchron oder in vielen Fällen auch asynchron erfolgen. D.h., die Studierenden bearbeiten z.B. einen Fall in Teleheimarbeit und tauschen sich mit anderen Studierenden, dem Dozenten und dem/den Betreuer/n im Unternehmen über Electronic Mail oder Diskussionsforen im World Wide Web aus.

Abb. 10: Projektionskonfiguration während des Teleseminars

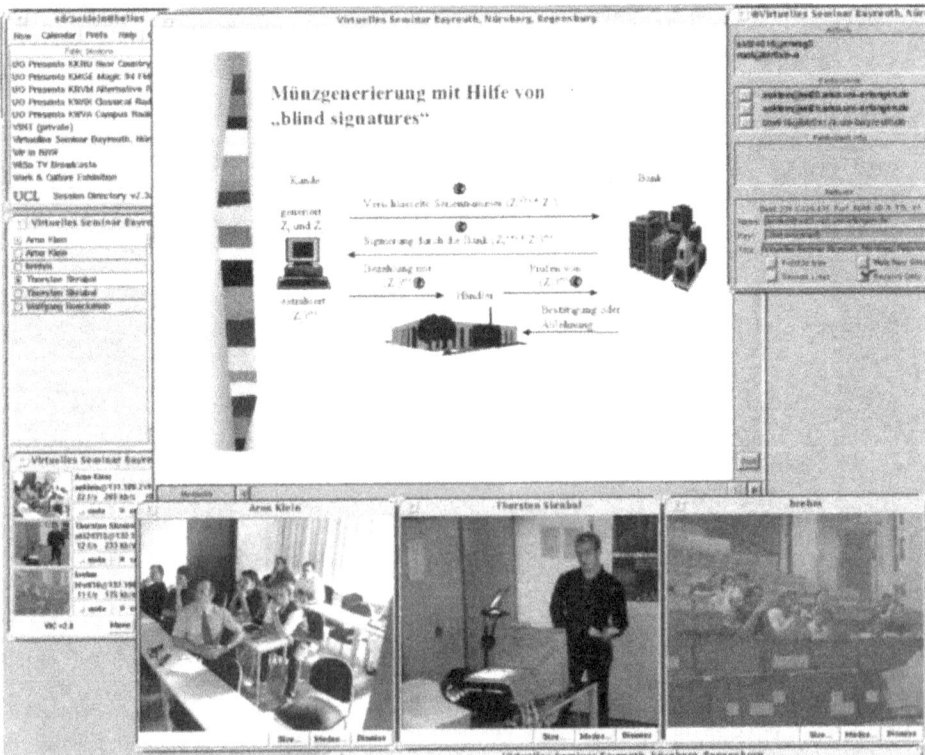

Abb. 11: Vortragender und Teilnehmer im Seminarraum

V. Lecture on Demand

„Lecture on Demand" bedeutet, dass eigene sowie importierte Lehrveranstaltungen und Vorträge mit den entsprechenden Begleitmaterialien digitalisiert und den Lernenden zum Abruf über einen Serverrechner zur Verfügung gestellt werden.

Intention ist es, Lehr- oder Informationsveranstaltungen wie Vorlesungen und Vorträge nicht nur an entfernte Zugangspunkte zu übertragen, sondern diese im Sinne der Wiederverwendbarkeit auch zu archivieren und für einen On-Demand-Abruf aufzubereiten. Zu diesem Zweck sind die Veranstaltungen z.B. parallel zur Liveübertragung in digitalisierter Form aufzuzeichnen. Nach einer optionalen Nachbereitung werden das Bewegtbild des Vortragenden sowie die eingesetzten Lehrmaterialien, z.B. digitalisierte Bilder von Tafelanschriften, Overheadfolien, Multimedia-Präsentationen, Inhalte von Whiteboardbearbeitungen usw., miteinander verknüpft und als Lecture-on-Demand-Paket abgelegt. Die Aufzeichnung ist plattformunabhängig z.B. über einen WWW- Browser abrufbar, wobei zum Bewegtbild des Vortragenden zeitgleich die jeweils eingesetzten Lehrmaterialien automatisch eingeblendet werden. Ebenso können einzelne Begleitmaterialien gezielt ausgewählt werden, sodass das Bewegtbild von der Position aus startet, ab der das gewünschte

Abb. 12: Beispielkonfiguration eines Bildschirminhalts für Lecture on Demand

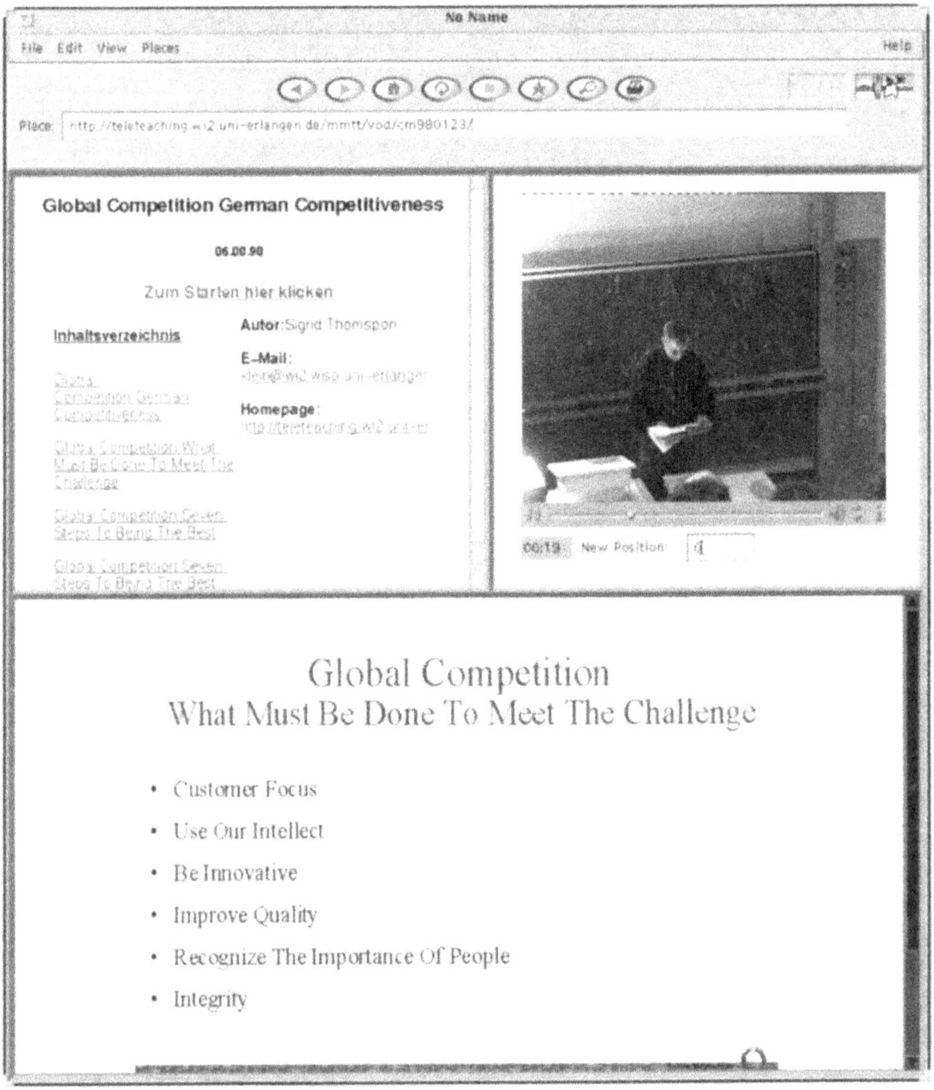

Tafelbild, die Overheadfolie o.ä. in der Veranstaltung besprochen wurde. Abbildung 12 zeigt eine Beispielkonfiguration.

Der Lernende hat bei dieser Form des Telelehrens und Telelernens zu entscheiden,

- welche Inhalte
- zu welchem Zeitpunkt

- an welchem Ort (von zu Hause aus oder an der Universität)
und
- wie (z.B. welche Passagen wie oft wiederholen)

von dem Lecture-on-Demand-Server abgerufen werden. Dem Lernenden kommt damit eine steuernde Rolle im Sinne eines stärker autodidaktischen und eigenverantwortlichen Lernens zu.

Anstelle des Abrufs der gespeicherten digitalisierten Vorlesungen über ein Kommunikationsnetz ist es auch denkbar, derartige Selbstlernpakete auf CD-ROM oder DVD zu „brennen". Vorteil ist die Unabhängigkeit des Lernenden von einem leistungsfähigen Netzanschluss. Nachteile liegen u.a. in der aufwändigeren Verteilung und der Update-Problematik.

D. Umsetzung im Lehrbetrieb

I. Umfang multi- und telemedialer Komponenten im Unterricht

Es stellt sich die Frage, wie intensiv Formen des Telelehrens und Telelernens in bisherige Unterrichtskonzepte integriert werden oder inwieweit sie diese gar ersetzen können bzw. sollen. Man kann folgende grobe Eskalationsstufen unterscheiden:

- *Ergänzung* von konventionellen Lehrveranstaltungen durch multimedial präsentierte Inhalte in der Veranstaltung.
  Ziele sind die Bereicherung des Unterrichts, die didaktische Einbindung des Mediums Computer sowie generell eine Steigerung der Veranstaltungsqualität.
- *Ergänzung* von konventionellen Lehrveranstaltungen durch begleitende Bereitstellung elektronischer Lernmaterialien, z.B. im WWW.
  Angestrebt werden damit eine Bereicherung der Veranstaltung, ein ortsflexibler Zugang zu den elektronischen Lehrmaterialien z.B. auch von zu Hause aus und die Möglichkeit, Teile der Veranstaltung (Vermittlung von Vorwissen, Lernerfolgskontrollen, Vertiefungen, zusätzliche Beispiele usw.) in die elektronische Umgebung auszulagern.
- *Teilweise Ersetzung* von konventionellen Lehrveranstaltungen durch Bereitstellung von asynchron abrufbaren Lehr/Lernmaterialien oder durch telemedialen Import einer andernorts gehaltenen Veranstaltung.
  Der Lehrende kann sich auf seine inhaltlichen Kernkompetenzen konzentrieren. Die persönliche Betreuung der Studierenden für die Veranstaltung bleibt erhalten. Erste Ansätze einer interuniversitären Arbeitsteilung können realisiert werden.
- *Komplette Ersetzung* von konventionellen Lehrveranstaltungen durch asynchron abrufbare Lernumgebungen und/oder den telemedialen Import von vollständigen andernorts gehaltenen Veranstaltungen.
  Eine weitergehende interuniversitäre Arbeitsteilung mit entsprechender Konzentration auf Kernkompetenzen wird möglich. Vorbereitung und Ausarbeitung der elektronisch übertragenen oder elektronisch abgebildeten Lehre werden qualitativ gesteigert. Es entstehen wechselseitige Austauschbeziehungen (Veranstaltungs-Importe und -Exporte)

zwischen den Hochschulen mit einer entsprechenden Intensivierung der Zusammenarbeit. Die Flexibilität des Studiums wird durch die Integrationsmöglichkeit externer Veranstaltungen erhöht. Die Betreuung der Studierenden muss jedoch durch koordinierende Maßnahmen sichergestellt werden.
- Entstehung eines *elektronischen Marktes* für telemediale Aus- und Weiterbildung, in dem Lehrmaterialien und Lehrveranstaltungen in synchroner sowie asynchroner elektronischer Vermittlungsform angeboten und gehandelt werden (vgl. Hämäläinen, 1996 und Mertens, 1996).
Die Flexibilität der Gestaltung von fachbezogener Ausbildung bzw. von Studiengängen erhöht sich. Die Entstehung einer wirklichen „virtuellen Universität" als Kooperations- und Koordinationskonstrukt verteilter Lehrangebote wird gefördert. Der Markt für Aus-/Weiterbildungsangebote kann für hochschulexterne Interessenten geöffnet werden, z.B. in Form eines Lehrexports sowie Lehrimports zwischen Hochschulen und Wirtschaftsunternehmen.

II. Erste Erfahrungen

Es existiert eine große Zahl von Einzelvorhaben im In- und Ausland, die das Ziel verfolgt haben bzw. verfolgen, Lernumgebungen zur asynchronen Nutzung durch den Lernenden zur Verfügung zu stellen. In den meisten Fällen werden diese Umgebungen im WWW eingerichtet, sodass der Lernende mit nahezu beliebigen Rechnerplattformen über das Internet zugreifen kann. Daneben werden in Einzelfällen derartige Umgebungen, aber auch Teachwareprogramme und interaktive Trainingssysteme auf CD-ROM vertrieben.

Sowohl zum synchronen als auch zum asynchronen Transport von multimedialen Lehr-Lernarrangements sind in der Regel leistungsfähige Kommunikationsnetze notwendig, wenn man von Sonderformen wie z.B. der Distribution von Teachware über CD-ROMs absieht. In Deutschland steht mit dem Breitband-Wissenschaftsnetz (B-WiN) ein derartiges Verteil- und Transportmedium zur Verfügung, das die meisten Hochschulen und Forschungseinrichtungen miteinander verbindet. Durch die Förderung von Pilotvorhaben zur Nutzung dieser Infrastruktur für die telemediale Ausbildung, z.B. durch den DFN-Verein (DFN, 2000), konnten in Deutschland an verschiedenen Stellen in unterschiedlichen Fachrichtungen Erfahrungen gesammelt werden. Bedingt durch die in der Regel relativ schmalbandigen Internetanschlüsse amerikanischer Universitäten ist synchrones Telelehren/Telelernen in den USA derzeit weniger weit entwickelt. Das dort verfolgte Internet-2-Projekt, das eine ähnlich leistungsfähige Infrastruktur wie das B-WiN bereitstellen wird, kann das synchrone Telelehren/Telelernen stärker befördern.

Aus den bisherigen begrenzten Erfahrungen im Universitäts- und Fachhochschulbereich lassen sich subjektive Thesen und Meinungen ableiten, die im folgenden auszugsweise vorgestellt werden und keinerlei Anspruch auf wissenschaftliche Fundierung erheben. Die Aussagen können auch weitgehend durch Evaluationsergebnisse von einschlägigen Projekten bestätigt werden, die von 1995 bis 1999 an der Universität Erlangen-Nürnberg durchgeführt wurden. Dabei handelte es sich vor allem um Tele-Lehrveranstaltungen aus den Gebieten Betriebswirtschaftslehre und Wirtschaftsinformatik (vgl. auch Bodendorf et al., 1999).

Der vollständige Ersatz einer Lehrveranstaltung durch ein asynchron nutzbares Lernarrangement ist hinsichtlich Lernmotivation und Lernerfolg sehr kritisch zu sehen. Nach einer ersten Spielphase läßt das Engagement bei Vielen schnell nach, der Lernerfolg ist oft schlechter als bei Präsenzveranstaltungen.

Die Aufzeichnung von Lehrveranstaltungen als Ergänzung des Angebots, z.B. zur Wiederholung und Nachbereitung oder zur Vorbereitung auf Prüfungen, wird sehr gut angenommen.

Bei asynchron nutzbaren Lernarrangements sollte ein Kontakt zu Dozenten, Tutoren oder anderen Studenten organisiert werden. Elektronisch kann die Kontaktaufnahme beispielsweise durch Electronic Mail, Bulletin Boards oder Diskussionsforen im Internet unterstützt werden. Dies gilt auch für die unidirektionale Lehrform der Ausstrahlung von Vorlesungen über Fernsehkanäle, bei der der Lernende in die Rolle eines TV-Konsumenten schlüpft. Die Wirtschaftlichkeit dieser Vermittlungsform für die Fernsehanstalten ist vor dem Hintergrund eventuell kleiner Zuschauerzahlen zu prüfen.

Durch die komfortable Bandbreite des B-WiN lässt sich bei der Veranstaltungsübertragung über das Wissenschaftsnetz ein hohes Anspruchsniveau erfüllen, das mindestens der Qualität von Fernsehbildern entspricht. Durch die hohe Video/Audio-Qualität kann ein hohes Maß an Motivation und Konzentration bei den Teleteilnehmern erreicht und aufrechterhalten werden. Bei schmalbandiger Übertragung von Video/Audio hat sich gezeigt, dass die Akzeptanz im Zeitverlauf oft schnell nachlässt (zu kleine bzw. zu unscharfe Bilder, zu geringe Framerate, Bildtelefon-Qualität).

Es sind noch Anstrengungen zu unternehmen, die im Prinzip vorhandenen Interaktionsmöglichkeiten beim synchronen Telelehren und Telelernen auch auszunutzen. Dies gilt sowohl für die Dozenten als auch für die entfernten Teilnehmer. Zum einen ist die Bedienung der Präsentations- und Übertragungsmedien zu verbessern. Zum anderen sind didaktische Konzepte weiterzuentwickeln, die Interaktionskonzepte in den Veranstaltungsinhalt integrieren und so die Teilnehmer zu Rückäußerungen, Antworten, Aufgabenlösungen und auch zu Fragen animieren bzw. sogar zwingen. Hier gibt es allerdings keine großen Unterschiede zu konventionellen Vorlesungen, bei denen die Zuhörer vielfach auch wenig Motivation zur Interaktion erkennen lassen.

E. Ausblick

Mit dem Einzug des Telelehrens und Telelernens werden neue Möglichkeiten für einen schnellen Wissenstransfer zwischen Lehrenden und Lernenden innerhalb und zwischen Hochschulen geschaffen. Die Entwicklung scheint dahin zu gehen, dass immer mehr Personen den Umgang mit Medien dritter Ordnung, d.h. Telekommunikationstechnologien und Telekooperationssystemen, als „normal" und angenehm empfinden und die Vorteile des Telelernens nutzen wollen, um eine größtmögliche Ortsflexibilität zu realisieren. In nicht allzu ferner Zukunft scheint auch mobiles Telelehren und Telelernen möglich, wenn man an die Internetnutzung über Mobiltelefone (WAP, Wireless Application Protocol) und hohe drahtlose Übertragungsraten denkt, z.B. den zukünftigen UMTS-Standard (Universal Mobile Telecommunication System). Die Forderungen nach steigender Ortsflexibilität und geringeren Kosten für zentrale Ausbildungseinrichtungen könnten dazu beitragen, dass sich die Struktur von Telelernumgebungen auf längere Sicht ändern wird. Während man zur Zeit noch damit beschäftigt ist, Umgebungen für viele gemeinsam Telelernende einzurichten (z.B. Multimedia-Seminarräume), könnte die zukünftige Struktur so aussehen, dass viele verteilte Teilnehmerstellen für einzelne Lernende oder kleine Gruppen über Medienkanäle technisch zusammengeschlossen werden.

Eine ferne Vision dieser Entwicklung ist, dass sich Lehrende und Lernende in virtuellen Welten zusammenfinden und für alle menschlichen Sinne entsprechende Medienkanäle zwischen den Teilnehmern aufgebaut werden. Auf diese Weise ließen sich viele Medien zweiter Ordnung, z.B. konventionelle Informationsträger wie Papier und Tafel, substituieren, da sie im Cyber-Space dargestellt sind. Bei allen Visionen bleibt der Lehrende jedoch Mittelpunkt der Wissensvermittlung, der nicht ersetzbar ist. Er wird immer für das didaktische Konzept sowie die Auswahl und den sinnvollen Einsatz der Lehrmaterialien und Lehrmedien verantwortlich bleiben.

Literatur

Bodendorf, F.; Grebner, R.; Langenbach, C. (1996a): Die virtuelle Universität, DFN-Mitteilungen 41–6/96, S. 7–10.
Bodendorf, F.; Grebner, R.; Langenbach, C. (1996b): The Virtual Lecture Theatre – Practice and Experience. In: Swiridow, A. P., Widmayer, P. et al. (Hrsg.): New Media for Education and Training in Computer Science. Infix, St. Augustin, S. 33–40.
Bodendorf, F.; Grebner, R.; Langenbach, C. (1997): Telelearning in the Virtual Lecture Theatre. In: DISPLAYS 17, 3–4, S. 147–151.
Bodendorf, F.; Klein, A. (1999): TeleTeaching-Anwendungen und -Szenarien in der wirtschaftswissenschaftlichen Ausbildung. In: Friedrich, L. (Hrsg.): TeleTeaching – eine neue Komponente in der universitären Lehre, RAABE V., Stuttgart u.a. 1999, S. 103–120.
DFN (2000): Deutsches Forschungsnetz, http://www.dfn.de/projekte/teaching/home.html (Abruf am 17.01.2000).
Glöckel, H. (1996): Vom Unterricht, Klinkhardt, Bad Heilbrunn.
Grebner, R.; Langenbach, C.; Bodendorf, F. (1997): ISDN-basiertes Teleteaching/Telelearning – Konzepte und Realisierungsansätze, Arbeitspapier Wirtschaftsinformatik II Nr. 03/1996, Friedrich-Alexander-Universität Erlangen-Nürnberg, Nürnberg.
Hämäläinen, M.; Whinston, A. B.; Vishik, S. (1996): Electronic Market for Learning: Education Brokerages on the Internet, Communications of the ACM 39 (1996) 6, S. 51–58.
Held, P.; Kugemann, W., F. (Hrsg.) (1994): Proceedings of the Telematics for Education and Training Conference, Amsterdam.
Langenbach, C.; Grebner, R. (1997a): Multimediales Teleteaching – Erfahrungen und Perspektiven für Hochschulen, die Wirtschaft und private Anbieter. In: Zentralstelle für Weiterbildung (Hrsg.): Mediengestützte wissenschaftliche Weiterbildung. Tagungsband, Braunschweig, S. 45–68.
Langenbach, C.; Grebner, R.; Bodendorf, F. (1997b): Multimediale Kommunikations- und Kooperationssysteme – Potentiale in der wissenschaftlichen und betrieblichen Aus- und Weiterbildung. In: Scheuermann, F.; Schwab, F.; Augenstein, H. (Hrsg.): Multimedia in der wissenschaftlichen Aus- und Weiterbildung – Perspektiven der Fernlehre. (Reihe „Multimediales Lernen in der Berufsausbildung"). BW Bildung und Wissen, Nürnberg.
Mertens, P. (1996): P. Mertens referiert: ‚Electronic Market for Learning: Education Brokerages on the Internet', Wirtschaftsinformatik 38 (1996) 6, S. 629–631.
Moore, M., G. (1993): Three Types of Interaction. In: Harry, K.; John, M.; Keegan, D. (eds.): Distance Education: New Perspectives, London and New York.
Peters, O. (1993): Understanding Distance Education. In: Harry, K.; John, M.; Keegan, D. (eds.): Distance Education: New Perspectives, London and New York.

Seidel C.; Entner, H. (1994): Multimedia Teleservices for Telematics Based Training. In: Proceedings of the Telematics for Education and Training Conference, Amsterdam, S. 357–363.
Vester, F. (1996): Denken, Lernen, Vergessen, München.
VHB (2000): Virtuelle Hochschule Bayern, http://www.vhb.org (Abruf am 17.01.2000).

Zusammenfassung

Der Einsatz moderner Informations- und Kommunikationstechnologie in der Hochschulausbildung führt zu neuen Möglichkeiten des Lernens. Insbesondere eröffnen sich neue Wege, sich Wissen orts- und zeitflexibel anzueignen. Multimedia-Techniken und leistungsfähige Datenübertragungsnetze bereiten den Weg zur sog. Virtuellen Universität. Es werden Konzepte des Telelehrens and Telelernens vorgestellt und systematisiert sowie Implementierungen einer fortgeschrittenen technologischen Infrastruktur erläutert. Anschauungsbeispiele telemedialer Lehrveranstaltungen illustrieren die praktische Nutzung und Potenziale dieser neuen Perspektiven.

Summary

The use of modern information and communication technology in higher education leads to advanced possibilities of learning. New ways of acquiring knowledge in a place and time flexible way are emerging. Multimedia techniques and high speed data networks pave the way for so-called virtual universities. Concepts of teleteaching and telelearning are introduced. Implementations of an advanced technical infrastructure are illuminated. Examples of tele-lectures illustrate the practical use and potential of these new perspectives.

13:   Ausbildungs- und Berufsfragen

Wenn Ihnen die Worte fehlen...

Zitate für Manager

Schon Theodor Fontane wusste: Ein guter Spruch ist die Wahrheit eines ga[nzen] Buches in einem einzigen Satz.

Suchen Sie nach einer gelungenen Einleitung für eine Rede oder nach ein[em] pointierten Statement für eine Diskussion? Über 2.500 sorgfältig ausgewäh[lte] Zitate von zahlreichen Persönlichkeiten aus Management, Literatur und Po[litik] helfen Ihnen, Ihre eigenen Gedanken auf den Punkt zu bringen. Ein ausfü[hrli]ches Sach- und Personenregister erleichtert die Suche nach dem passende[n] Ausspruch. Die zusätzliche Sortierung nach Themen hilft Ihnen, für jeden Anlass das treffendes Zitat zu fnden.

Zitate für Manager
Für Reden, Diskussionen oder
Papers immer das treffende Zitat
2000. VI, 378 S.
Geb. DM 48,00
ISBN 3-409-11607-9

Von Aristoteles bis zu Zola...
Von Arbeit über Geld bis zu Zeit...
Von Managern, von Literaten und von Politikern...
Von der Antike bis in die Gegenwart...
... für Manager immer das passende Zitat.

Bestell-Coupon

Ja, ich bestelle _____ Exemplare

Zitate für Manager
Für Reden, Diskussionen oder
Papers immer das treffende Zitat
2000. VI, 378 S.
Geb. DM 48,00
ISBN 3-409-11607-9

Name, Vorname

Straße (bitte kein Postfach!)

PLZ, Ort

Datum   Unterschrift

Ursula Günther
Abraham-Lincoln-Straße 46
D-65189 Wiesbaden
Tel: 0611. 78 78 - 124
Fax: 0611. 78 78 - 420
www.gabler-online.de

Änderungen vorbehalten. Stand: Juni 2000. Erhältlich im Buchhandel oder beim Verlag.

Aktives Lernen mit hypermedialer Lernsoftware

Von Leena Suhl

Überblick

- Von Absolventen betriebswirtschaftlicher Studiengänge werden immer häufiger „soft skills" in Form von Handlungskompetenzen zusammen mit Kenntnissen der Informations- und Kommunikationstechnologien gefordert. Aktive und teamorientierte Lehr- und Lernformen sind geeignet, die Vermittlung solcher nachgefragten Qualifikationen zu unterstützen. Neben traditionellen aktiven Lernmethoden, wie Fallstudien und Projekten, bieten insbesondere Hypermedia-basierte Lernumgebungen auf vernetzten Computerplattformen neue Dimensionen für das aktive Lernen. Dieser Aufsatz diskutiert Konzepte sowie Entwicklungs- und Einsatzerfahrungen hypermedialer Lernsoftware in der Betriebswirtschaftslehre und berichtet über eigene Erfahrungen im Bereich Operations Research/Management Science.

Eingegangen: 8. Februar 2000

Professor Dr. Leena Suhl, Lehrstuhl für Wirtschaftsinformatik, Decision Support & Operations Research Labor, Fachbereich Wirtschaftswissenschaften, Universität Paderborn, 33095 Paderborn.

A. Notwendigkeit des aktiven Lernens

In der Tradition der deutschen Hochschuldidaktik für Betriebswirtschaftslehre und verwandte Fächer wie Wirtschaftsinformatik überwiegt auch heute die Vermittlung der Lehrinhalte in Form des klassischen Frontalunterrichts in Vorlesungen. In einer *Vor*lesung sitzen oft mehrere hundert Studierende zusammen in einem Hörsaal und schreiben die Notizen des Dozenten ab. Diese Organisationsform impliziert zwangsweise eine nicht individualisierbare Lehre, da ein Dozent nicht in der Lage sein kann, alle Teilnehmer einer Lehrveranstaltung persönlich kennen zu lernen.

Weil die meisten Hochschulabsolventen heute nicht in Wissenschaft und Forschung, sondern in die Praxis gehen, sind neben Kenntnis der betriebswirtschaftlichen Theorien und dem Handwerkszeug des Rechnungswesens oder der Besteuerung diverse weitere Qualifikationen notwendig. So muss man zudem in der Lage sein, Theorien und Ideen innovativ umzusetzen und in vielfältigen Netzen zu kommunizieren. Teamfähigkeit ist zu einem wichtigen persönlichen Erfolgsfaktor geworden; Computer- und Fremdsprachenkenntnisse werden bei anspruchsvolleren Stellenangeboten praktisch immer verlangt. Die geforderten Handlungskompetenzen und Erfahrungen können nicht durch ein Buchstudium allein erworben werden. Weil man nach dem traditionellen (deutschen) Verständnis über das Fach BWL die Vermittlung von „soft skills" nicht als Aufgabe der Universität sieht, sind diese bei Absolventen entsprechend ihrem individuellen Engagement und ihren persönlichen Aktivitäten unterschiedlich stark ausgeprägt.

Für die Vermittlung solcher Schlüsselqualifikationen sind *aktive Lehr- und Lernformen* notwendig. D. h. der Lernende ist bei der individuellen Wissenskonstruktion in anderer, aktiverer Weise als (lediglich) in der Eigenschaft eines Zuhörers und/oder Lesers beteiligt. Solche Formen basieren i. d. R. auf der kognitivistischen oder konstruktivistischen Lerntheorie (vgl. Blumstengel 98, S. 114, Knuth/Cunningham 91, S. 166). Insbesondere Handlungskompetenzen können sinnvollerweise nur durch aktives Lernen, das dem Prinzip „learning by doing" nahe kommt, vermittelt werden. Dies betrifft beispielsweise Computernutzung, betriebliches Entscheiden und Projektmanagement. *Situiertes Lernen* ist ein Sonderfall des aktiven Lernens, wobei der Lernende in eine möglichst authentische Situation hineinversetzt wird, um die Handlungskompetenzen auf einer Erfahrungsbasis aufzubauen.

Welche konkreten Möglichkeiten es bei der Gestaltung von aktiven Lehr- und Lernformen gibt, hängt natürlich von den gegebenen Restriktionen ab. So lange die universitären Curricularnormwerte sich nicht ändern und die Zahl der Studierenden eines Jahrgangs mehrere hundert beträgt, scheiden solche Lehrveranstaltungen aus, die eine intensive Betreuung von Seiten der bezahlten Lehrkräfte erfordern. Bei der Suche nach geeigneten Lehrformen sollte demnach zweigleisig gefahren werden:

- Es müssen neue, innovative Lehr- und Lernformen entwickelt werden, um aktives Lernen *trotz* der Ressourcenknappheit zu ermöglichen. Dies ist in den deutschen staatlichen Hochschulen um so wichtiger, weil die Konkurrenz u.a. von der privatwirtschaftlichen Seite auf dem globalen Bildungsmarkt rasch zunimmt.
- Es muss das (hochschulpolitische) Bewusstsein dafür geweckt werden, dass die universitäre Lehre der Betriebswirtschaft und verwandter Fächer heute neuartigen Anforderungen unterliegt. Insbesondere müssen die Studierenden in die Lage versetzt werden, neue Informationstechnologien sinnvoll und effektiv nutzen zu können.

| Aktives Lernen mit hypermedialer Lernsoftware |

In den nachfolgenden Abschnitten werden Möglichkeiten und Grenzen des aktiven Lernens mit Hilfe *hypermedialer Lernsoftware* diskutiert. Es soll nicht gefolgert werden, dass klassische Vorlesungen im ganzen ungeeignet zur Stoffvermittlung sind, sie sollten nur nicht als das alleinige Mittel zur Erreichung der vielfältigen Ziele eingesetzt werden.

B. Aktives Lernen mit hypermedialer Lernsoftware

Durch den Einsatz neuartiger, computerbasierter Lernumgebungen kann eine bedingte Individualisierbarkeit und Lerneraktivierung in der Lernsituation auch mit knappen personellen Ressourcen erzielt werden. Wenn eine derartige Lernumgebung einmal entwickelt worden ist, kann sie beliebig oft eingesetzt werden. Ist die Lernumgebung in einer benutzerfreundlichen Weise auf individuelle Bedürfnisse und Vorkenntnisse einstellbar, wird eine höhere Individualisierung als in einem Hörsaal erreicht. Daher soll im Sinne des aktiven, individuellen Lernens insbesondere bei einer großen Anzahl Lernender die konsequente Ausnutzung moderner Informations- und Kommunikationstechnologien untersucht und evaluiert werden. Nach dem weitgehenden Scheitern mechanistischer, behaviouristisch orientierter drill-and-practice-Lernsysteme (s. Blumstengel et al. 97, S. 556) sollen nun insbesondere Gestaltungsmöglichkeiten einer individualisierbaren, flexiblen Lernumgebung untersucht werden, die das aktive Lernen unterstützen können.

Hypermedia bildet für computerbasierte Lernumgebungen ein grundlegendes Gestaltungsprinzip, das viele Möglichkeiten zur Flexibilität bietet. Unter Hypermedia wird hier die Kombination von Hypertext mit Multimedia verstanden. Eine ausführliche Diskussion über die damit zusammenhängenden Definitionen ist z.B. in Blumstengel 98, S. 68–75 zu finden. Zusammenfassend kann Hypermedia durch die Begriffe *Struktur* (Knoten und Kanten), *Operationen* (nichtsequentielle Navigation), *Medium* (Computerplattform, multimodal, multicodal) und *Interaktion* (direkt manipulierbare Benutzungsoberfläche) definiert werden.

In einem hypermedialen System wird das vorhandene Wissen in Form eines Netzwerkes mit Knoten und Kanten repräsentiert, das in vielerlei Reihenfolgen traversiert werden kann. Es gibt keine eindeutig festgelegte lineare Reihenfolge. Die wichtigsten Navigationshilfsmittel wie Hyperlinks, Guided Tours, Backtracking, Bookmarking, Maps etc. können zum freien „Surfen" oder zum strukturierten Durchlaufen mit allen Zwischenformen benutzt werden. Beispielsweise können in einem vorhandenen hypermedialen Wissensnetz Guided Tours für bestimmte Lehrveranstaltungen definiert werden. Als eine Verallgemeinerung ist ein *Guided Net* zu verstehen, das einen bestimmten, nichtlinearen Wissensausschnitt z.B. für eine Lerneinheit hervorhebt. Im Guided Net kann der Lernende sich frei bewegen, so dass die Freude des entdeckenden Lernens beibehalten wird.

Hypermedia kann heute auf verschiedenen Computerplattformen eingesetzt werden. *Autorenwerkzeuge*, wie Asymetrix ToolBook und Macromedia Director, bieten relativ leicht zu erlernende, effiziente Entwicklungsplattformen für die Gestaltung hypermedialer Systeme, die vorrangig auf einem Arbeitsplatz mit wenig Netzwerkunterstützung laufen. *Groupwaresysteme*, beispielsweise der Marktführer Lotus Notes, basieren auf dokumentenorientierten Datenbanken, die konzeptionell einfach über ein lokales oder globales Netzwerk verteilt und aktualisiert werden können. Schließlich hat die schnelle Verbreitung des *Internet*, insbesondere des World Wide Web, innerhalb weniger Jahre ein neuartiges, globales Kommunikationsforum geschaffen. Das WWW realisiert alle Hauptmerkmale von Hypermedia; jedoch bereitet der Umfang, die Heterogenität und die Unstrukturiertheit des globalen Netzes Suchprobleme, die heute trotz vieler Anstrengungen nicht zufriedenstellend gelöst sind.

C. Das Projekt ORWelt

An der Universität Paderborn wird der Einsatz hypermedialer Lernumgebungen in der universitären Lehre u.a. im Fach Operations Research/Management Science (OR/MS) erprobt. Die Lernumgebung ORWelt, die die wichtigsten Inhalte des Faches multimedial aufbereitet abbildet, wird in den Lehrveranstaltungen „Grundlagen von Optimierungssystemen", „Lineare Programmierung" und „Simulation" eingesetzt. Alle Studierenden erhalten das System auf CD-ROM bzw. können es über das Internet herunterladen (DSOR 99). Bild 1 zeigt die hypermediale Navigationslandkarte von ORWelt.

Mit ORWelt wurde eine wirtschaftswissenschaftlich orientierte Referenz- und Lernumgebung für OR/MS geschaffen, die nicht auf die Unterstützung einzelner Veranstaltungen beschränkt ist, sondern ein flexibles, hypermediales und konfigurierbares Netzwerk von Themenbereichen anbietet.

Abb. 1: Inhaltliche Struktur der Lernumgebung ORWelt (englischsprachige Version)

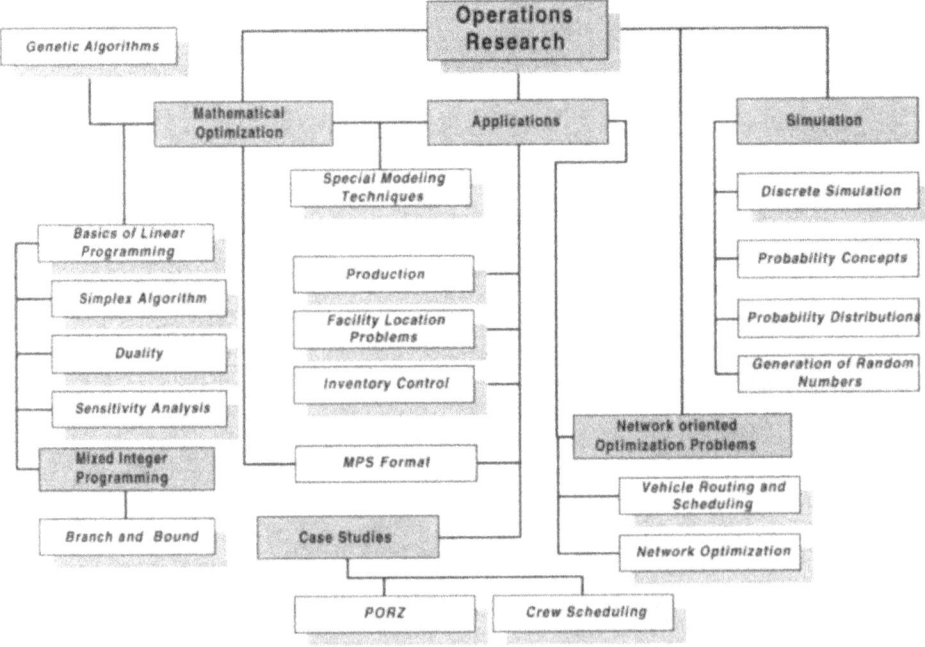

Aktives Lernen mit hypermedialer Lernsoftware

Im Rahmen einer Umfrage an anderen Universitäten wurden ein signifikanter Bedarf an einem solchen System und eine allgemein positive Grundeinstellung gegenüber computerunterstützten Lernsystemen ermittelt (siehe Blumstengel 98, S. 212 ff.). Die universitätsübergreifende Anwendbarkeit ist grundsätzlich dadurch realisierbar, dass die methodischen Basisinhalte des OR/MS relativ standardisiert sind (vgl. Suhl/Blumstengel 98). Eine computerunterstützte Lösung erscheint weiterhin sinnvoll, da OR/MS-Inhalte vergleichsweise stabil sind. Der hohe Entwicklungsaufwand für ein solches System kann so durch eine lange Nutzungsdauer in Verbindung mit der kostengünstigen Vervielfältigung gerechtfertigt werden. Zudem hält sich der Wartungsaufwand in vertretbaren Grenzen.

Durch die Netzwerkstruktur von ORWelt ist es möglich, das Wissen eines interdisziplinären Faches im Lernprozess aus mehreren Richtungen zu konstruieren. Beispielsweise mag ein anwendungsorientierter Student mit Fallstudien anfangen und dadurch zu den passenden Methoden gelangen. Ein eher methodisch orientierter Student kann entsprechend über die Erklärung der Methoden zu Anwendungsgebieten und Fallstudien gelangen. Ein Dozent ist in der Lage, Lehrmaterial für eine spezielle Veranstaltung mehr oder weniger eindeutig zu markieren. Theoretisch ist es also möglich und wünschenswert, dass eine Lernumgebung von mehreren Hochschullehrern benutzt wird. Schon aufgrund des hohen Entwicklungsaufwands ist es kaum sinnvoll, dass jeder Lehrstuhl seine eigene hypermediale Lernumgebung baut. Nach unserer Erfahrung sind die Vorurteile jedoch noch groß: Es wird selten eine hypermediale Lernumgebung eingesetzt, die man nicht selbst entwickelt hat. Bei Lehrbüchern ist es anders: Das Lehrbuch eines Kollegen wird relativ oft als inhaltliche Grundlage für eine Lehrveranstaltung gewählt. Es ist zu erwarten, dass dieses Phänomen mit der Neuigkeit des digitalen Mediums zusammenhängt und in Zukunft verschwinden wird.

Insbesondere in einem Fach wie OR/MS mit hohen algorithmischen und mathematischen, aber auch anwendungsbezogenen Anteilen hat sich die multidimensionale, hypermediale Darstellung als vorteilhaft erwiesen. So sind Studierende z.B. bei der dynamischen Darstellung von Netzwerkalgorithmen gefordert, selbst aktiv Lösungen zu konstruieren und anhand der Umgebung zu testen.

ORWelt wurde in einem partizipativen Ansatz mit Studierenden implementiert. Das kooperative Entwicklungsmodell stellt nicht nur eine Möglichkeit dar, unter engen finanziellen Restriktionen Software hoher Qualität zu erstellen; Studierende haben hier zudem die Möglichkeit, einen Hypertext selbst zu strukturieren. Die Gliederung und Ausarbeitung eines Hypertextes erfordert bestimmte Fähigkeiten, die über die zum Verfassen eines linearen Textes nötigen hinausgehen und erst erworben werden müssen (siehe dazu auch Blumstengel 98; Blumstengel/Kassanke 98). Als Entwicklungsumgebung wurde Asymetrix ToolBook II Instructor unter Windows98/NT eingesetzt.

Im Rahmen des Projektes ORWelt können Studierende also in zweierlei Rollen Erfahrungen sammeln. Die *Entwickler* sind Studierende höheren Semesters, die den Stoff bereits grundsätzlich beherrschen. Durch die Aufbereitung des Lernstoffes in eine multimediale Lernsoftware werden neben der Vertiefung des Stoffes wertvolle Kenntnisse über die Entwicklung multimedialer Software im Allgemeinen erworben. Die Studierenden, die mit der hypermedialen Lernsoftware-Umgebung *arbeiten*, lernen neben dem Stoff frühzeitig den Computer als ein selbstverständliches Werkzeug zu benutzen und profitieren von der Interaktivität des Systems.

Unsere bisherige Erfahrung zeigt, dass man mit einem produktiven Werkzeug sinnvolle Entwicklungsergebnisse bereits nach einem kurzen Einführungsworkshop im Projektseminar erreichen kann. Die Studierenden im höheren Semester, d.h. die Entwickler, bekommen Credits für das Projektseminar, das unmittelbar ein Bestandteil des Faches Wirtschaftsinformatik im Examen ist.

D. Interaktionsformen in ORWelt

Der Bereitstellung umfangreicher Interaktionsmöglichkeiten für den Benutzer wird ein großer Stellenwert in ORWelt eingeräumt. Hohe Interaktivität ermöglicht ein individualisiertes Lernen, bei dem sich die Informationsdarstellung variabel an den jeweiligen Interessen des Benutzers orientiert. Zusätzlich erfüllt die Möglichkeit zur Interaktion eine motivierende Funktion, der Benutzer muss nicht länger passiv rezipieren, sondern kann vielmehr aktiv in die Präsentationsform der Informationsressourcen eingreifen (siehe dazu auch Haack 97; Strzebkowski 97).

Lernende können in ORWelt die im Folgenden beschriebenen Formen der Interaktivität nutzen. Das Medium Papier ist jedoch nur bedingt geeignet, die im Folgenden beschriebenen Beispiele adäquat wiederzugeben.

I. Navigation

Außer den Standard-Navigationshilfsmitteln von Hypermedia, wie Hyperlinks, Backtracking, History, Footprinting, Bookmarking, Maps und Guided Tours, werden in ORWelt für die gezielte Suche nach einzelnen Konzepten ein Glossar sowie eine umfangreiche Volltext- und Schlüsselwortsuche über alle Komponenten angeboten. Benutzeraktionen werden in einem Logfile anonymisiert protokolliert (siehe Blumstengel 98; Blumstengel et al. 97). Dieses wird einerseits bei der begleitenden Evaluation eingesetzt, dient jedoch auch einer Individualisierung der Lernumgebung, da beispielsweise die Markierung bereits besuchter Seiten (Footprints) oder gesetzte Lesezeichen (Bookmarks) aus einer früheren Sitzung rekonstruiert werden können.

II. Interaktive Grafiken und Simulationen

Auch auf der Ebene einzelner Seiten soll ein möglichst hoher Interaktivitätsgrad erzielt werden. Durch die computergestützte Form der Realisierung verliert die Darstellung den statischen Charakter. So kann der Lernende Parameter verändern und die Ergebnisse direkt beobachten. Damit wird die Abbildung dynamisiert und um What-If-Komponenten ergänzt.

Beispielhaft ist in Bild 2 eine Seite der Komponente „Wahrscheinlichkeitsverteilungen" dargestellt, auf der die Poisson-Verteilung abgebildet wird. Durch Zeigen mit der Maus auf die einzelnen Elemente der Wahrscheinlichkeitsfunktion kann sich der Benutzer zu-

Abb. 2: Darstellung der Poisson-Verteilung in ORWelt

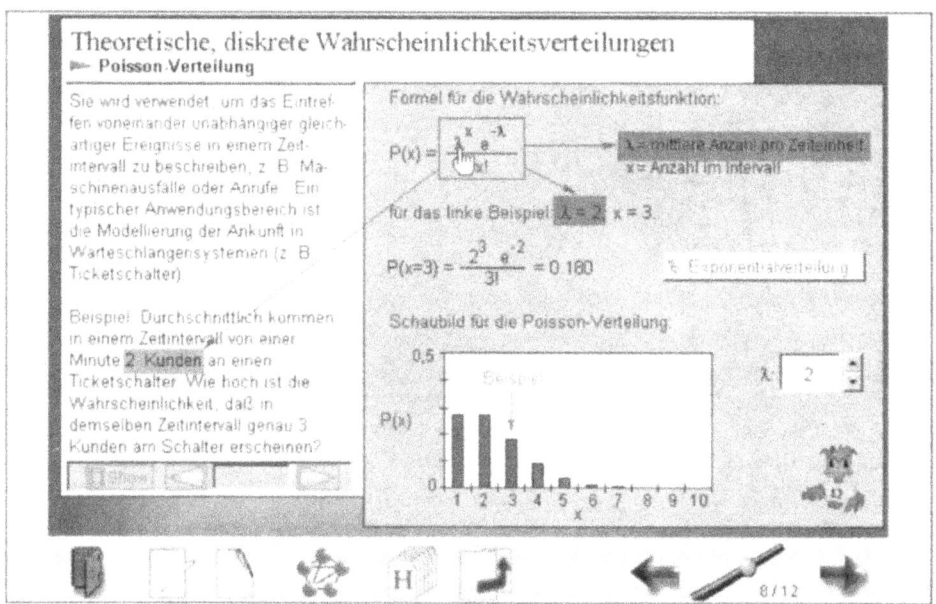

sätzliche Informationen zur Funktion anzeigen lassen. Diese sogenannten „Popups" werden durchgehend in den Themenkomponenten verwendet. Sie bieten den Vorteil, dass die Bildschirmdarstellung nicht überfrachtet wird und Zusatzinformationen nur auf explizite Benutzeraktion angezeigt werden. Zusätzlich wird bei Veränderung des Parameters λ das links plazierte Schaubild zur Poisson-Verteilung aktualisiert. Über einen Hyperlink kann zum verwandten Thema „Exponentialverteilung" verzweigt werden. Dadurch kann die Hypertextbasis durch assoziatives Browsing erschlossen werden. Die linear-sequentielle Reihenfolge der Informationspräsentation wird durch eine nicht-lineare Verzweigungsmöglichkeit erweitert. Dadurch werden neue potentielle Lernwege offeriert; der Lernende kann, seinen Präferenzen folgend, frei die angebotenen Inhalte erkunden (vgl. Blumstengel et al. 97, Blumstengel et al. 99).

III. Tests

Zu den Hauptkomponenten in ORWelt existieren jeweils Testkomponenten, mit denen der Benutzer das erworbene Wissen überprüfen kann. Bei der Realisierung wurde nach Möglichkeit auf einfache Multiple-Choice-Fragen verzichtet. Warum der Lernende sich für die eine oder andere Alternative entschieden hat, wird in dieser Frageform nicht ermittelt. Darum ist die Gefahr gegeben, dass die korrekte Antwort, insbesondere bei wenigen Wahlmöglichkeiten, einfach nur erraten wird („multiple guess", vgl. Bork 92). Multiple-Choice-Fragen werden jedoch oft in computergestützten Lernsystemen eingesetzt, da sie tech-

Abb. 3: Eine Testfrage zur Komponente Tourenplanung

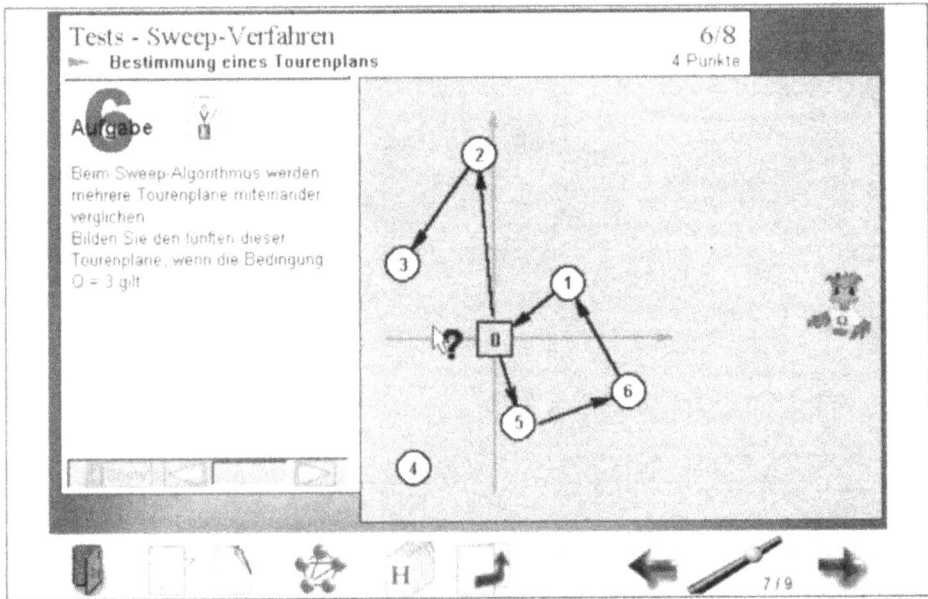

nisch relativ einfach zu implementieren sind. Bild 3 zeigt ein Beispiel für eine Testaufgabe, bei der die Lösung aktiv zu konstruieren ist.

Wie die bisherigen Erfahrungen gezeigt haben, ist der Aufwand zur Erstellung guter Tests mit hohem Interaktionsgrad und detailliertem Feedback sehr viel höher als bei Multiple-Choice-Fragen. Dieser Aufwand ist damit zu begründen, dass der Benutzer aus einer passiven Rezeptionshaltung herausgeholt und zur aktiven Beschäftigung mit den Lerninhalten angeregt werden soll. Dieser Grundsatz gilt natürlich nicht nur für die Testkomponenten, sondern ebenfalls in den Lerneinheiten.

E. Einsatzerfahrungen in der Lehre

In Paderborn wird die Lernumgebung ORWelt derzeit additiv zum vorlesungs- und diskussionsorientierten Unterricht angeboten. Studierende können damit zeit- und ortsunabhängig solche Themenbereiche vor- und nacharbeiten, bei denen sie entweder ein besonderes Interesse oder einen besonderen Nachholbedarf verspüren. Aufgrund der flexiblen Struktur kann jeder nach Bedarf frei navigieren und Bereiche vermeiden, die bereits gut bekannt sind. Die Lernumgebung integriert zahlreiche interaktive Elemente, wie Animationen, Fallstudien und Simulationen, die eine aktive Beteiligung des Lernenden verlangen. Insbesondere können durch das System die unterschiedlichen Vorkenntnisse von Studierenden mehrerer Studienrichtungen (in Paderborn BWL, VWL, Wirtschaftsinformatik, Informatik und Wirtschaftsingenieurwesen) etwas ausgeglichen werden. Das Lernen von

Algorithmen kann mit der Software zuhause erfolgen, wodurch in der Präsenzveranstaltung mehr Zeit für interaktive Lehrformen wie Diskussionen und Besprechung von Fallstudien bleibt.

Die Benutzung des Systems ORWelt wird von den beteiligten Studierenden jedes Semester evaluiert. Die bisherigen Ergebnisse sind überwiegend positiv; beispielsweise würden alle Befragten das System noch einmal einsetzen. Insbesondere schätzen die Studierenden die Möglichkeit des orts- und zeitunabhängigen Lernens (Blumstengel 98).

Im Einzelnen wurde der Gesamteindruck von ORWelt mit „gut" bewertet. Jedoch sind offensichtlich einige Möglichkeiten des Programms relativ wenig bekannt. Dies gilt beispielsweise für die benutzerspezifische Anpassung über eigene Guided Tours, Bookmarks und Annotationen. Dementsprechend wurden sie auch nur selten benutzt. Hier scheint eine bessere Einführung in die Funktionalität des Lernsystems zu Beginn des Semesters sinnvoll. Tests und Animationen werden als besonders nützlich angesehen. Die Verständlichkeit der Darstellung wurde als „gut" bewertet.

Mittelfristig wird eine Umgestaltung der OR-Grundlagenveranstaltungen angestrebt. Dabei stehen der Erwerb anwendungsfähigen Wissens und die Problemlösungskompetenz in realen Kontexten im Mittelpunkt. Ein solcher Ansatz ist jedoch mit herkömmlichen Mitteln nicht auf größere Gruppen übertragbar. Denkbar ist eine Kombination selbstgesteuerten Lernens (unterstützt durch ORWelt) mit qualitativ hochwertigem, von elementaren Inhalten entlastetem Lernen in Präsenzveranstaltungen (vgl. auch Hitzges et al. 94, 4). Dabei soll der Frontalunterricht durch Veranstaltungen mit hohem Interaktionsgrad ersetzt werden. Die hypermediale Lernumgebung wird dann als eine essentielle Komponente in die Lehre *integriert*. Anhand der gegebenen Fallstudien können sich studentische Arbeitsgruppen mit Hilfe der Lernumgebung algorithmische Grundlagen erarbeiten und unmittelbar zur Lösung der Aufgaben einsetzen. Zumindest innerhalb der Übungstermine können dabei auch die studentischen Teams ihre Ergebnisse präsentieren und diskutieren. Durch eine solche problemorientierte Vorgehensweise können soziale Einbettung und Authentizität gegenüber einer rein additiven Verwendung gesteigert werden.

F. Interaktivität und Flexibilität mit dem World Wide Web

Die positiven Lehr- und Lernerfahrungen mit hypermedialen Lernumgebungen können zumindest prinzipiell auf das World Wide Web übertragen werden. Es wird generell davon ausgegangen, dass das Internet in den nächsten Jahren und Jahrzehnten das Geschäftsleben grundlegend ändern wird. Genauso bietet das Internet für das weltweite Lernen völlig neuartige Möglichkeiten. In vielen Fällen wird das WWW schon heute als Kommunikationsforum und Verteiler im Rahmen von Lehrveranstaltungen benutzt. Die Homepage einer Lehrveranstaltung ist bereits heute ein „Muss" für zeitgemäße Hochschullehrer, so dass die Kommunikation und Interaktion, zumindest in der Richtung Lehrende → Lernende, auch außerhalb der Präsenzlehrveranstaltungen stattfinden kann.

Das Internet bietet jedoch weitaus mehr Möglichkeiten als die Informationsverteilung in Form des „Broadcastings" für die Studierenden der eigenen Lehrveranstaltung. Es entsteht ein virtuelles, globales Lehrangebot, dessen Grenzen bisher noch nicht abzusehen sind. Die meisten Vorreiter der virtuellen Universitäten sind in Nordamerika zu finden.

Beispielsweise wird geschätzt, dass im Jahr 2000 in den USA ca. drei Millionen „Cyber-Studenten" Internet-basierte virtuelle Lehrveranstaltungen besuchen (vgl. DUZ 99; s. auch Meister 98). Mit diesem Vorsprung wird es den nordamerikanischen Universitäten prinzipiell leicht fallen, Ableger in Europa zu gründen. Es ist wichtig, diese Entwicklung in Deutschland nicht weiter zu verschlafen. Ein deutsches Beispiel einer Internet-orientierten Lernumgebung bietet WINFO-Line, ein virtuelles Studium der Wirtschaftsinformatik (WINFO 99). Eine bereits seit Jahren funktionierende, groupwarebasierte Umgebung ist das virtuelle „Learning Space" am Groupware Competence Center der Universität Paderborn (GCC 99).

Die Weiterentwicklung des Systems OR-Welt erfolgt ab 2000 im europäischen Projekt *OR-World – Learning and Teaching Operations Research and Management Science with a Web Based Hypermedia Learning Environment*.[1] Dabei gestaltet und benutzt ein Konsortium von Universitäten und Unternehmen aus drei europäischen Ländern eine Web-basierte, interaktive und flexible Lehr- und Lernumgebung für OR/MS zusammen mit einem generellen Rahmenwerk. Durch die Interaktivität soll das aktive Lernen und durch die Flexibilität die Individualisierung des Lehrangebots unterstützt werden. Das Konzept basiert darauf, dass jedes Konsortiumsmitglied innerhalb des gemeinsamen Feldes einen eigenen Kompetenzbereich hat und diesen Bereich für das Web multimedial und interaktiv aufbereitet. Wenn alle vom Konzept überzeugt sind und zusammenarbeiten wollen, wird die Entwicklung voraussichtlich von allen akzeptiert und somit das „not invented here"-Syndrom geschwächt. Als mittelfristiges Ziel ist ein länderübergreifendes, mehrsprachiges Studienprogramm zu verstehen, das sowohl für das universitäre Erststudium als auch für die betriebliche Weiterbildung geeignet sein soll.

G. Organisatorische Rahmenbedingungen aktiven Lernens

I. Probleme traditioneller Prüfungsordnungen

Der Bedarf und die Chancen des aktiven Lernens in betriebswirtschaftlichen und verwandten Curricula sind heute aus Sicht der Autorin unumstritten. Jedoch gibt es – unabhängig von der Ressourcenknappheit – bei der Organisation des Lehr- und Prüfungsbetriebes in deutschen Universitäten Aspekte, die eine konsequente Umsetzung des aktiven Lernens verhindern. Die klassische Prüfungsordnung eines BWL-Studienganges sieht im Hauptstudium zuerst eine „Lernphase" und danach eine „Prüfungsphase" vor. Die Prüfungsphase besteht normalerweise aus vier bis fünf durch mündliche Prüfungen ergänzte Klausurarbeiten, wobei das gesamte, im Hauptstudium erworbene, Wissen geprüft wird. Besonders wichtig ist dabei das Prüfen des Verständnisses von Zusammenhängen innerhalb eines größeren Wissensbereichs, was von Befürwortern dieses Systems oft als ein entscheidender Vorteil herausgehoben wird. Als nachteilig wirkt, zumindest in technikorientierten Fächern wie Wirtschaftsinformatik, die Tatsache, dass die Inhalte schnell veralten und ein Hochschullehrer ungern die Inhalte einer Lehrveranstaltung, die er vor Jahren gehalten hat, prüfen möchte. Dadurch sehen sich Studierende in vielen Fällen gezwungen, die wichtigsten Lehrveranstaltungen kurz vor der Prüfung ein zweites Mal zu hören.

Im Hinblick auf das aktive, handlungsorientierte Lernen hat das klassische Prüfungssystem zudem den entscheidenden Nachteil, dass die Prüfungsformen fest vorgegeben sind. Es ist nicht möglich, in der Prüfungsphase Projekte, Entwicklungsaufgaben oder Fallstudien zu bearbeiten. Diese können allenfalls im Rahmen von (meist unbenoteten) Vorleistungen im Laufe des Studiums organisiert werden.

Ein generelles Hindernis bei der Organisation von Studentenprojekten bildet die Tatsache, dass die Prüfungsberechtigung auf (habilitierte) Hochschullehrer beschränkt ist. Es ist also schwierig, eine praktische Projektleistung – oder einen noch so kleinen Teil davon – von externen Lehrkräften oder Assistenten bewerten zu lassen. Bei den heutigen Mengen von Studierenden ist es jedoch einem Hochschullehrer nicht möglich, alle Projektgruppen effektiv persönlich zu betreuen. Außerdem braucht man gerade im Bereich der Wirtschaftsinformatik – die auf der einen Seite ein ingenieurwissenschaftlich orientiertes Fach ist – unterstützende Lehrkräfte, wenn es um die Vermittlung detaillierter Systemkenntnisse geht.

II. Anforderungen an das Prüfungswesen

Das Prinzip des *studienbegleitenden* Prüfungswesens löst die meisten der o.g. Probleme klassischer Prüfungsordnungen. Wenn eine studienbegleitende Prüfungsordnung flexibel gestaltet wird, können beispielsweise Entwicklungs- und Projektmanagementleistungen als benotete Prüfungsleistungen eingebracht werden. Nach Erfahrungen der Autorin, die auf Beobachtungen in Deutschland, Finnland und den USA basieren, ist ein entscheidender Vorteil eines studienbegleitenden Prüfungssystems die Verkürzung der Studienzeiten im Vergleich mit dem traditionellen Blockprüfungssystem. Weniger bedeutend ist in dieser Hinsicht die individuelle Ausgestaltung der Prüfungsordnung, ob z.B. als Punkteanrechnungssystem (Credit Point System, CPS) oder nicht. Ein Punkteanrechnungssystem bringt ein einheitliches Maß mit sich, durch welches das gegenseitige Vergleichen und die Anerkennung von Fremdleistungen innerhalb einer Prüfungsordnung erleichtert wird.

Der manchmal geäußerten Befürchtung, in einem Credit Point System könne nur fragmentiertes, nicht zusammenhängendes Wissen geprüft werden, bieten interdisziplinäre Projektveranstaltungen ein Gegenbeispiel. Wenn eine aus der Praxis stammende Aufgabenstellung in einem interdisziplinären Projektteam zu analysieren und zu lösen ist, sind zwangsweise Kenntnisse aus unterschiedlichen Bereichen der heutigen, funktional gegliederten Betriebswirtschaftslehre notwendig. Gute Beispiele bietet das interdisziplinäre Arbeiten im Projekt *IT-Consulting* an der Universität Paderborn (DSOR99). Dort wurden mehrfach IT-bezogene Probleme gelöst, die mitunter zu größeren Veränderungen in Produktion, Vertrieb oder Marketing der Partnerunternehmen führten.

III. Organisatorische Innovationen

Außer der Erneuerung von Prüfungsordnungen – eine wirtschaftswissenschaftliche Fakultät nach der anderen macht sich heute die Arbeit einer Umstellung in ein CPSystem –

sind auch in anderen Bereichen organisatorische Innovationen möglich, die das aktive Lernen unter den gegebenen Restriktionen unterstützen und ermöglichen.

Beispielsweise ist nicht zu vernachlässigen, dass in wirtschaftswissenschaftlichen Fakultäten i. d. R. eine Vielzahl an Ressourcen existieren, die nur darauf warten, aktiviert zu werden: die Studierenden höherer Semester. Es kann für alle Beteiligten nur von Vorteil sein, dass Studierende, statt passiv in einer Vorlesung zu sitzen, sich – in einem begrenzten Maße – aktiv am Lehrgeschehen beteiligen und Lerninhalte jüngeren Studierenden beibringen.

Vielversprechende Erfahrungen bei der Aktivierung von Studierenden wurden bisher im Groupware Education Competence Project (GECP) in Paderborn gemacht (GCC 99). Dies ist ein Projekt des Groupware Competence Center der Universität, in dem Studierende der Wirtschaftspädagogik im Hauptstudium als Tutoren für das Fach Wirtschaftsinformatik im Grundstudium tätig werden. Die angehenden Diplom-Handelslehrer bekommen somit wertvolle praktische Erfahrungen bei der multimedialen Aufbereitung des Lehrstoffes und der computergestützten Planung, Gestaltung und Durchführung von Lehrveranstaltungen für kleine Gruppen. Gleichzeitig werden Studierende im Grundstudium in einer Kleingruppe in die technischen und betriebswirtschaftlichen Grundlagen der Wirtschaftsinformatik eingeführt. Die Tutorentätigkeit wird im Rahmen des Punkteanrechnungssystems bewertet und mit Credits belohnt.

Ähnlich positiv sind die Erfahrungen der „Entwickler-Studierenden" im Projekt OR-Welt. Durch die aktive Beteiligung von Studierenden höherer Semester konnte mit einem geringen finanziellen Budget hochwertige multimediale Lernsoftware erstellt werden.

Weiterhin könnten bei einer flexiblen Gestaltung von Lehrveranstaltungen auch mehr externe Dozenten eingesetzt werden, natürlich immer unter Leitung und Koordination eines Lehrstuhlinhabers. Im Projekt IT-Consulting fließen z.B. viele Informationen und Erfahrungen vom Auftraggeber an die beteiligten Studierenden. Im Sinne einer frühen Praxiserfahrung und einer beruflichen Qualifikation sind die Praxiseinflüsse, die zusammen mit Hochschullehrern diskutiert werden, von großer Bedeutung. Studierende sind oft bereit, sich mit einem Engagement, das das geforderte Minimalmaß weit übersteigt, in ein solches Projekt einzubringen.

Eine formale Schwierigkeit bei einer Neugestaltung von Lehrveranstaltungen bildet die eindeutige Definition des Lehrdeputats eines Hochschullehrers in Semesterwochenstunden. Es ist oft sinnvoll, den Aufwand in Projektseminaren zeitlich flexibel zu gestalten, so dass die wöchentlich eingesetzte Stundenzahl nicht konstant ist. Das Blockprojekt IT-Consulting in Paderborn läuft beispielsweise in der vorlesungsfreien Zeit innerhalb von vier Wochen ganztägig. Es ist nicht ganz einfach, den eingesetzten Lehraufwand in solchen Projektveranstaltungen in Semesterwochenstunden auszudrücken.

Anmerkungen

1 Projekt OR-World, Informations Society Technologies Programme, 5th Framework Programme of the European Commission, Project IST-1999-11124

Literatur

Blumstengel, A.: Entwicklung hypermedialer Lernsysteme. Dissertation, Wissenschaftlicher Verlag Berlin, 1998. Siehe auch http://dsor.uni-paderborn.de/organisation/blum diss/ am 15.11.1999 (Abruf am 1999-11-15).

Blumstengel, A., Kassanke, S.: A hypermedia learning environment by students for students. Proceedings of ED-MEDIA/ED-TELECOM 98, 1998.

Blumstengel, A., Kassanke, S., Suhl, L.: Praxisorientierte Lehre im Fach Operations Research unter Einsatz einer hypermedialen Lernumgebung. Wirtschaftsinformatik 39 (1997) 6, S. 555–562, Verlag Vieweg, Wiesbaden, 1997.

Blumstengel, A., Kassanke, S., Suhl, L.: Lernen im Hyperspace – interdisziplinär, interaktiv, intuitiv, integrativ. In: Scheer A.-W., Nüttgens M. (Hrsg.): Electronic Business Engineering. Tagungsband der 4. Internationalen Tagung Wirtschaftsinformatik (WI'99), Physica-Verlag, 1999.

Bork, A.: Learning in the Twenty-First Century: Interactive Multimedia Technology. In: Giardina, M. (Hrsg.): Interactive Multimedia Learning Environments: Human Factors, Technical Considerations on Design Issues, S. 2–18, NATO ASI Series, Series F, Computer and Systems Sciences, vol. 93, Springer-Verlag, Berlin, Heidelberg, New York, London, 1992.

DSOR 99: http://dsor.uni-paderborn.de (Abruf am 1999-11-15).

DUZ 99: Chatroom statt Audimax. Das unabhängige Hochschulmagazin DUZ, Nr. 22, 1999, S. 8–9.

GCC 99: http://gcc.uni-paderborn.de (Abruf am 1999-11-15).

Haack, J.: Interaktivität als Kennzeichen von Multimedia und Hypermedia. In: Issing, L., Klimsa, P. (Hrsg.).: Information und Lernen mit Multimedia, 2. Auflage, Beltz Psychologie Verlags Union, Weinheim 1997.

Hitzges, A., Betzl, K. et al.: Chancen und Risiken von interaktiven Multimedia-Systemen in der betrieblichen Aus- und Weiterbildung. Forschungsbericht Technikfolgenabschätzung des BMFT, IRB-Verlag, Stuttgart, 1994.

Knuth, R., Cunningham, D.: Tools for constructivism. In: Duffy, T., Lowyk, J., Jonassen, D.: Designing Environments for Constructive Learning. NATO ASI Series F: Computer and System Sciences, Vol. 105. Springer, Berlin et al., 1991, pp. 163–188.

Meister, J.: Corporate Universities – Lessons in Building a World-Class Work Force. McGraw Hill, USA, 1998.

Strzebkowski, R.: Realisierung von Interaktivität und multimedialen Präsentationstechniken. In: Issing, L., Klimsa, P. (Hrsg.). Information und Lernen mit Multimedia, 2. Auflage, Beltz Psychologie Verlags Union, Weinheim 1997.

Suhl, L., Blumstengel, A.: Die hypermediale Lernumgebung ORWelt. In: Werners B. (Hrsg.): Tagungsband der Herbsttagung der wissenschaftlichen Kommission Operations Research im Verband der Hochschullehrer für Betriebswirtschaft, Universität Bochum, 1998.

WINFO 99: http://www.winfoline.de (Abruf am 1999-11-15).

Leena Suhl

Zusammenfassung

In diesem Aufsatz wurden Möglichkeiten und Grenzen des aktiven Lernens mit hypermedialer Lernsoftware in betriebswirtschaftlich orientierten universitären Studiengängen diskutiert. Die Erfahrungen bei der Entwicklung und dem Einsatz der hypermedialen Lernumgebung ORWelt an der Universität Paderborn sind im Allgemeinen positiv. Einige Hindernisse bieten dabei jedoch die inflexiblen Prüfungsordnungen. In Zukunft soll die Kombination des virtuellen Lehrens und Lernens mit traditionellen Lernformen verstärkt analysiert und evaluiert werden.

Summary

In the practice of business administration, soft skills are becoming more and more important today. This article discusses possibilities of enhancing soft skills and IT-literacy of university students by active learning methods. Our experiences in developing and using the hypermedia learning environment ORWelt for active learning are very encouraging. However, in order to allow an efficient use of active learning, some aspects of the standard administrative structure of study and examination in German universitites should be changed. In the future, we plan to further analyse and evaluate possibilities of combining virtual learning techniques with traditional learning and teaching methods.

13: Aus- und Weiterbildungsfragen

Corporate Universities –
Ein Lösungsansatz für die Unterstützung des organisatorischen und individuellen Lernens

Von Wolfgang Kraemer

Überblick

- Zeitpunkte und Dauer des Wissenserwerbs werden sich durch die Notwendigkeit zum lebenslangen Lernen verändern. Die Wissensakkumulation, die bisher schwerpunktmäßig im Vorfeld der Berufstätigkeit stattfindet, wird bis zum Ende der Berufstätigkeit ausgeweitet. Corporate Universities können das organisatorische und individuelle Lernen in Unternehmen anregen und fördern. Die zunehmende Etablierung von Corporate Universities auch in Europa unterstreicht die Bedeutung der Themen Weiterbildung, Personalentwicklung und Wissensmanagement in Unternehmen, wenngleich der Begriff für ein breites Spektrum von unternehmensspezifischen Lernaktivitäten verwendet wird.

- In dem Beitrag werden die wesentlichen Definitions- und Typologieansätze von Corporate Universities vorgestellt. Mit der Operationalisierung der Lernszenarien, die von Corporate Universities unterstützt werden und der Spezifikation ihrer Leistungsbeziehungen zu Bildungspartnern in Lernallianzen werden die bekannten Begriffserklärungsansätze weiter konkretisiert.

- Auf der Basis von Fallstudien werden Realisierungsansätze von Corporate Universities vorgestellt, deren Gestaltungselemente als Orientierung für die Konzeption und Realisierung weiterer Corporate Universities dienen können.

Eingegangen: 11. März 2000

Dr. Wolfgang Kraemer, Habilitand am Institut für Wirtschaftsinformatik, Universität des Saarlandes, Im Stadtwald, Geb. 14.1, 66123 Saarbrücken und Geschäftsführer der information multimedia communication GmbH, Altenkesseler Straße 17, Geb. B2, 66115 Saarbrücken, Email: Kraemer@im-c.de. Arbeitsgebiete: Corporate University, Virtuelle Universität, Hochschulentwicklung durch neue Medien, Elektronische Bildungsmärkte.

A. Charakterisierende Merkmale von Corporate Universities

Bereits 1955 gründete General Electric die erste Corporate University. 1981 wurde die Motorola University etabliert. Mehrere hundert Millionen Dollar investieren beide Unternehmen jährlich in diese Lerninitiativen, und mit ihren Programmen zählen diese Unternehmen zu den internationalen Vorreitern. Die Anzahl der Corporate Universities in den USA wird inzwischen auf 1600 geschätzt (Meister, 1999, S. 1ff). Dies entspricht einer Vervierfachung gegenüber 1988. Weitere Beispiele für US-amerikanische Unternehmensuniversitäten sind American Express, Arthur Andersen, AT&T, Bell Atlantic, Dell, Disney, Ford, Intel, McDonalds, Microsoft, Oracle etc. Diese Aufzählung zeigt, dass die Gründung und Unterhaltung von Corporate Universities nicht auf bestimmte Wirtschaftszweige beschränkt ist: Hard- und Software-Unternehmen finden sich hier genauso wie Zeitungsverlage, Nahrungsmittelproduzenten, Industrie- und Dienstleistungsunternehmen. Auch die Größe und Regionen der Unternehmen, in denen Corporate Universities angesiedelt sind, ist sehr unterschiedlich (Densford, 1998, S. 3). Abbildung 1 illustriert zusammenfassend die Ergebnisse einer empirischen Erhebung der Corporate University Xchange, Inc. in den USA.

In Deutschland sind zur Zeit die Corporate Universities von DaimlerChrysler (Fritsche, 1999, S. VI/1), Deutsche Bank (Wallace, Smith, 1999, o.S.), Bertelsmann (o.V., 1998a, o.S.), Lufthansa (Sattelberger, 1999, o.S.), AXA Colonia (Leppla, 1999, S. 91–102), Merck (Weicht, 1999, S. 1ff), Metallgesellschaft (o.V.,1999a, o.S.) und SAP (Zinow, 1999, o.S.) bekannt (Renkes, 1999, S, S. 91–92; Steinhäuser, 1999, o.S.; Reidel. 1998, o.S.; o.V., 1999b, S. 56–58).

„Europe is awaking to the impact of the corporate university", stellt Nigel Barrett in einer Analyse zum Entwicklungsstand von Corporate Universities in Europa fest (Barrett, 1999, S. 7). Gleichzeitig warnt er aber auch vor einer unreflektierten Adaption US-amerikanischer Konzepte:

"Europe should not resist the tide of corporate universities, but it will need patience and regional thinking, which must be tempered and aligned to the proven best practice, from wherever it derives. The danger is when the "one size fits all" approach is taken. Million of Dollars or Euros will have been spent on changing the nameplate, but the attitude and application of corporate learning will not have been advanced."

Ziele und Ausprägungen von Corporate Universities sollen deshalb nachfolgend untersucht werden.

I. Ziele von Corporate Universities

Corporate Universities orientieren sich an den strategischen Herausforderungen des Unternehmens, das heißt, ihr Leistungsangebot ist genau auf die Bedürfnisse des Unternehmens zugeschnitten. Somit ist ein „hoher Umsetzungsgrad bei der täglichen Arbeit" gewährleistet (DaimlerChrysler, 1998, S. 17). Die Inhalte der im Rahmen der Corporate University angebotenen Programme und Veranstaltungen werden von dem Unternehmen selbst

Abb. 1: Empirische Befunde über 120 Corporate Universities (Meister, 1999, S. 11–14)

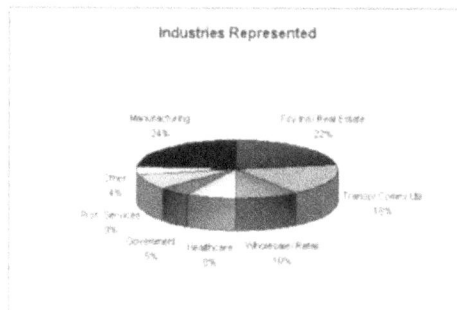
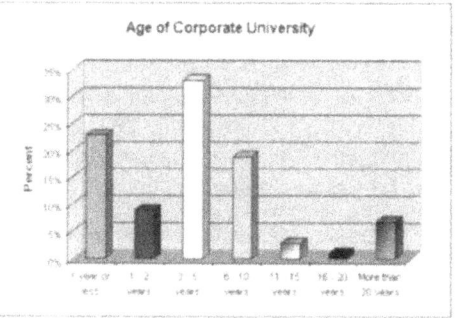
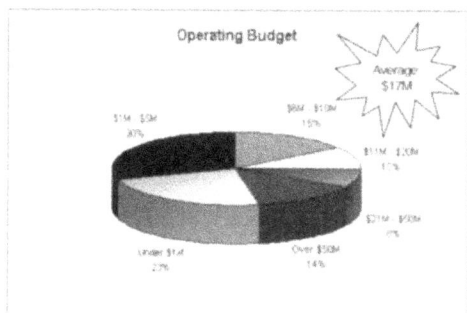
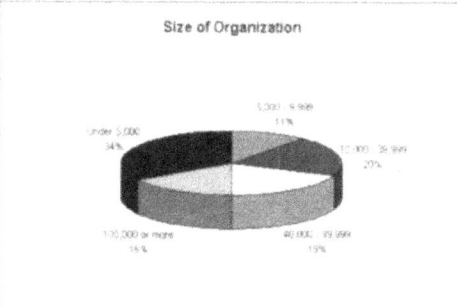
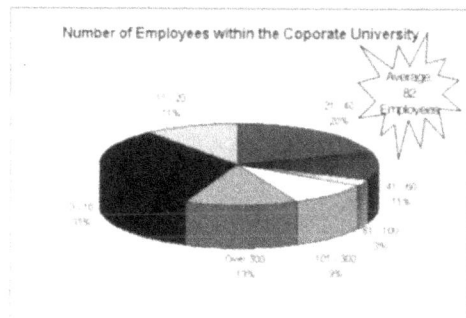
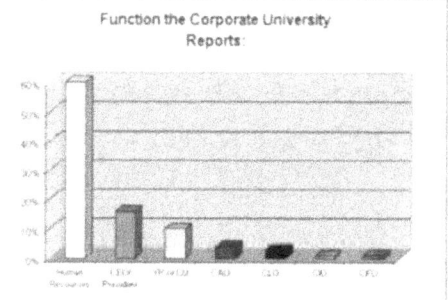
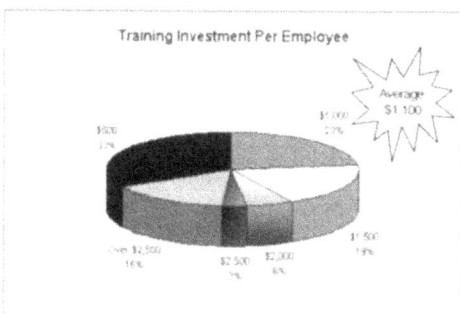
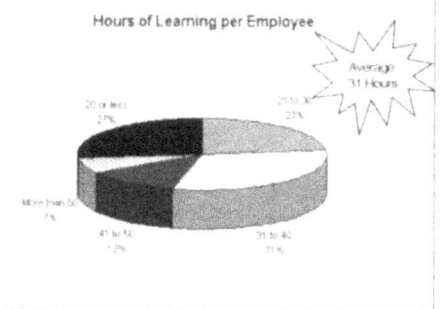

bestimmt. Somit erwerben und vertiefen die Mitarbeiter genau die Fähigkeiten und Kenntnisse, die zur Bewältigung der Aufgaben benötigt werden.

Nach einer von der Zeitschrift Corporate University Review durchgeführten Umfrage (Densford, 1998, S. 3) sind für 84% der befragten Unternehmen in den USA die Verbindung zwischen Weiterbildung und den wirtschaftlichen Zielen des Unternehmens der Hauptgrund der Einrichtung einer Corporate University. Jürgen Weber, Vorstandsvorsitzender der Deutsche Lufthansa AG, begründet die Notwendigkeit für die Initialisierung der Lufthansa Corporate University wie folgt (o.V., 1999c, o.S.):

„*...Unter allen unseren Investitionsvorhaben zähle ich den Faktor Bildung mit zu den wichtigsten*".

An zweiter Stelle ist für 48% der befragten US-amerikanischen Unternehmen die Zusammenfassung und Koordination aller Personalentwicklungsaktivitäten und -initiativen auf Unternehmensebene unter einem Dach von Bedeutung. Dies führt dazu, dass aufgrund der systematischen Erfassung und Strukturierung die Identifikation sowohl von Defiziten als auch von Redundanzen innerhalb des betrieblichen Bildungsangebotes die Zusammenstellung von Weiterbildungsprogrammen für bestimmte Mitarbeitergruppen sowie die Einordnung zusätzlicher Weiterbildungsmaßnahmen in das Gesamtkonzept des Unternehmens, also die Verwaltung der betrieblichen Weiterbildung, erheblich erleichtert wird. Das dritte Ziel ist die Entwicklung, Verbreitung und das Management von Wissen. Jürgen E. Schrempp, Vorstandsvorsitzender des DaimlerChrysler-Konzerns, führt dazu aus (DaimlerChrysler, 1998, S. 5):

„*Wir werden nur dann nachhaltig zu den weltbesten Unternehmen gehören können, wenn wir das riesige Potential an Ideen, Erfahrungen und kreativer Energie, das in unserem Unternehmen steckt, in Innovationen, neue Prozesse, neue Produkte und neue Märkte umsetzen können. Und wenn wir Kernkompetenzen quer durch den Konzern systematisch stärken und neu entwickeln*".

Zur Realisierung dieser Zielsetzung ist es erforderlich, das vorhandene Wissen innerhalb des Unternehmens zu dokumentieren und für jeden Mitarbeiter zugänglich zu machen. Die Corporate University ist für diese Aufgabe besonders geeignet, da hier Informationen über den Wissensstand der einzelnen Mitarbeiter vorhanden sind, etwa über die Programme und Veranstaltungen, die ein bestimmter Mitarbeiter absolviert hat, und seine daraus resultierenden Spezialkenntnisse.

Der Vorteil der Verbreitung von „Best-Practice-Wissen" liegt darin, dass dieses Wissen so auch an anderen Stellen im Konzern sinnvoll genutzt werden kann: Zum einen liefern diese Musterlösungen Anregungen zur Lösung ähnlicher Probleme, die an anderen Stellen im Unternehmen auftreten, zum anderen wird so vermieden, dass zur Lösung des gleichen Problems erneut Zeit und Ressourcen aufgewendet werden, obgleich an einer anderen Stelle im Unternehmen schon eine Lösung für eben dieses Problem existiert (DaimlerChrysler, 1998, S. 6).

Des weiteren entstehen durch die angebotenen Programme und Veranstaltungen der Corporate University Kontakte zwischen Mitarbeitern aus verschiedenen Bereichen des Unternehmens. Diese Kontakte ermöglichen es einem Unternehmensangehörigen, seine Kenntnisse und seinen Horizont über die eigenen Erfahrungen und gewohnten Perspektiven hinaus zu erweitern. Weiterhin wird auch der Wissenstransfer innerhalb des Unternehmens gefördert (DaimlerChrysler, 1998, S. 11).

Mit der Definition des Leistungsangebotes von Corporate Universities werden die Unternehmensziele in Lern- und Wissensziele transformiert. Die Planung, Steuerung und Kontrolle der Wissenslogistik wird somit in Form einer Corporate University institutionalisiert.

Mit der Einführung einer Corporate University werden neben den Aspekten der Personalentwicklung und des Wissensmanagements auch kommunikationspolitische Ziele verfolgt, indem die Mitarbeiter ein gemeinsames und einheitliches Verständnis für die Ziele und Strategien des Unternehmens entwickeln. Unter dem Dach der Corporate University erfolgt somit eine globale Planung, Koordination und Steuerung von konzernrelevanten Themen.

Nach der oben explizierten Untersuchung (Densford, 1998, S. 3) ist das Interesse der Unternehmen, den Mitarbeitern über die Corporate University den Erwerb von Zertifikaten und/oder akademischen Abschlüssen zu ermöglichen, eher gering. So bieten zwar 42% der befragten Unternehmen in den USA Veranstaltungen an, die zur Erlangung eines akademischen (Teil-) Abschlusses geeignet sind, jedoch besteht nur bei einem kleinen Teil dieser Unternehmen die Möglichkeit, einen solchen Abschluss auch tatsächlich zu erwerben (Densford, 1998, S. 3):

> *"The fact is that a relatively large number of CUs offer training that's eligible for academic credit, but at the same time express little interest in offering certification or degrees, is further indication that their focus is business objectives first."*

Auf die Frage, ob in Zukunft eine Zertifizierung vorgesehen ist, beziehungsweise ob der Abschluss an einer Corporate University den gleichen Stellenwert haben könnte wie ein regulärer Abschluss an einer deutschen Hochschule, wird festgestellt (Müller, 1999, S. 96):

> *„Wir haben nicht vor, in Konkurrenz zu deutschen oder internationalen Universitäten zu treten und dort Abschlüsse anzubieten, die einem MBA oder einem sonstigen hochqualifizierten Abschluss gleichzusetzen sind."*

II. Typologisierung von Corporate Universities

Deiser begründet die Notwendigkeit eines intersubjektiv anerkannten Ordnungsrahmens damit, dass viele Unternehmen der Versuchung unterliegen „...ihre internen oder outgesourcten Trainingsabteilungen mit dem wohlklingenden Etikett einer „Universität" oder einer „Akademie" zu versehen" (Deiser, 1998, S. 41). Um so größer sind dementsprechend die Bemühungen einer Abgrenzung, wie in Abbildung 2 dargestellt, zwischen der herkömmlichen Trainingsabteilung und dem Konzept einer Corporate University. Die Wandlung von der Trainingsabteilung zur Corporate University folgt zudem den neuen Lernparadigmen in der Wissensgesellschaft. Für das Design, die Entwicklung und das Management einer Corporate University werden die Bindung und Verpflichtung des Unternehmensmanagements, die Etablierung einer Lernallianz mit verschiedenen Bildungspart-

Abb. 2: Vom Trainingszentrum zur Corporate University (Meister, 1998, S. 23)

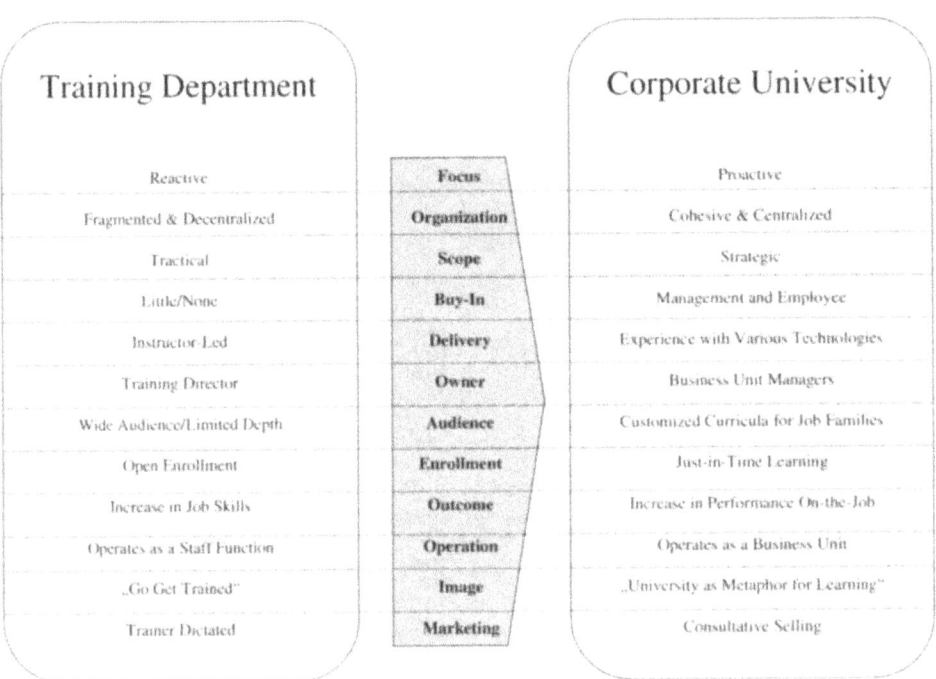

nern, der Schritt in Richtung neuer Technologien und der Zwang, die Corporate University als eigenständiges Geschäftseinheit zu führen, als wichtige Schlüsselelemente identifiziert. Diese unternehmenseigenen Bildungsakademien entwickeln sich zur strategischen Kernzelle einer Organisation, mit der Zielsetzung einer kosteneffizienten Schaffung qualitativ hochwertiger Lernlösungen (o.V,. o.J., o.S.):

"A function or department that is strategically oriented toward integrating the development of people as individuals with their performance as teams and ultimately as an entire organization by linking with suppliers, by conducting wide-ranging research, by facilitating the delivery of content, and by leading the effort to build a superior leadership team".

Während die einzelnen Corporate Universities in vielen Aspekten oberflächlich divergieren, ist die Formierung um ähnliche Prinzipien, Ziele und Gestaltungsdimensionen erkennbar (Meister, 1998, S. 23–30):

- Die Schaffung von Lernmöglichkeiten, Bildungsprodukten und Dienstleistungen, die die wichtigen Unternehmensthemen unterstützen.
- Die Betrachtung des Corporate University Models als ein Prozess und weniger als ein Ort des Lernens.
- Die Erstellung eines Curriculum, welches alle Kernkompetenzen integriert.

Abb. 3: Designbausteine einer Corporate University (Meister, 1998, S. 61)

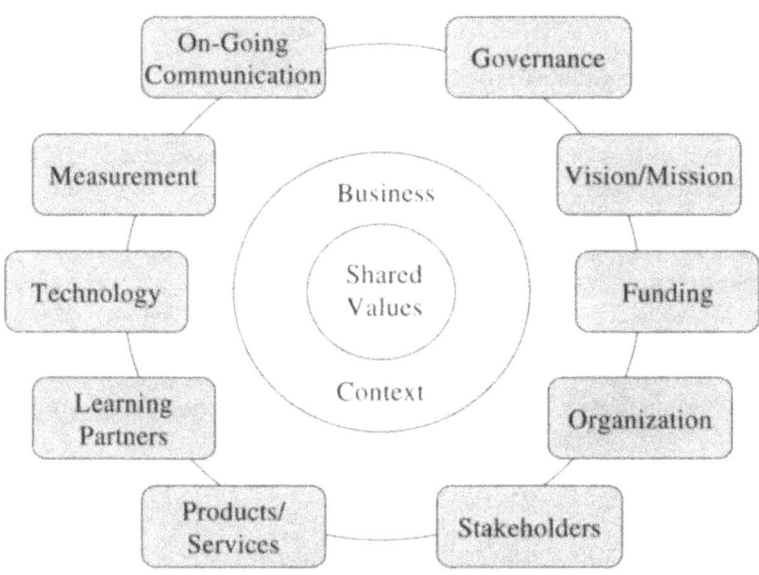

- Das Trainieren der Wertschöpfungskette, einschließlich Kunden, Händler, Produktlieferanten und Universitäten, welche die potenziellen zukünftigen Arbeitnehmer stellen.
- Weg von instruktionsorientiertem Unterricht hin zu vielseitig verteilten Lernformen verschiedenster Arten.
- Die Gestaltung eines Bewertungssystems, welches sowohl die eingehenden als auch die ausgehenden Leistungen adäquat misst.
- Die Nutzung der Corporate University zur Erreichung von Wettbewerbsvorteilen und zum Eintritt in neue Märkte.

Wie in Abbildung 3 dargestellt, sind die folgenden Bausteine für das Design und die Entwicklung einer Corporate University relevant, wobei die einzelnen Komponenten je nach Anwendungsfall unterschiedlich gewichtet werden können oder für den individuellen Fall auch ganz ausscheiden können.

Zu diesen Designbausteinen gehören die Bildung eines Verwaltungsapparates, die Entwicklung und Förderung einer Vision, die Empfehlung für Bereichs- und Finanzierungsstrategien, die Entwicklung einer Organisation, die Identifizierung und Spezifizierung aller Stakeholder mit ihren Aufgabenbereichen, die Entwicklung von Bildungsprodukten und Dienstleistungen, die Auswahl an Lern- und Bildungspartnern, der Entwurf einer Technologiestrategie, die Einführung eines Bewertungssystems und die Kommunikation der Vision, Produkte und Programme in und über die Organisation hinaus.

Allen Corporate Universities gemeinsam ist, dass sie sich in ihrer Struktur und ihrem Angebot an den Zielen und den Bedürfnissen des Unternehmens orientieren. Die Spannbreite reicht dabei von traditionellen Trainingszentren bis zu integrierten Lernarchitekturen. Fresina unterscheidet drei Ausprägungen von Corporate Universities (Fresina, 1997, S. 3–6):

1. Reinforce and Perpetuate (Evolution)

Die zentrale Aufgabe einer Corporate University vom Typ 1 ist es, die Philosophie und bewährten Praktiken des Unternehmens zu festigen und aufrechtzuerhalten. Demnach werden hier Veranstaltungen angeboten, die den Unternehmensangehörigen die Kultur, die Werte und die Ideen des Unternehmens näher bringen und sie mit den bewährten Unternehmenspraktiken vertraut machen. Eine auf diese Weise ausgerichtete Corporate University impliziert jedoch keineswegs, dass sich das entsprechende Unternehmen Veränderungen verschließt. Diese werden allerdings immer vor dem Hintergrund des Primärzwecks betrachtet, d.h., die bewährten Praktiken werden zwar entsprechend neuer Erkenntnisse überarbeitet und es werden auch neue Praktiken eingeführt, aber dabei wird stets darauf geachtet, dass sie konform mit der Unternehmensphilosophie sind.

2. Manage Change (Revolution)

Corporate Universities des Typs 2 werden etabliert, um Veränderungen der Praktiken, Strukturen, Strategien oder grundlegender Werte des Unternehmens, die als notwendig erachtet werden, zu unterstützen. Das grundlegende Muster, nach dem hierbei vorgegangen wird, lautet: „Unfreezing – introducing/moving – refreezing": Die Zielgruppe des jeweiligen Programms der Corporate University soll zunächst dazu ermuntert werden, über diejenigen Ansichten, die für das Unternehmen oder für den Einzelnen nicht mehr dienlich sind, nachzudenken und diese gegebenenfalls zu verwerfen. Im zweiten Schritt, nachdem die Teilnehmer des jeweiligen Trainingsprogramms begonnen haben, die bisherigen Denk- und Verfahrensweisen innerhalb des Unternehmens in Frage zu stellen, werden nun seitens der Corporate University die „neuen" Praktiken und Strategien eingeführt, welche nach Meinung der Unternehmensführung besser an die aktuellen und/oder zukünftigen Herausforderungen, denen sich das Unternehmen stellen muss, angepasst sind. Die dritte, abschließende Phase des Programms dient der Verinnerlichung der in Phase zwei eingeführten Denk- und Verhaltensweisen seitens der Teilnehmer.

Fresina nennt als Beispiel die Corporate University von Knight-Ridder, einem in Miami ansässigen Zeitungs-, Medien- und Finanzdienstleistungsunternehmen. Knight-Ridder gründete 1988 eine Corporate University mit der Intention, die Führungskräfte des Unternehmens auf die Veränderungen am Kommunikationsmarkt und die damit auf sie zukommenden neuen Herausforderungen, wie sie durch den Information Highway und Online-Dienste hervorgerufen wurden, vorzubereiten.

3. Drive and Shape (Vision)

In diesem Fall ist die Corporate University ein wichtiges Instrument zur Bestimmung des zukünftigen Profils und der zukünftigen Richtung des Unternehmens. Diesem Typ liegt die Auffassung zugrunde, dass solche Fragen am besten unter Einbeziehung der kollektiven Wissensbasis des Managements oder sogar der des gesamten Unternehmens beantwortet werden können. Die Bestimmung der zukünftigen Richtung des Unternehmens erfordert zunächst den Willen, das Vergangene loszulassen, und die Fähigkeit, die Gegebenheiten der Gegenwart und die Herausforderungen und Probleme der Zukunft vollständig und unverzerrt zu betrachten. Im nächsten Schritt muss untersucht werden, wie das Unternehmen auf diese Herausforderungen und Probleme, denen es in der Zukunft gegenüber stehen wird, reagieren sollte, d.h., die zukünftige „Marschroute" des Unternehmens soll festgelegt werden.

Bei den hier vorgestellten Typen handelt es sich um Idealzustände, wie sie in der Praxis kaum anzutreffen sind. Die real existierenden Corporate Universities enthalten in der Regel Elemente zweier oder sogar aller Typen.

Die Verknüpfung von Kompetenzentwicklung und unternehmensinternen Veränderungsinitiativen erfordert nach Deiser eine Konzeption, die einerseits einen Rahmen für die notwendigen individuellen, organisatorischen und strategischen Lern- und Veränderungsprozesse bereitstellt und zugleich eine Verschmelzung mit den Kerngeschäftsprozessen gewährleistet (Deiser, 1998, S. 41). Deiser bezeichnet diese Konzeption als integrierte Lernarchitektur, die „strategisch richtiges" Wissen und Handeln generiert, existierendes Organisationswissen zugänglich macht, systematisch Kernkompetenzen entwickelt und pflegt sowie die allgemeine strategische Kompetenz der Organisation erhöht. Eine derartige Lernarchitektur kann somit nicht nur als Qualifikationsinstrument, sondern auch als Kulturintegrator, Standardisierungsmechanismus und als Drehscheibe für strukturelle und kulturelle Organisationsformen benutzt werden. Aus den Kernfunktionen dieser Lernarchitektur (Qualifikation der Mitarbeiter, Kulturbildung und Systemintegration, Implementierung strategischer Initiativen, Nutzung bereichsübergreifender Synergien und Abbau von Organisationsbarrieren, Standardisierung von Core Practices, die Betreibung einer eigenständigen Geschäftseinheit) lassen sich, wie in Abbildung 4 dargestellt, vier idealtypische Modelle für Corporate Universities als Lernarchitekturen ableiten, die jeweils unterschiedlichen Geschäftslogiken folgen. Auch diese Typen kom-

Abb. 4: Geschäftslogiken von Corporate Universities (Deiser, 1998, S. 44)

Typus	Kernfunktion	Business-Logik	Rolle des Managements	Beispiel
Profit Center	positiver Deckungsbeitrag	Unabhängiges Geschäftsfeld	Aufsichtsrat	Outgesourcte Trainingsabteilung
Qualifikationszentrum	Vermittlung wettbewerbskritischen Wissens	Innovation, Qualität	Bereitstellung der Ressourcen	Motorola
Standardisierungsmotor	Transfer von Core Practices	Economies of Scale	Definition der Standards	Andersen Consulting, McDonalds, Disney
Strategische Drehscheibe	Unterstützung von Transformationsprozessen	Kerninstrument der Unternehmensführung	Architekt und Change-Leader	General Electric

Abb. 5: Typologisierung von Corporate Universities nach Lernaktivitäten (Deiser, 1998, S. 46)

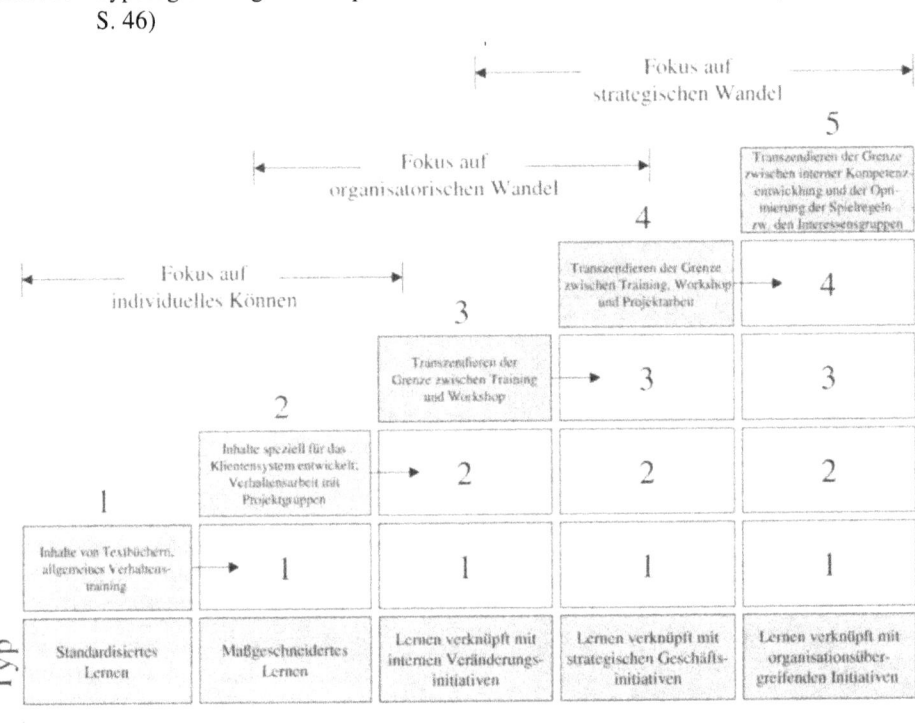

men in der Realität kaum in ihrer Reinkultur vor, doch liefern sie einen Orientierungsrahmen zur Systematisierung von Corporate Universities. Die einzelnen Modelle drücken dabei keine Wertigkeit aus, die Wahl eines Typus hängt vom spezifischen Unternehmenskontext und den strategischen Absichten der Unternehmensführung ab (Deiser, 1998, S. 43f.).

Abbildung 5 zeigt die Unterscheidung von Corporate Universities nach der Intensität der Lernaktivitäten und ihrer Verbindung zur Strategie und den Geschäftsprozessen einer Unternehmung (Deiser, 1998, S. 44–47). Dabei werden die drei Grundtypen von Fresina in dem Modell von Deiser konkretisiert.

Abgrenzend zu der unternehmenszielbezogenen Typologisierung von Corporate Universities lassen sich diese auch nach deren realisierte Lernszenarien analysieren. Die dafür ausgewählten Kriterien sind in Abbildung 6 aufgeführt.

Bezüglich der zeitlichen Differenzierung soll hier eine synchrone oder asynchrone Abwicklung aller Aktivitäten zwischen den beteiligten Akteuren einer Corporate University unterschieden werden. Die Diskussion der Einbindung medienbasierter Informations- und Kommunikationstechnologien führt zu einer räumlichen Kategorisierung hinsichtlich der Gestaltung von Präsenzinstitutionen oder virtuellen Lernformen. Bezüglich den Inhalten ist zu berücksichtigen, ob ausschließlich unternehmensinterne oder auch -externe Inhalte

Abb. 6: Typologisierung von Corporate Universities nach Lernszenarien

Zeit	Synchron	Asynchron
Raum	Verteilte, Zentrierte Präsenz	Virtuell
Inhalte	Intern	Extern
Aktualität	Statisch	Dynamisch
Teilnahme	Offen	Geschlossen
Instruktionsformen	Singulär	Multiple
Organisation	Passiv	Aktiv
Zertifizierung	Kontrolliert	Unkontrolliert
Leistungskontrolle	Leistungsorientiert	Teilnahmeorientiert
Realisierungspartner	Einzeln	Kooperativ
Wissensmanagement	Integriert	Isoliert

Gegenstand der Wissensvermittlung sind und im letzterem Fall, ob diese Inhalte unternehmensspezifisch angepasst sind oder aufgrund der allgemeinen Relevanz auch anderen Unternehmen von den Inhaltslieferanten angeboten werden. Insbesondere für mittelständische Unternehmen bietet es sich an, unternehmensübergreifende Lernverbünde zu realisieren, auf deren Lern- und Wissensangebote mehrere Unternehmen zugreifen können. Der Aktualitätsgrad bestimmt dynamische oder statische Lernarchitekturen. Nach dem Zulassungsverfahren von Teilnehmern kann man zwischen offenen und geschlossenen Varianten differenzieren. Hierbei liegt die Gewichtung auf der Bildung von Teilnehmergruppen durch die Definition und Festlegung von Zulassungsbeschränkungen verschiedenster Kriterienarten. Als offene Systeme werden Lernarchitekturen definiert, die keine Ausschlusskriterien für Teilnehmer spezifizieren. Corporate Universities können jedoch auch anhand ihrer Anzahl verwendeter Instruktionsformen gruppiert werden. Hierbei ist zwischen singulären und multiplen Instruktionsarten der Wissenslogistik zu unterscheiden. Nach der Form der Lernorganisation existieren aktive (durch die Corporate University getriebene) oder eher passive (durch den Lerner gesteuerte) Systeme, die für die Initialisierung und Lehrplangestaltung zuständig sind (Servatius, 1999, S. 14–15). Nach der Zertifizierungsform und Leistungskontrolle kann man zwischen kontrollierter und unkontrollierter Leistungs- und/oder Teilnahmeorientierung typologisieren. Für eine Unterscheidung bezüglich der Betreiberform besteht die Möglichkeit zur alleinigen oder kooperativen Realisierung durch mehrere Partner. Dabei kann es zu Kooperation zwischen Hochschulen, privaten Forschungs- und Bildungsinstituten oder weiterer externen Dienstleisten kommen. Bezüglich der Verfolgung von Wissensmanagement-Ansätzen soll eine eher integrierte oder isolierte Form von Corporate Universities unterschieden werden. Unter integrierend soll die Corporate University als Wissensplattform verstanden werden, die nicht nur einen Rahmen für die Lernarchitektur darbietet, sondern auch weitere Aufgaben, Funktionen, Zielsetzungen und Bausteine des Wissensmanagements integriert. Der isolierte Betreibertyp stellt die Corporate University wenn überhaupt nur als ein Teilelement des unternehmensinternen Wissensmanagements dar, der für die Betreibung und Koordination der Lernaktivitäten zuständig ist. Hybridformen aus einzelnen oder allen Typologisierungskriterien sind für das Design aller Teilkomponenten einer Corporate University im Sinne einer sinnvollen Ergänzung möglich.

III. Lernallianzen

Neben unterschiedlich realisierten Lernszenarien unterscheiden sich Corporate Universities durch deren konkretes Bildungsangebot. Die Inhalte differieren zum Beispiel in Bezug auf die Bedeutung der theoretischen Erkenntnisse, den Spezialisierungsgrad sowie den Anteil unternehmensspezifischen Wissens. Die Herkunft dieser Inhalte stammt neben den im Unternehmen verfügbaren Inhalten aus Kooperationen mit Business Schools, öffentlichen und privaten Universitäten bzw. Bildungsanbietern aber auch Bildungsabteilungen von anderen Unternehmen (Meister, 1999, S. 91):

> *"As organizations begin taking on the role of educator, the goal of many corporate universities focused on creating unique value-added learning partnerships".*

Hinsichtlich des Umfanges und der Dauer der Kooperation ergeben sich eine Vielzahl von Varianten der Leistungsbeziehungen zwischen Inhaltepartnern und Corporate Universities (Stauss, 1999, S. 131, Töpfer, 1999a, o.S.): So existieren einerseits Formen der punktuellen Zusammenarbeit, etwa dann, wenn einzelne Hochschullehrer mit der Wissensvermittlung zu einem bestimmten Thema beauftragt werden, bis hin zur Definition von umfassenden Programmen, die mit ausgewählten Inhaltepartnern auf der Basis von langfristigen Verträgen vereinbart werden.

Mit der klaren Fokussierung auf unternehmensrelevante Geschäftsthemen und Führungskräfte-Weiterbildung profitieren insbesondere Business Schools von der zunehmenden Verbreitung von Corporate Universities. Diese befinden sich durch die bereits erprobte Zusammenarbeit mit Unternehmen und dem Zugang zu aktuellen Praxisthemen und Unternehmensdaten bereits in einer sehr guten Ausgangsposition und verschaffen sich gegenüber den öffentlichen Universitäten einen Zeit-, Wissens- und Finanzvorteil (Töpfer, 1999b, S. 37).

Das Geschäftsmodell zwischen Corporate Universities und den Inhaltepartnern ist von einer klaren Rollenverteilung geprägt. Die Planung des Curriculum wird von der Corporate University koordiniert, ohne dabei einen umfassenden Universitätsbetrieb mit Lehrkörper und Campus zu institutionalisieren. Die konkrete Ausarbeitung der Inhalte – zum Beispiel auf der Basis von Fallstudien – sowie die Durchführung der Programme und Betreuung der Teilnehmer erfolgt durch die Business Schools, wie auch folgende Aussage zeigt (Müller, 1999, S. 95):

„Business Schools sind in erster Linie als Knowledge oder Information Broker zum Themenbereich General Management für unsere Führungskräfte anzusehen, die ‚state of the art' Wissen vermitteln. Als Konzern haben wir die Aufgabe, unsere strategisch wichtigen Themen zu formulieren und die entsprechenden Inhalte zu designen. Die fachliche Ausgestaltung, sprich die Umsetzung dieser strategic topics in Lehrveranstaltungen oder zukünftig dann auch in Web-based cases, ist dann die Aufgabe der beauftragten Business Schools".

Die Analyse der Leistungsprozesse einer Corporate University, wie in Abbildung 7 dargestellt, zeigt, dass von der Corporate University weder die Generierung, Aufbereitung und Vermittlung der Lerninhalte noch die Betreuung und Zertifizierung der Lernenden vorgenommen wird. Fokus ist vielmehr die Festlegung, Auswahl, Beschaffung und Vermarktung der Lernangebote an die entsprechenden Zielgruppen im Unternehmen sowie die permanente Überprüfung der Übereinstimmung des Lernangebotes mit den Zielen des Unternehmens.

Die Lerninhalte-Generierung im Sinne von Forschung, Aufbereitung und Kombination zu einem Curriculum findet in der Corporate University nicht statt. Vielmehr erfolgt eine Definition von strategisch relevanten Themen, die eine Operationalisierung in konkrete Lernangebote impliziert. Dies führt zu einer Auswahl- und Beschaffungsentscheidung von Lerninhalten und dem Aufbau von Lernallianzen mit den jeweiligen Lieferanten dieser Lerninhalte. Dabei können Lerninhalte unternehmensintern oder auch -extern beschafft werden.

Abb. 7: Leistungsprozesse und -beziehungen einer Corporate University

B. Die DaimlerChrysler Corporate University

Wie die Ausführungen in Abschnitt A.II zeigen, lassen sich Corporate Universities nach der Intensität der Lernaktivitäten und ihrer Verbindung zur Strategie und den Geschäftsprozessen einer Unternehmung sowie nach Lernszenarien und Inhalten unterscheiden. Ein Anwendungsbeispiel der Variante 5 aus Abbildung 5, das damit auch die Varianten 1 bis 4 abdeckt, ist die DaimlerChrysler Corporate University (DCU). Gemäß der in Abbildung 6 veranschaulichten Typologie wird die DCU, wie in Abbildung 8 dargestellt, eingeordnet.

Abb. 8: Typologische Merkmale der DCU

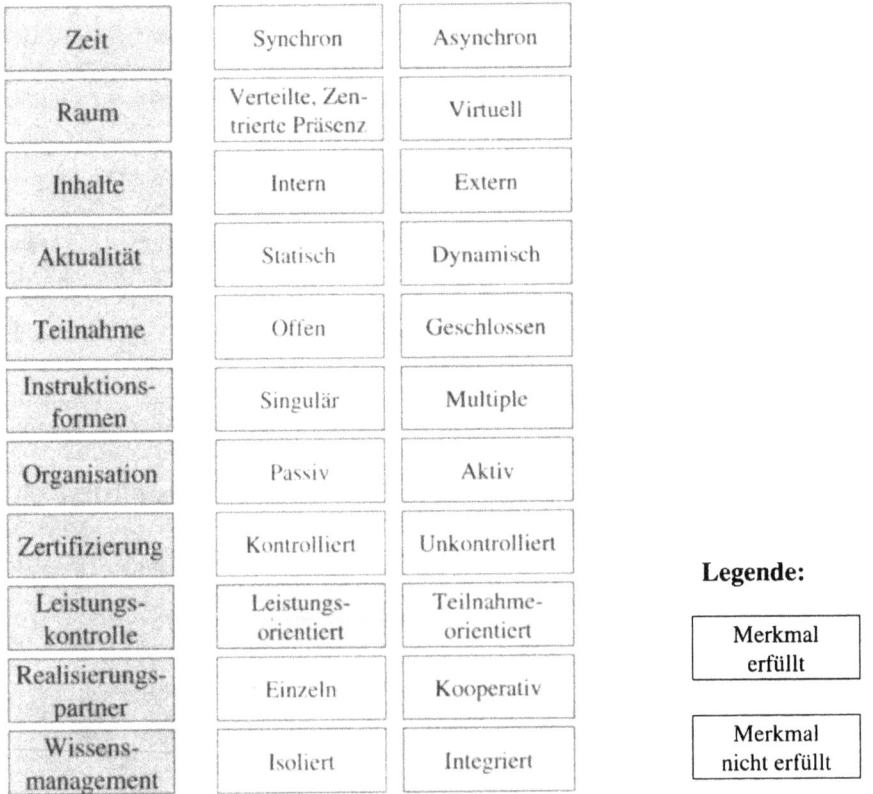

I. Ziele, Themen und Zielgruppen

Die DaimlerChrysler Corporate University versteht sich als „strategieunterstützendes Instrument zur weiteren globalen Entwicklung des Konzerns und bietet Best-Practice in der Führungskräfte-Entwicklung" (DaimlerChrysler, 1998, S. 8). Aus diesem Selbstverständnis heraus lassen sich im einzelnen die folgenden Ziele ableiten, welche mittels der DCU verfolgt werden:

- Entwicklung unternehmerischer Kompetenzen beziehungsweise Förderung des unternehmerischen Verständnisses,
- Ausweitung des Einsatzspektrums der Führungskräfte durch eine auf den Ausbau der General-Management-Fähigkeiten ausgerichtete Wissensförderung,
- Intensivierung der internationalen Orientierung sowie eine verstärkte Ausrichtung auf globale Märkte,
- Beitrag zur Steigerung des Unternehmenswertes durch Wissensentwicklung und -verbreitung,
- Abbau von Organisationsgrenzen durch internationales „networking" sowie durch verteiltes Lernen.
- Aufbau einer weltweiten Dialogplattform für Führungskräfte,
- Umsetzung der Unternehmensvision und -mission.

Mit ihren inhaltlich vernetzten Kernthemen „Strategie-Dialoge", „Executive-Development", und „Innovations- und Wissenstransfer" bildet die DCU eine Lernarchitektur, die durch eine Intranet-basierte Informations- Kommunikations-, Lern-, Wissens- und Inhalteplattform unterstützt wird.

Strategie-Dialoge umfassen Kommunikationsveranstaltungen, im Rahmen derer „von Vorstand und Führungskräften konzernrelevante, strategische Themen weiterentwickelt beziehungsweise diskutiert" (DaimlerChrysler, 1998, S. 14) werden. Diese Veranstaltungen dienen dazu, strategische Entscheidungen transparent und nachvollziehbar zu machen, was ihre Akzeptanz durch die Führungskräfte erhöht und so die Umsetzung der mit ihnen verbundenen Pläne und Maßnahmen beschleunigt.

Ziel der *Executive-Development*-Programme ist es, bereichsübergreifendes, strategisches Denken zu fördern sowie entsprechende Leadership- und General Management-Fähigkeiten der Führungskräfte auszubauen. Dieser Themenbereich umfasst somit die „strategieorientierte Weiterentwicklung der Schlüsselkompetenzen ... [der] Führungskräfte" (DaimlerChrysler, 1998, S. 10). Durch Programme und Veranstaltungen, die zum Teil der Vorbereitung der Teilnehmer auf die Übernahme einer neuen Führungsaufgabe dienen, andererseits aber auch aktuelle konzernrelevante Themen behandeln, sowie durch Best-Practice-Veranstaltungen, in denen aktuelle Themen, Fragestellungen, Trends und „Success Stories" vorgestellt werden, wird das Wissen der Führungskräfte des Konzerns erweitert.

Mittels der Angebote aus dem Themenfeld *Innovations- und Wissenstransfer* soll allen Führungskräften des Konzerns ermöglicht werden, das vorhandene Wissen zu konzernrelevanten Themenstellungen ständig zu nutzen. Erster Schwerpunkt der Aktivitäten ist dabei der konzernweite Ausbau von „Communities of Practice". Angeboten werden hierzu Expertenforen zu strategisch relevanten Themen des Konzerns sowie Managementseminare zum Thema Wissensmanagement.

Das Leistungsangebot der DCU richtet sich an die leitenden Führungskräfte des gesamten DaimlerChrysler Konzerns, wobei, wie in Abbildung 9 dargestellt ist, von einer Zielgruppengröße von etwa 7100 Führungskräften auszugehen ist.

Die Erfordernisse des lebenslangen Lernens, den Möglichkeiten der zeit- und ortsunabhängigen Weiterbildung, des Wissensmanagements und der Humankapitalentwicklung

Abb. 9: Zielgruppen der DCU (Kraemer, Müller, 1999, S. 9/22)

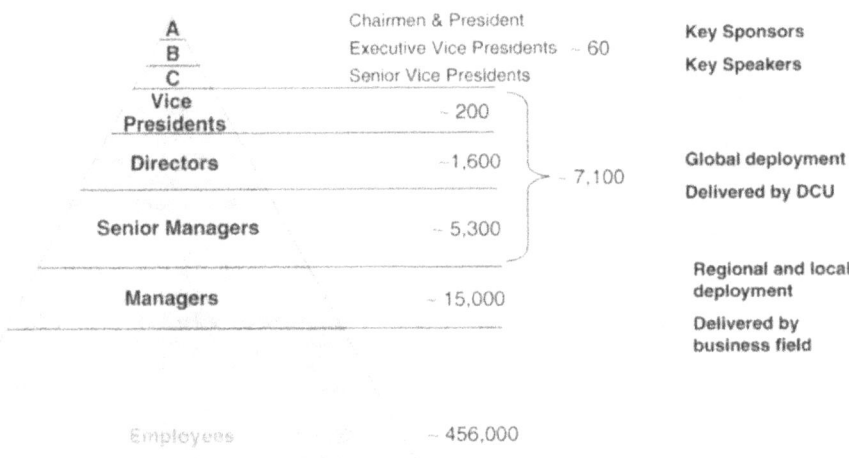

fördern den Trend zum Web-basierten Lernen (Kraemer, Zimmermann, 1998, S. 40–42). Analog zu den Anstrengungen der öffentlichen und privaten Universitäten (Kraemer, Milius, Scheer, 1998a, S. 11), Bildungsprodukte und -dienstleistungen zeit- und ortsunabhängig den Studierenden durch virtuelle Universitäten zur Verfügung zu stellen, ergeben sich auch für Corporate Universities durch den Einsatz von medienbasierten Informations- und Kommunikationstechnologien für ihre Lern- und Wissensarchitekturen sinnvolle Erweiterungsmöglichkeiten.

II. Global Virtual Learning Community

Mit den Präsenzveranstaltungen der DCU werden ca. 30% der potenziellen Zielgruppe pro Jahr erreicht. Zielsetzung der virtuellen DaimlerChrysler Corporate University („DCU-Online") ist die Ergänzung der DCU um virtuelle Lernformen. Mit dem Einsatz von Telelearning-, und Web-based Training-Technologien werden digitale Bildungsprodukte angeboten, die es ermöglichen, alle Führungskräfte mehrfach im Jahr mit entsprechenden strategisch relevanten Inhalten und Themen anzusprechen. Über das Daimler-Chrysler-Intranet werden die Nutzer der DCU-Online 24 Stunden am Tag und 7 Tage in der Woche an beliebigen Orten in Ihrem Informations- und Lernprozess unterstützt. Die jeweilige Führungskraft kann sich ihr individuelles Lern- oder Kommunikationsprogramm selbst zusammenstellen und ganz nach persönlichem Zeitplan ausgestalten. Im Sinne einer „Global Virtual Learning Community" vernetzt die „DCU-Online" konzernweit die Führungskräfte und fördert gezielt den Erfahrungsaustausch. Wie in Abbildung 10 beschrieben, ergänzen und unterstützen sich Face-to-Face-Veranstaltungen und eine Intranet-basierte Wissensvermittlung durch die DCU-Online gegenseitig.

Abb. 10: Die DCU-Online im Kontext der DCU (Kraemer, Müller, 1999, S. 510)

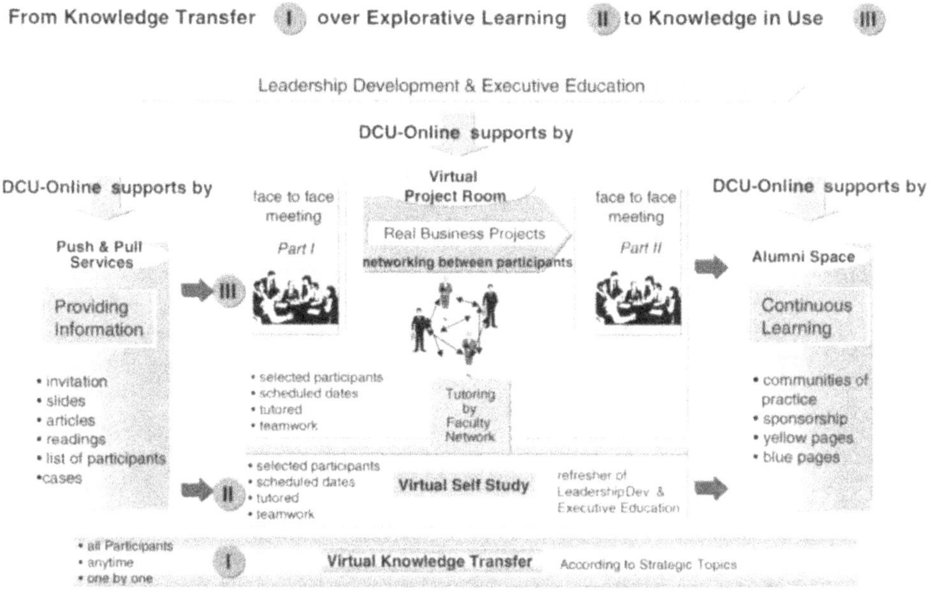

Im ersten Anwendungsszenario wird auf der Basis von synchroner und asynchroner Kommunikation (Chat, Diskussionsforen, Schwarzes Brett, E-Mail, Messaging, Videokonferenz, etc.) die Wissensvermittlung zwischen den Teilnehmern der DCU-Online unterstützt. „Buddy Awareness" bezeichnet die Möglichkeit, jederzeit einzusehen, welche anderen Teilnehmer ebenfalls online sind. Die Informationsdienste der DCU-Online lassen sich in zwei Gruppen unterteilen. Passive Informationsdienste ohne direkten Bezug zu einem konkreten Bildungsangebot stehen allen eingeschriebenen DCU-Online-Teilnehmern zur Verfügung. Über ein Glossar wird eine alphabetische Liste aller definierten Schlüsselwörter angeboten. Bei gegebenen Zugriffsrechten sind weiterführende Informationen abrufbar. Über Linklisten und News erfolgt eine Verweis auf aktuelle Elemente innerhalb des Intranet und auf Quellen außerhalb des Unternehmensnetzwerks.

Die zweite Gruppe umfasst die aktiven Informationsdienste, sogenannte „Knowledge Push Abo"-Services, die von den DCU-Online Teilnehmern abonniert werden können. Jeder Teilnehmer bestimmt durch die Festlegung von Push Objekten, zu welchen Themen Informationen bereitgestellt werden sollen. Durch die Definition der Informationslogistik wird individuell festgelegt, in welchem Umfang, mit welcher Frequenz und über welches Medium Informationen zugesandt werden sollen. In Abhängigkeit von der bevorzugten Form der Wissenspräsentation lassen sich verschiedene Medientypen auswählen, die zu den ausgewählten Themen Informationen enthalten.

Im zweiten Anwendungsszenario aus Abbildung 10 wird die zeitlich und räumlich verteilte Bearbeitung konzernrelevanter Themen unterstützt. Multimedial aufbereitete Webbasierte Fallstudien und Best-Practice-Ergebnisse, ergänzt um weitere Informationen und zum Download bereitgestellte Dokumente der DCU-Online Library (Web-based und Computer based Trainings, Business TV Beiträge, Video- und Audiosequenzen, Textdateien, Artikel und Präsentationsunterlagen), dienen als Vorbereitung beziehungsweise Ergänzung zum virtuellen Selbststudium, wobei sich die Teilnehmer gegenseitig unterstützen können und von Teletutoren der Business Schools fallweise betreut werden.

Die Teilnehmer der DCU-Online fungieren nicht nur als Wissensnutzer, sondern auch als Wissensträger. Demografische Profile und spezifische Wissensmerkmale der DCU-Online Teilnehmer sind in den Wissenslandkarten (Yellow Pages) dokumentiert. Diese Profile werden im Rahmen der erstmaligen Einschreibung von den Teilnehmern selbst erstellt. Suchfunktionen nach Name, Position, Abteilung, Land oder Wissensgebiet erleichtern die schnelle Identifikation von geeigneten Wissensträgern. Die Identifikation von weiteren unternehmensinternen – die aber nicht explizit zur Zielgruppe der DCU zählen – und externen Wissensträgern, wie zum Beispiel Dozenten von Business Schools, Analysten, Trend Scouts, Consultants, virtuelle Expertenetzwerke und Communities of Practice, erfolgt über sogenannte Blue Pages.

Aus der Verbindung der Face-to-Face-Programme der DCU mit der Intranet-basierten Lern- und Wissensplattform der DCU-Online kann das dritte Anwendungsszenario aus Abbildung 10 beschrieben werden.

Die Durchführung der Programme geschieht in den Lokalitäten der jeweiligen Business Schools. In virtuellen Lerngruppen wird der Wissenstransfer unter Einbindung von Teletutoren der Business Schools in den zeitlich versetzten, mehrstufigen Programmen fortgesetzt. Mit dem Abschluss der Programme erfolgt eine Überführung der Teilnehmer in den virtuellen Alumni Space der DCU-Online. Dadurch ist eine Weiterführung der Lernaktivitäten der Teilnehmer im Sinne eines Continuous Learning gewährleistet. Mit der Kreation dieses informellen Netzwerkes wird das Ziel einer kontinuierlichen und dauerhaften Verankerung von strategisch relevanten Themen im Konzern verfolgt.

C. Die Lufthansa School of Business

Die Lufthansa School of Business wurde 1998 gegründet. In ihr sind alle Personalentwicklungs-Aktivitäten und -Initiativen auf Konzernebene zusammengefasst. Die Lufthansa School of Business ist die konzernweite Plattform der Lufthansa für strategischen und kulturellen Wandel.

Gemäß der in Kapitel A.II vorgestellten Typologie ergeben sich die in Abbildung 11 dargestellten Merkmalsausprägungen.

Die Ziele und das Aufgabenspektrum dieser Corporate University sind in Abbildung 12 beschrieben.

Im Gegensatz zur DCU, die ausschließlich auf die Führungskräfte des Konzerns ausgerichtet ist, umfasst die Zielgruppe der Lufthansa School of Business alle Mitarbeiter des Lufthansa Konzerns. Dementsprechend breit gefächert ist auch ihr Aufgabenspektrum, welches alle Aktivitäten der Management- und Nachwuchsentwicklung sowie der Entwicklung der internen und externen Marktfähigkeit aller Mitarbeiter auf Konzernebene zusammenfasst. Die Lufthansa School of Business ist auf fünf Feldern aktiv (o.V., 1999c, o.S.):

Abb. 11: Typologische Merkmale der Lufthansa School of Business

Merkmal		
Zeit	Synchron	Asynchron
Raum	Verteilte, Zentrierte Präsenz	Virtuell
Inhalte	Intern	Extern
Aktualität	Statisch	Dynamisch
Teilnahme	Offen	Geschlossen
Instruktionsformen	Singulär	Multiple
Organisation	Passiv	Aktiv
Zertifizierung	Kontrolliert	Unkontrolliert
Leistungskontrolle	Leistungsorientiert	Teilnahmeorientiert
Realisierungspartner	Einzeln	Kooperativ
Wissensmanagement	Isoliert	Integriert

Legende:

| Merkmal erfüllt |
| Merkmal nicht erfüllt |

Abb. 12: Ziele und Aufgaben der Lufthansa School of Business (Heuser, 1999, o.S.)

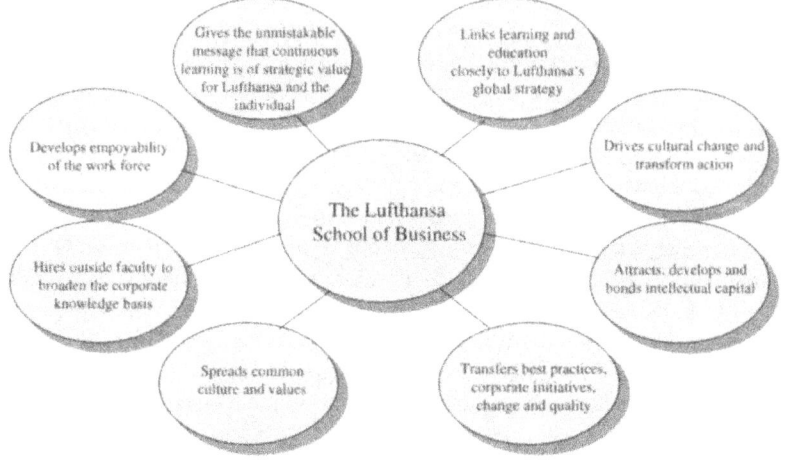

Wolfgang Kraemer

Die *Lufthansa Leadership-Programme* beinhalten ein breites Spektrum anspruchsvoller Programme, die allgemeine Managementthemen mit aktuellen Fragen, Herausforderungen und Erfahrungen der Unternehmenspraxis verknüpfen. Zielgruppe dieser Programme sind die Führungskräfte des Konzerns. Bei der Entwicklung und Gestaltung der Leadership-Programme werden Lernpartnerschaften sowohl mit akademischen Einrichtungen als auch mit anderen Unternehmen eingegangen. Es bestehen Allianzen mit einer Vielzahl renommierter Hochschulen, wie etwa der London Business School, dem Indian Institute of Management Bangalore oder der japanischen Hitotsubashi University, sowie auf Unternehmensseite mit Partnern entlang der Wertschöpfungskette, Klassenbesten der eigenen sowie auch anderer Branchen. Im Rahmen dieser unterschiedlichen Lernallianzen bietet die Lufthansa School of Business sowohl sogenannte „Non-degree"-Managementprogramme als auch die Möglichkeit des Erwerbes von MBA-Abschlüssen an.

Transformations- und Change-Netzwerke: Ein weiteres Aufgabengebiet der Lufthansa School of Business ist die Bildung konzernweiter Netzwerke zum Austausch von Wissen und Erfahrungen auch über die Grenzen von Bereichen und Kulturen hinweg, um den mentalen Wandel sowie die Entwicklung des Konzerns voranzutreiben. Ein Beispiel ist die Leadership-Initiative „Climb 99". In dieses einjährige, berufsbegleitende Programm sind über Feedbacks und Workshops mehrere hundert Lufthansa-Führungskräfte involviert. Großkonferenzen schaffen ein gemeinsames Aufgabenverständnis, kleine Gruppen von fünf bis acht Managern bilden die „Task Forces", die die Führungs- und Leistungskultur der Lufthansa einem kritischen, weltweiten Benchmarking unterziehen. Ziel des Projektes ist es, die Entwicklung des Unternehmens zu noch mehr Innovations-, Leadership- und Service-Mentalität zu beschleunigen. „Explorers 21" ist zum Beispiel ein „Action-Learning"-Netzwerk von jeweils 210 engagierten Nachwuchskräften. Als Träger des Wandels engagieren sie sich über die Dauer eines ganzen Jahres in realen Veränderungsprojekten.

Plattformen des strategischen Dialogs: Mittels Kommunikationsprogrammen und einem breit angelegten Spektrum von Dialogplattformen wird hier der schnelle Transport von Informationen durch das Unternehmen gewährleistet. Bei ihrer Gestaltung wurde bewusst von den formalen Kommunikationswegen abgewichen, sodass auch die direkte Kommunikation über Hierarchie- und Bereichsgrenzen hinweg möglich ist.

Lufthansa Future Generation: Zielgruppe sind die Nachwuchskräfte des Konzerns, also junge Mitarbeiter, Neueinsteiger, aber auch Studierende im Vorfeld einer späteren Beschäftigung. Diesen bietet die Lufthansa School of Business Praktikantenprogramme (study & more), Einstiegsprogramme (Junior Round Table, ProTeam) und individuelle Möglichkeiten der beruflichen Entwicklung.

Employability-Initiativen: Mit den Angeboten fördert die Lufthansa das lebenslange Lernen breiter Mitarbeiterkreise. Zielgruppe sind alle Mitarbeiter – unabhängig von ihrer Position innerhalb des Konzerns –, die sich beruflich sowie persönlich weiterbilden wollen. Neben Kursen in der Freizeit, wie etwa Sprach-, EDV- oder Wirtschaftskursen, können im Rahmen des Programms „Weiter mit Bildung" auch berufsbegleitende Abschlüsse erworben werden. Über das Angebot solcher Programme hinaus unterstützt die Lufthansa lernwillige Mitarbeiter durch Beratung, Zuschüsse, flexible Arbeitszeitregelung oder Sonderurlaub.

Die Lufthansa School of Business ist ein Beispiel dafür, wie vielfältig und breitgefächert das Angebot einer Corporate University sein kann. Dennoch sind auch hier alle Aktivitäten der Corporate University an den Zielen und Strategien des Unternehmens ausgerichtet. Die Entwicklung von virtuellen Lernangeboten befindet sich in Vorbereitung.

D. Ausblick

Präsenz-Lernangebote in Corporate Universities werden zunehmend um Distance-Learning-Konzepte ergänzt. Einige virtuelle Universitäten bieten bereits ausschließlich medienbasierte Inhalte über das Internet an. Diese digitalen Bildungsprodukte, die auch als Contentware (Kraemer, Scheer, 1999, S. 14) bezeichnet werden, sind global über das Internet vermarktbar, ohne Zusatzaufwand wiederverwendbar und einfach in bereits existierende Curricula zu integrieren. Wie Untersuchungen zum Entwicklungsstand des virtuellen Lehren und Lernens belegen, gibt es heute kaum noch eine Bildungsinstitution, die sich nicht mit der Fragestellung beschäftigt, wie sie eine stabile Wettbewerbsposition im Bildungsmarkt der Zukunft erreichen kann (Kraemer, Milius, Scheer, 1998b, S. 267–280). Wie in dem Fallbeispiel der DaimlerChrysler Corporate University gezeigt, sind virtuelle Lernformen auch für Unternehmen von Bedeutung. Die bisher von Corporate Universities priorisierten internationalen Business Schools und „Ivy League" Universitäten als Anbieter von klassischen Präsenz-Lernangeboten treten somit in den Wettbewerb zu Online-Bildungsanbietern mit deren Kompetenz in der Transformation von „Papierinhalten" in Web-basierte Darstellungen und multimediale Vorstellungswelten. Die Zahl der potenziellen Bildungspartner von Corporate Universities wird somit vergrößert.

Literatur

Barrett, N. (1999): Corporate Universities in Europe: Followers of Fashion?, in: Corporate Universities International 5, Heft 3, S. 7.
DaimlerChrysler AG (Hrsg.) (1998): Informationsbroschüre zur DaimlerChrysler Corporate University, Stuttgart.
Deiser, R. (1998): Corporate Universities – Modeerscheinung oder strategischer Erfolgsfaktor, in: Organisationsentwicklung 5, Heft 1, S. 37–49.
Densford, L. (1998): Many CU's under development; aim is to link training to business, in: Corporate University Review 6, Heft 6, S. 3–6.
Fresina, A. (1997): The Three Prototypes of Corporate Universities, in: Corporate University Review 5, Heft 1, S. 3–6.
Eine Welt AG macht mobil, in: Süddeutsche Zeitung, Nr. 54, vom 06/07.03.99, S. V1/1.
Heuser, M. (1999): Hochleistungslernen für Strategie und Geschäft – Lufthansa School of Business, in: IQPC (Hrsg.): Corporate University, Tagungsband, Frankfurt 1999.
Kraemer, W. (1999): Education Brokerage – Wissensallianzen zwischen Hochschulen und Unternehmen, in: Information Management & Consulting 14, Heft 1, S. 17–26.
Kraemer, W.; Milius, F. (1997): Der Virtuelle Campus: Bildungsdienstleistungen für lernende Organisationen, in: Scheer, A.-W. (Hrsg.): Organisationsstrukturen und Informationssysteme auf dem Prüfstand, Heidelberg, S. 51–81.
Kraemer, W., Milius, F.; Scheer, A.-W. (1998a): Virtuelles Lehren und Lernen an deutschen Universitäten – Eine Dokumentation, in: Bertelsmann Stiftung/Heinz Nixdorf Stiftung (Hrsg.), 2. Auflage, Gütersloh.

Kraemer, W.; Milius, F.; Scheer, A.-W. (1998b): Virtuelle Universität: Fallstudie Wirtschaftsinformatik Online (WINFO-Line), in. Winand, U.; Nathusius, K. (Hrsg.): Unternehmensnetzwerke und virtuelle Organisationen, Stuttgart, S. 267–280.

Kraemer, W.; Müller, M. (1999): Virtual Corporate University: Integrationsmanagement durch Wissenstransfer und Executive Education, in: IIR Deutschland GmbH (Hrsg.): IT-Integration bei Fusionen und Konsolidierungen, Tagunsband, Sulzbach, S. 9/1–37.

Kraemer, W.; Müller, M. (1999): Virtuelle Corporate University – Executive Education Architecture und Knowledge Management, in: Scheer, A.-W. (Hrsg.): Electronic Business und Knowledge Management – Neue Dimensionen für den Unternehmungserfolg, Heidelberg, S. 491–525.

Kraemer, W.; Scheer, A.-W. (1999): Erschließung neuer Märkte für deutsche Hochschulen durch die Entwicklung medienbasierter Contentware, in: Küting, K; Langenbucher, G. (Hrsg.): Internationale Rechnungslegung, Festschrift für Prof. Dr. Claus-Peter Weber zum 60. Geburtstag, Stuttgart, S. 13–36.

Kraemer, W.; Zimmermann, V. (1998): Lernen auf Abruf, in: Personalwirtschaft 25, Heft 10, S. 40–42.

Leppla, S.: AXA-Colonia-Unternehmerprogramm (CUP) und AXA-Universität – ein Erfahrungsbericht aus der Praxis, in: Neumann, R., Vollath, J. (Hrsg.): Corporate University – Strategische Unternehmensentwicklung durch massgeschneidertes Lernen, Hamburg, Zürich 1999, S. 91–102.

Meister, J. (1998): Corporate universities – Lessons In Building A World-Class Work Force, New York et al.

Meister, J. (1999): Survey of Corporate Universitity Future Directions, New York.

Müller, M. (1999): Virtuelle Corporate University – DaimlerChrysler beschreibet neue Wege in Executive Education und Knowledge Management, in: Information Management & Consulting 14, Heft 3, S. 94–96.

O.V. (1998a): Die erste funktionierende Firmen-Uni, Pressemitteilung vom 25.09.1998.

O.V. (1999a): mg-Konzern gründet Corporate University, Pressemitteilung vom 06.05.1999.

O.V. (1999b): Lernen für die Rendite, in: Spiegel o.Jg., Heft 28, S. 56–58.

O.V. (1999c): Plattform für strategischen und kulturellen Wandel, in: http://www.lhsb.de/seiten/start_set.htm (Abruf 09.03.2000).

O.V. (o.J.): The Uses and Misuses of the Term „Corporate University", in: http://www.glresources.com/corp ed/whatcu.htm (Abruf 09.03.2000).

Reidel., M. (1998): Konzerne gründen Nachwuchsakademien, in: http://www.welt.de/daten/1998/08/31/0831ho77640.htx (Abruf 09.03.2000).

Renkes, V. (1999): Konzerne etablieren Kaderschmieden für Chefs, in: Computerwoche o.Jg., Heft 15, S. 91–92.

Sattelberger, T. (1999): The Launch of Lufthansa School of Business, in: Corporate University Xchange (Hrsg.): Designing a Virtual Corporate University, Konferenzvortrag, 28.04.1999, Washington.

Servatius, H.-G. (1999): Telelearning in der beweglichen Organisation, in: Information Management & Consulting 14, Heft 1, S. 14–15.

Steinhäuser, S. (1999): Corporate Universities: Kompetenz-Center des Wissensmanagements, in: http://www.flexible-unternehmen.de/a99-02-18-4.htm (Abruf 09.03.2000).

Töpfer, A. (1999a): Anforderungen an Corporate Universities und die erfolgreiche Zusammenarbeit mit Universitäten, in: IQPC (Hrsg.): Corporate University, Tagungsband, Frankfurt 1999.

Töpfer, A. (1999b): Corporate Universities als Intellectual Capital, in: Personalwirtschaft 26, Heft 7, S. 32–37.

Wallace, W. T., Smith, R. (1999): Crafting Partnership between Corporations and Universities: Duke University and Deutsche Bank, in: Corporate University Xchange (Hrsg.): Designing a Virtual Corporate University, Konferenzvortrag, 28.04.1999, Washington.

Weicht, H.-P. (1999): Merck – Ein Unternehmen auf dem Weg zur Internationalisierung, in: IQPC (Hrsg.): Corporate University, Tagungsband, Frankfurt .

Zinow, R. (1999): Knowledge Management aus betriebswirtschaftlicher Sicht, Konferenzvortrag vom 05.10.1999 anlässlich der 20. Saarbrücker Arbeitstagung für Industrie, Dienstleistung und Verwaltung: Electronic Business und Knowledge Management – Neue Dimensionen für den Unternehmenserfolg, Saarbrücken.

Zusammenfassung

Weltweit etablieren zahlreiche Unternehmen die Weiterbildung der Nachwuchs- und Führungskräfte in firmeneigenen Corporate Universities. Der Beitrag veranschaulicht die Ziele und konstituierenden Merkmale von Corporate Universities und exemplifiziert die Aussagen durch die Beschreibung von zwei Fallbeispielen.

Summary

A worldwide trend in management and career development is to establish a corporate university to deliver education and training. The article describes the goals and constituent features of Corporate Universities providing two case examples as an illustration.

13: Aus- und Weiterbildungsfragen
20: Allg. Fragen der Organisationstheorie

Neu bei Gabler

Andreas Lischka
Dialogkommunikation im Relationship Marketing
Kosten-Nutzen-Analyse zur Steuerung von Interaktionsbeziehungen
2000. XIV, 267 S. mit 88 Abb., (Basler Schriften zum Marketing Bd. 8)
Br. DM 98,00
ISBN 3-409-11632-X

Hans-Jörg Bullinger, Sibylle Hermann (Hrsg.)
Wettbewerbsfaktor Kreativität
Strategien, Konzepte und Werkzeuge zur Steigerung der Dienstleistungsperformance
2000. VIII, 270 S. mit 77 Abb., 3 Tab.
Br. DM 68,00
ISBN 3-409-11565-X

Andreas Lischka entwickelt eine Erfolgs-und Steuerungsgröße von Unternehmen-Kunde-Interaktionen auf Grundlage einer Kosten-Nutzen-Analyse.

Bullinger/Hermann zeigen, wie Unternehmen unterschiedlicher Größe und Branche mit den immer wichtiger werdenden Ressourcen „Wissen und Kreativität" umgehen und wie sie die kreativen Eigenschaften und Fähigkeiten ihres Unternehmens, und hier nicht nur die der Mitarbeiter, „messen", aktivieren und u.a. für den Aufbau neuer Geschäftsfelder nutzen. Anhand von Fallstudien werden die Vorgehensweisen und praktischen Erfahrungen verschiedener Unternehmen veranschaulicht.

Stephan A. Jansen
Mergers & Acquisitions
Unternehmensakquisitionen und -kooperationen.
Eine strategische, organisatorische und kapitalmarkttheoretische Einführung
3., überarb. u. akt. Aufl. 2000.
XVIII, 256 S. mit 143 Abb.,
Br. DM 62,00
ISBN 3-409-53301-X

Fundiert, übersichtlich und leicht verständlich – und bereits in 3., wiederum aktualisierter Auflage – präsentiert Jansen die wesentlichen Prozesse der Unternehmensakqusition und -kooperation aus strategischer, kapitalmarkttheoretischer, organisatorischer und rechtlicher Perspektive.

• •

Bestell-Coupon   Fax: 06 11.78 78-420

Ja, ich bestelle zur sofortigen Lieferung:

Hans-Jörg Bullinger,
Sibylle Hermann (Hrsg.)
___ Expl. **Wettbewerbsfaktor Kreativität**
Br. DM 68,00
ISBN 3-409-11565-X

Andreas Lischka
___ Expl. **Dialogkommunikation im Relationship Marketing**
Br. DM 98,00
ISBN 3-409-11632-X

Stephan A. Jansen
___ Expl. **Mergers & Acquisitions**
Br. DM 62,00
ISBN 3-409-53301-X

Vorname und Name

Straße (bitte kein Postfach)

PLZ, Ort

Unterschrift

321 00 003 **GABLER**

Änderungen vorbehalten. Erhältlich im Buchhandel oder beim Verlag.   Abraham-Lincoln-Str. 46, 65189 Wiesbaden, Tel: 06 11.78 78-124, www.gabler.de

Das Vorschlagswesen als ein Instrument der Lehre
Ein Beitrag zur innovativen Kultur an Hochschulen
Von Karin Wagner*

Überblick

- Die Hochschulen suchen dringend nach innovativen Vorschlägen, wie sie ihre Kosten verringern, die Qualität erhöhen und die Lehre verbessern können. Das betriebliche Vorschlagswesen bietet hierfür hervorragende Ansatzpunkte.

- Hochschulen können für das Vorschlagswesen sowohl auf ihre Mitarbeiter als auch auf die Vielzahl ihrer Kunden, den Studenten, zurückgreifen, die für die Kreation von Verbesserungsideen besonders gute Voraussetzungen mitbringen. Zudem unterstützt die Interdisziplinarität an den Hochschulen die Entwicklung und Umsetzung von innovativen Ideen.

- Im Gegensatz zur Wirtschaft läßt sich das Vorschlagswesen an Hochschulen (VWH) in Form eines Projektes innerhalb der Lehre implementieren, was außergewöhnliche Vorteile mit sich bringt: für die Hochschulen durch das Angebot einer praxisbezogenen Ausbildung, für die Studenten durch Erfahrungen im Projektmanagement und ein Training von soft-skills, für die Wirtschaft durch die Anstellung kreativitätsgeübter und führungserfahrener Mitarbeiter. Neben diesen kreativitätsfördernden Effekten führt die Projektform auch zu einer besonders kostengünstigen Umsetzung des Vorschlagswesens.

Eingegangen: 2. Februar 1999

Professor Dr. Karin Wagner, FHTW Berlin, Fachbereich Wirtschaftswissenschaften I, Treskowallee 8, 10313 Berlin. Frau Dr. Karin Wagner ist Professorin für Produktionsmanagement und Logistik an der Fachhochschule für Technik und Wirtschaft in Berlin. Ihre hauptsächlichen Interessen gelten internationalen Vergleichen hinsichtlich der Wettbewerbsfähigkeit, der Innovationstätigkeit, der Arbeitsorganisation und des Einsatzes von Humankapital. Vorliegende Studien beinhalten Vergleiche zwischen Deutschland, Großbritannien, USA und Osteuropa.

A. Die Vorteile des Vorschlagswesens für Hochschulen

Während in der Wirtschaft die enormen Einsparungspotentiale des betrieblichen Vorschlagswesens (BVW) haushoch gelobt werden, findet sich ein Vorschlagswesen an Hochschulen (VWH) nur selten (Deutsches Institut für Betriebswirtschaft 1997). Dabei könnten die rund 1,8 Mio. Studierenden und ca. 150.000 Hochschullehrer in Deutschland zu wesentlichen Verbesserungen beitragen. Es ist davon auszugehen, daß bisher einerseits der ökonomische und politische Druck noch nicht stark genug ist, um den relativ hohen Aufwand für die Organisation und Durchführung eines Vorschlagswesen zu veranlassen, während andererseits die vielfältigen positiven Auswirkungen nicht genügend bekannt sind. Allerdings fühlen jetzt auch die Hochschulen den Zwang zu Einsparungen und überlegen, wie sie die notwendige Reform der verkrusteten Strukturen angehen können (Fandel 1998). Die Einführung des Vorschlagswesens kann diese Reform unterstützen. Im Vergleich zu Unternehmen besitzen Hochschulen weitaus günstigere Voraussetzungen für eine erfolgreiche Einführung des Vorschlagswesens und vielfältigere Nutzungsmöglichkeiten:

a) Zusätzlich zu dem Mitarbeiterstamm können Studenten in das Vorschlagswesen integriert werden.
b) Studenten sind durch das fehlende Beschäftigungsverhältnis und ihre Betroffenheit als Kunden besonders geeignet, Vorschläge zu kreieren und zu Einsparungen und Neuerungen beizutragen.
c) Durch jahrzehntelange staatliche Regulierung der Hochschulen und den fehlenden Einsatz von Qualitäts- und Controllinginstrumenten bestehen verkrustete Strukturen und eine veraltete Arbeitsorganisation, die vielfältige Möglichkeiten zur Kosteneinsparung und Optimierung der Arbeitsabläufe bieten.
d) Hochschulen bringen aufgrund ihrer interdisziplinären Ausrichtung sowohl für kontinuierliche Verbesserungsprozesse als auch für innovative Lösungen gute Voraussetzungen mit.
e) Das Besondere am VWH ist die Implementierung des Vorschlagswesens in Form eines Projektmanagements in der Lehre. Studenten erhalten dadurch ein Training in den von der Wirtschaft als unerläßlich bezeichneten „soft-skills", Erfahrungen im Projektmanagement, Vertrautheit in der Umsetzung von der Theorie in die Praxis und durch eine interdisziplinäre Anwendung eine Erweiterung ihres Horizontes.

Wie sich ein multifunktionales Verbesserungswesen für die Lehre an Hochschulen einsetzen läßt, wird in den folgenden Kapiteln detailliert entwickelt. Die Erfahrungen beziehen sich auf ein Pilotprojekt an der FHTW Berlin.

B. Das spezielle Ideenpotential an Hochschulen

I. Das Ideenpotential der Studenten

Ein Vorteil der Hochschulen gegenüber den Unternehmen besteht in der Vielzahl der Studenten als mögliche Anbieter von Verbesserungsvorschlägen, auf die sie zusätzlich zu den

Das Vorschlagswesen als ein Instrument der Lehre

festangestellten Mitarbeitern zugreifen können. Während die Mitarbeiter an Hochschulen über ein Potential für das VWH verfügen, wie es auch in privaten Unternehmen zu finden ist, bilden die Studenten ein Reservoir außergewöhnlicher Quantität und Qualität für die Ideenfindung aus folgenden Gründen:

Erstens sind die idealtypischen Studenten offen für Neues und motiviert, ihre geistigen Leistungsmöglichkeiten zu entfalten sowie ihre intellektuellen Fähigkeiten einzubringen. Sie haben sich häufig noch nicht auf Spezialisierungen festgelegt, sondern probieren unterschiedliche Gebiete aus, lesen informative Artikel aus einer Vielzahl von Journalen und besuchen Vorlesungen anderer Fachbereiche. Sie können einen oder mehrere Schwerpunkte relativ frei wählen, vielfältig ausbauen und nach Wunsch intensivieren, so daß sie sehr flexibel sind.

Zweitens bringen sie neben ihrer Belesenheit und ihren intellektuellen Fähigkeiten auch praktische Erfahrungen mit. Dies ist besonders an Fachhochschulen der Fall, an denen 62% der Studierenden bereits eine Berufsausbildung abgeschlossen haben; ihre Kommilitonen an der Universität haben zu 18% eine betriebliche Ausbildung durchlaufen (bmb+f 1997). Zudem absolvieren viele von ihnen während der Semesterferien Praktika, die ihren Horizont erweitern. Je nach ihrer bisherigen Ausbildung bergen Studenten daher einen reichen Fundus von verschiedenen Ansichten und Erfahrungen in sich, die zu neuen Ideen führen und bei einer Zusammen- bzw. Teamarbeit sich gegenseitig ergänzen.

Drittens besteht an den Hochschulen eine relativ hohe Fluktuation. Jedes Semester beginnen neue Studenten ihr Studium und hinterfragen die Organisation. Dies verringert das Problem der Betriebsblindheit.

Viertens haben die Studenten – im Gegensatz zu den Mitarbeitern – keine Befürchtungen, daß sie durch Verbesserungen ihren Arbeitsplatz wegrationalisieren. Sie äußern daher ihre Vorschläge unbefangener.

Daß sich die Ideenfindigkeit der Studenten nicht nur auf einfache, sondern auch komplizierte Probleme und Lösungsvorschläge bezieht, läßt sich durch einige Beispiele aus einem Pilotprojekt an der FHTW Berlin illustrieren. An den alten Heizkörpern konnten keine Temperaturregler mehr angebracht werden und es fehlten die Mittel für eine neue Anlage, so daß das Regeln der Raumtemperatur durch das nahezu stetige Öffnen von Fenstern geschah. Der Verbesserungsvorschlag sah die Finanzierung einer neuen Heizung durch eine Public Private Partnership vor, deren Rückzahlung durch die eingesparten Heizkosten erfolgen sollte. Ein anderer Vorschlag betraf die Einführung einer Chipkarte, die sowohl als Studenten- sowie Bibliotheksausweis dient und zusätzlich die Mensakarte ersetzt. Der Vorschlag wies auf die Vorteile für die Studenten hin, die in der Benutzung von nur einer Karte lagen, und auf die beträchtliche Kosteneinsparung in der Verwaltung, die durch eine Vermeidung der mehrmaligen Erfassung der studentischen Daten zustande kam. Ein anderer Vorschlag betraf das Ausfüllen der verschiedenen Formulare für die Rückmeldung. Sie könnte per e-mail erfolgen, wenn jeder Student ein Login bei der Ersteinschreibung erhält. Dadurch brauchen die Studenten einerseits nicht lange in Warteschlangen zu stehen, während andererseits die Verwaltung sich die enormen Anschreibe- und Portokosten sowie die Eingabekosten in den Computer spart. Zugleich wird jeder Student gefordert, sich schon zu Beginn des Studiums mit dem Internet und der elektronischen Post vertraut zu machen. Jeder dieser Vorschläge wies Möglichkeiten zu einer beträchtlichen Verminderung der Kosten und einer gleichzeitigen Verbesserung des Services auf (Wagner, Ilg 1998).

II. Förderung von Innovationen durch Interdisziplinarität

Die komplexer werdenden Arbeitszusammenhänge verlangen, daß sich interdisziplinäre Teams mit den Verbesserungen bzw. deren Lösungswege auseinandersetzen, um sie effizient zu verwirklichen (Zander 1993). In den traditionellen Sektoren trug das Vorschlagswesen dieser Entwicklung in Form von Einreichergemeinschaften und Vorschlagszirkeln Rechnung. Ebenso sind Vorschlagszirkel, Ideen-Teams oder Verbesserungszirkel formelle Kreativitäts- und Problemlösungsgruppen, die sich häufig aus Personen verschiedener Abteilungen zusammensetzen (Bumann 1993). Dabei hat sich die Projektform in der Wirtschaft als eine Methode bewährt, um Unternehmensstrukturen zu verändern (Schleiken, Winkelhofer 1997). In der Hochschule ermöglicht die Einbeziehung aller Fachbereiche eine interdisziplinäre Ausrichtung und Erweiterung des Ideen- und Lösungsspektrums. Viele Problemstellungen sind so komplex, daß ein vorgeschlagener Lösungsweg nur eine Teilidee für eine Verwirklichung beinhaltet oder weitere Probleme aufwirft. Für die tatsächliche Umsetzung bietet es sich an, daß Experten verschiedener Disziplinen sich zusammensetzen, um über die Implementation des betreffenden Vorschlags zu beraten und eine innovative Lösung zu erarbeiten. Da an den Hochschulen ein Expertenwissen auf höchstem Niveau besteht, das sich durch die Nutzung von modernen Bibliotheken, Laboren, Forschungsaufträgen und Beratertätigkeiten in Unternehmen sowohl theoretisch wie auch praktisch auf dem modernsten Stand befindet, kann es relativ leicht für das Vorschlagswesen eingesetzt werden. Die räumliche Nähe von Experten aus verschiedenen Fachbereichen einer Universität oder Fachhochschule ermöglicht eine vergleichsweise einfache Kommunikation, die genutzt werden kann, um komplexe Problemstellungen zu lösen. Unterstützend wirkt dabei die relativ flache Hierarchie, die einen Gedankenaustausch zwischen Studenten und Professoren/Dozenten erleichtert. Dies gilt insbesondere für Fachhochschulen, da dort der Mittelbau gänzlich fehlt, aber auch Universitäten weisen im Vergleich zu Großunternehmen weniger Hierarchiestufen auf. Damit wird die Zusammenarbeit verschiedener Disziplinen gefördert, die Kreation von Lösungen forciert, die Bewertung komplexer Problemstellungen durch Experten angeregt und die Beurteilungszeit verkürzt.

C. Der Einsatz des Vorschlagswesens in der Lehre

Im Gegensatz zu den Unternehmen läßt sich das Vorschlagswesen an der Hochschule in die Lehre als Projekt integrieren, was einerseits die sonst beträchtlichen Kosten für die Implementierung eines Vorschlagswesens reduziert, und andererseits – und darin besteht der besondere Reiz – die Lehre verbessert, indem es zu einer praxisnahen Ausbildung beiträgt. Als erstes ist die Ausbildung in „soft skills" zu nennen. Die Unternehmen erwarten von ihren zukünftigen Mitarbeitern neben Fachwissen insbesondere Team-, Kommunikations- und Problemlösungsfähigkeit (Heinzel 1997; DIHT 1996). „Wir bekommen heute immer noch hochqualifizierte Mitarbeiter, aber die sind nicht in der Lage, mit anderen Menschen umzugehen. Diese Leute kann man nicht mehr gebrauchen" (Frank, Zimmermann 1998). Bei der Organisation des Vorschlagswesens als Projekt trainieren die Studenten diese Fähigkeiten.

Zusätzlich lassen sich neben der Vermittlung von weichen Führungsqualifikationen Theorie und Praxis miteinander verknüpfen. Den Hochschulen wird angelastet, daß sie zu theoretisch ausgerichtet sind und es an praktikablem Anwendungswissen fehlen lassen (Konegen-Grenier, Weiss 1996). Durch die Ausrichtung des Vorschlagswesens auf eine Umsetzung von innovativen Ideen in die Praxis läßt sich die Kluft zwischen Theorie und Praxis überbrücken. Arbeitsabläufe werden auf der Basis von betriebswirtschaftlichen Kenntnissen verbessert und/oder eine Kombination von betriebswirtschaftlichem und technischem Wissen führt zu einer Verbesserung der Qualität oder zu einer Senkung der Kosten.

Des weiteren kann das Vorschlagwesen die Fähigkeit zum innovativen Denken fördern. Fortschrittlich ausgerichtete Hochschulen bieten zwar in ihrem Pflichtcurriculum Lehrveranstaltungen an, in denen Kenntnisse im Innovationsmanagement oder in Kreativitätstechniken vermittelt werden – ohne jedoch eine praktische Anwendung zu bewerkstelligen. Die theoretische Wissensvermittlung ist zwar eine gute Basis, doch gerade kreatives Denken wie auch „soft skills" müssen durch die praktische Umsetzung erfahren und geübt werden (Frank, Zimmermann 1998). Das VWH schließt diese Lücke, indem Studenten auch an innovativen Lösungen von Beschwerden oder aufgezeigten Problemen arbeiten. Dabei profitieren die Studierenden von einer interdisziplinären Zusammenarbeit über Spezialisierungen und Fachbereiche hinweg. Die Studenten erhalten eine breitere Ausbildung und entwickeln sich mehr zum Generalisten, der von der Wirtschaft zunehmend als Wunschkandidat gesehen wird. Ein zusätzlicher Vorteil des Projektmanagements ist die Forderung an die Mitglieder, Methodenkompetenz zu zeigen, d.h. die Fähigkeit, fachliche und soziale Kompetenzen problemgerecht und zielorientiert einzusetzen und die gestellten Aufgaben ergebnisorientiert und eigenverantwortlich zu bewältigen.

Dieser Nutzen des VWHs in der Lehre zusätzlich zu seiner Funktion als Rationalisierungsinstrument wurde bisher nur selten erschlossen. An der FHTW wurde ein erster Test innerhalb eines Seminars initiiert (Wagner, Ilg 1998). Die Studierenden hatten die Aufgabe, das Vorschlagswesen zu projektieren, durchzuführen und auszuwerten. Sie brachten für das Projektmanagement ihre theoretischen und praktischen Kenntnisse ein und entwickelten kreative Ideen. Weiterhin motivierten sie die Beschäftigten, Dozenten, Professoren und Kommilitonen, Vorschläge einzureichen und setzten diese dann um. Während dem Professor die Rolle des Moderators zukam, verstärkten die Studenten ihre fachliche und soziale Kompetenz.

D. Die Organisation des Vorschlagswesens an Hochschulen

I. Aufbauorganisation

Somit ist für die Implementierung des VWH ein Projektmanagement mit interdisziplinärer Beteiligung anzustreben, um möglichst gute Lösungen zu erreichen. Der Projektcharakter hat für die Ausgestaltung des VWH in der Lehre auch den Vorteil, daß es in Teilprojekte aufgeteilt werden kann. Damit wird es für den Projektleiter (Hochschullehrer) einfacher, die Leistungen der einzelnen Studierenden zu bewerten. Jede Teilprojektgruppe (TPG) setzt sich aus Studierenden verschiedener Spezialisierungen bzw. Fachbereiche zusammen. Beispielsweise könnte das Marketing des Vorschlagswesens eine Projektgruppe übernehmen, die sich aus Marketing-, Informatik-, Gestaltungs- und Designstudierenden zusammensetzt. Eine weitere interdisziplinäre Teilprojektgruppe übernimmt die Begutachtung und gegebenenfalls die Auswertung der Verbesserungsvorschläge, während andere Projektgruppen deren Umsetzung und Veröffentlichung als Aufgabe erhalten. Ein interdisziplinäres Arbeiten auf Professorenebene läßt sich ähnlich verwirklichen. Z.B. übernehmen Professoren in Teilprojekten die Moderation oder stellen zusammen mit Kollegen aus anderen Disziplinen, Mitarbeitern und Studenten ihr Expertenwissen zur Verfügung, um Lösungswege für Verbesserungen zu finden, wenn kein geeigneter Vorschlag vorliegt.

Die Wahl der Organisationsform muß das Ziel des VWH, als Instrument zur Ausbildung und Qualifizierung zu fungieren, berücksichtigen. Die bisher üblichen Organisationsformen in der Industrie werden dieser Anforderung nicht gerecht, doch bieten sie gute Anhaltspunkte. Eine Organisation wie das vom Industriellen Krupp entwickelte BVW (klassisches Modell) mit einer zentralen Vorschlagsbearbeitung führt zu langen Bearbeitungszeiten (Sprenger 1994). Eine dezentrale Organisationsform, bei der die Vorschläge beim unmittelbaren Vorgesetzten eingebracht werden (Vorgesetztenmodell), wirkt diesen negativen Effekten entgegen (Urban 1994). Doch müssen die Vorgesetzten, die mit ihrer Qualifikation und Motivation den Schlüssel zum Erfolg des BVW darstellen, geschult werden.

Für die Implementierung des VWHs für die Studierenden wird die folgende Strukturierung vorgeschlagen: Das Projektmanagement setzt sich aus Studierenden verschiedener Fachrichtungen und einem oder mehreren Professoren zusammen und bildet damit die Organisationszentrale. Ihr Auftrag ist es, das VWH zu koordinieren, Informationen zu sammeln und die Arbeiten an Teilprojektgruppen (TPG) zu delegieren. In TPGs arbeiten die Studenten ebenfalls interdisziplinär und je nach Aufgabengebiet der TPG mit Verwaltungsangestellten bzw. Dozenten zusammen. Die Gruppen können unterschiedlich groß sein und die Studenten können sich an verschiedenen TPGs beteiligen. Die einzelnen Aufgaben der Teilprojektgruppen lassen sich aus Abbildung 1 ersehen.

II. Ablauforganisation

Das VWH lebt von der Vielzahl von Ansichten, Erkenntnissen und Anregungen. Um das Reservoir an Verbesserungsvorschlägen umfassend auszuschöpfen, ist es sinnvoll, möglichst viele Personen miteinzubeziehen. Für das VWH bedeutet das, daß sowohl Studierende, Mitarbeiter, als auch Dozenten und Professoren Vorschläge einreichen dürfen bzw. sollen. Dem Einreicher stehen mehrere Möglichkeiten zur Verfügung, seine Ideen vorzulegen. Grundsätzlich geben die Beschäftigten und Studenten ihre Anregungen beim VWH-Projektmanagement ab (Abb. 2). Um die Anonymität zu gewährleisten, besteht für den Einreicher auch die Möglichkeit, seinen VV durch Briefkästen zu übermitteln. Diese wer-

Das Vorschlagswesen als ein Instrument der Lehre

Abb 1: Aufbauorganisation des VWH

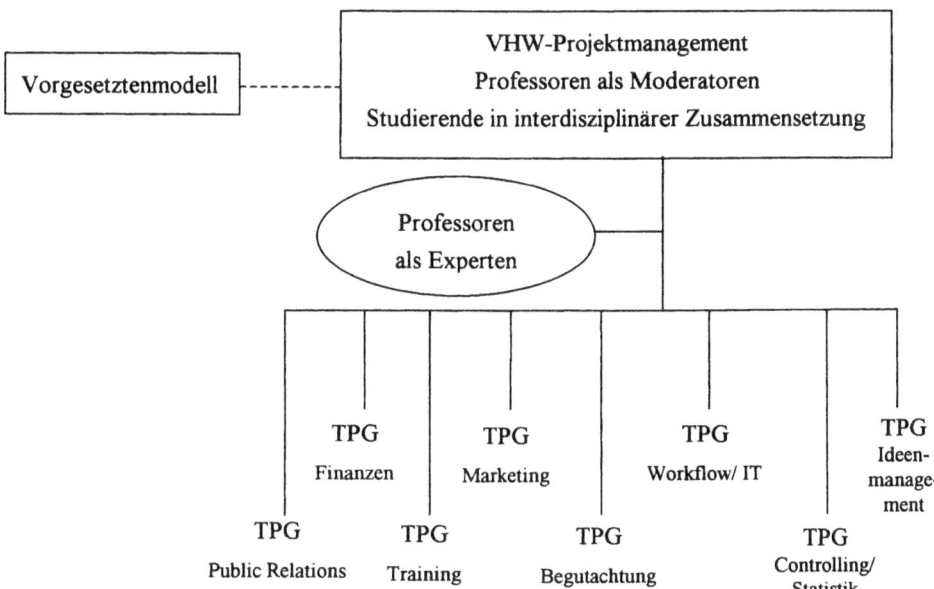

den sowohl physisch als auch virtuell angeboten. Durch die Nutzung der elektronischen Post steht das System praktisch zu jeder Zeit zur Verfügung. Das Vorhalten entsprechender Formulare vereinfacht die Einreichung und die folgende Bearbeitung.

Einreicher, die den Weg über das VWH-Projektmanagement wählen, müssen in den Semesterferien eine längere Bearbeitungszeit in Kauf nehmen. Die zögerliche Bearbeitung könnte für Mitarbeiter demotivierend wirken, während es für studentische Einreicher kein Motivationsproblem darstellt, da sie meistens selbst in den Semesterferien sind. Aus diesem Grund liegt eine parallele Organisation für das VWH nahe: für die Beschäftigten an Hochschulen bietet sich primär das Vorgesetztenmodell und für Studenten das Projektmanagement an. Der Nachteil des Vorgesetztenmodells, der in der Literatur durch einen „... erheblichen Einführungsaufwand im Bereich der Vorgesetztenschulung" (Thom, Etienne 1998) angesehen wird, läßt sich durch die Verknüpfung mit dem Projektmanagement vermeiden. Die Schulung der Vorgesetzten wird als ein Aufgabenbereich einer TPG vorgesehen. Auf diese Weise qualifizieren sich Studierende nicht nur als Ideenmanager, sondern üben Führungsqualifikationen als Trainer. Sofern die Vorschläge der Mitarbeiter ihre eigene Abteilung betreffen, ergibt sich so eine sehr schnelle Bearbeitung und Umsetzung. Ist der Vorgesetzte nicht in der Lage, die Idee zu beurteilen, übernimmt je nach Sachverhalt eine TPG die Begutachtung und die Bearbeitung. Bei einer Begutachtung eines Vorschlages durch den Vorgesetzten, teilt dieser sein Ergebnis sowohl dem Einreicher als auch der TPG Controlling/Statistik bzw. Public Relations mit. Das VWH-Projektmanagement organisiert, steuert und delegiert Aufgaben und stellt den zentralen Ansprechpartner dar. Ähnlich wie im klassischen Modell wird dabei von einer Vorschlags-

Abb 2: Ablauforganisation des VWH

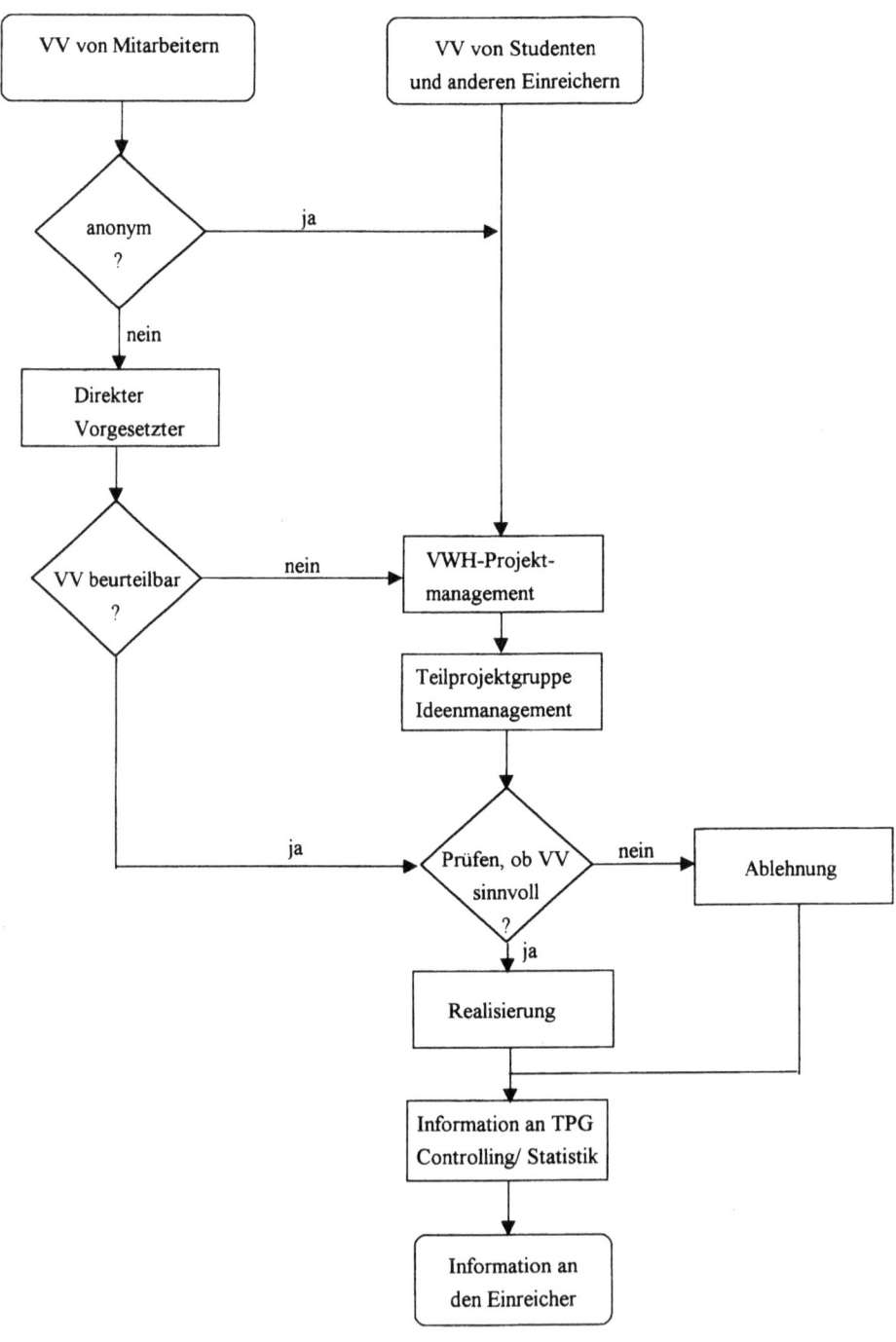

einreichung in einer Zentrale ausgegangen. Doch werden die Vorschläge an eine Vielzahl von einzelnen Teilgruppen bearbeitet, so daß der Nachteil des klassischen BVWs, nämlich lange Bearbeitungszeiten, vermieden wird. Umfassende Probleme lassen sich durch die Vergabe von Diplomarbeiten lösen. Dabei bieten sich auch interdisziplinäre Diplomarbeiten an wie z.B. bei der Optimierung von Arbeitsprozessen oder bei der o.g. Einführung einer einzigen Chipkarte für verschiedene Nutzungsmöglichkeiten, bei der sich die Studierenden mit der rechtlichen Seite der Datenerfassung, den betriebswirtschaftlichen Vorteilen sowie mit der technischen Umsetzung befassen.

E. Motivationsförderung

Die Organisation des Vorschlagswesens in Teilprojektgruppen schafft günstige Rahmenbedingungen, um häufige Widerstände der Befragten wie Trägheit und Angst zu überwinden. Insbesondere können die Teilprojektgruppen spezifische Widerstände gegen das VWH durch gezielte Maßnahmen wie z.B. Marketing, PR-Arbeit, zügige Bearbeitung und Realisation der Vorschläge sowie eine offene Kommunikationskultur abbauen.

Um bei den Studenten eine möglichst hohe Beteiligungsquote zu erzielen, muß vorwiegend das Hindernis der Trägheit überwunden werden. In der Literatur wird betont, daß das Wichtigste für die Motivation die Verwirklichung einer Idee sei, und die materielle und immaterielle Anerkennung an zweiter Stelle stehe (Jacobi 1996). Für die Beteiligten ist dementsprechend die Realisierung ihrer Verbesserungsvorschläge ein wichtiger Motivationsgrund. Bei der Auswertung der Vorschläge im Pilotprojekt fiel auf, daß die studentische Einreicherquote im Vergleich zu den anderen Gruppen sehr hoch war, obwohl keine Prämien als Anreiz angeboten wurden. Es ist anzunehmen, daß die Studierenden als Hauptbetroffene von Mängeln verschiedener Art (z.B. Wartezeiten, Informationsdefizite, schlechte Studienbedingungen oder unzureichender Service) im VWH eine Möglichkeit sehen, ihre Situation zu verbessern. Die schnelle Verwirklichung ihrer Idee ist demzufolge ein wichtiger Motivator, wozu die interdisziplinäre Ausrichtung und die Organisation in Projektgruppen beiträgt. Auch Studierende, die lediglich Mißstände erkennen, ohne einen Lösungsvorschlag zu deren Beseitigung zu haben, werden durch die Möglichkeit, ihre Beschwerden zu äußern und deren Beseitigung zu sehen, motiviert. Um diese Motivation zu stärken, ist einer transparenten Vorschlagsbearbeitung ein hohes Gewicht beizumessen. Eine wöchentliche oder monatliche Fortschreibung über den Bearbeitungszustand jedes Vorschlages im Intranet einer Hochschule erfüllt diesen Anspruch. Sie übt gleichzeitig Druck auf die jeweilige TPG und die verantwortlichen Ressortleiter aus, die Realisierung voranzutreiben. Als ein weiterer Motivator, der sich in der Industrie bewährt hat, kann die Festsetzung von Vorschlagsquoten fungieren. Während für die Mitarbeiter über einen Vorschlag pro Jahr als Ziel nachgedacht wird, sollte jeder studentische Teilnehmer an dem Projekt mindestens drei Vorschläge durch eigene Initiative (persönliche Vorschläge, Interviews von Kommilitonen, Mitarbeitern und Dozenten/Professoren) akquirieren. Die realisierten Vorschläge werden in den hochschulinternen Medien publiziert, um so einen zusätzlichen Anreiz zu erzeugen.

Die schnelle Umsetzung von Vorschlägen, die als Motivationsanreiz bedeutend ist, erfordert die volle Unterstützung der Hochschulleitung und der Abteilungsleiter. Wenn die

Leitungsebene das VWH voll befürwortet, ist es den Abteilungsleitern möglich, Vorschläge unbürokratisch und zügig umzusetzen. Daher ist eine klare Entscheidung des Managements für das VWH notwendig.

Dennoch läßt sich das Engagement mit finanziellen Anreizen sicherlich auf den Gebieten fördern, wo der Leidensdruck nicht zum Tragen kommt. Die Ausgestaltung der Prämienregelung mit einem Prozentsatz der jährlichen Einsparung hat sich in der Industrie bewährt. Die angestrebte höhere Autonomität der Hochschulen in der Verwaltung ihrer Finanzen erleichtert die Einführung von finanziellen Prämien, wie sie bereits vom Berliner Senat realisiert wird (Dienstblatt des Senats von Berlin 1998). Für die Hochschulen bietet sich außerdem ein ganz anderes Prämienmodell an. Die übliche Prämienhöhe von 20% bis 50% der jährlichen Einsparung ließe sich auf 100% anheben unter der Bedingung, daß die Prämien als zusätzliche Investitionsmittel in die Hochschule wieder zurückfließen. Die Hochschulleitung bietet in diesem Fall den Studenten als Anreiz, daß sie über die Verwendung der zusätzlichen Investitionsmittel entscheiden, z.B. für Bücher, Software, Drucker oder Exkursionen. Im Falle von Materialien könnten diese außerdem – wie es häufig beim Sponsoring üblich ist – einen Vermerk tragen, daß sie aus Mitteln des Vorschlagswesens gekauft wurden und eventuell den Namen des „Spenders" nennen.

Auch die Moderatoren des Vorschlagswesen bedürfen der Motivation. Der beträchtliche Aufwand, den es erfordert, ein VWH als Projekt zu initiieren und zu leiten, ist ein bedeutendes Hindernis für die Implementation. Durch die formelle Einbindung des VWH als eine Lehrveranstaltung besteht die Möglichkeit, daß die Moderatoren sich das Projekt auf ihr Lehrdeputat anrechnen lassen, zusätzliche Kapazitäten an Hilfskräften erhalten und so für eine Leitungstätigkeit gewonnen werden.

F. Der Nutzen für die Hochschulen, Studenten und Wirtschaft

Hochschulen können sich durch den Einsatz des VWH als Qualifizierungsinstrument profilieren und einen beträchtlichen Wettbewerbsvorteil erzielen, indem sie durch eine praxisbezogene Ausbildung der Studierenden und die Vermittlung von „soft skills" die Anforderungen der Wirtschaft besser erfüllen und ihr Image bei der Wirtschaft und bei den Studenten steigern. Gleichzeitig legen sie einerseits den Grundstein für die Schaffung einer innovativen Kultur, die für die Innovationskraft der Wirtschaft notwendig ist. Andererseits hilft die kreative Einstellung der Studenten und Professoren bei der Bewältigung der anstehenden Erneuerungen in den Hochschulen. Neben diesen wichtigen Vorteilen ergeben sich umfassende Möglichkeiten zur Kostenreduzierung.

Für die Studierenden liegt der große Vorteil in einer Verbesserung des Studiums, sowohl durch eine Steigerung des Services als auch in der Verbesserung der Qualität der Lehre. Durch das Training von sozialer Kompetenz erfahren die Studierenden einen bedeutenden immateriellen Nutzen. „Soft skills" stellen heute eine Schlüsselqualifikation dar, die ein Hochschulabsolvent nur schwer oder gar nicht belegen kann. Üblicherweise überprüfen Unternehmen diese „weichen" Faktoren schon bei der Bewerbung in Assessment-Center-Verfahren. Hierbei können sich die Erfahrungen der Studenten im Projektmanagement als ein Bewerbungsvorteil herausstellen. Zusätzlich lernen die Studierenden unternehmerisch zu denken, indem sie erfahren, daß sie selbst in der Lage sind, das Schicksal „ihres" Unternehmens in die Hand zu nehmen bzw. es mitzubestimmen. Damit wird ein weiteres pädagogisches Ziel der universitären Ausbildung erreicht. Was sich für die Studierenden als ein Bewerbungsvorteil erweist, ist für die Wirtschaft als ein ökonomischer Nutzen anzusehen. Für sie besteht ein großer Vorteil darin, daß die Hochschulabsolventen in Kreativitäts- und Problemlösungstechniken bereits geschult sind und Erfahrung in interdisziplinärer Teamarbeit, Projekt- und Innovationsmanagement mitbringen. Somit fallen Investitionen für entsprechende Seminare gar nicht erst an bzw. verringern sich und die Studierenden sind schneller einsetzbar.

Bei der geringen Präsenz des Vorschlagswesens an Hochschulen einerseits und der enormen Vorteile andererseits sollte die Einrichtung und Nutzung vom VWH bewußt vorangetrieben werden. Es bietet sich an, das VWH in das Curriculum zum Beispiel als Ergänzungsfach mehrerer Fachbereiche einzubinden. Dies gewährleistet Kontinuität wie auch Interdisziplinarität und es besteht die Möglichkeit der Anrechnung des Kurses für Studenten und Dozenten, wodurch ein wichtiger Motivationsanreiz geschaffen wird. Das VWH kann auf Bildungseinrichtungen außerhalb der Hochschulen übertragen werden, da Schulen, Weiterbildungsinstitute etc. ähnliche Strukturen aufweisen. Des weiteren kann ein Austausch zwischen Hochschulen oder zwischen Hochschulen und anderen Bildungseinrichtungen über die Nutzung des VWH als Qualifizierungs- und Rationalisierungsinstrument allen Bildungseinrichtungen zu mehr Effizienz und Effektivität verhelfen.

Anmerkungen

* Für die umfangreiche Unterstützung bei der Bearbeitung des Pilotprojektes an der FHTW und der Ausarbeitung des VWH möchte ich Herrn Volker Ilg herzlich danken.

Literatur

Bumann, A. (1993): Vorschlagszirkel – die systematische und teamorientierte Weiterentwicklung des Vorschlagswesens. In: Industrielle Organisation – IO Management Zeitschrift, Heft 3/1993, S. 87–92.
bmb+f (Bundesministerium für Bildung, Wissenschaft, Forschung und Technologie (Hrsg.)) (1997): *Grund- und Strukturdaten 1997/98*: Bonn.
Deutsches Institut für Betriebswirtschaft e.V. (1997, Hrsg.): Das Ideenmanagement/BVW in Deutschland. Jahresbericht 1997, Frankfurt a. M.
Dienstblatt des Senats von Berlin (1998), Teil 1 – Inneres, Finanzen, Justiz, Wirtschaft, Nr. 2, vom 20. Januar 1998.
DIHT (1996, Hrsg.): Staatliche Hochschulen vor grundlegenden Reformen. Innovation und Flexibilität durch Autonomie und Wettbewerb. 1. Auflage, Bonn.
Fandel, G. (1998), Funktionalreform der Hochschulleitung. In: Zeitschrift für Betriebswirtschaft, H. 3., S. 241–257.
Frank, I., Zimmermann, H. (1998): Abnehmer-/Zulieferbeziehungen im Wandel – Entwicklungstendenzen und Qualifikationsanforderungen. In: Berufsbildung in Wissenschaft und Praxis, Nr. 2, Hrsg. Bundesinstitut für Berufsbildung, Berlin, S. 34–40.
Heinzel, M. (1997): Anforderungen deutscher Unternehmen an betriebswirtschaftliche Hochschulabsolventen: Zur Marktorientierung von Hochschulen. Wiesbaden.
Jacobi, J.-M. (1996): Kontinuierlich verbessern. Stuttgart.
Konegen-Grenier, C, Weiss, R. (1996): Ingenieurbedarf und Technologietransfer. Köln.

Schleiken, T., Winkelhofer, G. (1997, Hrsg.): Unternehmenswandel mit Projektmanagement. München, Würzburg.
Sprenger, R. K. (1994): Ideen bringen Geld – Bringt Geld auch Ideen? In: Harvard Business Manager; 1/1994, S. 9–14.
Thom, N., Etienne, M. (1998): Betriebliches Vorschlagswesen. In: Clermont, A.; Schmeisser W. (Hrsg.): Personal- und Sozialpolitik. München.
Urban, C. (1994): Das Vorschlagswesen und seine Weiterentwicklung zum europäischen KAIZEN. 2. Auflage, Konstanz.
Wagner, K., Ilg, V. (1998): Vorschlagswesen unterstützt Hochschulmanagement. In: Zeitschrift für Vorschlagswesen, Heft 3/1998.
Zander, E. (1993): Durch gute Führung zu Verbesserungsvorschlägen motivieren. In: Industrielle Organisation – IO Management Zeitschrift, Heft 3/1993, S. 95.

Zusammenfassung

Das Vorschlagswesen, das sich in der Wirtschaft verstärkt durchsetzt, hat bisher nur einen geringen Eingang in die deutsche Hochschullandschaft gefunden. Dabei bieten gerade Hochschulen ein besonders gutes Umfeld, indem sie einerseits leicht ihre Kunden, die Studenten, für die Initiierung von Vorschlägen miteinbeziehen und andererseits die Umsetzung des Vorschlagswesens in Form eines Projektmanagements sehr kostengünstig in die Lehre integrieren können. Die Vorteile sind vielfältig: die Hochschule realisiert Rationalisierungsmaßnahmen und verbessert ihre Qualität der Lehre, die Studierenden erhalten einen qualitativ besseren Service und bekommen die stark nachgefragten „soft skills" durch das Projektmanagement vermittelt. Die Wirtschaft profitiert von gut ausgebildeten Diplomanden, die sich in den kommunikativen, teamorientierten Fähigkeiten weitergebildet haben.

Summary

Suggestion systems are very well accepted and successful in German industry. Although they would also seem to be particularly suited to universities, however, they have hardly been applied in this setting. Such systems can rely not only on employees but can also draw on the large number of customers, i.e. students, as a source for the initiating of suggestions. In contrast to companies universities can implement the suggestion system as a course in the form of project management. This form of implementation would not only reduce set-up and running costs but would also have a number of other important advantages: the universities could rationalise and at the same time improve the quality of teaching while students could attain better quality service and acquire the highly demanded "soft skills" by participating in the project management. The economy would gain from well educated graduates who are trained in communication and team building.

13: Ausbildungs- und Berufsfragen

„Grundlagen der Wirtschaftsinformatik" an Fachhochschulen als Fernsehserie mit tutorieller Betreuung aus dem Internet

Von Heribert Popp

Überblick

- Technologiedruck und Bedarfssog erzwingen in der Lehre eine Umbruchphase.

- Zwar hinkt Deutschland beim Angebot Neuer Lehrformen im internationalen Vergleich noch hinterher, aber an deutschen Hochschulen wird intensiv entwickelt, und es zeigt sich der Trend, das virtuelle Angebot in virtuellen Hochschulen zu institutionalisieren. Das Angebot an Internet-Kursen der 36 deutschen Fachhochschulen (FH) mit dem Studiengang Wirtschaftsinformatik ist noch unbedeutend.

- Die Fernsehserie „Grundlagen der Wirtschaftsinformatik" entstand als Lehrverbund unter 11 bayerischen FHs. Zielgruppe sind die StudentInnen des 1. und 2. Semesters der Betriebswirtschaft und der Wirtschaftsinformatik. Neben Videos und einem Internet-Skript gibt es in dieser Vorlesung didaktische Hilfen übers Internet, wie Diskussionsforen, individuelle Betreuung per E-Mail, interaktive Kontrollfragen mit Musterlösung sowie Multiple-Choice-Tests. Inhaltlich orientiert sich dieser Kurs an dem Lehrbuch von Mertens u.a. (2000).

- Nahezu zwei Drittel der Beteiligten finden die Kombination der Medien – Video/Fernsehen und Internet-Skript mit tutorieller Online-Betreuung – besser als konventionelle Vorlesungen.

Eingegangen: 26. Februar 2000

Professor Dr. Dr. Heribert Popp, Professor für Wirtschaftsinformatik und Neue Medien an der Fachhochschule Deggendorf, Edlmairstraße 6+8, 94469 Deggendorf.

A. Bedarfssog und Technologiedruck für den Einsatz Neuer Lehrformen

Die aktuelle Lehre trägt wesentliche Merkmale einer Umbruchphase, wie sie etwa zur Zeit Gutenbergs zu verzeichnen war, als Verfahren der Papierherstellung und der Metallurgie zusammentrafen mit einem erhöhten Bedarf an schriftlichen Dokumenten und einer Zunahme des Personenkreises, der lesen und schreiben konnte (vgl. Kopp, 1999, S. 2).

I. Bedarfssog

In den letzten Jahren zeichnet sich ein regelrechter Bedarfssog nach dem Einsatz Neuer Lehrformen ab, bedingt durch

- Empfehlungen der Bund-Länder-Kommission (BLK),
- die neuen Herausforderungen für die Lehre aus der Wirtschaft,
- den Ruf nach mehr (Wirtschafts-)Informatikstudienplätzen und
- den veränderten Bedingungen der BetriebswirtschaftsstudentInnen.

So stehen nach dem Zweiten Bericht der BLK-Staatssekretärs-Arbeitsgruppe Hochschulen vor der Aufgabe, Lehr- und Studieninhalte in multimedialer und netzwerkfähiger Form anzubieten. Darüber hinaus sollen die Hochschulen auch die Distribution der entwickelten Materialien sichern (vgl. BLK, 1999, S. 7).

Dazu stellen Industrie und Dienstleistungswirtschaft neue Forderungen an die Lehre wie

- kooperatives Lernen in formellen und informellen Gruppen,
- Entscheidungs- und Lösungskompetenz als Gruppe oder Individuum,
- Lernen durch konkrete Erfahrung,
- Beherrschung der Informationsflut,
- lebenslanges Lernen,
- Freiheit bzgl. Ort, Zeit und Lerntempo bei der Weiterbildung,

denen man nur unzureichend mit konventionellen Lehrmethodiken begegnen kann.

Auch wünscht sich die Wirtschaft eine starke Erhöhung der Ausbildungskapazität für Wirtschaftsinformatiker – allein die Fachhochschulen Bayerns sollen von gegenwärtig ca. 100 Anfängern auf 500 ausgebaut werden[1] –, während gleichzeitig die Bundesländer Sparkonzepte im Hochschulbereich anlegen. Aus diesem Zielkonflikt erwächst ein massiver Bedarfssog nach neuen Lehrformen.

Darüber hinaus verstärkt die spezielle Situation im Fachbereich Betriebswirtschaft einer Fachhochschule diesen Bedarfssog, da

- die Erstsemester-StudentInnen unterschiedliches Wissensniveau mitbringen, denn sie nehmen das Studium entweder nach dem Gymnasium, der Fachober- oder Berufsoberschule oder erst nach Jahren der Berufserfahrung auf,
- der Lernstoff der Grundstudiumsvorlesungen, wie Mathematik und Buchführung, bei denen das Vermitteln von Fakten im Vordergrund steht, trocken sein kann und sich die Merkrate deutlich erhöhen lässt, wenn neben dem auditiven Sinn auch andere Wahrnehmungskanäle angesprochen werden,

- die StudentInnen im Zuge des Individualisierungstrends und wegen der immer stärker werdenden Notwendigkeit, Jobs auch während der Vorlesungszeit anzunehmen, häufig flexibler bestimmen wollen, wann und mit welchem Tempo sie lernen.

II. Technologiedruck

Zu diesem Bedarfssog kommt, dass sich verschiedene Medien-Technologien, wie Computertechnik, audiovisuelle Medien (Film, Funk und Fernsehen), Verlagswesen (Bücher, Zeitschriften) sowie Telekommunikation (öffentliche und private Netze), die sich über lange Zeit unabhängig voneinander entwickelt haben, auf einem gemeinsamen digitalen Nenner treffen und eine technologische Umbruchphase entfachen. Dieser Technologiedruck für den Einsatz Neuer Medien wird verstärkt, da ein Internetanschluss, mindestens mit ISDN-Geschwindigkeit, fast überall möglich ist und leistungsfähige Multimedia-PCs für viele erschwinglich sind, sodass der Anwender Neuer Lehrformen nur noch unbedeutenden technischen Restriktionen gegenübersteht.

III. Konstruktivistische Lehr-Lernphilosophie in der Pädagogik

Den Bedarfssog und den Technologiedruck für den massiven Einsatz Neuer Medien in der Lehre verstärkt ein sich in der Pädagogik abzeichnender Paradigmenwechsel: Weg von der reinen gegenstandszentrierten Lernumgebung, bei der dem Studierenden die zu lernenden Inhalte bereits möglichst optimal vorgegeben werden und dieser somit in einer passiven Position verbleibt, hin zur konstruktivistischen Lehr-Lernphilosophie, bei der das Lernen zugunsten des Lehrens in den Hintergrund tritt. Dem Dozenten kommt hier mehr die Aufgabe zu, Problemsituationen und Werkzeuge zur Problembearbeitung anzubieten und bei Bedarf auf die Bedürfnisse der Lernenden zu reagieren (vgl. Reimann 1999).

Dem Technologiedruck und dem Bedarfssog sowie der konstruktivistischen Lehr-Lernphilosophie sollte die Hochschulausbildung Rechnung zu tragen. Ein Lösungsansatz könnte die in dieser Arbeit vorgestellte Fernsehvorlesung mit tutorieller Betreuung „Grundlagen der Wirtschaftsinformatik" sein.

B. Institutionalisierung der virtuellen Kurse – Virtuelle Hochschule Bayern

Das Angebot an kommerziellen Selbstlernprodukten ist groß. Zum Beispiel weist das „Kompetenzzentrum für den Einsatz von Multimedia in der beruflichen Bildung", ILTEC[2], unter den ca. 1900 Software-Produkten für Computer Based Training (CBT) ca. 700 mit IV-Inhalten aus. International gibt es viele Hochschulaktivitäten, wie ein Blick in Globewide Network Academy[3], einem Online-Katalog von ca. 23 000 Angeboten an Hochschulen in der ganzen Welt, beweist. Eine Auflistung der ersten deutschen Online-Kurse zeigen Fingerling und Tuschinski (1998, S. 22).

In Deutschland entstehen eine Reihe von Virtuellen Hochschulen, so in Niedersachsen, Nordrhein-Westfalen, Baden-Württemberg und Bayern. In über 350 Projekten und einzelnen Initiativen haben bayerische Hochschulen und Hochschulangehörige in den letzten Jahren im Bereich virtueller Lehre Komponenten entwickelt und erprobt (vgl. Kopp und Michl, 1999, S. 1–265). Es entstanden Fernseh- und Videokonferenzvorlesungen, elektronische Vorlesungsskripte mit Übungen im Internet, CBT-Tutorials im Netz und offline, virtuelle Seminare, Simulationen und Animationen.

Die Virtuelle Hochschule Bayern (vhb) beginnt zum SS 2000, nach intensiven Qualitätstests, den Pilotbetrieb mit folgenden Kursen Informatik/Wirtschaftsinformatik:

- Bildverarbeitung
- Computergestützte Gruppenarbeit
- Datenkommunikation
- Geschäftsprozesse
- Grafentheoretische Konzepte und Algorithmen
- Grundlagen der Datenverarbeitung für Landschaftsarchitekten
- Grundlagen von Datenbanken; Datenbanksysteme 2
- Hypermedia: Konzepte und Sprachen im World Wide Web
- Informationsmanagement
- Internet/Intranet-Seminar
- Interaktives, virtuelles Labor Robotik
- IDS – Igaris-Dokumentations-System
- Kommunikationswirtschaft
- Neuronale Netze, Fuzzy Control
- Netzwerkmanagement
- Objektorientierte Konzepte in der Betriebsprogrammierung
- Strategischer Einsatz von Informationstechnologie
- Wirtschaftsinformatik I–III

Diese virtuellen Kurse sind in den eigenen Lehrbetrieb importierbar und die Prüfungen dazu schreibt man unter den Prüfungsbedingungen der Hochschulen, die für die vhb die jeweiligen Lektionen anbieten. Das Startangebot der vhb wurde nicht systematisch zusammengestellt, sondern entstand aus der Evaluation bestehender virtueller Kurse in Bayern.

C. Virtueller Kurs „Grundlagen der Wirtschaftsinformatik" als Fernsehvorlesung

I. Bisherige Erfahrungen mit Fernsehvorlesungen

Der Autor hat bisher von der Fachhochschule Deggendorf aus folgende drei Fernsehvorlesungen im Bildungskanal des Bayerischen Rundfunks initiiert und auch maßgeblich bestritten (vgl. Popp 1999, S. 172):

- 10 Vorlesungen zum Thema „Multimedia und Internet", produziert von der FH Deggendorf, ausgestrahlt im SS 1998.
- 13 Sendungen zum Thema "Büro-Anwendungen", produziert von der FH Deggendorf und der FH Hof, ausgestrahlt im WS 1998/1999.

Grundlagen der Wirtschaftsinformatik an Fachhochschulen

- 11 Sendungen zum Thema „Informationsmanagement", produziert von den FHs Deggendorf und Amberg-Weiden sowie den Universitäten Regensburg und Erlangen-Nürnberg, ausgestrahlt im SS 1999.

Diese Vorlesungen wurden neben den StudentInnen auch einem breiten Fernsehpublikum angeboten, da der Bildungskanal des Bayerischen Rundfunks, BR-Alpha, jeweils montags von 16.00–16.30 Uhr mit Wiederholung am darauf folgenden Dienstag von 10.00–10.30 Uhr die aufgezeichneten Vorlesungen ausstrahlte. Im Internet finden sich unter der URL http://www.fh-deggendorf.de/doku/fh/meile.html die Skripten mit Kontrollfragen und interaktiven Lernzielkontrollen zu den drei Fernsehreihen.

II. Entwicklungsgeschichte

Über das Internet erfolgte von der FH Deggendorf aus ein Aufruf zur Mitwirkung an die bayerischen Professorenkollegen. Im WWW sahen die Professoren immer aktuell, welche Kapitel schon vergeben waren, und meldeten sich via Internet für die jeweiligen Kapitel an. Über das Internet kamen die Skript-Beiträge, die zu einer Kurs-Homepage im WWW zusammengebaut wurden.

Es fand nur einmal eine Präsenzbesprechung statt, um die Inhalte überschneidungsfrei zu gestalten.

18 Professoren von 11 bayerischen Fachhochschulen entwickelten die Vorlesungsreihe „Grundlagen der Wirtschaftsinformatik". Die einzelnen Vorlesungseinheiten, jeweils 30 Minuten lang, nahm der Bayerische Rundfunk auf und bearbeitete sie im Ton- und Schnittstudio zur Endfassung.

III. Zielgruppe

Da die Wirtschaftsinformatik (WI) verstärkt sowohl in Informatikstudiengängen als auch im Studiengang Betriebswirtschaft gelehrt und an immer mehr FHs als Studiengang etabliert werden soll, besteht die Notwendigkeit, die Einführungsvorlesung „Grundlagen der Wirtschaftsinformatik"

- inhaltlich zu harmonisieren,
- ihren Stoff zu digitalisieren und mit professionellen Videos zu ergänzen,
- ihren Einsatz mit Neuen Medien tutoriell vor Ort zu begleiten.

Die Fernsehvorlesung ist inhaltlich für Studienanfänger des Studienganges Betriebswirtschaft bzw. Wirtschaftsinformatik konzipiert und soll im ersten oder zweiten Semester eingesetzt werden. Die 27 Lehreinheiten repräsentieren vier SWS Präsenzvorlesung. Dazu bieten sich zwei SWS Übungen an (vor allem im Bereich „Funktionsübergreifende Standardsoftware" und „Daten und ihre Integration", siehe Kap. V.). Damit würde diese Vorlesung als Kombination von vier SWS virtueller Vorlesung und zwei SWS Präsenzübung mit sechs SWS genau den Stundenumfang der „Datenverarbeitung" abdecken, den StudentInnen der Betriebswirtschaft zur Zeit an FHs im Grundstudium absolvieren müssen.

Der Ressourcenaufwand bei der Zielgruppe bestand lediglich in einem Internetzugang und der Möglichkeit, die Videos entweder im WS 1999/2000 über den Bildungskanal des Bayerischen Rundfunks (ab 11.10 jeweils montags von 16.00–16.30 Uhr und dienstags von 10.00–10.30 Uhr) via Satellit oder von der Homepage des Bayerischen Rundfunks[4] als Streaming Video (z.B. mit Hilfe des Real-Player G2) zu empfangen. In Zukunft werden die Videos als Streaming Video „on demand" vom Internet-Skript abzuspielen sein.

Das angestrebte Lernziel liegt aufgrund der Zielgruppe näher bei EDV-Überblickswissen als bei technischem Detailwissen.

IV. Aufbau und didaktische Struktur

Diese Fernsehserie beinhaltet als virtuelle Vorlesung folgendes didaktisches Konzept:

- Sie ist ein inhaltlich unter 11 FHs abgestimmter Grundlagenkurs.
- Sie wurde im WS 1999/2000 ausgestrahlt (broadcast) und ist danach auf analogen und digitalisierten Videos vorhanden.
- Eine Powerpoint-Präsentation je Vorlesungseinheit befindet sich im Internet.
- Assoziative Navigation durch das Internet-Skript ist eingebaut.
- Kontrollfragen und Übungsbeispiele je Vorlesungseinheit stehen im Internet.
- Interaktive Lernzielkontrollen sind über Internet erreichbar.
- Den Kurs begleitet ein Diskussionsforum.
- Individuelle Kommunikation erfolgt per E-Mail.

Die Klammer des virtuellen Kurses bildete eine gemeinsame Homepage mit der URL http://www.fh-deggendorf.de/doku/fh/meile/wi/index.html, unter der alle relevanten Kurs-Informationen im Sinne eines Infocontainers zur Verfügung stehen. Darüber hinaus läuft die Kommunikation größtenteils über diese Homepage (siehe Abbildung 1). Abbildung 1 zeigt von oben her zunächst den Link auf das Diskussionsforum, dann einen Link auf die beteiligten 11 Fachhochschulen, zwei Links, die die Fernsehanstalt beschreiben (Satellit, BR-Alpha), einen Link zum „Runterladen" eines Werkzeugs, mit dem man Videos über das Internet betrachten kann (RealPlayer), sowie einen Link zur Prüfungsinformation. Dann folgen der Zeitplan der Fernsehausstrahlungen und ein kurzer Auszug aus den Überschriften der Kursskripten, jeweils als Link hinterlegt.

Nach dem Betrachten der Videos oder der Fernsehbeiträge können sich die Kursteilnehmer im *Internet-Diskussionsforum*, einer Infrastruktur für strukturierte Diskussionen, zwecks Feedback und gemeinsamer Meinungsbildung zusammenfinden. Dadurch werden evtl. die Probleme Neuer Medien bzgl. mangelnder Interaktion mit dem Dozenten gelöst. Der Vorteil der Diskussion in solchen Newsgroups ist die Transparenz. Da Fragen und Antworten für alle Nutzer über eine längere Zeit einsichtig sind, können sämtliche Kursteilnehmer die Gedankengänge der Diskutierenden nachvollziehen. Auch ist es den Dozenten möglich, Fragen, die sie ad-hoc nicht beantworten können, zeitlich versetzt zu erwidern.

Abbildung 2 zeigt einen Auszug aus der Diskussion zum Kapitel „Suchmaschinen". Jede Vorlesungseinheit hat ein eigenes Diskussionsforum, das eine gezielte Argumentation erlaubt. Protokolliert sind das Subjekt der Frage, der erste Teil der Frage, der Name

Abb.1: Homepage des virtuellen Kurses

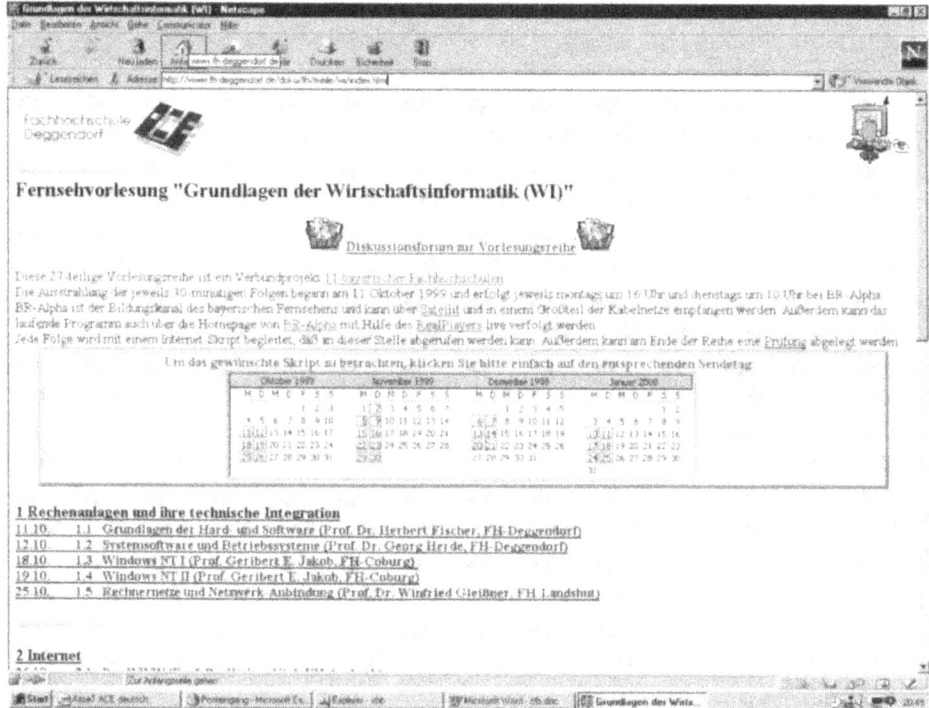

der Diskussionsteilnehmer und das Datum ihrer Beiträge. Daneben erkennt man bei jeder Frage die Zahl der Antworten anhand des Eintrages vor „messages". Es ist wichtig, die Diskussion zwischen den Studierenden zu ermöglichen. Durch gegenseitige Hilfestellung können so Probleme auch ohne Eingreifen des Lehrpersonals gelöst werden.

Zu jeder Vorlesungseinheit finden die Studenten und Studentinnen auf der Homepage neben den Diskussionsgruppen auch die *Powerpoint-Folien*, die sie vor der Fernsehausstrahlung vom Internet auf ihren PC „herunterladen" und ausdrucken konnten, sowie weiterführende Links.

Die individuelle Beratung der StudentInnen erfolgte über *E-Mail.* So stellten StudentInnen die Fragen, die sie nicht innerhalb der Diskussionsgruppe allen Teilnehmern zeigen wollten, unmittelbar an den Dozenten der Vorlesungseinheit, der seine Hilfe auf dem jeweils zugehörigen Teil der Homepage anbot.

Zu jedem Kapitel fanden sich auf der Homepage *Kontrollfragen* und die Möglichkeit, die Musterlösung zur jeweiligen Frage anzeigen zu lassen. War der Studierende mit der Musterlösung nicht einverstanden, konnte er über E-Mail seine Probleme dem jeweils verantwortlichen Tutor kundtun, der sie wiederum per E-Mail beantwortete.

Für sieben Vorlesungseinheiten existiert eine interaktive *Multiple-Choice-Prüfung im Internet*, mit der die Studierenden ihren Kenntnisstand testen konnten (MS-Office).

Abb. 2: Auszug aus der Diskussionsgruppe zur Lehreinheit „Suchmaschinen"

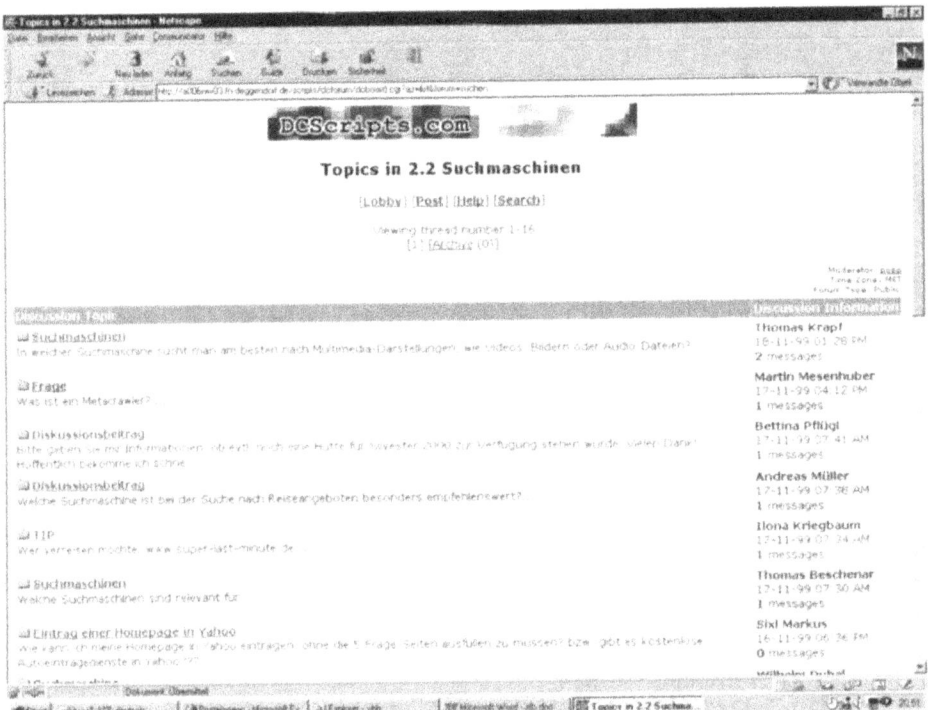

Auf jeder Internet-Skript-Seite finden sich drei Navigationsmöglichkeiten: „zur nächsten Seite blättern", „zur vorhergehenden Seite blättern" und „zur übergeordneten Kapitelübersicht springen". Auch ist der Kurs hierarchisch gegliedert. Durch diese strukturierte Darstellung des Lernstoffes und durch die *Navigationsmöglichkeiten* sollen bekannte Lernprobleme wie „Desorientierung" und „kognitive Überlast" (vgl. Tergan 1995) soweit wie möglich vermieden werden.

V. Fachlicher Inhalt

Inhaltlich orientiert sich die Fernsehvorlesung „Grundlagen der Wirtschaftsinformatik" größtenteils an den Empfehlungen des Studienführers Wirtschaftsinformatik (Mertens 1999), der sich z.B. im Standardlehrbuch „Grundzüge der Wirtschaftsinformatik" (Mertens 2000) widerspiegelt. Im folgenden sind die 27 Vorlesungseinheiten mit den verantwortlichen Dozenten (in Klammern) aufgeführt.

1. Rechenanlagen und ihre technische Integration
   - Grundlagen der Hard- und Software (Prof. Dr. Herbert Fischer, FH Deggendorf)
   - Systemsoftware und Betriebssysteme (Prof. Dr. Georg Herde, FH Deggendorf)

- Windows NT I+II (Prof. Dr. Geribert E. Jakob, FH Coburg)
- Rechnernetze und Netzwerk-Anbindung (Prof. Dr. Winfried Gleißner, FH Landshut)

2. Internet
   - Das WWW, E-Mail und weitere Internet-Dienste (Prof. Dr. Walter Kiel, FH Ansbach)
   - Suchmaschinen (Prof. Dr. Dr. Heribert Popp, FH Deggendorf)
   - Web-Publishing (Prof. Dr. Richard Göbel, FH Hof)
3. Funktionsübergreifende Standardsoftware
   - Textverarbeitung I+II (MS-Word) (Prof. Popp)
   - Tabellenkalkulation I+II (MS-Excel) (Prof. Dr. Hartmut Wunderatsch, FH Hof)
   - Präsentationsgrafik I+II (PowerPoint) (Prof. Dr. Martin Thost, FH Hof)
   - Bildbearbeitung (MS-PhotoEditor) (Prof. Popp)
4. Daten und ihre Integration
   - Datenmodellierung (Prof. Dr. Dieter Rummler, FH Deggendorf)
   - Datenbanksysteme (Prof. Dr. Manfred Gruber, FH München)
   - Einführung in MS-Access (Michael Zilker, FH Würzburg)
   - Online-Datenbanken und Data Warehouse (Prof. Dr. Wolfgang Renninger, FH Amberg-Weiden)
5. Integrierte Anwendungssysteme
   - Verkauf und Beschaffung (Prof. Armin Gehlert, FH Würzburg-Schweinfurt-Aschaffenburg)
   - Lagerhaltung, Produktion und Versand (Prof. Dr. Brigitte Bärnreuther, FH Hof)
   - Kundendienst, Rechnungswesen und Personal (Prof. Dr. Wolfgang Hennevogl, FH Regensburg)
   - Anwendungssysteme im Dienstleistungsbereich I+II (Prof. Dr. Werner Schmidt, FH Ingolstadt)
6. Planung und Realisierung von Anwendungssystemen (Prof. Dr. Olaf Jacob, FH Neu-Ulm)
7. Einführung in das Informationsmanagement (Prof. Popp)

Eine Herausforderung für die Mitwirkenden war, den gewiss umfangreichen Stoff je Vorlesungseinheit (mit didaktischen Beispielen usw.) in eine abgeschlossene Einheit von 30 Minuten zu überführen.

VI. Eingesetzte Entwicklungswerkzeuge

Zum Broadcasting verwendete der Bayerische Rundfunk das übliche Equipment und parallel einen Videostreaming-Server für das Aussenden über das Internet. Als technische Basis für einen Kurs-Infocontainer werden oft spezielle Software-Tools, wie „Web Course in a Box", eingesetzt (Hennevogl 1999). Die Kurs-Homepage war eine Eigenentwicklung der FH Deggendorf in HTML mit ergänzenden Java-Scripts. Als Diskussionsforum diente die Shareware DCForum99.[5] Zur E-Mail-Kommunikation finden die marktüblichen Mailing-Tools Verwendung. Für die interaktiven Multiple-Choice-Fragen wurde eine MS-Access-Datenbank eingesetzt, die über ODBC-Treiber und Active-Server-Pages-Programmierung an das WWW angeschlossen ist.[6]

D. Erfahrungen mit Fernsehvorlesungen

Während aus den vorausgegangenen drei Fernsehreihen mit Themen aus der Wirtschaftsinformatik von 35 Prüfungsteilnehmern 40% die Kombination von Fernsehen und Internet-Skript gut bis sehr gut gefiel, sahen in dieser Fernsehvorlesung 80% der Prüfungsteilnehmer eine echte Alternative zur konventionellen Vorlesung. So waren auch 80% mit der angebotenen Selbstkontrolle durch interaktive Kontrollfragen zufrieden, aber weniger als 50% mit dem Feedback, das sie über strukturierte Diskussionen erhalten hatten. Als positive Argumente der Fernsehvorlesung brachten die Befragten vor: keine Fahrtkosten, unabhängig von Zeit und Ort lernen, einfache Art der Bildung, sehr weites Spektrum an Lernstoff, der anschaulich und präzise beschrieben wurde. Die Befragten regten an, dass die Vorlesung auch auf Video erhältlich sein sollte, da man die eine oder andere Fernsehübertragung verpasst hatte.

In einem als Videovorlesung durchgeführten virtuellen Kurs, der auch mit den in Kapitel C.IV aufgeführten didaktischen Komponenten ausgestattet war, ergab eine Umfrage unter den 20 Kursteilnehmern, dass mehr als 60% der beteiligten Studenten und Studentinnen in diesen neuen Lehrformen eine echte Alternative sehen und durch den Einsatz Neuer Medien den Lernstoff leichter verstanden haben. Allerdings vermissten einige den persönlichen Kontakt zum Dozenten. Weitere Meinungen sind in (Hennevogl 1999) dokumentiert.

E. Fazit

Im nächsten Schritt sollen die interaktiven Übungen, die bisher nur für 10 ausgewählte Vorlesungseinheiten (z.B. für die Vorlesungseinheit „Suchmaschinen") optimiert sind, ausgebaut werden. Auch wird ein Lernkonto je Studierenden angelegt, das zentral seinen Lernfortschritt (seine bisher absolvierten Einheiten mit den Ergebnissen der Tests dazu) verwaltet. Vorgesehen ist auch eine Adaptionskomponente, die in Abhängigkeit von den Ergebnissen eines Eingangstests einen individuellen Kurs aus den Lernbausteinen konfiguriert und so nur die noch nicht beherrschten Wissensbausteine anbietet.

Fasst man die Erfahrungen beim Einsatz von Fernsehvorlesungen zusammen, kann man konstatieren, dass der bloße *Ersatz* einer kompletten Lehrveranstaltung durch eine reine Fernsehvorlesung hinsichtlich Lernmotivation und Lernerfolg kritisch zu sehen ist. Nach einer ersten Spielphase lässt das Engagement bei vielen nach, der Lernerfolg ist oft schlechter als bei Präsenz-Veranstaltungen. Daher sollte ein persönlicher Kontakt zu Dozenten, Tutoren oder anderen Studenten ermöglicht werden. Elektronisch kann die Kontaktaufnahme beispielsweise durch Electronic-Mail, Bulletin Boards (elektronische schwarze Bretter) oder Diskussionsforen im Internet unterstützt werden.

Neben dem reinen Lernerfolg sind auch wirtschaftliche Seiten einer Fernsehvorlesungen zu betrachten. Hier zeigt sich, dass aufgrund der größeren Zielgruppe Grundlagenvorlesungen, wie „Einführung in die Informatik", „Wirtschaftsmathematik", „Grundzüge der Wirtschaftsinformatik" oder „Grundlagen der Betriebswirtschaft", eher profitabel sind.

Bei schmalbandiger Übertragung von Video/Audio hat sich ergeben, dass die Akzeptanz im Zeitverlauf schnell nachlässt (zu kleine bzw. zu unscharfe Bilder, zu geringe Framerate, Bildtelefon-Qualität). Hier kann man Abhilfe schaffen, wenn die Studenten und Studentinnen z.B. parallel zum Betrachten und Hören des Audio/Videos mit dem G2-Player im Internet die Folien großflächig am Bildschirm mitblättern, welche etwa auf der Kurs-Homepage zur Verfügung stehen.

Es sind noch Anstrengungen zu unternehmen, die im Prinzip vorhandenen Interaktionsmöglichkeiten bei Fernsehvorlesungen auch auszunutzen. Dies gilt sowohl für die Dozenten als auch für die entfernten Teilnehmer. Eine wünschenswerte Verbesserung könnte sein, wenn, während der Fernsehzuschauer die Powerpoint-Folien des Internet-Skriptes betrachtet, ein Mechanismus im Verlauf der Fernsehausstrahlung automatisch synchron zum Blättern des Dozenten in den Folien seine Slides auch weiterblättert. Eine weitere didaktische Raffinesse bei Live-Übertragungen von Vorlesungen wäre, wenn die Fernsehzuschauer Fragen per E-Mail stellen, die der Dozent gleich in der Fernsehsendung beantwortet.

Es sind aber noch didaktische Konzepte weiterzuentwickeln, die die Teilnehmer zu Feedback, Aufgabenlösungen und auch zu Fragen animieren bzw. sogar zwingen. In dieser Hinsicht gibt es keine großen Unterschiede zu realen „Vorlesungen", bei denen vielfach die Zuhörer auch wenig Motivation zur Interaktion erkennen lassen.

Durch derartige Fernsehvorlesungen als Lehrverbund erreicht man eine Konzentration auf inhaltliche Kernkompetenzen im Rahmen der Veranstaltung (die beteiligten Professoren unterrichteten jeweils ihre Spezialgebiete) und Ansätze einer Arbeitsteilung zwischen den Hochschulen. Auch erhöht sich die Flexibilität des Studiums durch die Integrationsmöglichkeit externer Veranstaltungen. Der persönliche Kontakt zu den Studierenden während der Veranstaltung bleibt durch die tutorielle Betreuung erhalten.

Da die Erstsemester als Orientierungshilfe den persönlichen Kontakt benötigen, soll der Einsatz Neuer Lehrformen im ersten Semester vorsichtig begonnen und dann ab dem 2. Semester intensiviert werden.

Anmerkungen

1 Vgl. Abschlussbericht der Informatik-Kommission der Bayerischen Staatsregierung, (2000) (unveröffentlicht).
2 Vgl. URL: http://www.iltec.de.
3 Vgl. URL: http://www.gnacademy.org.
4 Vgl. URL: http://www.br-alpha.de.
5 Vgl. URL: http://www.dcscripts.com/.
6 Zu näheren Programmierdetails vgl. Hettihewa 1998.

Literatur

BLK (1999): Multimedia im Hochschulbereich. Materialien zur Bildungsplanung und Forschungsförderung Heft 76, S. 1–21.
Fingerling, A. und Tuschinski, M. (1998): Lernen im Cyberspace. In BUSINESS Online 7, S. 22–27.
Hennevogl, W., Popp, H. und Renninger, W. (1999): Neue Lehrformen in der SAP-Ausbildung. In Kopp, H. und Michl, W. (Hrsg.): Multimedia in der Lehre, Neuwied, Leuchterburg, S. 62–69.
Hettihewa, S. (1998): Active Server Pages in 14 Tagen, Haar bei München.

Issing, L. (1997): Auf dem Weg zum virtuellen Studium? In: Hartmut, S. (Hrsg.): Virtueller Campus, Münster, Waxmann, S.147–163.
Kopp, H. und Michl, W. (Hrsg.) (1999): Multimedia in der Lehre, Neuwied, Leuchterburg.
Kopp, H. (1999): MeiLe – Neue Medien in der Lehre. In Kopp, H. und Michl, W. (Hrsg.): Multimedia in der Lehre, Neuwied, Leuchterburg, S. 1–8.
Mertens, P., Chamoni, P., Ehrenberg, D., Griese, J., Heinrich, L., Kurbel, K. (Hrsg.) (1999): Studienführer Wirtschaftsinformatik, 2. Aufl. , Braunschweig, Vieweg.
Mertens, P., Bodendorf, F., König, W., Picot, A., Schumann, M. (2000): Grundzüge der Wirtschaftsinformatik, 6. Auflage, Berlin, Springer.
Popp, H. (1999): Erfahrungen beim Einsatz von Internet, Fernsehen und CBT in der Betriebswirtschaft. In Kopp, H. und Michl, W. (Hrsg.): Multimedia in der Lehre, Neuwied, Leuchterburg, S. 168–178.
Reinmann, G. und Mandl, H. (1999): Instruktion: Eine Frage der „Lehr-Lernphilosophie"? In: Perleth, C. und Ziegler, A. (Hrsg.): Grundbegriffe der Pädagogischen Psychologie. Huber: Bern (in Druck).
Tergan, S.-O. (1995): Hypertext und Hypermedia: Konzeption, Lernmöglichkeiten, Lernprobleme. In: Issing, L. J. und Klisma, P. (Hrsg.): Information und Lernen in Multimedia, Weinheim.

Zusammenfassung

Der kombinierte Einsatz Neuer Medien, d.h. Fernsehen/Videos, Internet-Skript mit PowerPoint-Folien, begleitende Diskussionsforen, Kontrollfragen mit individueller Betreuung per E-Mail sowie Multiple-Choice-Tests über das Internet, in der Lehre ist erfolgversprechend. Er hilft, die sonst im Fernstudium übliche hohe Quote von Studienabbrechern zu senken, und trägt den neuen Herausforderungen an die Lehre, die sowohl von Seiten der Wirtschaft als auch von Seiten der Studenten gestellt werden, Rechnung. Diese didaktischen Komponenten zeichnen die Fernsehvorlesung „Grundlagen der Wirtschaftsinformatik" aus, die als Lehrverbund 11 bayerischer Fachhochschulen mit Studenten des 1. oder 2. Semesters der Betriebswirtschaft oder Wirtschaftsinformatik als Zielgruppe entstand.

Summary

Promising in the teaching field is the composite use of new media, i.e. television/videos, internet manuscript with PowerPoint slides, accompanying newsgroups, control questions with individual support by e-mail as well as multiple choice tests via internet. It helps to lower the usual high quota of students who abort their studies before finishing, often observed in the Open University, and is suited to handle the new challenges to the teaching area which are proposed by both, the economy and the students. These didactic components are characteristic of the TV-lecture "Grundlagen der Wirtschaftsinformatik" (basics of business computing), which resulted from a teaching cooperation among 11 Bavarian Universities of Applied Science, addressing students of the 1. or 2. semester in business and administration and information systems.

13: Aus- und Weiterbildungsfragen

Das Planspiel als Lehrmethode für Massenveranstaltungen

Erfahrungen an der Wirtschafts- und Sozialwissenschaftlichen Fakultät der Friedrich-Alexander-Universität Erlangen-Nürnberg

Von Luise Hölscher

Überblick

- Neben den notwendigen fachlichen Qualifikationen fordern Arbeitgeber zunehmend unternehmerisches Denkvermögen und soziale Kompetenzen von Absolventen wirtschaftswissenschaftlicher Studiengänge. Gleichzeitig werden die Wirtschaftswissenschaftlichen Fakultäten nach wie vor mit derart hohen Studentenzahlen konfrontiert, daß die individuelle Betreuung des einzelnen Studenten fast unmöglich ist. Daraus ergeben sich hinsichtlich der fachlichen sowie der organisatorischen Umsetzung der Studieninhalte neue Anforderungen an die Hochschuldidaktik. Um diesen Anforderungen gerecht zu werden, wurde im Rahmen der Allgemeinen Betriebswirtschaftslehre im Hauptstudium an der Wirtschafts- und Sozialwissenschaftlichen Fakultät der Friedrich-Alexander-Universität Erlangen-Nürnberg ein Planspiel eingeführt, bei dem bis zu 400 Studierende ein Unternehmen steuern und sich mit den dabei auftretenden wirtschaftlichen und gruppeninternen menschlichen Konflikten auseinandersetzen.

Eingegangen: 2. Dezember 1999

Dr. Luise Hölscher, Universität Erlangen-Nürnberg, Postfach 3931, 90020 Nürnberg. Dr. Luise Hölscher ist Wissenschaftliche Assistentin am Lehrstuhl für Betriebswirtschaftslehre, insbesondere Steuerlehre der Friedrich-Alexander-Universität Erlangen-Nürnberg (Prof. Dr. Wolfram Scheffler). Ihre Arbeitsgebiete liegen im Bereich der internationalen Unternehmensbesteuerung und internationalen Steuerplanung. Von 1996 bis 1998 war sie an der Entwicklung des Hauptstudiums-Planspiels beteiligt und hatte die technische und organisatorische Leitung der beiden ersten Durchführungen.

Luise Hölscher

A. Anforderungen an die wirtschaftswissenschaftliche Hochschulausbildung

Die wirtschaftswissenschaftliche Ausbildung an den Hochschulen ist seit Jahren in einem Wandel begriffen. Während früher in Analogie zu anderen wissenschaftlichen Studiengängen die Vermittlung von Wissen und praktischen Fertigkeiten im Vordergrund stand, haben sich durch veränderte Bedingungen am Arbeitsmarkt auch die Anforderungen an die akademische Ausbildung geändert.[1] Unternehmen unterliegen heute in steigendem Maße sich rasch ändernden Marktbedingungen, die immer wieder zu neuartigen Herausforderungen führen und flexibles Handeln verlangen. Dabei ist es für die verantwortlichen Mitarbeiter, insbesondere die Führungskräfte, wichtig, die neuen Herausforderungen rechtzeitig zu erkennen und geeignete Lösungskonzepte zu ihrer Bewältigung aufzuzeigen. Dies verlangt neben einer breit angelegten fachlichen Qualifikation mit einem fundierten Wissen über Branchen, Märkte und Konkurrenten auch eine hohe persönliche Flexibilität sowie kritisches und analytisches Denkvermögen. Durch die akademische Ausbildung sollte eine Denkschulung angestrebt werden, die zur selbständigen Urteilsbildung und zur Lösung neuer und andersartiger Probleme befähigt. Dazu gehört auch das Vermitteln eines Überblicks über die betrieblichen Gesamtzusammenhänge.

Fügt man die fachlichen Inhalte in ein Anforderungsprofil, so ergibt sich folgender Katalog von Studiengebieten:[2] Im Rahmen des Grundstudiums sollten die Studierenden die Zusammenhänge zwischen den unternehmensinternen Funktionsbereichen und damit Aufbau und Ablauf der Prozesse im Unternehmen verstehen. Dazu gehört auch die Erkenntnis der Abhängigkeit der Organisation und Koordination dieser Funktionsbereiche und Prozesse von bestehenden Marktgegebenheiten. Während des Hauptstudiums sind das analytische Denken, die Fähigkeit zur theoretisch fundierten Problemsicht und zur Bildung selbständiger Urteile zu schulen. Der Studierende sollte in die Lage versetzt werden, die Zusammenhänge des wirtschaftlichen Lebens kritisch zu erfassen.

Neben den notwendigen fachlichen Qualifikationen fordern die Arbeitgeber zunehmend auch soziale Kompetenzen von Absolventen wirtschaftswissenschaftlicher Studiengänge. „Hochschulabsolventen [...] müssen mehr und mehr „soft skills" mitbringen; also Persönlichkeitsmerkmale, die jenseits von Zeugnisnoten angesiedelt sind [...]: umfassende Problemlösungskompetenz, Verständnis systematischer und strategischer Zusammenhänge, Teamfähigkeit, soziale Kompetenz, routinierter Umgang mit neuen Medien, die Fähigkeit, sich innerhalb eines fremden Kulturkreises bewegen zu können."[3] Manager müssen auch Visionäre sein können, strategisches Denken und Weitblick erkennen lassen. Sie müssen Durchsetzungskraft, aber auch Teamfähigkeit zeigen; Einzelkämpfertum ist in der Gruppe von geringem Wert. Manager müssen Kommunikatoren und Motivatoren sein, um die Humanressourcen ihres Unternehmens optimal nutzen zu können. Gleichzeitig müssen sie Internationalisten sein, die den globalen wirtschaftlichen Beziehungen ein globales Denken und Handeln, grenzüberschreitende Erfahrung und die Kenntnis fremder Sprachen entgegenbringen. Sie dürfen weder von Berührungsängsten mit anderen Nationalitäten beeinflußt sein, noch sollten sie in der fachlichen Kommunikation in fremden Sprachen eingeschränkt sein.

Alle diese Anforderungen können sicherlich nicht durch das Angebot der Hochschulen abgedeckt werden; sie setzen auch Eigeninitiative der Studierenden voraus. Dennoch sollten auch in der Hochschulausbildung diese Faktoren berücksichtigt und – so weit wie didaktisch möglich – umgesetzt werden. Das europäische Konzept der klassischen Vorlesung reicht dazu nicht mehr aus. Durch den Einfluß des US-amerikanischen Studiensystems sind – bislang noch zurückhaltend[4] – didaktische Elemente wie die Arbeit mit Fallstudien oder Planspielen in die deutsche Hochschulausbildung aufgenommen worden. Diese Medien sind durchweg zeit- und personalintensiv, da sie für die Arbeit in Kleingruppen entwickelt wurden. Der Wandel in den Anforderungen trifft jedoch zusammen mit der Tatsache, daß die Wirtschaftswissenschaftlichen Fakultäten nach wie vor mit sehr hohen Studentenzahlen konfrontiert werden. Eine individuelle Betreuung der Studierenden in kleinen Gruppen ist daher fast unmöglich. Dies läßt die Bedeutung der Hochschuldidaktik zunehmen; es ergeben sich neue Anforderungen hinsichtlich der fachlichen sowie der organisatorischen Umsetzung.

Das Ziel dieses Aufsatzes besteht darin, das Medium „Planspiel" als Lehrmethode im Bereich der Sozialkompetenzen vorzustellen und Hinweise zur Umsetzung einer solchen Veranstaltung an einer Massenuniversität zu geben. Dabei wird auf die Erfahrungen an der Wirtschafts- und Sozialwissenschaftlichen Fakultät der Friedrich-Alexander-Universität Erlangen-Nürnberg zurückgegriffen (Kapitel B.). Es werden die organisatorischen Probleme beschrieben, die bei der Durchführung eines Planspiels als Massenveranstaltung zu bewältigen sind (Kapitel C.), und die fachlichen Ansätze aufgezeigt, die in Nürnberg zur Vermittlung von Sozialkompetenzen angewendet werden (Kapitel D.). Ein weiterer Problembereich bezieht sich auf die Prüfung der Inhalte im Examen (Kapitel E.). Abschließend werden die Erfahrungen aus den Durchführungen in Nürnberg hinsichtlich der Erfüllung der genannten Anforderungen aufgezeigt und Anregungen für die Verwendung an anderen Fakultäten gegeben (Kapitel F.).

B. Die Verwendung von Planspielen an der Wirtschafts- und Sozialwissenschaftlichen Fakultät der Friedrich-Alexander-Universität Erlangen-Nürnberg

I. Das Planspiel I im Grundstudium

Die Wirtschafts- und Sozialwissenschaftliche Fakultät bietet im Rahmen des Studiums zwei allgemeine Planspiele an. Das Planspiel I findet vor Beginn des Grundstudiums statt. Es dient der Einführung der Erstsemester in die betriebswirtschaftliche Denkweise und hat zugleich den Effekt, den Studienanfängern in den ersten Tagen des Studiums eine kleine Gruppe von Kommilitonen bekannt zu machen und ihnen Ansprechpartner zur Verfügung zu stellen, die die Eingewöhnung in das neue Studienleben erleichtern. In diesen ersten Tagen werden Bekanntschaften geschlossen und Kontakte geknüpft, die das Studium wesentlich erleichtern können. Damit wird Hilfestellung dazu gegeben, persönliche Probleme wie z.B. Mangel an Studienfreunden zu vermeiden, die gerade an einer Massenuniversität drohen und die zum Studienabbruch führen können.[5]

Die betriebswirtschaftlichen Kenntnisse, die im Planspiel I vermittelt werden, sind auf Studienanfänger bzw. Nicht-Kaufleute abgestimmt. Gespielt wird das Planspiel „Investor Industrie"[6], bei dem die Unternehmen – gespielt von vier bis sechs Teilnehmern – in einem Markt von ca. fünf Unternehmen Waschmaschinen produzieren und verkaufen müssen. Ziel dieses einfach strukturierten Spiels ist es, die elementaren Probleme eines Industrieunternehmens sowie betriebswirtschaftliche Grundkenntnisse in den Bereichen Marketing, Produktions- und Beschaffungsplanung sowie Finanzierung und Rechnungswesen zu erlernen und für die betriebliche Interdependenzproblematik zwischen diesen Bereichen im Zeitablauf sensibilisiert zu werden. Gleichzeitig sollen sich die Erstsemester mit der Arbeit im Team vertraut machen und diesbezüglich auftretende Schwierigkeiten hinsichtlich Organisation, Entscheidungsverhalten, Termindruck u.a. zu bewältigen lernen.[7]

Bedingt durch die Plazierung am Beginn des Studiums liegt die Bedeutung des Planspiels vor allem darin, den Erstsemestern gegenüber ein „Warm Welcome" auszusprechen. In fachlicher Hinsicht steht statt der Vermittlung weitreichender betriebswirtschaftlicher Kenntnisse eher die Schaffung eines Überblicks über das Gebilde „Unternehmen" im Vordergrund. Die Teilnahme am Planspiel I ist daher auch nicht in der Prüfungsordnung verbindlich geregelt. Das Planspiel I wird von den Studenten als angenehmer Einstieg in das Studium an einer Massenfakultät mit ca. 800 Erstsemestern pro Jahr gesehen.[8]

II. Das Planspiel II im Hauptstudium

Planspiele tauchen im Hauptstudium des Studiengangs Betriebswirtschaftslehre an der Wirtschafts- und Sozialwissenschaftlichen Fakultät der Friedrich-Alexander-Universität Erlangen-Nürnberg mehrfach auf. So basiert z.B. die Ausbildung im Fach „Operations Research" in wichtigen Teilen auf dem Einsatz von Planspielen. Ein für alle Studierenden verbindliches Planspiel wird in der Allgemeinen Betriebswirtschaftslehre durchgeführt: Das Fach „Allgemeine Betriebswirtschaftslehre" muß an der Wirtschafts- und Sozialwissenschaftlichen Fakultät in den Studiengängen Betriebswirtschaftslehre und Internationale Betriebswirtschaftslehre, Volkswirtschaftslehre, Wirtschaftsinformatik, Wirtschaftspädagogik und Sozialwirtschaftslehre im Rahmen des Hauptstudiums belegt werden. Es setzt sich aus zwei wählbaren Funktionallehren (z.B. „Entscheidungen", „Betriebliches Rechnungswesen") und der Teilnahme am Planspiel II zusammen. Nach der zum Wintersemester 1999/2000 eingeführten Prüfungsordnung nach dem Credit-Point-System umfaßt das Planspiel II vier von zwölf Credit-Points im Rahmen der Allgemeinen Betriebswirtschaftslehre und macht damit ein Drittel des Faches aus. Das Planspiel II wird seit dem Sommersemester 1997 einmal pro Jahr durchgeführt. Um für diese Pflichtveranstaltung ausreichende Kapazitäten vorzuhalten, muß es für Teilnehmerzahlen bis zu 400 Studierenden geplant werden.

Die Ziele, die mit der Durchführung des Planspiel II verfolgt werden, lassen sich in drei Problembereiche einordnen: Unter die organisatorischen Probleme fallen alle Punkte, die durch die Durchführung des Planspiel II als Massenveranstaltung bedingt sind. Die fachlichen Probleme beziehen sich auf die Vermittlung von Sozialkompetenzen. Der dritte Problembereich beinhaltet die Prüfung im Examen. Unter diese Problemgruppen fallen im einzelnen folgende Ziele:

- **Organisatorische Probleme**
  Das erste organisatorische Problem besteht in der Auswahl des Programms, das für das Spiel verwendet werden sollte. Die Auswahl muß sich an den Zielen der Ausbildung im Rahmen des Studiums der Allgemeinen Betriebswirtschaftslehre, an den technischen Anforderungen bei einer Durchführung als Massenveranstaltung sowie an der Motivationswirkung, die mit dem Programm erreichbar ist, orientieren.

Das Planspiel als Lehrmethode für Massenveranstaltungen

- *Ausbildungsziele*
  In der Allgemeinen Betriebswirtschaftslehre soll neben der Vermittlung von Wissen über die zentralen Funktionsbereiche des Unternehmens ein Verständnis für die Zusammenhänge des Organismus „Unternehmen" geschaffen werden. Da zwei Drittel der Allgemeinen Betriebswirtschaftslehre an der Wirtschafts- und Sozialwissenschaftlichen Fakultät bereits durch einzelne Funktionallehren abgedeckt sind, soll das Planspiel II das fächerübergreifende, vernetzte Denken trainieren, das notwendig ist, um einen unternehmerischen Gesamtblick über die einzelnen Funktionsbereiche des Unternehmens hinweg zu entwickeln und ein Unternehmen als Ganzes verstehen und führen zu können. Es wurde ein Planspiel gesucht, das ein Unternehmen möglichst realitätsnah in allen relevanten Bereichen abbildet.

- *Technische Ziele*
  Da mit dem Spiel eine große Anzahl von Studierenden gleichzeitig betreut werden muß, ist es wichtig, daß es sich um ein computergestütztes Spiel handelt, das technisch robust ist und inhaltlich kein „Sprengen" des Systems durch die Teilnehmer zuläßt.[9] Bei einer so hohen Teilnehmerzahl wie der in Nürnberg, die das Planspiel absolvieren muß, ist zu befürchten, daß einzelne Studierende nur wegen des Examensdrucks teilnehmen und ihr mangelndes Interesse durch „Spielereien" zum Ausdruck bringen, die den Fortgang des Spiels gefährden. Gleichzeitig müssen die vom Programm benötigten Rechnerkapazitäten zur Verfügung stehen und der Raum- und Zeitbedarf für das Spiel abdeckbar sein.

- *Motivationsziele*
  Um den gewünschten Lerneffekt zu erzielen, ist es notwendig, bei allen beteiligten Personen Motivation für ein persönliches Einbringen in das Planspiel zu wecken. Das Programm muß so gestaltet sein, daß es die Teilnehmer motiviert, ihr Unternehmen gut zu führen und „gewinnen" zu wollen. Dazu gehört auch die Evaluation der Veranstaltung, um einen kontinuierlichen Verbesserungsprozeß für das Spiel zu erreichen und den Teilnehmern das Gefühl zu geben, am Spiel und seiner Fortentwicklung beteiligt zu sein. Das Motivationserfordernis erstreckt sich auch auf die Spielleiter, denn nur Spielleiter, die hinter dem Spiel stehen, können die Inhalte an die Teilnehmer adäquat vermitteln und die durch das Programm bei den Teilnehmern entstandene Motivation erhalten und verstärken.

- **Fachliche Probleme**
  In fachlicher Sicht soll mit dem Planspiel die Sozialkompetenz der Studierenden gefördert werden. Die oben aufgezählten Aspekte strategisches Denken, Durchsetzungskraft, Teamfähigkeit, Kommunikations- und Motivationsfähigkeit sowie internationale Ausrichtung lassen sich unter Sozialkompetenz nur bei einer weiten Auslegung des Begriffs zusammenfassen. Die Fakultät hat sich auf zwei engere Teilbereiche festgelegt, die im Planspiel thematisiert werden:

  - *Ziel der internationalen Ausrichtung*
    Mit dem Planspiel II sollen das globale Denken der Studenten gefördert und die internationale Ausrichtung der Wirtschafts- und Sozialwissenschaftlichen Fakultät dokumentiert werden. Weil dies an das Verständnis anderer Sprachen anknüpft, sollte in das Planspiel II eine fremdsprachliche Komponente eingefügt werden.

- *Ziel der Vermittlung von Sozialkompetenz im engen Sinne*
  In einer engen Auslegung läßt sich Sozialkompetenz auch als persönliche Voraussetzung für die effektive Gestaltung von Kommunikation definieren.[10] Es ist zwar klar, daß eine universitäre Veranstaltung den Teilnehmern keine Sozialkompetenz „beibringen" kann. Dies ist ein intrinsischer Vorgang, der sich lediglich anregen, nicht aber erzwingen läßt. Durch das Planspiel II soll daher das Bewußtsein für sozial kompetentes und verantwortliches Verhalten geweckt werden.
- **Problem der Prüfung im Examen**
  Abschließend muß sich das Planspiel II in das Examen eingliedern lassen. Das bedeutet, daß die Inhalte in eine prüfbare Form gebracht werden müssen. Besonders problematisch ist hierbei die Prüfbarkeit der im Spiel entwickelten Fähigkeit zu vernetztem Denken und der vermittelten Kenntnisse über Sozialkompetenz.

Die Umsetzung des Planspiel II wird im folgenden anhand der aufgezeigten Ziele dargestellt. Abschließend werden die Erfahrungen dahingehend zusammengefaßt, ob sich diese Ziele durch das Planspiel II realisieren ließen.

C. Organisatorische Probleme: Die Durchführung als Massenveranstaltung

I. Durchführung der Veranstaltung

1. Das Programm: TOPSIM – General Management II

Als Spiel wird das Programm „TOPSIM – General Management II"[11] verwendet, das ein allgemein-betriebswirtschaftliches Unternehmensplanspiel im Industriesektor ist. Es bildet ein Unternehmen mit zwei Produkten (Schwarz-weiß- und Farbkopierer) auf zwei Märkten (Inland und Europa) mit insgesamt fünf konkurrierenden Unternehmen ab. Die Spieler müssen sämtliche Entscheidungen des Unternehmensablaufes vom Rohstoffeinkauf über die Produktions- und Personalplanung bis zum Absatz treffen. Dabei können sie sich verschiedener rechnergestützter Simulationen („Teilnehmersystem") bedienen. Die Entscheidungen der Unternehmen werden durch die Spielleiter in das Hauptprogramm („Spielleitersystem") eingegeben, das daraufhin das Marktverhalten während einer Periode (interpretierbar als ein Jahr) berechnet. Es befinden sich bis zu fünf Unternehmen in einem Spiel. Das Spielleitersystem simuliert die Entscheidungen des Marktes, indem es anhand der Preise und Produktqualitäten die Absatzanteile der Unternehmen am vorgegebenen Marktvolumen errechnet. Weitere Ergebnisse umfassen beispielsweise produzierte Mengen, Zuschläge bei öffentlichen Ausschreibungen, Kündigungen von Arbeitnehmern und den Stand der technischen Weiterentwicklung. Zusätzlich zu den Marktergebnissen erhalten die Unternehmen Prognosen der Wirtschaftsentwicklung und Informationen über Preise, Lohnforderungen sowie neue Großkunden am Markt. Sie können zudem (kostenpflichtige) Marktberichte bestellen, die ihnen eine Übersicht über das Verhalten der Konkurrenz vermitteln. Auf Basis dieser Daten planen die Unternehmen für die nächste Periode. Die Eingabedaten sind nach Funktionsbereichen, d.h. Personal, Fertigung, Vertrieb, Einkauf und Lager sowie Finanz- und Rechnungswesen, geordnet. Das Spiel legt aufgrund der Menge an zu verarbeitenden Daten eine Aufgabenteilung im Unter-

Das Planspiel als Lehrmethode für Massenveranstaltungen

nehmen nahe. Bei Teilnehmerfeldern von sechs bis acht Spielern pro Unternehmen ist jeder Funktionsbereich von ein bis zwei Personen besetzt. Die Funktionsbereiche sind durch eine Vielzahl von Abhängigkeiten miteinander verknüpft; beispielsweise führt die Einstellung neuer Mitarbeiter für die Fertigung zu einem Mehr an Arbeitskraftkapazität, allerdings auch zu mehr Fehlzeiten. Im Bereich Finanz- und Rechnungswesen steigen die anfallenden Kosten (Kosten der Einstellung, laufende Lohnzahlungen, Personalnebenkosten, Kosten der betrieblichen Altersversorgung sowie Weiterbildungskosten) und der damit verbundene Finanzierungsbedarf. Ein Anstieg der Anzahl der Mitarbeiter in der Fertigung führt auch zu einem höheren Arbeitskräftebedarf in der Verwaltung und im Einkauf mit den entsprechend ansteigenden Kosten. Für die zusätzliche Produktionsmenge, die die Fertigungsmitarbeiter nun bewältigen können, müssen Einsatzteile gekauft und gelagert werden; die Kapazitäten der Fertigungsanlagen müssen daran angepaßt werden. Die Menge zusätzlich hergestellter Produkte muß auf Lager genommen und vom Vertrieb verkauft werden. Die Zahl der hergestellten Produkte hat Einfluß auf die Position, auf der sich das Unternehmen auf der Erfahrungskurve befindet. Dies führt zu einer positiven Rückkopplung auf die Produktivität der Fertigungsmitarbeiter, so daß für die selbe Produktionsmenge weniger Mitarbeiter benötigt werden. Dies muß wiederum bei der Zahl der einzustellenden Mitarbeiter berücksichtigt werden...

Die Vielzahl von Zusammenhängen führt dazu, daß zwar Arbeitsteilung im Unternehmen vorgenommen werden kann, die Verknüpfung der Funktionsbereiche und die Abstimmung der Entscheidungen allerdings gemeinsam vorgenommen werden müssen. Hinzu kommt, daß in den Wirtschaftsprognosen Konjunkturschwankungen vorgesehen sind, die nicht vorhersehbar sind. Der gespielte Zeitraum beträgt je nach verwendeter Spielversion bis zu acht Perioden. Während dieses Abschnitts kann ein kompletter Konjunkturzyklus simuliert werden.

Ausschlaggebend für die Wahl des Spiels „TOPSIM – General Management II" war die Tatsache, daß es sich um ein bewährtes Planspiel handelt, das schon in der neunten Version vertrieben wird und eine hohe Spielstabilität aufweist. Es läßt sich nicht durch Eingabe unsinniger Daten boykottieren und beruht mit 86 Wirkungskurven auf einer so breiten Funktionsbasis, daß es nicht durch Ausprobieren „geknackt" werden kann. Es bildet mit einem Industrieunternehmen eine gängige Unternehmensart ab und arbeitet mit einem Produkt, das jeder Spieler kennt und einschätzen kann. Das Spiel basiert auf realen Unternehmens- und Marktdaten und wird ständig aktualisiert. Wichtig ist, daß während des Spiels die Möglichkeit zu Rückfragen beim Hersteller bzw. einem sachkundigen Trainer besteht. Der Erfolg eines Spiels hängt ihn großem Maße davon ab, daß technische und inhaltliche Probleme rasch gelöst werden können, um eine demotivierende Wirkung auf die Teilnehmer zu vermeiden. Sofern ein entsprechender Experte für das spezifische Spiel nicht im Haus vorhanden ist, sollte daher die Möglichkeit einer „Hotline" zum Hersteller bestehen, wie sie von der Firma UNICON Management Systeme GmbH kostenlos angeboten wird.

2. Planung der Kapazitäten

Um das Spiel mit den erforderlichen Teilnehmerzahlen absolvieren zu können, wurde es in sieben bis acht Gruppen parallel durchgeführt. Die Maximalkapazität an der Fakultät beträgt [10 Teilnehmer pro Unternehmen] × [5 Unternehmen pro Spiel] × [8 Spiele] = 400 Teilnehmer. Jedes Spiel sollte von drei, mindestens aber von zwei Spielleitern betreut werden. Dabei ist der Ausfall von Spielleitern aufgrund Krankheit o.ä. einzuplanen. Um Know how-Verlusten vorzubeugen, sollten neue Spielleiter nie in einem Spiel zusammengefaßt werden, sondern ihr erstes Spiel stets zusammen mit ein oder zwei erfahrenen Spielleitern durchführen. Damit können bei Zweier-Gruppen höchstens die Hälfte, bei Dreier-Gruppen maximal zwei Drittel der Spielleiter von Durchführung zu Durchführung ausgewechselt werden. Bei den bisherigen Durchführungen an der Wirtschafts- und Sozialwissenschaftlichen Fakultät konnte auf ca. 25 Spielleiter zurückgegriffen werden. Als Spielleiter werden nur Wissenschaftliche Mitarbeiter der Fakultät (Doktoranden, Habilitanden, Akademische Räte) herangezogen, um bei der großen Teilnehmerzahl mit entsprechender Autorität auftreten zu können. Die Ausbildung zum Spielleiter sollte so früh erfolgen, daß ein Einsatz über mehrere Jahre möglich ist. Damit ist nicht nur die Weitergabe des Know how gewährleistet, sondern auch der mit der Spielleiterfunktion verbundene erhebliche Trainingsaufwand gerechtfertigt.

Wichtig ist die Definition einer Projektleitung sowie die Einrichtung von Arbeitskreisen zur Planung und Bewältigung der vielfältig auftretenden Arbeiten und Fragestellungen. In der Wirtschafts- und Sozialwissenschaftlichen Fakultät wird das Projekt von einer Doppelspitze geführt: Eine Person ist für die Außenwirkung (Kommunikation gegenüber Studenten, Professoren, Presse u.ä.) zuständig, und einer zweiten Person obliegt die technische und organisatorische Leitung. Zum Aufgabenbereich der zweiten Person gehören auch der Wissenserwerb und -transfer über die Inhalte des Spiels. Sie sollte an einem Spielleitertraining des Herstellers teilnehmen und möglichst bei der ersten Durchführung von einem erfahrenen Spielleiter begleitet werden. Mit den erworbenen Kenntnissen ist der Technische Leiter in der Art eines Multiplikators in der Lage, die Ausbildung der weiteren Spielleiter im Haus zu übernehmen. Während des Spiels ist es sinnvoll, den Technischen Leiter nicht als Spielleiter einzusetzen, damit er jederzeit für Rückfragen seiner Kollegen zur Verfügung steht.

Zur Ausbildung gehört es, das Spiel aus der Sicht eines Teilnehmers erlebt zu haben. Da die Betreuung der Unternehmen im Spiel insbesondere in Krisensituationen (Überschuldung u.a.) Einfühlungsvermögen in die Situation der Spieler verlangt, sollten alle Spielleiter diesen Blickwinkel kennenlernen. Des weiteren muß das Spielleitertraining die Vermittlung der Programmkenntnisse umfassen. Bei der Auswahl des Spiels sollte darauf geachtet werden, ein möglichst benutzerfreundliches Spiel zu erwerben. Damit erübrigen sich technische Lernschritte für die Spielleiter. Als drittes müssen beim Spielleitertraining die Probleme vorweggenommen werden, die bei der späteren eigenen Betreuung eines Spiels auftreten können. In Nürnberg hat es sich bewährt, eine Liste häufig gestellter Fragen aufzustellen. Durch die Beantwortung dieser Fragen lernen neue Spielleiter, mit den sehr umfangreichen Spielleiterunterlagen umzugehen. Darüber hinaus müssen im Spielleitertraining auch die zu vermittelnden Kenntnisse über Sozialkompetenzen erlernt und den Spielleitern ein Gefühl für die Wirkung der Lerneinheiten vermittelt werden. Optimal ist es daher, wenn das Training den Spielleitern auch diese Lerneinheiten zunächst aus der Sicht eines Teilnehmers und dann erst aus der Sicht als Spielleiter vermittelt. Diese doppelte Anforderung wird sich an der Fakultät erübrigen, wenn das Spiel so lange durchgeführt wird, daß die neuen Spielleiter das Planspiel II selber als Studenten miterlebt haben.

Das Planspiel als Lehrmethode für Massenveranstaltungen

Das Spielleitertraining sollte wenige Wochen vor der Durchführung des Spiels erfolgen, so daß die Gefahr des Vergessens nicht zu hoch ist, aber auch Zeit für die Spielleiter besteht, eventuelle Wissenslücken zu schließen. Für das Training sollte mindestens ein ganzer Tag vorgesehen werden, an dem die Spielleiter sich voll auf das Training konzentrieren können und nicht durch Lehrstuhlbelange o.ä. abgelenkt werden. Da der Erfolg des Spiels erheblich von der Motivation der Spielleiter abhängt, ist es von Vorteil, das Spielleitertraining mit einem „geselligen Teil" am Abend zu planen.

Als technische Kapazität werden – bei Verwendung eines Spiels mit Teilnehmersystem – ein PC pro Unternehmen und ein weiterer PC für den Spielleiter benötigt. Die notwendige Leistungsklasse der Rechner ergibt sich aus den Spielunterlagen. Für die Ausdrucke der Marktergebnisse wird ein Drucker pro Spielleiterrechner benötigt. Der Drucker sollte mit dem Spiel getestet werden, da erfahrungsgemäß ältere Drucker zu langsam sind, um die Periodenauswertungen in der knappen Zeit zwischen den Spielperioden zu Papier zu bringen. Für den Fall technischer Probleme sollten einige Ersatzrechner und -drucker bereitstehen, die mit dem Teilnehmer- oder dem Spielleitersystem ausgerüstet sind. Weiterhin sollten hochleistungsfähige Kopierer zur Verfügung stehen, da die Periodenergebnisse schnell für die Unternehmen vervielfältigt werden müssen. Für die Erstellung von Präsentationen (z.B. der Periodenergebnisse durch die Spielleiter, der Unternehmensergebnisse durch die Unternehmen am Ende des Spiels in Form einer „Hauptversammlung") sollten auf den Rechnern ein Textverarbeitungssystem sowie ein Tabellenkalkulationsprogramm vorhanden sein.

Für die Kapazitätsplanung ergibt sich zusammenfassend folgende Aussage: In einer Durchführung des Spiels lassen sich maximal 50 Teilnehmer betreuen („großes Spiel"), wobei der Lerneffekt bei 30 bis 40 Teilnehmern („kleines Spiel") erheblich höher ist. Mit der Gruppengröße steigt der Betreuungs- und Motivationsaufwand für die Spielleiter. Ein großes Spiel sollte daher von drei Spielleitern, ein kleineres von mindestens zwei Spielleitern durchgeführt werden. Daraus ergibt sich eine Betreuungsrelation zwischen 1:15 und 1:17. Zusätzlich ist mindestens ein Leiter abzustellen, bei der Durchführung als Massenveranstaltung (d.h. mehrere Spiele gleichzeitig) empfiehlt sich die Leitung durch zwei Personen. Als technische Ausstattung sind pro Spiel sechs, besser noch sieben Rechner und ein leistungsfähiger Drucker einzuplanen.

3. Raum- und Zeitbedarf

Der Idealfall hinsichtlich der Raumplanung liegt vor, wenn für jedes Unternehmen ein kleiner Raum und für die Plenumsveranstaltung eine großer Raum zur Verfügung stehen. Davon kann aber ohne Probleme abgewichen werden. Notfalls lassen sich alle Aktivitäten eines Spiels in einem Raum durchführen. Jedes Unternehmen benötigt einen Tisch, an dem alle Unternehmensmitglieder sowie der Teilnehmerrechner Platz finden. Wenn für alle Unternehmen eines Spiels nur ein Raum zur Verfügung steht, dann sollten mit den nicht genutzten Tischen Sichtbarrieren zwischen den Unternehmen aufgebaut werden. Im Fall einer Massenveranstaltung wie dem Planspiel II in Nürnberg wird zusätzlich ein Hörsaal benötigt, in dem die Einführungs- und die Schlußveranstaltung mit der Feststellung des Siegerunternehmens stattfinden. Sollen neben dem eigentlichen Planspiel weitergehende Elemente wie die Lerneinheiten zur Sozialkompetenz vermittelt werden, müssen eventuell dafür benötigte Räume bereitgehalten werden. An der Wirtschafts- und Sozialwissenschaftlichen Fakultät wird für die Dauer des Planspiels II das gesamte Hauptgebäude reserviert. Dies ist nur deshalb möglich, weil aufgrund einer Sonderregelung der Fakultät die Woche nach Pfingsten vorlesungsfrei ist und dadurch die Räume für vier Tage komplett zur Verfügung stehen.

Der Zeitbedarf für das Spiel hängt davon ab, wie viele Perioden gespielt werden sollen und ob zusätzliche Lerneinheiten durchgeführt werden müssen. Erfahrungsgemäß sind Spielzeiten von 8.00 Uhr bis 19.00 Uhr bei einstündiger Mittagspause vertretbar. Um den Spielleitern Zeit zur Ermittlung und Vervielfältigung der Periodenergebnisse zu geben, sollten nach den einzelnen Perioden kurze Pausen gemacht werden. Abgesehen von den Anfangs- und Endplenumsveranstaltungen sind die einzelnen Spiele in ihrer Zeitplanung flexibel; die Spielleiter sollen auf die Dynamik in ihrem Spiel eingehen und Unternehmen eines „schnellen" Spiels nicht durch lange Wartezeiten während des Tages langweilen. Für längere Beratungen, die bei Unternehmen mit Problemen notwendig werden, müssen die Abende und die Mittagspausen hinzugenommen werden. Diese flexible Vorgehensweise kann erheblich zur Motivation einer Spielgruppe beitragen, weil die Teilnehmer das Gefühl bekommen, das Spiel selber mit gestalten zu können.

Die Spieldauer der einzelnen Perioden hängt von der Zahl der zu treffenden Entscheidungen und vom Schwierigkeitsgrad des Spiels ab. Erfahrungsgemäß sollte den Unternehmen in den ersten Perioden viel Zeit gegeben werden, um sich in der Gruppe in das Spiel einzuarbeiten. In späteren Perioden kann der Schwierigkeitsgrad durch Vorgabe knapper Zeitrahmen erhöht werden. Insbesondere gruppendynamische Effekte, die für die Lerneinheiten zur Sozialkompetenz interessant sind, können damit provoziert werden. Insgesamt sollten für das Spiel, sofern es als Blockveranstaltung wie an der Wirtschafts- und Sozialwissenschaftlichen Fakultät durchgeführt wird, drei bis vier Tage einkalkuliert werden.

II. Motivation der Spielleiter

An der Wirtschafts- und Sozialwissenschaftlichen Fakultät bestand bei der Entwicklung des Planspiels II das Problem, daß als Spielleiter Wissenschaftliche Mitarbeiter herangezogen werden sollten, die mit ihren normalen Tagesaufgaben bereits ausgelastet waren und nicht unbedingt mit großer Motivation an die zusätzliche Aufgabe herangingen. Dieser Nachteil wurde durch vier Mittel überwunden. (1) Zu Beginn der Planungsphase wurde das Spiel in der Spielleitergruppe gespielt. Bei einem Spiel mit so hohem Motivationseffekt wie „TOPSIM – General Management II" führte schon dies zu einer gewissen Grundbegeisterung für die zusätzliche Aufgabe. Bereits bei diesem ersten Probespiel, das in der Freizeit der Mitarbeiter am Wochenende stattfand, waren die Kollegen noch bis in die Nacht hinein mit dem Spiel beschäftigt, weil auch bei ihnen nach den ersten Perioden der Ehrgeiz einsetzte, gewinnen zu wollen. (2) Als Spielleiter werden pro Durchführung von jedem der dreizehn Lehrstühle des Betriebswirtschaftlichen Instituts der Fakultät zwei Mitarbeiter abgestellt. Dadurch lernen die Spielleiter Kollegen kennen, denen sie sonst höchstens durch Zufall oder im Rahmen der Hochschuldidaktikausbildung an der Fakultät begegnen würden. Sie machen die Erfahrung, daß das Tagesgeschäft an der Fakultät

Das Planspiel als Lehrmethode für Massenveranstaltungen

leichter und angenehmer zu absolvieren ist, wenn man an den anderen Lehrstühlen Personen gut kennt und Dinge schneller und effektiver auf dem „kleinen Dienstweg" erledigen kann. (3) Als wichtigstes Motivationselement erweist sich die Tatsache, daß das Planspiel II, d.h. die Verknüpfung von computerbasiertem Spiel und Lerneinheiten zur Sozialkompetenz, ein Projekt des Spielleiterteams ist, von ihr als eigenes Konzept entwickelt wurde, durchgeführt und nach außen hin vertreten wird. Es existieren mehrere Arbeitskreise, die das Planspiel II in seiner heutigen Form entwickelt haben und ständig weiterentwickeln. Dies sind z.B. ein Arbeitskreis „Organisation", ein Arbeitskreis „Sozialkompetenz" und ein Arbeitskreis „Motivation und Spielleitertraining". Innerhalb der Arbeitskreise wird das Know how ständig weiterentwickelt und weitergegeben. Jeder Spielleiter erfüllt eine Doppelfunktion: Als Mitglied eines Arbeitskreises ist er für einen Funktionsbereich aller durchgeführten Spiele verantwortlich; als Spielleiter obliegt ihm die vollständige Durchführung eines einzelnen Spiels. Durch das Professorium werden der Stand der Entwicklung bzw. Durchführung kontrolliert und die Examina durchgeführt. Dadurch entsteht bei den Spielleitern ein „Teamgeist", der auch über die mit dem Planspiel verbundene Arbeitsbelastung hinweghelfen kann. (4) Ein letzter Motivationseffekt besteht für die Spielleiter darin, das Planspiel II weiter nutzen zu können. Die Unterlagen zur Sozialkompetenz-Schulung beispielsweise wurden vom Spielleiterteam in der hausinternen Schriftenreihe veröffentlicht.[12] Darüber hinaus entstanden aus dem Planspiel II einige Veröffentlichungen und Vorträge von beteiligten Kollegen sowie Lehraufträge an anderen Hochschulen und Institutionen. Dies kann das Gefühl des Einzelnen verstärken, vom Planspiel auch persönlich zu profitieren.

III. Akzeptanz bei den Studierenden

1. Vorabinformation

Das Didaktikinstrument „Planspiel" ist bei den Studierenden z.T. noch relativ unbekannt. An der Wirtschafts- und Sozialwissenschaftlichen Fakultät führte die Einführung des Planspiel II als Pflichtbestandteil der Allgemeinen Betriebswirtschaftslehre mit Examensrelevanz zu großer Verunsicherung und erheblichem Informationsbedarf bei den Studierenden. Um bei den Teilnehmern Akzeptanz zu erreichen, ist es daher wichtig, schon frühzeitig für eine ausreichende Information der Teilnehmer zu sorgen. Dazu gehören eine rechtzeitige Anmeldung, die frühzeitige Ausgabe der Teilnehmerunterlagen und eine ständige Mitteilung aktueller Informationen. In Nürnberg wurde letzteres durch die Einrichtung einer Internet-Seite umgesetzt, die ständig aktualisiert wird und zudem Informationen über die vergangenen Planspiel-Durchläufe enthält.[13]

2. Betreuung während des Planspiels

Während der Durchführung ist es wichtig, den Teilnehmern das Planspiel als ernstzunehmende Abbildung der Realität darzustellen. Das Durchsetzen der Unternehmensinteressen am Markt muß als Herausforderung gesehen werden, die nur durch die angestrengte Zusammenarbeit im Unternehmen erfüllt werden kann. Dafür ist auch die inhaltliche und organisatorische Information während des Spiels wichtig: Die Spielleiter müssen auf inhaltliche Fragen der Teilnehmer plausible und realitätsnahe Antworten geben. Für die Motivation der Teilnehmer ist es verheerend, auf ihre Fragen mit „Das ist eben so." oder „Warum, weiß ich auch nicht; glauben Sie es einfach." zu antworten. Wenn ein Spielleiter auf eine Frage nicht sofort eine Antwort weiß, sollte er versuchen, die Lösung mit „gesundem Menschenverstand" aus den Teilnehmerunterlagen abzuleiten. Dafür ist es wichtig, daß das Spiel große Realitätsnähe aufweist, damit solche Rückschlüsse möglich sind. Die Teilnehmer sollten das Gefühl vermittelt bekommen, auch durch eigene Überlegung auf die Lösung kommen zu können. Sollte eine spontan richtige Antwort nicht möglich sein, darf sich ein Spielleiter nicht scheuen, zunächst seine Kollegen um Rat zu fragen. Dies ist auch wichtig, um bei der parallelen Durchführung mehrerer Spiele oder auch zwischen den Spielleitern des selben Spiels Widersprüche zu vermeiden. Erfahrungsgemäß wird es von den Studierenden besser hingenommen, auf eine Antwort zu warten, als feststellen zu müssen, daß die Aussage eines Spielleiters falsch oder ungenau war. Dies kann zum Motivationsverlust der Teilnehmer und schließlich dem „Aussteigen" eines Unternehmens führen, wenn es aufgrund der Fehlauskunft eines Spielleiters falsche Entscheidungen getroffen hat. Aus diesem Grund ist es auch wichtig, die Spielleiterteams so zu planen, daß sich in jedem Zweier- oder Dreier-Team ein erfahrener Spielleiter befindet, der als Know how-Speicher für die Gruppe dient. Die Person, die die technische bzw. organisatorische Leitung des Spiels innehat, sollte der erfahrenste Spielleiter sein. Auch er sollte sich nicht scheuen, bei Fragen die Hotline des Herstellers heranzuziehen.

Die einheitliche Beantwortung von Teilnehmerfragen ist um so wichtiger, je größer das Spiel ist, und ist bei der Ausschreibung eines Preises für das erfolgreichste Unternehmen unerläßlich. Wenn die Motivationswirkung des Spiels einsetzt, beginnen die Studenten, auch in den Pausen mit Spielern anderer Gruppen über das Spiel zu reden. Dabei dürfen weder Widersprüche noch das Gefühl auftreten, einige Spielleiter würden „Tips" geben, vielleicht aus übertriebener Hilfsbereitschaft heraus, vielleicht aber auch aus der Motivation, den Gesamtsieger in ihrem Spiel zu haben. Die Teilnehmer dürfen auch keinesfalls Einblick in das Spielleiterhandbuch erhalten, das die Formeln beinhaltet, auf denen das Spiel basiert. Dies würde zu einer „Entzauberung" des Spiels führen und dem Bemühen des Spiels zuwiderlaufen, einen „echten" Markt zu simulieren. Zwar kann die Abbildung der Realität in einem Modell nie vollständig sein, weil es sich sonst nicht mehr um ein Modell, sondern um eine „zweite" Realität handeln würde. Die Spielleiter sollten aber immer versuchen, den Bezug zur Realität herzustellen. Wenn das Spiel beispielsweise mit Technologie-Indizes arbeitet, lassen sich diese den Teilnehmern als Synonym für Ergebnisse der „Stiftung Warentest" erklären. Damit verliert sich die Schwierigkeit für die Spieler, die abstrakten Zahlen des Spiels realitätsgerecht zu interpretieren und daraus Entscheidungen ableiten zu müssen.

Auch organisatorische Fragen sollten rasch und einheitlich geklärt werden. Dafür empfiehlt es sich, alle vorab wichtigen Informationen in der Einführungsveranstaltung weiterzugeben. Zudem sollte ein „Schwarzes Brett" aufgestellt werden, an dem aktuelle Informationen wie z.B. Zwischenergebnisse, aber auch Zeitverschiebungen angekündigt werden. Bei allen organisatorischen Fragen der Teilnehmer sollten die Spielleiter im Sinne eines Dienstleisters antworten, dem persönlich daran gelegen ist, Fragen zu klären und für einen reibungslosen Ablauf zu sorgen.

3. Evaluation nach der Veranstaltung

Die Motivation der Teilnehmer läßt sich steigern, indem sie an dem Spiel und seiner Weiterentwicklung beteiligt werden. Dieses Potential sollte bewußt dazu genutzt werden, das Spiel allgemein zu verbessern, aber auch um ein Feedback für das Verhalten einzelner Spielleitergruppen zu bekommen. Allen Spielleitern sollte an einer kontinuierlichen Verbesserung des Spiels gelegen sein.

Für die Evaluation des Planspiel II wurde ein Fragebogen entwickelt, mit dem bei jeder Durchführung für die einzelnen Spiele Beurteilungen der Komponenten des Spiels, der Begleitmaterialien sowie der Organisation und Betreuung eingeholt werden. Bei dieser Totalerhebung wird zudem um Verbesserungsvorschläge gebeten. Abschließend wird eine Gesamtaussage über den persönlichen Nutzen des Spiel erbeten. Bei der Evaluation der ersten Durchführung, die noch von großer Unsicherheit auf Seiten der Studierenden insbesondere hinsichtlich des Examens geprägt war, antworteten auf die Frage: „Hat sich das Planspiel, unabhängig von der Prüfungsrelevanz, für sie gelohnt?", immerhin 93% der Teilnehmer mit „ja". Weiterhin wurde als positiv angesehen, daß das Planspiel das fächerübergreifende, vernetzte Denken fördert, ein Gegengewicht zur Spezialisierung im Hauptstudium darstellt und eine Einführung in die gesamte Komplexität der Betriebsführung vermittelt. Durch die Weitergabe dieser positiven Einschätzung innerhalb der Studierendenschaft ließ sich der Unwillen gegenüber einer zusätzlichen Prüfungsleistung erheblich vermindern.[14]

D. Fachliche Probleme: Die Vermittlung von Sozialkompetenzen i.w.S.

I. Sprachliche Komponente

Neben der Vermittlung der betriebswirtschaftlichen Inhalte des Planspiels bestand ein Ziel darin, die internationale Ausrichtung der Studierenden zu fördern. Dazu sollte das Spiel um eine sprachliche Komponente erweitert werden, die den Teilnehmern im Spiel fremdsprachliches (englisches) betriebswirtschaftliches Fachvokabular nahebringen sollte. Dies wurde auf einfachem Wege erreicht: Das ausgewählte Planspiel „TOPSIM – General Management II" ist auch in fremdsprachlichen Versionen erhältlich. Die Fakultät erwarb neben der deutschsprachigen Lizenz auch die englische Spielversion. Das Durchführen des Spiels in englischer Sprache hätte jedoch die Gefahr mit sich gebracht, Teilnehmer, die des Englischen nicht ausreichend mächtig sind, auszuschließen und zu demotivieren. Daher wird nur das Computerspiel in der englischen Version eingesetzt. Alle Informationen für die Spieler, insbesondere das Teilnehmerhandbuch, werden in synoptischer Form ausgeteilt, d.h. auf der einen Handbuchseite befindet sich der englische Text, auf der anderen Seite die deutsche Übersetzung. Die Teilnehmer diskutieren in den Unternehmen auf deutsch und unter Verwendung der deutschen Fachbegriffe. Die Eingabeformulare des Spiels sowie die Ergebnisausdrucke aus den Spielleitersystemen sind jedoch in Englisch gehalten. Daher müssen die Studenten beide Begriffe kennen und nebeneinander verwenden können. Was zu Beginn des Spiels zu einigem Blättern im Handbuch führt, ist nach einigen Perioden selbstverständlich. Es zeigte sich, daß die periodischen

Wirtschaftsprognosen, die zunächst in englisch ausgeteilt und eine halbe Stunde später auf deutsch nachgereicht werden, in der deutschen Version nicht mehr wahrgenommen werden. Die Diskussionen in den Unternehmen verwenden von Periode zu Periode mehr englisches Fachvokabular, das bei dieser spielerischen Form des „Learning by doing" eher in Erinnerung bleibt, als es bei dem üblichen „Vokabellernen" zu erwarten ist. Will man diesen Effekt erzielen, muß beim Kauf des Spiels darauf geachtet werden, daß es in fremd- wie in deutschsprachiger Version erhältlich ist und daß die Handbücher beider Versionen seitengenau zueinander passen. Verheerend sind Abweichungen zwischen den Sprachversionen, da die Teilnehmer auch die auf englisch vorgegebenen Daten als „Realität" akzeptieren sollen.

Ein nächster Schritt könnte darin bestehen, auch die Plenumsveranstaltungen auf Englisch abzuhalten und die abschließende Simulation der Hauptversammlung durch die Unternehmen in der fremden Sprache zu verlangen. Dies setzt jedoch entsprechende Sprachkenntnis bei den Spielleitern voraus, was wiederum mit zusätzlichem Schulungsaufwand verbunden ist. Langfristig bietet dieser Weg jedoch eine interessante Perspektive und stellt eine fast schon notwendige Anforderung an die Hochschulausbildung dar.

II. Erweiterung des Planspiels um Social Skill-Module

1. „Definition" von Sozialkompetenz i.e.S.

Neben dem sprachlichen Aspekt wird mit dem Planspiel II auch die Vermittlung von Sozialkompetenzen im engeren Sinne beabsichtigt. Der Begriff der „Sozialkompetenz" hat keine allgemeingültige Definition. Es soll darunter im folgenden und in Übereinstimmung mit der Handhabung im Planspiel II „eine wesentliche personale Voraussetzung für die Gestaltung der Kommunikationsbeziehungen im Innen- und Außenverhältnis der Unternehmung"[15] verstanden werden. Sozialkompetenz umfaßt „die Kompetenz zur verständigungsorientierten Bewältigung von Aufgaben und Problemen [...] i.S.e. Balance zwischen eigen- und sozialverantwortlichem Handeln."[16] Sie bedeutet, sich weg von den Extrempunkten des Egoisten, der sich und seine persönlichen Interessen in den Vordergrund stellt, und des Opportunisten, der sich bereitwillig an die jeweilige Lage anpaßt, zu einem Team-Mitglied zu entwickeln, das sowohl dialogfähig und kooperativ als auch kritisch in Bezug auf die zu lösende Aufgabe ist. Dabei sind drei Verhaltenskomponenten zu unterscheiden: Die Dialogkompetenz umfaßt die Fähigkeit zum gegenseitigen Austausch von Informationen. Unter Koordinationskompetenz wird die Fähigkeit zur Abstimmung und Vereinbarung eines gemeinsamen Standpunktes verstanden. Kooperationskompetenz beinhaltet darüber hinaus die Fähigkeit zur gemeinsamen Umsetzung des erreichten Konsenses.

Da es kaum möglich ist, durch eine Lerneinheit die Teilnehmer zu „besserem" sozialen Verhalten zu bringen, wird der Schwerpunkt im Rahmen des Planspiel II darauf gelegt, Wissen über soziales Verhalten zu vermitteln. Neben diesen Inhalten wird in praktischen Anwendungen den Teilnehmern „am eigenen Leibe" demonstriert, wie sich sozial kompetentes, aber auch sozial inkompetentes Verhalten auswirken kann. Dieser Effekt soll erreicht werden durch

Das Planspiel als Lehrmethode für Massenveranstaltungen

- „die Vermittlung fachübergreifender Schlüsselqualifikationen (Methodenvermittlung),
- eine Sensibilisierung für angemessenes Verhalten im sozialen Umfeld (insbesondere für die Gruppensituationen),
- die Vertiefung der Inhalte durch Einüben in konkreten Anwendungssituationen und
- die Schaffung eines Möglichkeitsraumes zum Kennenlernen der Wirkung des eigenen Kommunikationsverhaltens auf Dritte."[17]

Die drei Kompetenzbereiche werden daher in einzelnen Lerneinheiten (Modulen) zunächst inhaltlich vorgestellt und im zweiten Schritt anhand von Übungen und Aufgabenstellung durch aktive Teilnahme der Studierenden vermittelt. Jedes Modul umfaßt einen inhaltlichen Teil und eine Durchführungskomponente.

2. Modul 1: Dialogkompetenz

2.1 Inhalt

Dialogkompetenz setzt sich zusammen aus Artikulationsfähigkeit und Interpretationsfähigkeit. Dabei wird unter Artikulationsfähigkeit beispielsweise verstanden

- die Fähigkeit zur Präsentation von Informationen sowie
- die Fähigkeit zu kongruentem Verhalten. Damit ist die Übereinstimmung von sprachlichen und nichtsprachlichen Äußerungen gemeint. Nicht kongruentes Verhalten (z.B. zustimmende Äußerungen, aber ablehnende Gestik und Mimik) kann auf den Dialogpartner verwirrend wirken und die Kommunikation stören.

Unter Interpretationsfähigkeit werden beispielsweise gefaßt

- die Fähigkeit, sich in die Rolle des Gespächspartners hineinversetzen zu können, sowie
- die Fähigkeit, die Äußerungen des Gegenübers hinsichtlich seiner Absichten, auch wenn sie verborgen sind, zu verstehen.

Für beide Komponenten von Dialogkompetenz ist das Nebeneinander von verbalen und nonverbalen Äußerungen wichtig. Dies ist dadurch bedingt, daß jede Nachricht neben dem Sachinhalt auch die Einstellung des Redenden offenbart, eine Beziehung zwischen ihm und dem Empfänger der Nachricht herstellt und einen Appell an diesen beinhaltet. Kommunikationsstörungen können daher auf fünf Ebenen auftreten:

1. Das Gesagte wird nicht gehört.
2. Das Gehörte wird nicht verstanden.
3. Das Verstandene wird nicht akzeptiert.
4. Das Akzeptierte wird nicht umgesetzt.
5. Das Umgesetzte wird nicht beibehalten.

Ein wichtiges Instrument auf Ebene der Dialogkompetenz ist der Redestil, mit dem das Gesagte vermittelt wird. Darunter lassen sich Komponenten fassen wie der beim Zuhörer Interesse weckende Einstieg, die prägnante Formulierung eines Ziels, das Vorhandensein eines Roten Fadens, die Verwendung von Beispielen zur Verbesserung des Verstehens, die Wiederholung von Aussagen zur Verbesserung der Aufnahme durch den Zuhörer sowie der Appell am Ende der Rede, der dem Zuhörer die Grundaussage nochmals nahelegt. Als nonverbale Stilmittel stehen Mimik („Mit-dem-Gesicht-Sprechen"), Gestik (Hände bewußt einsetzen), Körperhaltung (eine aufrechte Haltung vermittelt eine aufrechte Meinung) sowie der Blickkontakt mit dem Publikum (Den Einzelnen ansprechen!) zur Verfügung. Diese Inhalte werden den Teilnehmern des Planspiels zunächst inhaltlich vermittelt und dann in einer praktischen Übung nahegebracht.

2.2 Durchführung
Ziel des Moduls ist es, die Teilnehmer die eigene Dialogkompetenz reflektieren zu lassen. Dazu müssen sie zur Artikulation von Informationen gebracht werden, wobei ihre Artikulationsfähigkeit anschließend von ihnen selber und von außenstehenden Personen beurteilt wird. Hierzu dient das Instrument der Stegreifrede: Im Laufe der ersten Spielperioden werden einzelne Teilnehmer verschiedener Unternehmen zu kleinen Gruppen zusammengestellt, die für die Dauer ihres Moduls den Spielraum verlassen. Es ist wichtig, nicht zu viele Spieler aus einem Unternehmen zu entfernen, damit die Entscheidungsfindung für das Spiel weiterlaufen kann. In der Modulgruppe werden Redethemen ausgelost, die von wirtschaftlichen Fragestellungen über sozialpolitische Äußerungen bis zu persönlichen Stellungnahmen gehen können. Die Teilnehmer bekommen fünf Minuten Zeit, um hierzu eine kurze Rede vorzubereiten. Danach trägt jeder Teilnehmer maximal drei Minuten lang zu seinem Thema vor der Gruppe vor. Die Zuhörer füllen währenddessen einen Bewertungsbogen aus. Nach der Rede wird jedem Sprecher ein kurzes mündliches Feedback zu seinem Vortrag gegeben. Zusätzlich erhält jeder die Bewertungsbögen zu seiner Rede.

Das Feedback dient vor allem dazu, daß der Vortragende sein Selbstbild mit dem Fremdbild abgleichen kann, um seine Wirkung auf andere besser verstehen zu können. Damit das Feedback konstruktiv wirkt, sind bestimmte Spielregeln einzuhalten, die den Teilnehmern vorab erklärt werden müssen: Eine negative Bewertung sollte niemals alleine abgegeben werden, sondern immer mit mindestens einem positiven Aspekt verbunden werden. Der Feedback gebende Zuhörer kennt nur seine eigenen Wahrnehmungen und kann sich daher auch nur zu diesen äußern. Er sollte es vermeiden, Behauptungen auszusprechen oder zu generalisieren („Ich glaube, Sie liegen da völlig falsch!"), sondern statt Vermutungen inhaltliche Aussagen formulieren. Der Feedback erhaltende Vortragende sollte im Gegenzug bereit sein, das Feedback anzunehmen. Er sollte nicht argumentieren und sich verteidigen, sondern zuhören und aufnehmen.

Nachdem jeder Teilnehmer des Moduls seine Stegreifrede gehalten und Feedback bekommen hat, kehren die Spieler wieder in ihre Unternehmen zurück. Dazu müssen sie sich bei ihren Mitspielern über den Stand der Planungen für das Unternehmen informieren. Da jeder Teilnehmer das Modul durchläuft, wird jeder einmal in die Lage versetzt, Informationen geben sowie sich Informationen einholen zu müssen.

Ergebnis des Moduls „Stegreifrede" ist, daß sich alle Spielteilnehmer in der freien Rede und dem aktiven und passiven Feedback üben. Als Nebeneffekt werden Gruppenbildungs- und Integrationsprozesse innerhalb der Unternehmen provoziert und deren Bewältigung trainiert.

3. Modul 2: Koordinationskompetenz

3.1 Inhalt
Nach der Fähigkeit zum Dialog besteht die nächste Kommunikationsebene darin, in einer Gruppe, in der unterschiedliche Interessen im Widerspruch zueinander stehen, gemein-

Das Planspiel als Lehrmethode für Massenveranstaltungen

same Lösungsansätze für Probleme abstimmen und festlegen zu können. Dieses mit dem Begriff „Koordinationskompetenz" bezeichnete Verhalten wird im zweiten Modul behandelt. Ausgangspunkt der Überlegungen ist das Auftreten eines Konflikts. Charakteristische Merkmale eines Konflikts bestehen darin, daß mindestens zwei Personen oder Gruppen sich über unterschiedliche oder sich ausschließende Ziele bzw. Mittel einigen müssen. Jede Person bzw. Gruppe hat das Ziel, die jeweils andere Person bzw. Gruppe zu beeinflussen oder zu unterdrücken, um die eigenen Interessen durchsetzen zu können. Dieser Ausgangspunkt scheint zunächst den Konflikt als rein negatives Phänomen aufzufassen. Der erste Schritt im Modul „Koordinationskompetenz" besteht darin, die möglichen konstruktiven Wirkungen eines Konflikts aufzuzeigen. Konflikte

- machen Probleme sichtbar,
- können stimulierend wirken,
- können Beziehungen stärken und
- sind eine Chance für die fachliche, aber auch für die persönliche Weiterentwicklung.

Der erste Schritt, der zur Lösung eines Konflikts nötig ist, besteht darin, sich über die Art des Konflikts klar zu werden. Bei nur beschränkt zur Verfügung stehenden Ressourcen liegt ein Verteilungskonflikt vor. Ein Beurteilungskonflikt entsteht, wenn zwei Parteien zwar das selbe Ziel verfolgen, sich aber über den Weg nicht einigen können. Von einem Bewertungskonflikt wird gesprochen, wenn in einer Situation unterschiedliche Zielsetzungen (Interessen, Werte, Verhaltensregeln) und damit auch differierende Ansichten über den einzuschlagenden Weg herrschen. Die beteiligten Parteien sollten sich darüber klar werden, worin genau ihr Konflikt liegt. Hierzu ist es notwendig, dem anderen aktiv zuzuhören, um seinen Standpunkt richtig zu verstehen, und bestimmte Verhaltensregeln einzuhalten: Das Anliegen des Gesprächspartners muß ernst genommen werden. Die Mitteilungen des anderen sollten in eigenen Worten wiedergegeben werden, um zu signalisieren, daß man ihn versteht und bereit ist, auf ihn einzugehen. Die sich entgegenstehenden Anliegen müssen konkretisiert werden, um die eigenen Ziele gegenüber denen des anderen transparent zu machen. Dabei muß deutlich gemacht werden, daß es sich um eigene Ziele und Vorgehensweisen handelt („Ich-Botschaften"), um nicht durch verallgemeinernde Aussagen eine Konfliktlösung unmöglich zu machen. Beispielsweise eröffnet der Satz „Ich möchte dies und jenes." Diskussionsspielraum, während die Aussage „Dies und jenes ist das einzig richtige." zu einer Grundsatzdiskussion führt und die Konfliktlösung erschwert. Wenn diese Punkte geklärt sind, ist zur Lösung des Konflikts ein bestimmtes Verhalten notwendig: Durch Fragen, die für die Meinung des anderen offen sind, ist es möglich, das Gespräch zu führen, ohne es an entgegenstehenden Aussagen scheitern zu lassen. Einwände der Gegenseite sollten durch Rückfragen, Gewichtung der Vor- und Nachteile u.ä. relativiert werden; ihnen kann vorgebeugt werden, indem man sie dem Gegner vorwegnimmt („Ich weiß, daß mit meinem Standpunkt jenes Problem verbunden ist, aber..."). Für das Gespräch ist es wichtig, die Verwendung von sogenannten „Killerphrasen" zu vermeiden, die nicht an der zu diskutierenden Sache, sondern an einer persönlichen Ebene ansetzen. Angriffspunkte können sein

- die eigene Person: „Ich habe doch viel mehr Erfahrung als Sie!"
- die Person des Gesprächspartners: „Das können Sie gar nicht beurteilen!" oder „Das ist kein Argument, was Sie da sagen!"

- der Gesprächsgegenstand: „Das haben wir schon immer so gemacht!" oder „Wenn Ihre Vorgehensweise besser wäre, würden es längst alle so machen!"
- die Rahmenbedingungen des Gesprächs: „Jetzt ist es doch viel zu spät, um daran noch etwas zu ändern!"

Derartige Formulierungen machen die kooperative Bewältigung eines Konflikts unmöglich und führen bestenfalls zu einem Kompromiß, wenn nicht gar zu einer Zufallsentscheidung.

3.2 Durchführung

Auch für dieses Modul gilt, daß die Inhalte am besten verstanden werden, wenn sie am eigenen Leib erfahren werden. Hierfür wurden in Nürnberg verschiedene Möglichkeiten getestet, von denen hier nur eine vorgestellt werden soll. Es handelt sich um das Medium „Fallstudie", das in der Gesamtgruppe eines Spiels oder in kleineren Gruppen durchgeführt werden kann. Es wird anhand einer Geschichte eine Situation vorgestellt, in der ein Konflikt zwischen zwei oder mehr Gruppen besteht. Die Standpunkte sind klar, ein Lösungsansatz nicht in Sicht. Nun werden die verschiedenen Positionen mit Teilnehmern des Spiels besetzt, die versuchen sollen, in einem Rollenspiel zu einer Lösung des Konflikts zu kommen. Es wird ein Zeitrahmen (z.B. 15 Minuten) vorgegeben, während dessen die „Schauspieler" ihre Standpunkte austauschen und einen Lösungsansatz finden sollen. Die übrigen Teilnehmer beobachten den Prozeß. Nach Ablauf der Zeit (oder nach Einigung der Gruppen) wird der Konfliktlösungsprozeß von den Zuschauern analysiert und diskutiert. Dabei wird nicht nur geklärt, welche Wendungen im Gespräch zur Lösung des Konflikts geführt haben, sondern auch die Beiträge der einzelnen Personen zur Lösung und ihre Wirkung auf die Mitspieler und Zuhörer werden analysiert. Sollte keine Lösung gefunden worden sein, kann das Spiel mit einer zusätzlichen Person als „Moderator" wiederholt werden. Aufgabe des Moderators ist es, unter Zurückhaltung der eigenen Meinung das Gespräch zwischen den Gruppen so zu steuern, daß eine gemeinsame Lösung gefunden werden kann. Er kann dafür die Spielregeln des Gesprächs bestimmen (z.B. Themeneingrenzung, Vorgehensweisen) und bei Verstößen korrigierend eingreifen.

Um den Unterschied einer solchen „gesteuerten" Konfliktsituation zu einer unkontrollierten Diskussion deutlich zu machen, kann im Anschluß das selbe Rollenspiel nochmals durchgeführt werden, diesmal aber mit der Vorgabe an die Schauspieler, auf dem eigenen Standpunkt zu beharren und ihn – notfalls auch unter Verwendung von Killerphrasen – zu verteidigen. Dieses Verhalten wirkt auf die Spieler wie auf die Zuschauer im Vergleich zur vorherigen Durchführung lächerlich, fast schon kindisch. Die Teilnehmer erkennen, daß sie mit einer derartigen Vorgehensweise auch bei „echten" Konflikten nicht zu einer gemeinsamen, konstruktiven Lösung kommen können.

4. Modul 3: Kooperationskompetenz

4.1 Inhalt

Während das Modul 2 mit einem fiktiven Konfliktfall arbeitet, erfahren die Planspielteilnehmer einen realen Konflikt während des Spiels am eigenen Leib: Auf dem Weg zu optimalen Entscheidungen für das Unternehmen müssen Standpunkte entwickelt, ausgetauscht und zu einem gemeinsamen Ergebnis weiterentwickelt werden. Da die Unternehmen bei

Das Planspiel als Lehrmethode für Massenveranstaltungen

der Durchführung des Planspiel II nach dem Alphabet und nicht nach gegenseitiger Bekanntschaft und Sympathie der Teilnehmer besetzt werden, befinden sich in den Unternehmen Personen, die einander unbekannt sind und erst einen Modus für den Umgang miteinander und die gemeinsame Arbeitsweise entwickeln müssen. Zumal das Spiel im Laufe der Zeit immer schnellere Entscheidungen verlangt, ist die Wahrscheinlichkeit, daß in den Gruppen Konflikte auftreten, hoch. Es zeigen sich in den Gruppen mehr oder weniger große Fähigkeiten, trotz dieser Konflikte zu kooperieren. Daher wird in einem dritten Modul gegen Ende des Planspiels die Kooperationskompetenz thematisiert. Darunter wird die Fähigkeit zur Teamarbeit im Sinne einer Sonderform der Gruppenarbeit, die durch eine bewußte Intensivierung und Regelung der Gruppenprozesse eine zusätzliche Leistungssteigerung gegenüber der Gruppenarbeit bringen soll, verstanden.[18] Teamarbeit kann sowohl positive als auch negative Effekte mit sich bringen. Eine positive Auswirkung der Teamarbeit ist die Integration der Arbeitskraft und Denkfähigkeit mehrerer Individuen mit dem Ergebnis der Leistungssteigerung durch Sammlung gleichgerichteter Kräfte. Dabei muß jedoch darauf geachtet werden, daß der Teamgeist nicht zum Hemmnis für die Kreativität der einzelnen Teammitglieder wird. Ein zweiter positiver Effekt der Teamarbeit ist in der differenzierenden Wirkung zu sehen. Durch das Zusammenführen sich ergänzender Leistungsschwerpunkte, gegenseitige Anregung zu neuen Ideen und die Anerkennung guter Leistungen durch die Gruppe läßt sich eine weitere Leistungssteigerung erzielen. Probleme können auftreten, wenn dieser Differenzierungseffekt zum Eingehen unangemessener Risiken führt oder bei sehr divergierenden Teammitgliedern einen übermäßigen Koordinationsbedarf mit sich bringt. Gelungene Teamarbeit läßt sich nicht allgemeingültig definieren, sondern nur an Anhaltspunkten wie Gleichrangigkeit der Teammitglieder, gemeinsamer Konfliktbewältigung, Identifikation mit der Teamaufgabe, gegenseitiger Akzeptanz und Vertrauen, Kooperations- und Lernbereitschaft sowie gemeinsamer Verantwortung des Teamergebnisses gegenüber anderen festmachen.

4.2 Durchführung

Um die Theorie über Teamarbeit anwenden zu lernen, sollen die Teilnehmer die in ihrer Kleingruppe „Unternehmen" abgelaufenen Teamprozesse reflektieren. In einem vorgegebenen Zeitrahmen wird über die Art diskutiert, wie Entscheidungen getroffen wurden, welche Konflikte auftraten und wie damit umgegangen wurde. Die Ergebnisse sollen auf großen Plakaten visualisiert werden, wobei die Gestaltung (bildlich, Schriftform, …) frei ist. Die Plakate werden in der Spielgruppe vorgestellt und erläutert. Der Erfolg dieses Moduls ist sehr davon abhängig, wie die Moderation durch die Spielleiter abläuft. Gerade bei Unternehmen, in denen während des Spiels größere Probleme in der Zusammenarbeit aufgetreten sind, verlangt die Diskussion Fingerspitzengefühl und Zurückhaltung.

IV. Erfahrungen hinsichtlich der Verknüpfung von Planspiel und Social Skill-Modulen

Die Rückmeldungen der Studierenden gegenüber der Einbindung der Social Skill-Module waren weitgehend positiv. Besonders die Stegreifrede wurde als hilfreich aufgenommen. Bei den Modulen zur Koodinations- und zur Kooperationskompetenz hängt die Qualität des Lerneffektes erfahrungsgemäß sehr von der Vorgehensweise der Spielleiter ab. Bei Modul 2 (Koordinationskompetenz) besteht die Gefahr, aufgrund des Mediums „Rollenspiel" ins Unterhaltsam-Lächerliche abzurutschen. Dem muß durch entsprechende Moderation der Diskussion und Vermittlung eigener Motivation, aus der Fallstudie etwas lernen zu wollen, entgegengewirkt werden. Der Erfolg des Moduls 3 (Kooperationskompetenz) hängt – wie bereits erwähnt – von der Fähigkeit der Spielleiter ab, auf die aufgetretenen und vielleicht noch offenen Konflikte angemessen zu reagieren. Sie haben die Funktion eines Psychologen, der persönliche Defizite aufdeckt und Ratschläge zu ihrer Verarbeitung gibt. Deshalb sollten die Spielleiter in allen Situationen hinter dem vermittelten Stoff stehen und zu verstehen geben, daß der Lerneffekt der Social Skill-Module in hohem Maße von der persönlichen Bereitschaft abhängt, etwas daraus lernen zu wollen.

E. Examen

Die Einführung des Planspiels II mit Examensrelevanz führte zunächst zu großer Verunsicherung bei den Studierenden. Es standen die Fragen im Raum, ob die Inhalte eines Spiels oder soziales Verhalten überhaupt geprüft werden können, und wenn ja, wie dies geschehen könne. Grundlegend ist zu sagen, daß weder die Spielinhalte noch Sozialkompetenzen prüfbar sind. Es ist z.B. sinnlos, das Teilnehmerhandbuch abzufragen oder die Qualität einer Stegreifrede oder eines Konfliktgesprächs zu beurteilen. Da die Prüfung des Planspiel II Teil des Examens ist, müssen Objektivität und Vergleichbarkeit der Beurteilung gegeben sein. Es werden daher Aufgaben gestellt, die nur mit funktionsbereichsübergreifendem, „unternehmerischem" Denken zu lösen sind. Hinsichtlich der Sozialkompetenz-Module wird das Wissen über Sozialkompetenz, nicht die Sozialkompetenz selber abgefragt. Beispielsweise wird eine Konfliktsituation in einem Unternehmen dargestellt. Die Aufgabe besteht darin, den Konflikt zu klassifizieren und herauszuarbeiten, welche Unternehmensbereiche davon betroffen sind. Des weiteren sollen Lösungsvorschläge abgegeben werden. Dabei kommt es nicht darauf an, in einer Musterlösung festgelegte Lösungsvorschläge zu „erraten", sondern es werden das Herangehen an das Problem und die Entwicklung des Lösungsansatzes beurteilt. Dies ist sicherlich auch mit „gesundem Menschenverstand" zu erreichen, so daß eine Teilnahme an dem Planspiel diesbezüglich nicht zwingende Voraussetzung für das Bestehen der Klausur ist. Da das Planspiel jedoch den „gesunden Menschenverstand" in Form des unternehmerischen Denkens schult, erleichtert die Teilnahme das Bestehen der Klausur in jedem Fall. Im Bereich des Wissens um Sozialkompetenzen sind die Planspielinhalte hingegen unverzichtbar, da beispielsweise die Unterscheidung von Konfliktarten nicht allein im „gesunden Menschenverstand" begründet, sondern auch eine Frage der Definition ist.

Diese Informationen allein waren natürlich nicht ausreichend, um die Bedenken der Studenten vor der ersten Prüfung zu zerstreuen. Um ihnen die Ungewißheit zu nehmen und der damit verbundenen Demotivation vorzubeugen, wurde frühzeitig vor der ersten Klausur eine Informationsveranstaltung abgehalten, in der die Fragen der Teilnehmer beantwortet wurden. Dabei wurde auch eine Übungsklausur vorgestellt und besprochen. Diese Informationsveranstaltung wird jährlich mit wechselnden Übungsklausuren wiederholt. Weiterhin werden auf den Internetseiten des Planspiels die bisher geschriebenen Klausuren mit Musterlösungen veröffentlicht, so daß inzwischen ein Pool von Beispielklausuren für die Examenskandidaten zur Verfügung steht. Die Klausuren sind im Internet einsehbar.[19] Auf der Basis dieses Informationsangebots ist das Planspiel II inzwischen für die Studierenden zu einem „normalen" Bestandteil des Examens geworden.

F. Erfahrungen

Auch für Planspiele als didaktisches Medium steht fest, daß sich unternehmerisches Denkvermögen, das betriebswirtschaftliche Fachvokabular in einer Fremdsprache und die Fähigkeit zu Kommunikation und Arbeit im Team den Teilnehmern nicht in einer einwöchigen Veranstaltung beibringen lassen. Das Planspiel II ist jedoch ein Schritt in die richtige Richtung, da es Bewußtsein für die Inhalte der Betriebswirtschaftslehre schafft, die sich nicht in Lehrbücher fassen lassen. Die Auswahl eines hochwertigen Programms für das Planspiel II ist gerechtfertigt, da gerade bei großen Teilnehmerzahlen inhaltliche Mängel oder technische Probleme während des Planspiels nur schwer zu beseitigen sind. Allein auf der Basis eines realitätsnahen und dem Ausbildungsstand der Teilnehmer entsprechend komplexen Programms können Motivation geweckt und unternehmerisches Denken geübt werden. Dabei kommt es nicht nur auf die motivierende Wirkung des Programms auf die Teilnehmer an, sondern auch auf die Fähigkeit der Spielleiter, Begeisterung für das gesamte Planspiel zu vermitteln. Hierfür müssen sie selber motiviert werden. Es hat sich gezeigt, daß ein guter Weg zur Motivation der Spielleiter die Entwicklung und Durchführung des Planspiels als „eigenes" Projekt ist, für das Verantwortung übernommen wird. Aus dem Vergleich der Evaluationsergebnisse über mehrere Jahre ergibt sich, daß es für das Spielleiterteam wichtig ist, sich jedes Jahr wieder um eine optimale Durchführung zu bemühen und mit immer neuer Motivation an das Planspiel II heranzugehen. Ein Verharren beim Status Quo kommt bei einem so dynamischen Lehrmedium bereits einem Rückschritt gleich. Daher werden insbesondere die Social Skill-Module regelmäßig überarbeitet. Außerdem steht das Spielleiterteam in engem Kontakt mit dem Hersteller des Spiels, um die eigenen Erfahrungen in die Weiterentwicklung des Spiels einfließen zu lassen.

Wenn diese Voraussetzung gegeben ist, lassen sich auch zusätzliche Elemente im Planspiel vermitteln. Die beiden in das Planspiel II der Wirtschafts- und Sozialwissenschaftlichen Fakultät eingebundenen fachlichen Komponenten sind hierfür nur Anwendungsbeispiele: Durch die synoptische Verwendung der deutschen und englischen Programmversion lassen sich spielerisch Fachtermini erlernen. Durch die Vermittlung von Wissen über sozial kompetentes Verhalten und die Vertiefung durch Erfahrungen „am eigenen Leib" läßt sich Bewußtsein für diese Persönlichkeitskomponente schaffen. Im Examen sind nur das im Programm trainierte vernetzte Denken und das in den Modulen vermittelte Wissen über Social Skills prüfbar. Die weitere Fortbildung der eigenen Persönlichkeit bleibt jedem Teilnehmer selbst überlassen und fällt auch nicht unter die Aufgaben der Hochschulausbildung. Wenn man diese Einschränkung akzeptiert, läßt sich das Planspiel als Lehrmethode auch für Massenveranstaltungen empfehlen.

Anmerkungen

1 Zum Anforderungsprofil für die Hochschulausbildung vgl. Fachkommission für Ausbildungsfragen der Schmalenbach-Gesellschaft – Deutsche Gesellschaft für Betriebswirtschaftslehre e.V. für den Bereich des Studiums der Allgemeinen Betriebswirtschaftslehre, 1988, S. 1037.
2 Vgl. Fachkommission für Ausbildungsfragen der Schmalenbach-Gesellschaft – Deutsche Gesellschaft für Betriebswirtschaftslehre e.V. für den Bereich des Studiums der Allgemeinen Betriebswirtschaftslehre, 1988, S. 1039–1041.
3 Murmann, 1996.
4 Nach einer Auswertung im Wintersemester 1996/1997 verwenden nur 37% der betriebswirtschaftlichen Lehrstühle an den deutschen Universitäten, die Betriebswirtschaftslehre als Studiengang anbieten, Planspiele als Lehrmethode. Vgl. Bronner/Kollmannsperger, 1998, S. 218. Da die Befragung eine Rücklaufquote von nur 54% hatte und es naheliegt, daß überwiegend Lehrstühle mit Interesse an Planspielen geantwortet haben, ist der tatsächliche Prozentsatz noch unter diesem Wert zu vermuten.
5 Vgl. Wittenberg, 1999, S. 14–15, S. 39.
6 Das Spiel wird vertrieben von der ILTIS GmbH, Rottenburg.
7 Vgl. Trainerhandbuch zum Spiel „Investor Industrie", Kapitel 1, S. 3.
8 Vgl. Wittenberg, 1999, S. 15.
9 Vgl. Högsdal, 1996, S. 19–20 mit einer „Checkliste für die Auswahl eines Planspiels".
10 Vgl. Euler, 1997, S. 281.
11 Das Programm wird weiterentwickelt und vertrieben von der UNICON Management Systeme GmbH, Meersburg. Die Angaben beziehen sich auf Version 9.0.
12 Vgl. Planspiel II-Spielleiter-Team, 1998, 1998a.
13 Die URL lautet: http://www.wiso.uni-erlangen.de/Planspiel/.
14 Vgl. Wittenberg, 1999, S. 43.
15 Euler, 1997, S. 281.
16 Vgl. zu dieser Definition und den folgenden Inhalten Planspiel II-Spielleiter-Team, 1998a, S. 1, sowie Euler, 1997, S. 309–317.
17 Planspiel II- Spielleiter-Team, 1998a, S. 1.
18 Vgl. Forster, 1982, S. 144.
19 Siehe unter der URL: http://www.wiso.uni-erlangen.de/Planspiel/#ABWL.

Literatur

Bronner, R./Kollmannsperger, M.: Planspiele als hochschuldidaktische Lehrmethode, in: WiSt 1998, S. 218–220.
Euler, D.: Sozialkompetenz als didaktische Kategorie – vom „didaktischen Impressionsmanagement" zu einem Forschungsprogramm, in: Dubs, R./Luzi, R. (Hrsg.), 25 Jahre IWP, Tagungsbeiträge: Schule in Wissenschaft, Politik und Praxis, St. Gallen 1997, S. 279–317.
Fachkommission für Ausbildungsfragen der Schmalenbach-Gesellschaft – Deutsche Gesellschaft für Betriebswirtschaft e. V. für den Bereich des Studiums der Allgemeinen Betriebswirtschaftslehre: Anforderungsprofil für die Hochschulausbildung in Allgemeiner Betriebswirtschaftslehre, in: ZfbF 1988, S. 1037–1043.
Forster, J.: Teamarbeit – sachliche, personelle und strukturelle Aspekte einer Kooperationsform, in: Grunwald, W./Lilge, H.-G. (Hrsg.), Kooperation und Konkurrenz in Organisationen, Bern 1982, S. 143–168.
Högsdal, B.: Planspiele: Einsatz von Planspielen in der Aus- und Weiterbildung. Praxiserfahrungen und bewährte Methoden, Bonn 1996.
Murmann, K.: Was Manager brauchen, aber im Studium nicht lernen, in: Welt am Sonntag vom 15.12.1996, Nr. 50, S. 34.
Planspiel II-Spielleiter-Team: Social Skills, Teilnehmerunterlagen, in: Nürnberger Materialien für interaktive Lehre, Nürnberg 1998.

Planspiel II-Spielleiter-Team: Social Skills, Teaching Notes, in: Nürnberger Materialien für interaktive Lehre, Nürnberg 1998 (1998a).
Planspiel II-Spielleiter-Team: http://www.wiso.uni-erlangen.de/Planspiel/ (Abruf: 30.11.1999).
Wittenberg, R.: Studienabbruch sowie Studienfach- und/oder Studienortwechsel an der Wirtschafts- und Sozialwissenschaftlichen Fakultät der Universität Erlangen-Nürnberg, Berichte des Lehrstuhls für Soziologie Nr. 99-1, Nürnberg 1999.

Zusammenfassung

Planspiele werden als Instrument der Hochschuldidaktik vor allem in der Kleingruppenarbeit angewandt. Die Erfahrungen mit dem Planspiel II an der Wirtschafts- und Sozialwissenschaftlichen Fakultät der Friedrich-Alexander-Universität Erlangen-Nürnberg zeigen, daß Planspiele auch in Massenveranstaltungen zum Einsatz kommen können. Sie vermitteln nicht nur allgemein-betriebswirtschaftliche Kenntnisse und die Bedeutung des "unternehmerischen" Denkens, sondern können durch Lerneinheiten zu Sozialkompetenzen erweitert werden. In Nürnberg wird zu diesem Zweck mit einer zweisprachigen Programmversion gearbeitet. Das Planspiel II vermittelt zudem Wissen über Dialog-, Koordinations- und Kooperationsfähigkeiten und übt dies mit den Teilnehmern aktiv ein.

Summary

Management business games are known as an instrument of didactics at universities for a long time. Usually they are used only in small groups of students. The experience of the "Management business game II" at the Faculty of Economics and Social Sciences at the Friedrich-Alexander-University Erlangen-Nuremberg proves that such games can be useful in large-scale lectures as well. Management business games train not only general management skills and the significance of entrepreneurial thought, but also can Management business games be expanded by units in the area of social skills. In Nuremberg the "Management business game II" is used in a bilingual version, which imparts knowledge about the ability of dialog, coordination and cooperation actively.

13: Ausbildungs- und Berufsfragen

Neu in der Reihe
„Schweizerische Gesellschaft für Organisation"

Inhalt:

Konzeptionelle Grundlagen

Strategische Optionen

Topmanagement

Strukturen und Steuerung
von Wandlungsprogrammen

Wandel des Mitarbeiterverhaltens

Unterstützung des Wandels
durch Systeme, Kommunikation
und Controlling

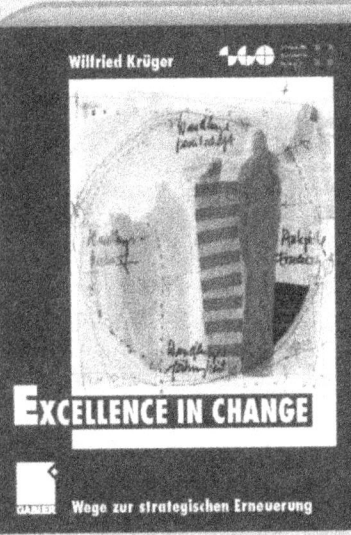

Wilfried Krüger (Hrsg.)
Excellence in Change
Wege zur strategischen Erneuerung
2000. 388 S. mit 61 Abb.,
(Schweizerische Gesellschaft für Organisati●
Geb. DM 89,00
ISBN 3-409-11578-1

Das vorliegende Buch legt ein umfassendes, integriertes Konzept zur strategisc●
Erneuerung einer Unternehmung vor. Es geht dabei über die vereinzelten Ansät●
eines „Change Management" hinaus und betrachtet die erfolgreiche Bewältigu●
permanenten Wandels. Zahlreiche Praxisbeispiele ergänzen den Text.

Herausgeber:

Prof. Dr. Wilfried Krüger ist Inhaber des Lehrstuhls für Organisation, Unternehm●
führung und Personalwirtschaft (OFP) an der Justus-Liebig-Universität Gießen.
Die Autoren waren oder sind wissenschaftliche Mitarbeiter am Lehrstuhl von
Wilfried Krüger.

Bestellung Fax: 06 11/78 78.420   321 00 0●

Ja, ich bestelle:

Wilfried Krüger (Hrsg.)
Excellence in Change
Wege zur strategischen Erneuerung
Geb. DM 89,00
ISBN 3-409-11578-1

Vorname und Name

Straße (bitte kein Postfach)

PLZ, Ort

Unterschrift

Änderungen vorbehalten

Erhältlich im Buchhandel oder beim Verlag. Abraham-Lincoln-Str. 46, 65189 Wiesbaden, Tel: 06 11.78 78-124, www.gabler.de

GABL●

Experimentelle Didaktik in wirtschaftswissenschaftlichen Studiengängen

Von Peter-J. Jost und Elke Renner

Überblick

- Der Einsatz von Experimenten als didaktisches Instrument in der Lehre ist noch wenig verbreitet, obwohl die Erfahrungsberichte der Dozenten, die solche Experimente in ihre Veranstaltungen integrieren, überaus positiv sind.

- An der Wissenschaftlichen Hochschule für Unternehmensführung (WHU) in Koblenz bietet der Lehrstuhl für Organisationstheorie (Prof. Dr. Peter-J. Jost) seit dem Sommersemester 1999 einen experimentellen Kurs an, in dem alle ökonomischen Theorien und Konzepte, die vermittelt werden, zuerst durch ein Experiment simuliert werden. Der Artikel zeigt auf, wie Experimente als didaktisches Instrument in wirtschaftswissenschaftlichen Studiengängen eingesetzt werden können.

- Um einen Eindruck zu vermitteln, wie ein solches Hörsaal-Experiment gestaltet sein kann, stellen wir ein einfaches Experiment vor, zu dem wir eine ausführliche Anleitung und alle notwendigen Entscheidungsblätter für die direkte Umsetzung in der Vorlesung im Anhang bereitstellen.

- Der Beitrag zeigt Kosten und Nutzen der experimentellen Didaktik auf und gibt Hinweise zu den Einsatzmöglichkeiten von Experimenten in der Lehre.

Eingegangen: 15. Februar 2000

Professor Dr. Peter-J. Jost ist Inhaber des Lehrstuhls für Organisationstheorie an der Wissenschaftlichen Hochschule für Unternehmensführung, Otto-Beisheim-Hochschule, Burgplatz 2, 56179 Vallendar. Tätigkeitsgebiet: Ökonomische Theorie der Unternehmung.
Elke Renner ist wissenschaftliche Mitarbeiterin am obigen Lehrstuhl. Tätigkeitsgebiete: Mikroökonomie, Spieltheorie, Experimentelle Ökonomie, Organisationstheorie.

Peter-J. Jost und Elke Renner

"The first lessons should contain nothing but what is experimental and interesting to see. A pretty experiment is in itself often more valuable than 20 formulae extracted from our minds."

Albert Einstein

A. Einleitung

In der ökonomischen Forschung hat sich die Durchführung von Experimenten als Forschungsmethode längst etabliert. Der Einsatz von Experimenten als didaktisches Instrument in der Lehre ist dagegen noch wenig verbreitet. Erst in jüngerer Zeit finden sich in der Literatur immer wieder Anleitungen und Anregungen zur Durchführung von Hörsaal-Experimenten im Rahmen wirtschaftswissenschaftlicher Vorlesungen. Die Erfahrungsberichte der Dozenten, die solche Experimente in ihre Veranstaltungen integrieren, sind überaus positiv. Neben den positiven Reaktionen der Studenten, für die eine Teilnahme an einem Experiment sicherlich eine willkommene Abwechslung zum üblichen Vorlesungsmonolog darstellt, wird auch immer wieder betont, daß der Stoff wesentlich tiefer und nachhaltiger verstanden wird.

An der Wissenschaftlichen Hochschule für Unternehmensführung (WHU) in Koblenz bietet der Lehrstuhl für Organisationstheorie (Prof. Dr. Peter-J. Jost) seit dem Sommersemester 1999 einen experimentellen Kurs an, in dem alle ökonomischen Theorien und Konzepte, die vermittelt werden, zuerst durch ein Experiment simuliert werden. Jeder Student nimmt aktiv an dem Experiment teil und erlebt so die Entscheidungssituation unmittelbar. Erst im Anschluß an das Experiment wird die formale Behandlung der zugrundeliegenden Modelle erarbeitet.

Um einen Eindruck zu vermitteln, wie ein solches Hörsaal-Experiment gestaltet sein kann, stellen wir nachfolgend ein einfaches Experiment vor, zu dem wir eine ausführliche Anleitung und alle notwendigen Entscheidungsblätter für die direkte Umsetzung in der Vorlesung im Anhang bereitstellen.

Mit einigen Bemerkungen zu den Kosten und Nutzen dieser Form der Didaktik und Hinweisen zu den Einsatzmöglichkeiten von Experimenten in der Lehre und Literatur zu diesem Thema hoffen wir, interessierte Dozenten anzuregen, selbst Experimente in ihre Vorlesung zu integrieren.

B. Der Wettbewerbsmarkt als Classroom-Experiment

Das Gleichgewicht auf einem Wettbewerbsmarkt gehört zu den grundlegendsten ökonomischen Konzepten, die jeder Student schon zu Beginn seines Studiums lernt. Im folgenden wollen wir aufzeigen, wie die damit verbundene Logik im Rahmen eines Experiments veranschaulicht werden kann.

Der Wettbewerbsmarkt im Hörsaal wird als doppelte Auktion durchgeführt.[1] Die Studenten agieren als Käufer und Verkäufer, der Dozent übernimmt die Rolle des Marktleiters. Vorher sind einige Vorbereitungen zu treffen. Neben einer Anleitung mit den genauen Spielregeln und Erläuterungen zur Durchführung des Experiments wird für jeden Student ein Entscheidungsblatt vorbereitet, in das er seine Entscheidungen und die Ergebnisse

Experimentelle Didaktik in wirtschaftswissenschaftlichen Studiengängen

während des Experiments einträgt. Vor Beginn des Experiments sollte der Dozent die Anleitung laut vorlesen, damit gewährleistet ist, daß jeder die Marktregeln verstanden hat und eventuell auftretende Fragen geklärt werden können. Dann werden die Entscheidungsblätter ausgeteilt, auf denen die Rolle jedes Teilnehmers als Käufer bzw. Verkäufer festgelegt und jedem eine Identifikations-Nummer (z.B. K1, K2 usw. für die Käufer und V1, V2 usw. für Verkäufer) zugeteilt ist.

Gehandelt wird in mehreren Handelsperioden. Jeder Verkäufer kann in einer Handelsperiode eine Einheit eines nicht weiter spezifizierten homogenen Gutes verkaufen. Falls er sein Gut verkauft, fallen für ihn Kosten für die Herstellung des Gutes an, deren Höhe auf dem Entscheidungsblatt eingetragen ist. Die Höhe dieser Kosten sind für jeden Verkäufer private Information. Analog kann jeder Käufer in jeder Handelsperiode eine Einheit des Gutes kaufen. Auf jedem Käufer-Entscheidungsblatt ist ein Reservationspreis angegeben, der den Wert des Gutes für diesen Käufer bestimmt und dessen Höhe ebenfalls nur dem Käufer selbst bekannt ist. Falls ein Handel stattfindet, errechnet sich der Erlös für den Käufer aus der Differenz zwischen seinem Reservationspreis und dem Kaufpreis, der Verkäufer erhält den Kaufpreis abzüglich seiner Kosten.

Addiert man die Reservationspreise der einzelnen Käufer, erhält man die aggregierte Nachfragefunktion. Die Marktangebotsfunktion ergibt sich entsprechend aus den Kosten der Verkäufer. Beide Funktionen lassen sich graphisch wie in Abbildung 1 im Anhang als Treppenfunktion darstellen. Der theoretische Gleichgewichtspreis dieses Wettbewerbsmarktes läßt sich dann leicht aus dem Schnittpunkt der Angebots- und Nachfragekurve ermitteln, ist den Akteuren im experimentellen Markt aber nicht bekannt, da die jeweiligen Kosten und Reservationspreise private Informationen sind.

Sind alle Entscheidungsblätter ausgeteilt und alle Fragen geklärt, übernimmt der Marktleiter die Rolle des Auktionators und eröffnet den Markt. Bei einer doppelten Auktion können sowohl die Käufer Kaufgebote als auch die Verkäufer Verkaufsgebote abgeben. Einzige Regel ist, daß nur verbessernde Gebote abgegeben werden dürfen, d.h. falls ein erstes Verkaufsgebot steht, muß das nächste Gebot darunter liegen. Bei Kaufgeboten müssen die nachfolgenden Gebote überbieten.

Erklärt der Marktleiter eine Handelsperiode als eröffnet, melden sich handelswillige Käufer und Verkäufer durch Handzeichen. Wird ein Bieter vom Auktionator aufgerufen, nennt er zunächst seine Identifikations-Nummer und gibt sein Gebot ab (z.B. „K6 kauft für 60" oder „V9 verkauft für 130"). Jedes Verkaufs- bzw. Kaufgebot wird mit der entsprechenden Identifikations-Nummer für alle sichtbar an der Tafel notiert. Statt zu bieten kann jeder Teilnehmer natürlich auch zu jeder Zeit eines der angeschlagenen Gebote annehmen. Der Marktleiter bestätigt dann den Kauf (z.B. „K3 kauft von V6 zum Preis von 100") und die betroffenen Teilnehmer tragen ihre Erlöse in ihrem Entscheidungsblatt ein. Sobald ein Gut verkauft ist, gelten alle anderen Gebote als zurückgezogen und es können wieder neue Anfangsgebote abgegeben werden. So werden nacheinander alle Güter verkauft, bis der Markt geräumt ist, anschließend kann eine neue Handelsperiode eröffnet werden.

Erfahrungsgemäß geht der Handel nach einer kurzen Anlaufphase, in der viele Studenten eher abwartend erst einmal das Geschehen beobachten, bald sehr rege und schnell vonstatten und kommt dem Vorbild eines Börsenparketts sehr nahe. Typischerweise konvergieren die Verkaufspreise schon sehr schnell nach wenigen Transaktionen zum theoretischen Gleichgewichtspreis.

Ist das Experiment abgeschlossen, werden die Ergebnisse im Kurs diskutiert und das Gleichgewichtskonzept des theoretischen Modells hergeleitet. Der Dozent kann zur Einleitung der Diskussion die einzelnen Reservationspreise und Kosten in Form einer Zahlenliste bekanntgeben und nach Erklärungen fragen, warum gerade dieser Preis zustande kommt. Oft sind die Studenten überrascht, denn da immer zum fast gleichen Preis gehandelt wurde, vermuten viele, daß alle ähnlich hohe Kosten und Reservationspreise hatten. Obwohl nur um fiktives Geld gespielt wird, löst die Bekanntmachung der Zahlen meist erst einmal heftige emotionale Regungen aus, wenn realisiert wird, wie unterschiedlich die Erlöse der einzelnen Teilnehmer waren. Die Erklärungsideen der Studenten sind vielfältig, aber selbst Studenten, die mit dem Modell des Wettbewerbsmarktes vertraut sind, ziehen meist nicht die Verbindung zu diesem theoretischen Konzept. Mit weiteren Fragen wie z.B. „Welche Verkäufer sind bereit zu welchem Preis zu handeln?" und der graphischen Herleitung der Angebots- und Nachfragefunktion kann das Konzept des Marktgleichgewichts, der Produzenten- und Konsumentenrente und der Pareto-Effizienz erarbeitet werden. Werden zwei oder mehrere Handelsperioden gespielt, lassen sich durch entsprechende Änderungen der Parameter vielfältige Erweiterungen einführen wie z.B. Verschiebungen von Angebots- und Nachfragefunktion durch staatliche Eingriffe in den Marktmechanismus.

C. Kosten und Nutzen von Hörsaal-Experimenten

Die Idee, daß Studenten ihre Kenntnisse vertiefen, indem sie selbst Entscheidungen treffen und Erfahrungen sammeln, wird im Rahmen von wirtschaftswissenschaftlichen Studiengängen an vielen Universitäten mit der Durchführung von Planspielen verwirklicht. Im Unterschied zu Hörsaal-Experimenten zeichnen sich diese meist computergestützen Spiele durch eine hohe Komplexität, Dynamik und Realitätsnähe des simulierten Wirtschaftsumfelds aus. Die Studenten übernehmen die Rolle eines Akteurs – meist die eines Unternehmens auf einem Markt - und treffen Entscheidungen über eine Vielzahl von Parametern. Hörsaal-Experimente sind dagegen weit weniger komplex. Sie sind oft schon mit einfachen Mitteln umzusetzen und dienen vor allem dazu, einzelne ökonomische Theorien und Konzepte zu verdeutlichen, die in Vorlesungen und Lehrbüchern traditionell ausschließlich formal behandelt werden. Durch die einfachere Struktur, die sich auf die Beschreibung des zu erklärenden Modells beschränkt, können die Experimentsergebnisse direkt im Bezug auf diesen Modellrahmen analysiert werden, was bei Planspielen durch deren hohe Komplexität und vieler sich überlagernder Effekte kaum möglich ist. Die Theorie kann durch das Experiment direkt überprüft werden und wird spielerisch und intuitiv verständlich.

Die Kosten eines Experiments sind schnell identifiziert: Neben dem Vorbereitungsaufwand für den Dozenten wird die Durchführung einen unter Umständen nicht unerheblichen Anteil der Vorlesungszeit in Anspruch nehmen. Da ein Experiment in der Regel eine formale Behandlung des Stoffes nicht ersetzen sondern nur ergänzen kann, ist daher sorgfältig abzuwägen, unter welchen Umständen ein Experiment eingesetzt werden soll.

Der unmittelbar meßbare didaktische Nutzen, der diesen Kosten gegenübersteht, wurde in zwei empirischen Studien untersucht. Frank (1997) stellt in seiner Untersuchung fest,

Experimentelle Didaktik in wirtschaftswissenschaftlichen Studiengängen

daß in einem Multiple-choice-Test zum „Tragedy of the Commons"-Problem die Gruppe der Studenten, die an einem Experiment zu diesem Thema teilnahm oder das Experiment beobachtete, signifikant besser abschnitt als die Kontrollgruppe, die nur die entsprechende Vorlesung besuchte.[2] Auch Gremmen und Potters (1997) bestätigen den didaktischen Wert von Experimenten. Sie berichten in ihrer Studie über den Einsatz eines computerunterstützten makroökonomischen Spiels. Die Kontrollgruppe, die nicht an dem Spiel teilnahm, erreichte in verschiedenen Multiple-choice-Tests signifikant schlechtere Ergebnisse als die Experimentsgruppe, die ausschließlich durch die Teilnahme an dem Spiel unterrichtet wurde. Darüber hinaus wurden die erworbenen Kenntnisse in dieser Gruppe auch schneller wieder vergessen.

Dieser Erfolg experimentellen Lernens ist sicherlich nicht nur durch Spaß der Studenten bei der Teilnahme an den Experimenten begründet. Vielen Studenten wird der Einstieg in die oft als sehr abstrakt empfundene modelltheoretische Analyse vielmehr auch dadurch erleichtert, daß durch ein Experiment immer ein konkretes Anwendungsbeispiel der Theorie dargestellt wird. Da sich zudem jeder Teilnehmer im Experiment aktiv mit der Situation auseinandersetzen muß, hat jeder eine Vorstellung davon, was in dem entsprechenden Modellrahmen erklärt werden soll. Die Übertragung des konkreten Beispiels in ein allgemeines Modell wird dann meist als völlig selbstverständlicher Schritt angesehen. Ein weiterer wichtiger Punkt ist sicherlich auch die Überzeugungskraft eines Experiments. Viele Studenten wirtschaftswissenschaftlicher Fächer empfinden Modelle häufig als realitätsfern und sind eher skeptisch gegenüber der praktischen Relevanz des Stoffes. Wird die theoretische Vorhersage, wie beispielsweise im Eingangs erläuterten Marktexperiment, durch die Experimentsergebnisse bestätigt, sind auch die hartnäckigsten Zweifler überzeugt. Die Teilnahme am Experiment und die Beobachtung des Geschehens beantwortet gleichzeitig auch viele Fragen, die innerhalb eines Lehrbuchs oft nicht angesprochen werden. Bei einer ausschließlich formalen Behandlung des Gleichgewichts auf dem Wettbewerbsmarkt bleibt zum Beispiel der Prozeß zum Gleichgewicht oft völlig im Dunkeln. Durch die doppelte Auktion wird unmittelbar klar, daß – obwohl niemand die Angebots- und Nachfragefunktion kennt – trotzdem sehr schnell zum Gleichgewichtspreis gehandelt wird.

D. Lehrinhalte von Experimenten und Literaturhinweise

Der Einsatz von Classroom-Experimenten ist in fast allen wirtschaftswissenschaftlichen Vorlesungen denkbar. Anleitungen für diese Experimente stammen meist von Dozenten, die selbst in der experimentellen Wirtschaftsforschung tätig sind. Ähnlich vielfältig wie die Forschungsbereiche der experimentellen Wirtschaftsforschung sind demnach auch die Themen, die als Experiment im Hörsaal umgesetzt wurden.[3] Viele dieser Experimente eignen sich oft gleichzeitig sowohl für Veranstaltungen, die eher methodisch orientiert sind wie z.B. mikroökonomische oder spieltheoretische Vorlesungen, als auch für Veranstaltungen mit eher inhaltlichen Schwerpunkten, wie Finanzwissenschaften, Wettbewerbspolitik, Gesundheitsökonomie oder Marketing. Es gibt bisher jedoch wenige Lehrbücher, die Anleitungen für solche Experimente bereitstellen. Nachfolgend weisen wir daher nicht nur auf einige Themen und Lehrinhalte hin, sondern machen insbesondere auch auf die entsprechenden Literatur- oder Internetquellen aufmerksam, in denen solche Anleitungen dokumentiert sind.

Der wohl größte Anteil der Hörsaal-Experimente, die in der Literatur beschrieben sind, beschäftigt sich mit dem Thema Märkte. Ein ähnliches Experiment, wie das eingangs beschriebene Wettbewerbsgleichgewicht, findet sich z.B. bei DeYoung (1993) oder bei Holt (1996), dessen Artikel in der Rubrik Classroom Games im *Journal of Economic Perspectives* erschienen ist. In unregelmäßiger Folge werden in dieser Rubrik immer wieder interessante Hörsaal-Experimente veröffentlicht.

Eine Vielzahl von Marktexperimenten, enthält auch das Buch „Experiments with Economic Principles" von Bergstrom und Miller (1997a). Dies ist das wohl erste vorlesungsbegleitende Lehrbuch, in dem ein vollständiger Kurs ausschließlich auf Classroom-Experimenten basiert. Es enthält neben den Anleitungen auch „warm-up-Exercises" und Vordrucke von Versuchsprotokollen und Laborreports zur Nachbereitung für die Kursteilnehmer. Ausführliche Hinweise für Dozenten und Tips zu organisatorischen Fragen der Durchführung sowie vorbereitete Entscheidungsblätter (als fertige Kopiervorlage) enthält das zugehörige Instructors Manual.[4] Die Experimente behandeln Themen wie z.B. staatliche Eingriffe in den Marktmechanismus (Einführung einer Verbrauchssteuer, staatliches Verbot von Drogenhandel), unvollkommenen Märkte (externe Effekte, Monopole und Kartelle, adverse Selektion), aber auch Verhandlungen oder Auktionen. Weitere Experimente, bei denen Studenten erleben können, wie Marktkräfte wirken und z.B. Kartelle entstehen und zusammenbrechen, finden sich auch bei Nelson und Beil (1995) und zur Preissetzung im Monopol bei Nelson und Beil (1994a). Ein Experiment zur Funktion von Finanzmärkten beschreibt Bell (1993).

Ein weiteres Thema, zu dem einige Hörsaal-Experimente dokumentiert sind, ist das Free-Rider-Problem, das z.B. in finanzwissenschaftlichen Vorlesungen zur Verdeutlichung der Problematik der freiwilligen Bereitstellung öffentlicher Güter oder in spieltheoretischen Vorlesungen zur Illustration eines N-Personen-Gefangenendilemma verwendet werden kann.[5]

Viele Experimente eignen sich insbesondere zu Verdeutlichung von Konzepten, bei denen es immer wieder gravierende Verständnisprobleme seitens der Studenten gibt, wie z.B. die Bedeutung von Sunk Costs, das Konzept der Marginalanalyse oder die Regel von Bayes. Viele Anregungen zu solchen Experimenten gibt es in der Zeitschrift „Classroom Expernomics", die unter http://www.marietta.edu/~delemeeg/expernom.html im Internet erschienen ist.

Einer der wohl engagiertesten Dozenten in der experimentellen Didaktik und Entwickler zahlreicher Hörsaal-Experimente ist Charles Holt, der auf seiner Homepage (http://www.people.Virginia.EDU/~cah2k/research.html) einige Spiele bereithält, für die man sehr gute und ausführliche Anleitungen direkt herunterladen kann.

Eine originelle Alternative zu Hörsaal-Experimenten in der üblichen Form hat Ariel Rubinstein in seinen Spieltheorie-Kurs an der Princeton Universtiy integriert. Die Studenten waren aufgerufen, als Vorbereitung zur Vorlesung sogenannte „pre-class problems" zu bearbeiten, die darin bestanden, via Internet Entscheidungen in typischen spieltheoretischen Situationen (wie z.B. Gefangenendilemma, battle of the sexes oder Ultimatumspiel) zu treffen. Alle diese Spiele sind auf der Homepage von Rubinstein (unter http://www.princeton.edu/~ariel/99/gt100.html) zu finden und jeder Interessierte kann dort selbst per

Mausklick mitspielen und die Ergebnisse der Experimente und die zugehörigen Erläuterungen studieren. Über seine Erfahrungen mit diesem Kurs berichtet Rubinstein (1999) in einem Artikel in Games and Economic Behavior.

Bei einigen Experimenten wie etwa solchen zur Free-Rider-Problematik liefern die traditionellen ökonomischen Modelle keine guten Vorhersagen des tatsächlich beobachteten Verhaltens, und es kommt typischerweise zu systematischen Abweichungen von der modelltheoretischen Vorhersage.

Solche Phänomene eingeschränkt rationalen Verhaltens werden in vielen Vorlesungen nicht thematisiert, stoßen aber bei Studenten meist auf reges Interesse. Verschiedene Experimente bieten sich daher neben der Herleitung theoretischer Lösungen auch dazu an, diese Phänomene systematisch zu erörtern. Mit einer Vielzahl von Experimenten wie z.B. Public-Good-Spielen oder Ultimatumsspielen können Fragen der Verteilungsgerechtigkeit, individuelle versus kollektive Rationalität oder die Rolle sozialer Normen als Entscheidungsmotiv angesprochen werden. Eine Diskussion zur Behandlung solcher Fragen im Zusammenhang mit verschiedenen Hörsaal-Experimenten liefert Stodder (1998). Andere Experimente geben Aufschluß über den kognitven Prozeß der Entscheidungsfindung und die Wahrnehmung von Entscheidungssituationen. Als Beispiel sei hier das Classroom-Experiment von Cooper (1998) genannt, bei dem Studenten sich mit der Wahrnehmung von stochastischen Prozeßen auseinandersetzen. Das Verständnis solcher Zufallsreihen erleichtert das Verständnis der Funktion von Finanzmärkten und der Hypothese des effizienten Marktes.

Anhang

Entscheidungsbätter und Erläuterungen zum Marktexperiment

Bei diesem Marktexperiment ist für jeden Kursteilnehmer ein Entscheidungsblatt vorzubereiten. Etwa die Hälfte der Teilnehmer erhält die Rolle eines Verkäufers, die andere Hälfte die Rolle eines Käufers. Die entsprechenden Werte der Reservationspreise bzw. Kosten müssen in die dafür vorgesehenen Felder in den einzelnen Entscheidungsblättern vorher eingetragen werden. Die von uns gewählten Zahlenwerte für jeweils 25 Käufer und Verkäufer sind in Abb. 1 dargestellt, es sind jedoch auch beliebige andere Werte möglich.

Erläuterungen zum Experiment

In diesem Experiment erhalten Sie entweder die Rolle eines Verkäufers oder die eines Käufers. Gehandelt wird ein homogenes Gut, welches nicht weiter spezifiziert ist und nur in ganzen Einheiten verkauft bzw. gekauft werden kann.

Gehandelt wird in mehreren Handelsperioden. In jeder dieser Handelsperioden kann jeder Verkäufer eine Einheit des Gutes verkaufen und jeder Käufer kann eine Einheit des Gutes kaufen. Es werden zwei Handelsrunden, bestehend aus jeweils vier Handelsperioden durchgeführt. In einer Runde werden Sie die Rolle des Käufers, in der anderen Runde die Rolle des Verkäufers erhalten.

Bevor die Handelsregeln der doppelten Auktion beschrieben werden, wird zunächst erläutert, wie sich die Auszahlungen für einen Verkäufer und für einen Käufer errechnen.

Abb. 1: Nachfrage- und Angebotsfunktion des Wettbewerbsmarktes

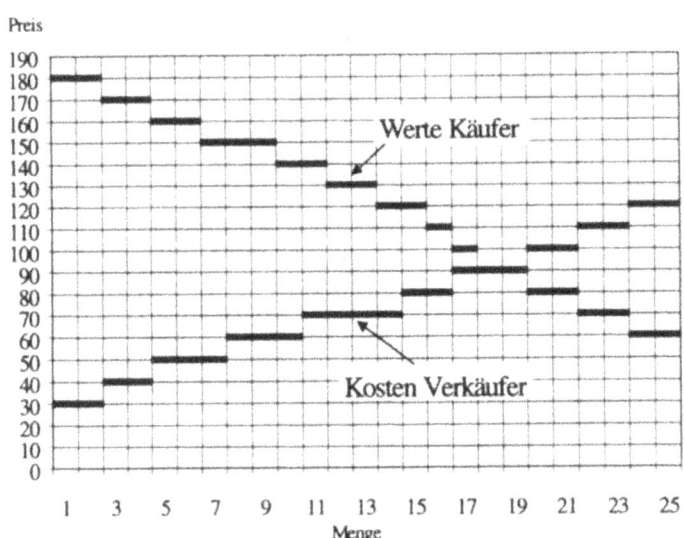

Erläuterungen für den Verkäufer:

Jeder Verkäufer erhält ein „Entscheidungsblatt für Verkäufer", in das er seine Entscheidungen und die Auszahlungen der einzelnen Handelsperioden einträgt. Ein Muster des Entscheidungsblattes sehen Sie unten.

Entscheidungsblatt für **Verkäufer** Nr. V____					
	Handelsperiode:	1	2	3	4
1	VERKAUFSPREIS				
2	KOSTEN	100	...	...	...
3	AUSZAHLUNG (ZEILE 1 − ZEILE 2 =)				
4	KUMULIERTE AUSZAHLUNG				

Experimentelle Didaktik in wirtschaftswissenschaftlichen Studiengängen

Der Verkauf eines Gutes ist in jeder Handelsperiode freiwillig. Verkaufen Sie ein Gut, entstehen Ihnen dafür Kosten. Die Höhe der Kosten sind im Entscheidungsblatt in Zeile 2 eingetragen. Falls Sie ein Gut verkaufen, errechnet sich Ihre Auszahlung aus der Differenz zwischen dem Verkaufspreis und den Kosten des Gutes. Falls Sie kein Gut verkaufen, entstehen Ihnen keine Kosten und sie erhalten 0.

Die Verkaufspreise und die jeweiligen Auszahlungen in den einzelnen Handelsperioden tragen Sie in Ihrem Entscheidungsblatt in Zeile 1 bzw. 3 in der jeweiligen Handelsperiode ein. In Zeile 4 errechnen Sie nach jeder Handelsperiode den Betrag Ihrer kumulierten Auszahlungen.

Beispiel: Wenn Sie in einer Handelsperiode einen Verkaufspreis von 120 erzielen, tragen Sie diesen Wert in Zeile 1 in der entsprechenden Handelsperiode ein. Ihre Kosten betragen 100. Es errechnet sich eine Auszahlung von 20, die Sie in Zeile 3 notieren. Wenn Sie nicht verkaufen, streichen Sie das Kästchen in Zeile 1 in der entsprechenden Handelsperiode. Es entstehen keine Kosten und Sie tragen in Zeile 3 eine Auszahlung von 0 ein.

Erläuterungen für den Käufer

Jeder Käufer erhält ein „Entscheidungsblatt für Käufer", in das er seine Entscheidungen und die Auszahlungen der einzelnen Handelsperioden einträgt. Ein Muster des Entscheidungsblattes sehen Sie unten.

Der Kauf eines Gutes ist in jeder Handelsperiode freiwillig. Jeder Käufer erhält einen Wert für das Gut. Dieser Wert ist im Entscheidungsblatt in Zeile 1 eingetragen.

Der Wert des Gutes wird nur dann realisiert, wenn Sie ein Gut kaufen. Wenn Sie kein Gut kaufen, erhalten Sie eine Auszahlung von 0. Falls Sie ein Gut kaufen, errechnet sich

Entscheidungsblatt für **Käufer** Nr. K____

Handelsperiode:	1	2	3	4
1 WERT DES GUTES	300	...	...	...
2 KAUFPREIS				
3 AUSZAHLUNG (ZEILE 1 – ZEILE 2 =)				
4 KUMULIERTE AUSZAHLUNG				

Ihre Auszahlung aus der Differenz zwischen Ihrem Wert für das Gut und dem Kaufpreis. Die Kaufpreise und die jeweiligen Auszahlungen tragen Sie in Ihr Entscheidungsblatt in Zeile 2 und 3 ein. In Zeile 4 errechnen Sie nach jeder Handelsperiode den Betrag Ihrer kumulierten Auszahlungen.

Beispiel: Wenn Sie in einer Handelsperiode ein Gut für den Preis von 290 kaufen tragen Sie den Kaufpreis in Zeile 2 in der entsprechenden Handelsperiode ein. Sie realisieren durch den Kauf Ihren Wert von 300 und erhalten eine Auszahlung von 10, die Sie in Zeile 3 notieren. Wenn Sie in einer Handelsperiode kein Gut kaufen, streichen Sie das entsprechende Kästchen in Zeile 2. Sie realisieren den Wert von 300 nicht und tragen in Zeile 3 eine Auszahlung von 0 ein.

Handelsregeln der doppelten Auktion

Die Güter werden in einer doppelten Auktion versteigert, d.h. sowohl die Käufer als auch die Verkäufer können Kauf- bzw. Verkaufsgebote abgeben.

Sobald der Leiter der Auktion die Eröffnung einer Handelsperiode bekanntgegeben hat, kann jeder Teilnehmer jederzeit durch Handzeichen bekunden, daß er ein Gebot abgeben möchte.

Wenn ein Bieter vom Auktionsleiter aufgefordert wird, nennt er zuerst seine Identifikationsnummer und gibt dann sein Gebot bekannt.

Beispiel: „Käufer 7 bietet 400" oder „Verkäufer 11 verlangt 700". Jedes Gebot wird vom Auktionsleiter wiederholt und an der Tafel/auf Folie wie folgt notiert:

Käufergebote	Verkäufergebote
K 7: 400	V 11: 700

Sobald das erste Käufer- und Verkäufergebot steht, werden nur noch verbessernde Gebote akzeptiert, d.h. jedes nachfolgende Käufergebot muß das letztgenannte Gebot übersteigen und jedes nachfolgende Verkäufergebot muß das letztgenannte unterbieten.

Jeder vom Auktionsleiter aufgerufene Käufer oder Verkäufer kann jederzeit auch eines der stehenden Gebote akzeptieren. Beispiel:

Käufergebote	Verkäufergebote
K 7: 400	V 11: 700
K 3: 500	V 4: 650
K 2: akzeptiert	V 11: 580

In diesem Fall hat Käufer 2 das Verkaufsgebot von Verkäufer 11 von 580 akzeptiert. Ist ein Gebot akzeptiert, besteht ein bindender Vertrag zwischen den betreffenden Parteien, die den genannten Verkaufspreis und ihre Auszahlungen dann in ihre Entscheidungsblätter eintragen.

Nach jedem Vertrag gelten alle anderen Gebote als zurückgezogen und es können wieder neue Anfangsgebote abgegeben werden.

Sprechen Sie während der Auktion nicht, außer bei der Abgabe von Geboten!

Experimentelle Didaktik in wirtschaftswissenschaftlichen Studiengängen

Sie erhalten nun Ihre Entscheidungsblätter mit der Angabe Ihrer Rolle, Ihres Wertes bzw. der Kosten und Ihrer Identifikationsnummer.

Ihr Wert bzw. die Höhe Ihrer Kosten sind persönliche Informationen und werden nicht bekanntgegeben. *Achten Sie bitte darauf, daß andere Teilnehmer diese Angaben nicht erfahren!*

Anmerkungen

1 Das Experiment kann wahlweise auch als „posted offer"-Markt durchgeführt werden, bei dem die Verkäufer Verkaufspreise bekanntgeben und diese von Runde zu Runde anpassen können. Eine weitere Möglichkeit ist ein Markt, auf dem die Verkäufer und Käufer im Hörsaal umherlaufen und frei verhandeln können. Eine Anleitung zu dieser Variation findet sich z.B. bei Bergstrom und Miller (1997b). Wir bevorzugen – vor allem bei größeren Gruppen – die doppelte Auktion, da hier schon während des Experiments die Verkaufspreise jeder einzelnen Transaktion für jeden Akteur sichtbar sind und typischerweise die Verkaufspreise schneller zum Gleichgewicht konvergieren. Eine Diskussion über die Bedeutung und die Auswirkungen auf die experimentellen Ergebnisse bei verschiedenen Handelsinstitutionen und Marktregeln findet sich z.B. bei Holt (1995).
2 In sieben Vorlesungen (Umweltökonomie oder Finanzwissenschaften) bei unterschiedlichen Professoren nahmen jeweils die Hälfte der Studenten einer Vorlesung zusätzlich an dem Experiment teil, oder beobachteten das Experiment.
3 Einen Überblick über die experimentelle Wirtschaftsforschung geben Holt und Davis (1993), bei denen im Anhang zu einigen Kapiteln auch hörsaalgeeignete Versionen von Experimenten beschrieben sind. Siehe hierzu auch Kagel und Roth (1995).
4 Nähere Informationen zu diesem Buch und ein Probekapitel zum herunterladen gibt es im Internet unter http://zia.hss.cmu.edu/miller/eep/eep.htm.
5 Siehe z.B. die Arbeiten von Brock (1991), Holt und Laury (1997), Leuthold (1987) oder Nelson und Beil (1994b)

Literatur

Bell, Christopher R. A (1993): Noncomputerized Version of the Williams and Walker Stock Market Experiment in a Finance Course. Journal of Economic Education, Vol. 24, No. 4, S. 317–323.
Bergstrom, Theodore C. und John H. Miller (1997a): Experiments with Economic Principles. McGraw Hill, Boston et al.
Bergstrom, Theodore C. und John H. Miller (1997b): Instructor's Manual to Accompany Experiments with Economic Principles. McGraw Hill, Boston et al.
Brock, John R. (1991): A Public Good Experiment for the Classroom. Economic Inquiry, Vol. XXXIX, April, S. 395–401.
DeYoung, Robert (1993): Market Experiments: The Laboratory versus the Classroom. Journal of Economic Education, Vol. 24, No. 4, S. 335–351.
Camerer, Collin (1995): Individual Decision Making, in: Kagel, John H. und Alvin E. Roth [Hrsg.]: Handbook of Experimental Economics. Princeton University Press, Princeton.
Cooper, David J. (1998): Perceptions of Chance and the Efficient Market Hypothesis: A Classroom Experiment. Classroom Expernomics, Vol. 7, Nr. 1.
Frank, Björn (1997): The Impact of Classroom Experiments on the Learning of Economics: An Empirical Investigation. Economic Inquiry, Vol. XXXV, S. 763–769.
Gremmen, Hans und Jan Potters (1997): Assessing the Efficacy of Gaming in Economic Education, Journal of Economic Education, (Fall), S. 291–303.
Holt, Charles A. (1995): Industrial Organization: A Survey of Laboratory Research, in: Kagel, John H. und Alvin E. Roth [Hrsg.]: Handbook of Experimental Economics. Princeton University Press, Princeton.

Holt, Charles A. (1996): Classroom Games – Trading in a Pit Market. Journal of Economic Perspectives, Vol. 10, Nr. 1, S. 193–203.

Holt, Charles A. und Douglas D. Davis (1993): Experimental Economics, Princeton University Press, Princeton.

Holt, Charles A. und S. Laury (1997): Voluntary Provision of a Public Good, Journal of Economic Perspectives. Fall, S. 209–215.

Kagel, John H. und Alvin E. Roth, Hrsg. (1995): The Handbook of Experimental Economics. Princeton University Press, Princeton.

Leuthold, Jane N. (1987): A Public Good Experiment for the Classrrom. Journal of Economic Education, Winter, S. 58–65.

Nelson, Robert G. und Richard O. Beil (1994a): Pricing Strategy Under Monopoly Conditions: An Experiment for the Classroom, Journal of Agricultural and Applied Economics, 26 (1), S. 287–289.

Nelson, Robert G. und Richard O. Beil (1994b): When Self-Interest is Self-Defeating: The Public Good Experiment as a Teaching Tool, 26 (2), S. 580–590.

Nelson, Robert G. und Richard O. Beil (1995): A Classroom Experiment on Oligopolies. Journal of Agricultural and Applied Economics, 27 (1), S. 263–275.

Rubinstein, Ariel (1999): Experience from a Course in Game Theorie: Pre- and Postclass Problem Sets as a Didactic Device. Games and Economic Behavior, 28, S. 155–170.

Stodder, James (1998): Experimental Moralities: Ethics in Classroom Experiments. Journal of Economic Education, Spring, S. 127–138.

Zusammenfassung

Der Artikel berichtet über Experimente als didaktisches Instrument in wirtschaftswissenschaftlichen Studiengängen. Als Beispiel beschreiben wir, wie ein Wettbewerbsmarkt im Hörsaal simuliert und das Konzept des Gleichgewichts auf diese Weise veranschaulicht werden kann. Wir diskutieren die Kosten und Nutzen dieser innovativen Form der Didaktik und geben einen Überblick über Einsatzmöglichkeiten, weitere Lehrinhalte und Literatur zu diesem Thema.

Summary

The article reports on experiments as a teaching tool in undergraduate economics. As an example we describe how a competitive market can be simulated in classroom in order to illustrate the equilibrium concept. We also discuss the costs and benefits of this innovative didactic tool, provide a survey on further issues of classroom experiments and discuss the literature on this topic.

13: Ausbildungs- und Berufsfragen

Eine produktionstheoretisch fundierte Kostenrechnung für Hochschulen

Dargestellt am Beispiel der Fernuniversität Hagen

Von Günter Fandel und Andrea Paff

Überblick

- Der Rechtfertigungsdruck bei der Mittelverteilung auf Hochschulen verlangt nach Kosteninformationen, die aus einer Kostenrechnung für Hochschulen hergeleitet werden können.
- Der Beitrag entwickelt eine produktionstheoretisch fundierte Kostenrechnung für Hochschulen, die diesen Zwecken dienen soll.
- Die Kostenrechnung wird am Beispiel der Fernuniversität dargestellt und erlaubt, für Fächerkombinationen typischer Studienverläufe die Kosten zu bestimmen.

Eingegangen: 30. November 1999

Professor Dr. Günter Fandel, Lehrstuhl für Betriebswirtschaft, Fachbereich Wirtschaftswissenschaft, Fernuniversität, D-58084 Hagen.
Frau Dr. Andrea Paff war von 1993 bis 1997 als wissenschaftliche Mitarbeiterin am Lehrstuhl von Prof. Dr. G. Fandel tätig, von Oktober 1997 bis Dezember 1999 als Kostenmanagerin bei der Deutschen Bank AG in Eschborn; seit Januar 2000 arbeitet Sie im Bereich ‚Organisation' der Mannesmann Mobilfunk GmbH in Düsseldorf.

Günter Fandel und Andrea Paff

A. Vorbemerkungen

Die Studentenproteste Ende 1997 haben den Unmut über die schlechten Ausbildungsbedingungen, z.B. überfüllte Hörsäle und unzureichende Bibliotheksausstattungen, deutlich zutage gebracht. Die Proteste wurden sowohl von Professoren und leitenden Hochschulmitarbeitern als auch von Politikern unterstützt bzw. zumindest mit Verständnis bedacht. Der Bundesminister für Bildung und Wissenschaft machte daraufhin im Rahmen des „Aktionsprogramms" für die Aufstockung der Universitätsbibliotheken 40 Mio. DM verfügbar. Diese sollten allerdings in Form von Komplementärmitteln eingesetzt werden, d.h. die Gelder fließen nur in der Höhe, in der die Länder selbst auch zusätzliche Mittel bereitstellen können[1] – ein Beispiel also für eine Maßnahme, die wieder nur einen nach dem Gießkannenprinzip verteilten Tropfen auf den heißen Stein darstellt. Diejenigen Länder und Hochschulen, denen es besonders schlecht geht, können mangels eigener Mittel überhaupt nicht von dieser Zuwendung profitieren.

Diese Art der Mittelzuwendung ist nicht dazu geeignet, den eigenverantwortlichen Umgang mit den zur Verfügung gestellten Budgets von staatlicher Seite zu fördern. Um so wichtiger ist es, daß die Hochschulen selbst aktiv werden, um sich ihre Zukunft zu sichern, denn offensichtlich besteht auf dem Markt für Hochschul-(dienst-)leistungen ein unausgewogenes Verhältnis zwischen Angebot und Nachfrage, aus dem ein erheblicher Rechtfertigungsdruck auf die Hochschulen und die öffentliche Bildungspolitik resultiert. Vor diesem Hintergrund hat eine Hochschule, die sich als Anbieter von Dienstleistungen präsentiert, dabei eine wirtschaftliche Leistungserstellung anstrebt und hohen Wert auf Kundenzufriedenheit legt, die größten Chancen, den Wettbewerb sowohl um knappe Gelder als auch um Studierende erfolgreich zu bestreiten.

In den Diskussionen um die Novelle des Hochschulrahmengesetzes stellte die Möglichkeit bzw. das Verbot der Einführung von Studiengebühren einen wichtigen Streitpunkt dar. Unabhängig von der Frage, ob Studiengebühren verfassungswidrig sind oder nicht, basieren die Vorschläge für pauschale, studiengebührenähnliche Zahlungen, z.B. 100 DM Verwaltungsaufwand pro Semester[2] oder 1.000 DM beim 2. Staatsexamen für Lehrer[3], auf pragmatischen Rechenmodellen, deren Glaubwürdigkeit und Akzeptanz nicht gesichert sind. Das Problem besteht darin, daß Informationsinstrumente für die Bereitstellung geeigneter Daten zur Begründung solcher Forderungen weitgehend fehlen.

Nicht nur im Hinblick auf das Beispiel Studiengebühren sollte Hochschulen daran gelegen sein, ihre Leistungen sinnvoll zu definieren und zu quantifizieren sowie diesen Leistungen den entsprechenden mengen- und wertmäßigen Einsatz an Ressourcen gegenüberzustellen, denn unabhängig davon, ob öffentliche Verwaltung oder privates Unternehmen, sollte ein vernünftiger Umgang mit den knappen Ressourcen, d.h. ein wirtschaftliches Handeln angestrebt werden. Für Hochschulen wird dies mit dem Grundsatz der Sparsamkeit und Wirtschaftlichkeit in §7 (1) BHO/LHO sogar gesetzlich gefordert.

Es liegt folglich bei den Hochschulen selbst, die hochschulbetriebliche Leistungserstellung transparenter zu machen. Damit könnten auch die Chancen auf eine zielgerichtetere Mittelverteilung zwischen Ländern, Hochschulen und innerhalb der Hochschulen erheblich verbessert werden.

Die aktuelle Situation zeigt jedoch, daß es mit den bisher in Hochschulen eingesetzten Informationsinstrumenten nicht möglich ist, eine adäquate mengen- und wertmäßige Dokumentation, Kontrolle und Disposition der Leistungserstellung zu liefern, die der Rechtfertigungsverpflichtung genügen. Diese Lücke kann durch den Aufbau einer produktionstheoretisch fundierten Kostenrechnung für Hochschulen geschlossen werden, wie die beispielhafte Anwendung für die Fernuniversität in Hagen zeigt.[4]

B. Das produktionstheoretische Gesamtmodell

Die Notwendigkeit der produktionstheoretischen Fundierung liegt darin begründet, daß Wertgrößen meist auf Mengengrößen basieren. Es sind zunächst die relevanten Gütereinsätze aufzuzeigen, um auf dieser Basis die Kosten der Hochschule adäquat darstellen zu können (siehe auch Abb. 1).

Die produktionstheoretische Untersuchung der Hochschule berücksichtigt neben Inputs sowohl verschiedene Zwischen- und Hauptleistungen als auch Outputs, d.h. es liegt mehrstufige Mehrproduktersteellung vor. Bei den Variablen im Produktionsprozeß der Hochschule handelt es sich um

r_i Einheiten des primären Inputs i (i = 1, ..., I),
y_s Einheiten der Zwischenleistung s (s = 1, ..., S),

Abb. 1: Produktionstheoretisches Gesamtmodell als Direktbedarfsmatrix

von ... \ an ...	Primäre Inputs i	Zwischenleistungen s	Hauptleistungen m	Outputs j
Primäre Inputs i		a_{11} ... a_{1S} ⋮ ⋱ ⋮ a_{I1} ... a_{IS}	b_{11} ... b_{1M} ⋮ ⋱ ⋮ b_{I1} ... b_{IM}	c_{11} ... c_{1J} ⋮ ⋱ ⋮ c_{I1} ... c_{IJ}
Zwischenleistungen s		$\bar{a}_{11}$ ... $\bar{a}_{1S}$ ⋮ ⋱ ⋮ $\bar{a}_{S1}$ ... $\bar{a}_{SS}$	$\bar{b}_{11}$ ... $\bar{b}_{1M}$ ⋮ ⋱ ⋮ $\bar{b}_{S1}$ ... $\bar{b}_{SM}$	
Hauptleistungen m				$\bar{\bar{c}}_{11}$ ... $\bar{\bar{c}}_{1J}$ ⋮ ⋱ ⋮ $\bar{\bar{c}}_{M1}$ ... $\bar{\bar{c}}_{MJ}$
Outputs j				

h_m Einheiten der Hauptleistung m (m = 1, ..., M) und

x_j Einheiten des Outputs j (j = 1, ..., J).

Auf Basis dieser Variablen wird der produktionstheoretische Ansatz in Form von Matrizen wie in Abb. 1 strukturiert.[5] Dem Aufbau dieser Matrizen, deren Elemente sogenannte technische Lieferkoeffizienten darstellen, liegt die Aktivitätsanalyse[6] zugrunde.

Der technische Lieferkoeffizient

$$a_{is} = \frac{\text{Einheiten des primären Inputs i}}{\text{Einheit der Zwischenleistung s}}$$

gibt dann diejenigen Einheiten des primären Inputs i an, die erforderlich sind, um eine Einheit einer Zwischenleistung s herzustellen.[7] Die übrigen Koeffizienten in Abb. 1 sind analog definiert.

Im produktionstheoretischen Betriebsmodell der Fernuniversität gibt es 38 verschiedene Inputarten i mit i = 1, ..., I, wobei I = 38. Die Inputs sind eingeteilt in

- Personal (i = 1, ..., 18, für Beamte nach 5 Besoldungsgruppen, Angestellte nach 4 Vergütungsgruppen, Arbeiter, Auszubildende, Saisonkräfte, Aushilfen, Hilfskräfte, Mentoren und Tutoren, Werkvertrags-Mitarbeiter, Lehrbeauftragte u.ä.),
- Sachmittel u.ä. (i = 19, ..., 28, für Geschäftsbedarf und Verbrauchsmaterial, Bewirtschaftungsgüter, Reisen, Literatur, Post, DFÜ, Telefon u.ä., personaleinsatzbedingte Sachmittel),
- Fremdleistungen (i = 29, ..., 33, für Druck und Einband, Transporte, Frachten, Umzüge, Reparatur, Instandhaltung, Wartung an beweglichen und unbeweglichen Anlagegütern) sowie
- Betriebsmittel (i = 34, ..., 38, für hochschuleigene bewegliche und unbewegliche Anlagegüter, hochschulfremde bewegliche und unbewegliche Anlagegüter sowie bedarfsweise benötigte unbewegliche Anlagegüter; bei letzteren handelt es sich fernuniversitätsspezifisch um Räume, die zu Seminar- und Klausurzwecken angemietet werden müssen, sofern der verfügbare Raumbestand nicht ausreicht).

Charakteristisch für Inputs ist, daß sie von außerhalb der Hochschule bezogen und nicht im Rahmen des hochschulbetrieblichen Produktionsprozesses erstellt werden. Daher bleibt in Abb. 1 die Spalte der Inputs frei.

Zwischenleistungen s, s = 1, ..., S, liegen in S = 20 verschiedenen Ausprägungen vor – und zwar:

- Ausstattung (s = 1),
- Raum (s = 2),
- Hochschule allgemein (s = 3),
- Verwaltung (s = 4, ..., 10, für Leitung, hochschulübergreifende Fortbildung, Dezernate 1 bis 5),
- zentrale Einrichtungen (s = 11, ..., 14, für Universitätsbibliothek, Universitätsrechenzentrum, Zentrum für Fernstudienentwicklung, Zentrales Institut für Fernstudienforschung) und

Eine produktionstheoretisch fundierte Kostenrechnung für Hochschulen

- zentrale Fachbereichseinheiten (s = 15, ..., 20, für Dekanate und Prüfungsämter in Elektrotechnik, Erziehungs-, Sozial- und Geisteswissenschaften, Informatik, Mathematik, Rechtswissenschaft, Wirtschaftswissenschaft).

Für Zwischenleistungen ist charakteristisch, daß sie hochschulinnerbetrieblich erbracht werden, sie stehen aber nicht direkt mit den Endprodukten in Verbindung, daher gibt es keine zugehörigen Koeffizienten in der Spalte der Outputs.

Hauptleistungen werden an der Fernuniversität in 226 Arten grundsätzlich nur von Lehrstühlen erbracht und lassen sich in die drei Gruppen

- Lehrstuhl-Verwaltungsleistungen (m = 1, ..., 75, lehrstuhlindividuell),
- Lehrleistungen (m = 76, ..., 150, lehrstuhlindividuell) sowie
- Forschungsleistungen (m = 151, ..., 226, lehrstuhlindividuell und als Sonderfall das Zentrale Institut für Fernstudienforschung)

einteilen. Hauptleistungen gehen grundsätzlich direkt in Outputs ein.

Betrachtet man die an den verschiedenen Lehrstühlen tätigen Mitarbeiter, so wird deutlich, daß die drei Leistungsarten aus verschiedenen, insbesondere Personal-Ressourcenkombinationen hervorgehen, bei denen ein Professor mit einer bestimmten Anzahl geeigneter Mitarbeiter die Leistungen erbringt. Aus der produktionstheoretischen Perspektive handelt es sich um Produktionsverfahren, auf deren Basis die Lehrstuhlleistungen erbracht werden.

Die Outputs j der Hochschule können mit ihren 475 betrachteten Ausprägungen den Kategorien Lehre, Forschung und sonstige Dienstleistungen zugeordnet werden:

- Zur Lehre zählen Vorlesungen (j = 1, ..., 204), Übungen (j = 205, ..., 277), Seminare (j = 278, ..., 287), Betreuung von Abschlußarbeiten (j = 288, ..., 293) und Sonstiges (j = 294, ..., 323, z.B. Programmierpraktika, Heimpraktika, Kolloquien).
- Bei Forschung wird zwischen Grundlagenforschung (j = 324, ..., 399) und Projektforschung (j = 400, ..., 475) unterschieden.
- Sonstige Dienstleistungen, wie z.B. diejenigen medizinischer Einrichtungen, werden an der Fernuniversität nicht erbracht.

Am Beispiel der Lehre lassen sich die produktionstheoretischen Überlegungen zur Outputdefinition besonders anschaulich erläutern. Häufig werden als Lehroutputs die Absolventen bestimmter Fachrichtungen oder Studiengänge betrachtet. Dies ist produktionstheoretisch insofern problematisch, als dabei eine Homogenität der Abschlüsse angenommen wird, die in der Realität nicht gegeben ist. Die einzelnen Absolventen haben im Studienverlauf unterschiedliche Fächer- bzw. Veranstaltungskombinationen gewählt, die aus z.T. sehr unterschiedlichen Ressourcen- und Leistungskombinationen hervorgegangen sind. Die personen- bzw. abschlußorientierte Sichtweise des Lehroutputs von Hochschulen ist folglich produktionstheoretisch irrelevant. Vielmehr muß die Untersuchung individueller Studienverläufe unter Berücksichtigung der Veranstaltungskombinationen erfolgen.

Auf Basis der vorangegangenen Definitionen von Inputs, Zwischenleistungen, Hauptleistungen und Outputs sowie der Relationen zwischen diesen Gütern in Form von technischen Lieferkoeffizienten kann der produktionstheoretische Ansatz der Hochschule dargestellt werden.

Die Koeffizienten der Abb. 1 zeigen die Liefer-/Empfängerbeziehungen (gekennzeichnet durch „von ..." und „an ...") und beziehen sich jeweils auf eine Empfängereinheit, so daß sie Direktbedarfskoeffizienten darstellen. Sei

$$A = (a_{is}) \quad \text{mit} \quad i = 1, \ldots, I \quad \text{und} \quad s = 1, \ldots, S,$$

oder ausführlicher:

$$A = \begin{pmatrix} a_{11} & \cdots & a_{1S} \\ \vdots & \ddots & \vdots \\ a_{11} & \cdots & a_{IS} \end{pmatrix}$$

die Matrix der Koeffizienten, die den benötigten Einsatz der Inputs i für die Zwischenleistungen s angeben, dann zeigt Abb. 2 – bei analoger Definition aller weiteren Matrizen – das Produktionsmodell der Hochschule auf Matrizenbasis.

Primäre Inputs gehen in Zwischenleistungen, Hauptleistungen und Outputs ein, ausgedrückt durch die Matrizen A, B und C. Zwischenleistungen werden für andere Zwischenleistungen und Hauptleistungen benötigt (Matrizen $\overline{A}$ und $\overline{B}$). Hauptleistungen gehen gemäß Matrix $\overline{\overline{C}}$ ausschließlich in Outputs ein. Abb. 3 gibt auf Basis dieser Matrizen einen Überblick über die Struktur des produktionstheoretischen Gesamtmodells der Hochschule.

Abb. 2: Produktionstheoretisches Gesamtmodell mit Hilfe der Matrizendarstellung[8]

von ... \ an ...	Primäre Inputs i	Zwischen-leistungen s	Haupt-leistungen m	Outputs j
Primäre Inputs i	0	A	B	C
Zwischenleistungen s	0	$\overline{A}$	$\overline{B}$	0
Hauptleistungen m	0	0	0	$\overline{\overline{C}}$
Outputs j	0	0	0	0

Abb. 3: Struktur des produktionstheoretischen Gesamtmodells

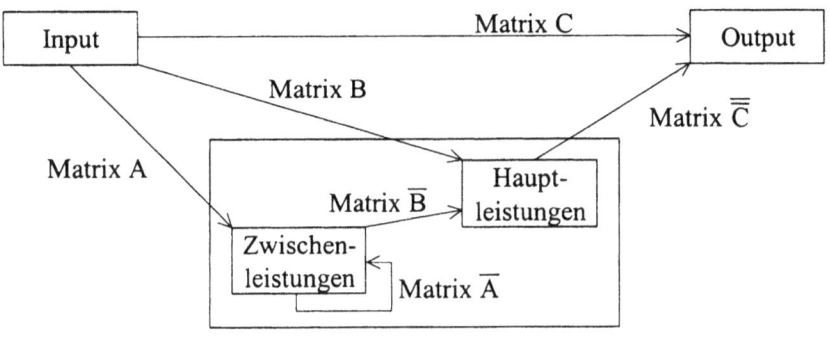

C. Überleitung vom Produktionsmodell zum Hochschulkostenrechnungsmodell

Die insgesamt in der Hochschule eingesetzten Mengen werden – ausgehend von den in Abb. 1 gezeigten Direktbedarfsmatrizen – durch die spaltenweise Multiplikation der technischen Lieferkoeffizienten mit den jeweiligen Mengen an Zwischen- bzw. Hauptleistungs- oder Outputarten berücksichtigt. Um dabei von den Mengenmatrizen zu Kostenmatrizen zu gelangen, ist eine Bewertung mit Hilfe von Preismatrizen erforderlich. Im Ergebnis enthält dann das Kostenmodell der Hochschule (siehe Abb. 4) alle hochschulbetrieblichen Kosten und stellt sämtliche Informationen für ein vollständiges Kostenrechnungssystem bereit.[9]

Mit Hilfe der Preismatrizen

$$P = \begin{pmatrix} p_1 & & 0 \\ & p_2 & \\ & & \ddots \\ 0 & & p_I \end{pmatrix}, \quad \bar{P} = \begin{pmatrix} \bar{p}_1 & & 0 \\ & \bar{p}_2 & \\ & & \ddots \\ 0 & & \bar{p}_S \end{pmatrix}, \quad \bar{\bar{P}} = \begin{pmatrix} \bar{\bar{p}}_1 & & 0 \\ & \bar{\bar{p}}_2 & \\ & & \ddots \\ 0 & & \bar{\bar{p}}_M \end{pmatrix},$$

bei denen lediglich die Hauptdiagonalen besetzt sind, und den Mengenmatrizen

$$Y = \begin{pmatrix} y_1 & & 0 \\ & y_2 & \\ & & \ddots \\ 0 & & y_S \end{pmatrix}, \quad H = \begin{pmatrix} h_1 & & 0 \\ & h_2 & \\ & & \ddots \\ 0 & & h_M \end{pmatrix}, \quad X = \begin{pmatrix} x_1 & & 0 \\ & x_2 & \\ & & \ddots \\ 0 & & x_J \end{pmatrix},$$

bei denen ebenfalls nur die Hauptdiagonalen besetzt sind und die einen linearen Zusammenhang zwischen den Elementen der Matrix X und denen der Matrix H sowie zwischen den Elementen der Matrix H und denen der Matrix Y unterstellen, läßt sich das Kostenmodell aus Abb. 4 in die Form der Abb. 5 überführen.

Das Kostenmodell in Abb. 5 enthält neben den Matrizen mit den technischen Lieferkoeffizienten die Mengenmatrizen Y, H und X sowie die Preismatrizen P, $\bar{P}$ und $\bar{\bar{P}}$. Es liefert in der dargestellten Form alle Informationen für eine Kostenrechnung der Hochschule von der Kostenartenrechnung über die Kostenstellenrechnung bis zur Kostenträgerrechnung.

Im Rahmen der *Kostenartenrechnung* erfolgt die Erfassung des mengenmäßigen Verbrauchs an eingesetzten Faktoren, deren Bewertung sowie die Gliederung der so ermittelten Kosten nach Kostenarten. Bei der Bestimmung dieser Kosten gibt es im Prinzip keine Besonderheiten gegenüber der betrieblichen Kostenrechnung. Lediglich für die Berechnung der kalkulatorischen Zinsen ist eine differenzierte Vorgehensweise erforderlich. Kalkulatorische Zinsen für bewegliche Anlagegüter und Grundstücke werden als solche erfaßt. Für hochschuleigene Gebäude sind sie unter den kalkulatorischen Mieten berücksichtigt. Kalkulatorische Zinsen auf das Umlaufvermögen bleiben zunächst außer Acht, da zur Erfassung des Umlaufvermögens in Hochschulen derzeit noch keine geeigneten Systeme existieren. Als Ergebnis der Kostenartenrechnung sind die Gesamtkosten in den sogenannten Kostenartenplan eingeordnet, in dem zu ver-

Abb. 4: Verteilung der Gesamtkosten auf Basis der Direktbedarfskoeffizienten

von … \ an …	Primäre Inputs i	Zwischenleistungen s	Hauptleistungen m	Outputs j
Primäre Inputs i		$\begin{matrix} p_1 \cdot a_{11} \cdot y_1 & \cdots & p_1 \cdot a_{1S} \cdot y_S \\ \vdots & \ddots & \vdots \\ p_I \cdot a_{I1} \cdot y_1 & \cdots & p_I \cdot a_{IS} \cdot y_S \end{matrix}$	$\begin{matrix} p_1 \cdot b_{11} \cdot h_1 & \cdots & p_1 \cdot b_{1M} \cdot h_M \\ \vdots & \ddots & \vdots \\ p_I \cdot b_{I1} \cdot h_1 & \cdots & p_I \cdot b_{IM} \cdot h_M \end{matrix}$	$\begin{matrix} p_1 \cdot c_{11} \cdot x_1 & \cdots & p_1 \cdot c_{1J} \cdot x_J \\ \vdots & \ddots & \vdots \\ p_I \cdot c_{I1} \cdot x_1 & \cdots & p_I \cdot c_{IJ} \cdot x_J \end{matrix}$
Zwischenleistungen s		$\begin{matrix} \bar{p}_1 \cdot \bar{a}_{11} \cdot y_1 & \cdots & \bar{p}_1 \cdot \bar{a}_{1S} \cdot y_S \\ \vdots & \ddots & \vdots \\ \bar{p}_S \cdot \bar{a}_{S1} \cdot y_1 & \cdots & \bar{p}_S \cdot \bar{a}_{SS} \cdot y_S \end{matrix}$	$\begin{matrix} \bar{p}_1 \cdot \bar{b}_{11} \cdot h_1 & \cdots & \bar{p}_1 \cdot \bar{b}_{1M} \cdot h_M \\ \vdots & \ddots & \vdots \\ \bar{p}_S \cdot \bar{b}_{S1} \cdot h_1 & \cdots & \bar{p}_S \cdot \bar{b}_{SM} \cdot h_M \end{matrix}$	
Hauptleistungen m				$\begin{matrix} \bar{\bar{p}}_1 \cdot \bar{\bar{c}}_{11} \cdot x_1 & \cdots & \bar{\bar{p}}_1 \cdot \bar{\bar{c}}_{1J} \cdot x_J \\ \vdots & \ddots & \vdots \\ \bar{\bar{p}}_M \cdot \bar{\bar{c}}_{M1} \cdot x_1 & \cdots & \bar{\bar{p}}_M \cdot \bar{\bar{c}}_{MJ} \cdot x_J \end{matrix}$
Outputs j				

Eine produktionstheoretisch fundierte Kostenrechnung für Hochschulen

Abb. 5: Darstellung der direkten Gesamtkostenverteilung mit Hilfe von Matrizen

von ... \ an ...	Primäre Inputs i	Zwischen-leistungen s	Haupt-leistungen m	Outputs j
Primäre Inputs i	0	$P \cdot A \cdot Y$	$P \cdot B \cdot H$	$P \cdot C \cdot X$
Zwischenleistungen s	0	$\overline{P} \cdot \overline{A} \cdot Y$	$\overline{P} \cdot \overline{B} \cdot H$	0
Hauptleistungen m	0	0	0	$\overline{\overline{P}} \cdot \overline{\overline{C}} \cdot X$
Outputs j	0	0	0	0

merken ist, wie die erfaßten Kosten im System der Kostenrechnung weiter zu verrechnen sind. Die Matrizen $P \cdot A \cdot Y$, $P \cdot B \cdot H$, und $P \cdot C \cdot X$ erfassen die Kosten der primären Inputs, so daß aus diesen Matrizen die Gesamtkosten der Hochschule bestimmt werden können. Lediglich die Elemente der Matrix $P \cdot C \cdot X$ stellen Kostenträger-Einzelkosten dar, die direkt den Outputeinheiten zugeordnet werden können. Bei Gemeinkosten hingegen ist diese direkte Zuordbarkeit nicht gegeben. Gemeinkosten werden mit Hilfe von Schlüsselgrößen über die Kostenstellenrechnung möglichst verursachungsgerecht den Kostenträgern zugeordnet.[10] Die Zuordnung der Gemeinkosten auf die Kostenstellen erfolgt auf Basis der Elemente der Matrizen $P \cdot A \cdot Y$ und $P \cdot B \cdot H$.

Die *Kostenstellenrechnung* setzt zunächst die Einteilung der Hochschule in Kostenstellen voraus, die eindeutig abgrenzbare Abteilungen oder Teilbereiche darstellen und in denen die zur Leistungserstellung eingesetzten Güter und Leistungen verbraucht werden. Hierbei ist eine hinsichtlich der Zwischen- und Hauptleistungen gewählte Besonderheit zu beachten: Die Zwischenleistungen des produktionstheoretischen Ansatzes werden in dem Kostenmodell als Leistungen von Hilfskostenstellen mit einer 1:1-Beziehung interpretiert, d.h. eine Hilfskostenstelle erbringt genau eine Zwischenleistung, so daß es genau so viele Hilfskostenstellen wie Zwischenleistungen gibt. Analog dazu werden die Hauptleistungen als Leistungen von Hauptkostenstellen interpretiert, wobei wiederum einer Hauptkostenstelle genau eine Hauptleistung entspringt und es genauso viele Hauptkostenstellen wie Hauptleistungen gibt. Leistungen von Hauptkostenstellen gehen direkt in Endprodukte ein, während Hilfskostenstellen ihre Leistungen ausschließlich innerbetrieblich an andere Hilfskostenstellen oder an Hauptkostenstellen liefern.

Die in der Kostenartenrechnung erfaßten Gemeinkosten werden den Kostenstellen zugeordnet und dort als primäre Gemeinkosten registriert. Anschließend werden die primären Gemeinkosten der Hilfskostenstellen gemäß der Inanspruchnahme von Leistungen der betrachteten Hilfskostenstelle auf die anderen Kostenstellen verteilt. Diese sogenannte innerbetriebliche Leistungsverrechnung erfolgt hinsichtlich der Leistungslieferungen an die Hilfskostenstellen in Matrix $\overline{P} \cdot \overline{A} \cdot Y$ und für die Leistungslieferungen an die Hauptkostenstellen in Matrix $\bar{P} \cdot \bar{B} \cdot H$. Die so zugeordneten Kosten werden den empfangenden Kostenstellen als sekundäre Gemeinkosten belastet.

Die Elemente der Matrizen $\bar{P}$ und $\bar{\bar{P}}$ können dabei nicht ohne weiteres aus vorgegebenen Preisen erstellt werden. Die Elemente der Matrix $\bar{P}$ sind im Rahmen der innerbetrieblichen Leistungsverrechnung erst zu ermitteln, stellen also innerbetriebliche Verrechnungssätze dar. Die Elemente der Matrix $\bar{\bar{P}}$ sind dagegen Kalkulationssätze, die im Anschluß an die innerbetriebliche Leistungsverrechnung aus den Gesamtkosten der Hauptkostenstellen bestimmt werden. Die auf den Hauptkostenstellen angefallenen Gesamtkosten, d.h. die Summe über die Spaltensummen der Matrizen $P \cdot B \cdot H$ (dies sind die primären Kosten der Hauptkostenstellen) und $\bar{P} \cdot \bar{B} \cdot H$ (dies sind die sekundären Kosten der Hauptkostenstellen) ergeben wiederum die Gesamtkosten der Hochschule, so daß die Kosten der Hilfskostenstellen vollständig auf die Hauptkostenstellen verrechnet werden.

Im Fokus der *Kostenträgerrechnung* der Hochschule steht die Kostenträgerstückrechnung, die auch als Kalkulation bezeichnet wird und mit der die Kosten je Einheit eines Endprodukts j ermittelt werden. Hierbei ist die bereits angesprochene Problematik der Outputdefinition zu beachten. Die in Matrix $\bar{\bar{P}} \cdot \bar{C} \cdot X$ gezeigten, von den Hauptkostenstellen auf die Kostenträger zugeordneten Kosten entsprechen wieder den Gesamtkosten der Hochschule (in diesem Beispiel gibt es keine Einzelkosten, und alle Elemente der Matrix $P \cdot C \cdot X$ sind Null), so daß eine Vollkostenrechnung durchgeführt wurde. Aus produktionstheoretischer Sicht impliziert die hier gezeigte Vollkostenrechnung lineare Lieferbeziehungen bzw. Verrechnungen, durch die insgesamt ein linearer Zusammenhang zwischen Inputs und Outputs erzeugt wurde. Der Schluß, daß es sich bei den Kosten der primären Inputs folglich um Einzelkosten handelt, ist allerdings nicht zulässig, da zwischen Inputs und Outputs die Stufen der Hilfs- und Hauptkostenstellen zur Verrechnung der Gemeinkosten geschaltet sind und erst über diese eine Beziehung von Inputs zu Outputs hergestellt wurde.

Die Zusammenhänge zwischen produktionstheoretischen Direktbedarfsmatrizen und den Elementen der Kostenrechnung faßt die nachfolgende Abb. 6 noch einmal zusammen.

Abb. 6: Zusammenhang zwischen produktionstheoretischen Matrizen und Kostenrechnung

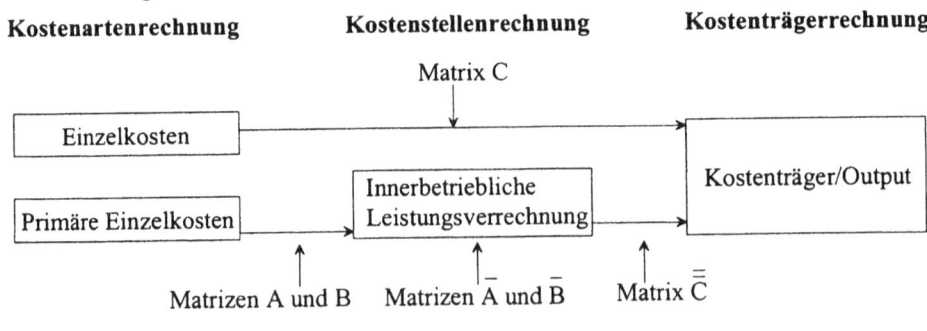

D. Ausgewählte Ergebnisse

Die Kosteninformationen werden im folgenden beispielhaft für den Bereich der Lehre ausgewertet. Als Outputdefinitionen der Lehre werden die Einzelveranstaltungen jeweils bezogen auf einen aktiven Teilnehmer in dieser Veranstaltung betrachtet. Durch die Zusammenstellung bestimmter Lehrveranstaltungen können aus diesen Daten die Kosten typischer Studienverläufe ermittelt werden.[11] Dies ist beispielhaft für die an der Fernuniversität angebotenen grundständigen Studiengänge erfolgt. Die Ergebnisse zeigt Abb. 7.

Ein repräsentatives Studium der Elektrotechnik mit einem Diplom II-Abschluß kostet demnach 173,5 TDM (ohne Berücksichtigung von Zinseffekten) und ist folglich mit weitaus höheren Kosten verbunden als die anderen vier Beispielstudiengänge – immerhin liegt zwischen Elektrotechnik und dem zweitteuersten Studiengang (Diplom II-Abschluß in Mathematik) der Faktor 3. Am günstigsten schneidet das wirtschaftswissenschaftliche Studium mit dem Abschluß Diplom-Kaufmann/-frau mit 11,5 TDM ab, die weniger als 7% der Kosten für ein repräsentatives Elektrotechnik-Studium ausmachen.

Abb. 7: Kosten beispielhafter Studienverläufe

Beispielhafte Studienverläufe	Kosten	
Diplom II in Elektrotechnik		
Grundstudium	45.825,84 DM	
Hauptstudium	127.713,27 DM	
Summe		173.539,11 DM
Magister Artium in Erziehungs-, Sozial- u. Geisteswissenschaften		
Grundstudium	8.392,09 DM	
Hauptstudium	9.359,32 DM	
Summe		17.751,41 DM
Diplom II in Informatik		
Grundstudium	14.108,16 DM	
Hauptstudium	21.167,31 DM	
Summe		35.275,47 DM
Diplom II in Mathematik		
Grundstudium	15.613,72 DM	
Hauptstudium	35.957,50 DM	
Summe		51.571,22 DM
Diplom II in Wirtschaftswissenschaft		
Grundstudium	4.280,63 DM	
Hauptstudium	7.214,61 DM	
Summe		11.495,23 DM

Ein Grund für diese starken Abweichungen liegt auf der Hand: Es handelt sich um die Belegerzahlen in den Fachrichtungen; während auf Elektrotechnik 2% der gesamten Belegungen entfallen, sind es hingegen rund 54% für die Wirtschaftswissenschaften.[12] Darüber hinaus resultiert der in Elektrotechnik durchgängig anzutreffende Kostensatz je Veranstaltungsteilnehmer aus einem Studiengangs- bzw. Fachbereichscharakteristikum. Der Fachbereich Elektrotechnik ist anlagenintensiv, d.h. als Basis für Lehre und Forschung fallen weitaus höhere Abschreibungen an als in den anderen nicht-experimentellen Fachrichtungen.

Es stellt sich nun die Frage, für welche Zwecke die Informationen über die Istkosten der Hochschule auf Vollkostenbasis verwendet werden können. Zum einen kann durch geeignetes Kommunizieren dieser Daten bei den Studierenden das Bewußtsein gestärkt werden, daß sie selbst Kunden der Hochschule, d.h. Nachfrager einer Dienstleistung sind, die mit enormen Kosten verbunden ist und mit der sie entsprechend verantwortungsbewußt umgehen sollten. Zum anderen sind Analysen beispielsweise hinsichtlich der Kostenstruktur in den verschiedenen Fachbereichen möglich. Hier wäre allerdings der Schluß, daß teure Studiengänge abzuschaffen seien, schlichtweg falsch. Denkbar ist aber beispielsweise eine Gegenüberstellung der technischen Lieferkoeffizienten und der daraus resultierenden Kostensätze vergleichbarer Lehrgebiete als Ist-Ist-Vergleich oder unterschiedlicher Zeitpunkte als Ist-War-Vergleich. Damit ließen sich erste Ansatzpunkte dafür finden, ob eine bessere bzw. wirtschaftliche Leistungserstellung möglich ist.

Es bieten sich darüber hinaus zahlreiche weitere Nutzungsmöglichkeiten der in dem Modell enthaltenen Daten an. So kann beispielsweise die Definition und Quantifizierung der Lehrleistungen sowie der zugehörigen Nachfrage den Ausgangspunkt für eine Angebotsdifferenzierung oder für Überlegungen zum Ausbau bestimmter Fachrichtungen bilden. Auf dieser Basis kann die Hochschule ihr spezifisches Profil entwickeln und die eigene Wettbewerbsposition stärken. In Verbindung mit einer stärkeren Kundenorientierung könnte so auch die Attraktivität der Bundesrepublik als Studienort für Ausländer wiederbelebt werden.

Als Fazit bleibt festzuhalten, daß nur durch die Bereitstellung entscheidungsorientierter Informationen der Staat von der Notwendigkeit stärkerer finanzieller Unterstützung überzeugt und hochschulinterne wie staatliche Verteilungsentscheidungen erleichtert werden können. Der Aufbau einer produktionstheoretisch fundierten Kostenrechnung für Hochschulen stellt einen wesentlichen Baustein für eine solche entscheidungsorientierte Informationsbasis dar, auf deren Grundlage den gestiegenen Informationsanforderungen Rechnung getragen und dem eingangs dargestellten Rechtfertigungsdruck begegnet werden kann.

Anmerkungen

1 Vgl. Schmidt, K.: Studentenproteste '97, Schuldiger gesucht, in: DUZ (1997) 23, S. 14.
2 Vgl. o. V.: Einschreibegebühren, Gekippt, in: DUZ (1997) 22, S. 7.
3 Vgl. Fritsche, A.; Köster, P.: Studentenproteste '97, „Ganz normale junge Leute", in: DUZ (1997) 23, S. 11.
4 Vgl. Paff, A.: Eine produktionstheoretisch fundierte Kostenrechnung für Hochschulen, Am Beispiel der Fernuniversität in Hagen, Frankfurt et al. 1998.

5 Vgl. Steven, M.: Produktionstheorie, Wiesbaden 1998, S. 212 ff.; Küpper, H.-U.: Struktur, Aufgaben und Systeme des Hochschul-Controlling, in: Küpper, H.-U.; Sinz, E. (Hrsg.): Gestaltungskonzepte für Hochschulen, Effizienz, Effektivität, Evolution, Stuttgart 1998, S. 154.
6 Vgl. Fandel, G.: Produktion I, Produktions- und Kostentheorie, 5. Aufl., Berlin et al. 1997, S. 25.
7 Vgl. Albach, H.; Fandel, G.; Schüler, W.: Hochschulplanung, Baden-Baden 1978, S. 88f.
8 0 = Nullmatrix
9 Vgl. Paff, A.: Eine produktionstheoretisch fundierte Kostenrechnung für Hochschulen, a.a.O., Anhang; Kuhnert, I.; Leszczensky, M.: Kostenrechnung an Hochschulen – Erfassung und Bewertung hochschulinterner Kostenstrukturen, Modellversuch an der Universität Bonn und der Universität-Gesamthochschule Wuppertal (hrsg. von der HIS Hochschul-Informations-System GmbH, Hochschulplanung Bd. 135), Hannover 1998, S. 137 ff.
10 Vgl. Fandel, G.; Heuft, B.; Paff, A., Pitz, Th.: Kostenrechnung, Berlin et al. 1999, S. 131ff.
11 Zu ähnlich gelagerten Berechnungen siehe: Mertens, P.; Back-Hock, A.; Sluka, K.: Ein Modell zur Kalkulation der Kosten je Absolvent, in: ZfB-Ergänzungsheft 2/94, S. 297 ff.
12 Vgl. Paff, A.: Eine produktionstheoretisch fundierte Kostenrechnung für Hochschulen, a.a.O., S. 105.

Literatur

Albach, H.; Fandel, G.; Schüler, W. (1978): Hochschulplanung, Baden-Baden.
Fandel, G. (1997): Produktion I, Produktions- und Kostentheorie, 5. Aufl., Berlin et al.
Fandel, G.; Heuft, B; Paff, A.; Pitz, Th. (1999): Kostenrechnung, Berlin et al.
Fritsche, A.; Köster, P. (1997): Studentenproteste '97, „Ganz normale junge Leute", in: DUZ 23, S. 10–12.
Kuhnert, I.; Leszczensky, M. (1998): Kostenrechnung an Hochschulen – Erfassung und Bewertung hochschulinterner Kostenstrukturen, Modellversuch an der Universität Bonn und der Universität-Gesamthochschule Wuppertal (hrsg. von der HIS Hochschul-Informations-System GmbH, Hochschulplanung Bd. 135), Hannover.
Küpper, H.-U.; Sinz, E. (Hrsg.) (1998): Gestaltungskonzepte für Hochschulen, Effizienz, Effektivität, Evolution, Stuttgart.
Mertens, P.; Back-Hock, A.; Sluka, K. (1994): Ein Modell zur Kalkulation der Kosten je Absolvent, in: ZfB-Ergänzungsheft 2/94, S. 297–310.
O. V. (1997): Einschreibegebühren, Gekippt, in: DUZ 22, S. 7.
Paff, A. (1998): Eine produktionstheoretisch fundierte Kostenrechnung für Hochschulen, Am Beispiel der Fernuniversität in Hagen, Frankfurt et al.
Schmidt, K. (1997): Studentenproteste '97, Schuldiger gesucht, in: DUZ 23, S. 14.
Steven, M. (1998): Produktionstheorie, Wiesbaden.

Günter Fandel und Andrea Paff

Zusammenfassung

Hochschulen sehen sich angesichts der angespannten Haushaltssituation einem zunehmenden Druck zur Dokumentation, Kontrolle und Disposition ihrer Leistungserstellung ausgesetzt. Das derzeit in Hochschulen eingesetzte, extern orientierte Rechnungssystem der Kameralistik vermag jedoch diese Informationsanforderungen nicht zu erfüllen. Aussagekräftige Informationen, die insbesondere für eine leistungsorientierte Mittelverteilung und die Umsetzung zunehmender finanzieller Autonomie der Hochschulen nutzbar sind, können durch eine produktionstheoretisch fundierte Kostenrechnung bereitgestellt werden. Dies wird am Beispiel der Fernuniversität in Hagen veranschaulicht.

Summary

Due to scarce budget appropriations, universities are required to document, to manage and to control the processes of service production. Since the actual cameralistic accounting system of the German state universities focuses on public accountability and does not provide the information needed for an efficiency-oriented allocation of (financial) resources and for the realization of a budgetary autonomy, the universities should implement a cost accounting system that is based on production-theoretic considerations. As an example, the paper presents the cost accounting system developed for the University of Hagen.

13: Ausbildungs- und Berufsfragen

WINFO*Line* – ein Beispiel für eine kooperative internetbasierte Lernwelt

Von Svenja Hagenhoff*

Überblick

- Die Entwicklung und der Einsatz multimedialer, internetbasierter Bildungsangebote in der Hochschule werden zur Zeit bundesweit forciert. Da ein virtueller Lehrbetrieb nicht aus den begrenzten Mitteln einer Institution realisiert werden kann, bilden sich Entwicklungsverbünde mit dem Ziel, gemeinsame virtuelle Ausbildungsstätten zu erschaffen.

- Der vorliegende Beitrag beschreibt einen solchen Entwicklungsverbund am Beispiel des Projektes WINFO*Line*. Neben der Betrachtung des Lernszenarios wird die Infrastruktur einer kooperativen, internetbasierten Lernwelt aus technischer und organisatorischer Sicht geschildert. Hinzu kommt eine Darstellung der erarbeiteten WINFO*Line*-Standards. Die projektbegleitende Evaluation des Online-Studienfachs bildet den Abschluss der Ausführungen.

Eingegangen: 2. Dezember 1999

Dipl.-Kauffrau Svenja Hagenhoff, Abt. Wirtschaftsinformatik II, Universität Göttingen, Platz der Göttinger Sieben 5, D-37073 Göttingen.

Svenja Hagenhoff

A. Einleitung

Universitäten und Weiterbildungsinstitutionen forcieren derzeit die Entwicklung und den Einsatz von multimedialen Bildungsangeboten für das Internet. Wie Untersuchungen zum Entwicklungsstand des multimedialen Lehren und Lernens belegen, gibt es heute kaum noch eine Bildungsinstitution, die sich nicht mit der Fragestellung beschäftigt, wie sie eine stabile Wettbewerbsposition im Bildungsmarkt der Zukunft erreichen kann (Kraemer 1997).

Viele Universitäten und Bildungsinstitutionen haben dabei erkannt, dass ein virtueller Lehrbetrieb nicht aus den (begrenzten) Mitteln einer Institution realisiert werden kann. Vielmehr bilden sich Entwicklungsverbünde mit dem Ziel, gemeinsame virtuelle Ausbildungsstätten und Universitäten zu erschaffen.

Ein solcher Entwicklungsverbund wird mit dem Projekt WINFO*Line* erprobt. Die Wirtschaftsinformatik-Lehrstühle der Universitäten Göttingen, Kassel, Leipzig und Saarbrücken entwickeln in interuniversitärer Kooperation das virtuelle Studienfach Wirtschaftsinformatik Online (www.winfoline.de). Das Projekt wird von der Bertelsmann Stiftung und der Heinz-Nixdorf Stiftung im Rahmen der B.I.G.-Initiative „Bildungswege in die Informationsgesellschaft" gefördert und vom Lehrstuhl für Psychologie der Universität Gießen (Projekt Evalis) extern evaluiert. Seit 1998 wird WINFO*Line* produktiv in der universitären Lehre eingesetzt.

Der vorliegende Beitrag ist in vier Kapitel gegliedert. Zunächst werden ein Szenario für das Lernen an einer virtuellen Hochschule betrachtet und die Gemeinsamkeiten und Unterschiede des virtuellen und realen Studiums beschrieben. Anschließend wird die WINFO*Line*-Infrastruktur aus technischer und organisatorischer Sicht betrachtet. Hinzu kommt eine detailliertere Beschreibung der erarbeiteten WINFO*Line*-Standards. Die projektbegleitende Evaluation des Online-Studienfachs bildet den Abschluss der Ausführungen.

B. Lernen mit WINFO*Line*

I. Bildungsdienstleistungen

An die Stelle von klassischen Vorlesungen und Übungsveranstaltungen treten im WINFO*Line*-Konzept sogenannte Bildungsprodukte. Dies sind didaktisch-pädagogisch aufbereitete „Wissensbausteine", die komplexe Sachverhalte in Module zerlegt darbieten. Im einzelnen bestehen die Bildungsprodukte aus multimedialen Lerneinheiten, d.h. Lernanimationen und -skripten, Lehrbüchern, Vorlesungsprotokollen, herkömmlichen und interaktiven Übungsaufgaben mit Lösungen.

Die Lerneinheiten werden durch ein umfangreiches Serviceangebot ergänzt und zielen insbesondere auf eine intensive Interaktion zwischen den WINFO*Line*-Betreuern und den Studierenden ab. Die Serviceleistungen setzen sich zusammen aus:

- *inhaltlichen Betreuungsleistungen*, die auch als Tele-Tutoring bezeichnet werden. Die Tele-Tutoren der jeweiligen Bildungsprodukte betreuen die Lernenden dabei via E-Mail, Chat- oder Video-Konferenzen. Gleichzeitig können die Studierenden über E-Mail,

WINFOLine – ein Beispiel für eine kooperative internetbasierte Lernwelt

moderierte Kommunikationsforen und themenbezogenen Chatrooms Kontakte zu ihren Kommilitonen herstellen und so standortunabhängige, virtuelle Lerngruppen bilden.
- *Lernhilfen*, die von der Beschreibung eines Musterlernprozesses über die Bereitstellung von Glossaren bis zu individuellen Lernkonten reichen, mit denen der persönliche Lernfortschritt in den Bildungsprodukten durch den Lernenden verwaltet werden kann.
- *Help-Desk-Support* zur Unterstützung bei technischen Fragen.

Die Studierenden können das mithilfe eines Bildungsproduktes erworbene Wissen im Rahmen von Klausuren zertifizieren lassen. WINFOLine bietet dazu an allen Standorten zu den Bildungsprodukten semesterweise klassische Präsenzklausuren an. Die Klausuren werden zentral vom anbietenden Hochschullehrer gestellt und an den WINFOLine-Standorten dezentral zum gleichen Zeitpunkt als Präsenzklausuren abgenommen. Gegebenenfalls werden für Ausweichtermine separate Klausuren gestellt.

Für WINFOLine wird derzeit kein eigener Abschluss angeboten. Die erworbenen Prüfungsleistungen werden vielmehr gegenseitig von den WINFOLine-Partneruniversitäten anerkannt und können von den Studierenden als Studienleistung in den realen Studienabschluss an ihrer Heimatuniversität eingebracht werden.

Die weiteren Regularien sind durch die geltenden Hochschul- und Prüfungsordnungen der anerkennenden Hochschulen gegeben. Besondere Hürden werden dabei durch gewachsene Regelwerke aufgebaut, die virtuelle Lehrangebote häufig noch nicht vorsehen und in denen die Forderungen der Kultusministerkonferenz (Kultusministerkonferenz 1998) noch nicht umgesetzt wurden.

Mit den Bildungsprodukten und begleitenden Services stellt WINFOLine eine Bildungsinfrastruktur bereit, die es ermöglicht, Wissen zum richtigen Zeitpunkt am richtigen Ort in geeigneter Form verfügbar zu machen. Zur richtigen Nutzung dieser Struktur reicht es nicht aus, den Studierenden ausschließlich Bildungsdienstleistungen zur Verfügung zu stellen. Vielmehr müssen die Lernenden aktiv angeleitet und motiviert werden. Der Fokus wird somit auf ein aktives „learning to learn" gelegt. Neben der Benutzerführung im System werden an den WINFOLine-Standorten dazu Einführungsseminare und Beratungstermine angeboten.

Ziel ist es, eine Lernkultur zu schaffen, die von einem problemorientierten Lernen ausgeht und die Bereitschaft zum eigenverantwortlichen und kooperativen Wissenserwerb sowie zum aktiven Erfahrungs- und Wissensaustausch kultiviert.

Für die Lernmodule und Lernobjekte der Bildungsprodukte wurden Lernziele definiert, die es ermöglichen, vorab eine Einschätzung des Inhaltes vorzunehmen und erworbenes Wissen anhand von Übungsaufgaben zu überprüfen (vgl. Abbildung 1).

Als Lernmaterial für die Wissensakquisition stellen die Bildungsprodukte Multimedia-Lerneinheiten, Vorlesungsmitschnitte bzw. Protokolle und Lehrbücher online zur Verfügung. Gleichzeitig kann die Lernmotivation der Studierenden durch Edutainment-Elemente gefördert werden.

Mit zum Teil interaktiven Übungsaufgaben wird von diesem Wissensakquisitionsprozess im Rahmen einer aktiven, benutzerindividuellen Nachbereitung auf den Verstehens- und Verarbeitungsprozess übergeleitet.

Ein Glossar mit Fachbegriffen und Definitionen unterstützt die Lernenden bei der Nachbereitung.

Abb. 1: Eigenschaften von Lerneinheiten als Navigationshilfe für Lernende

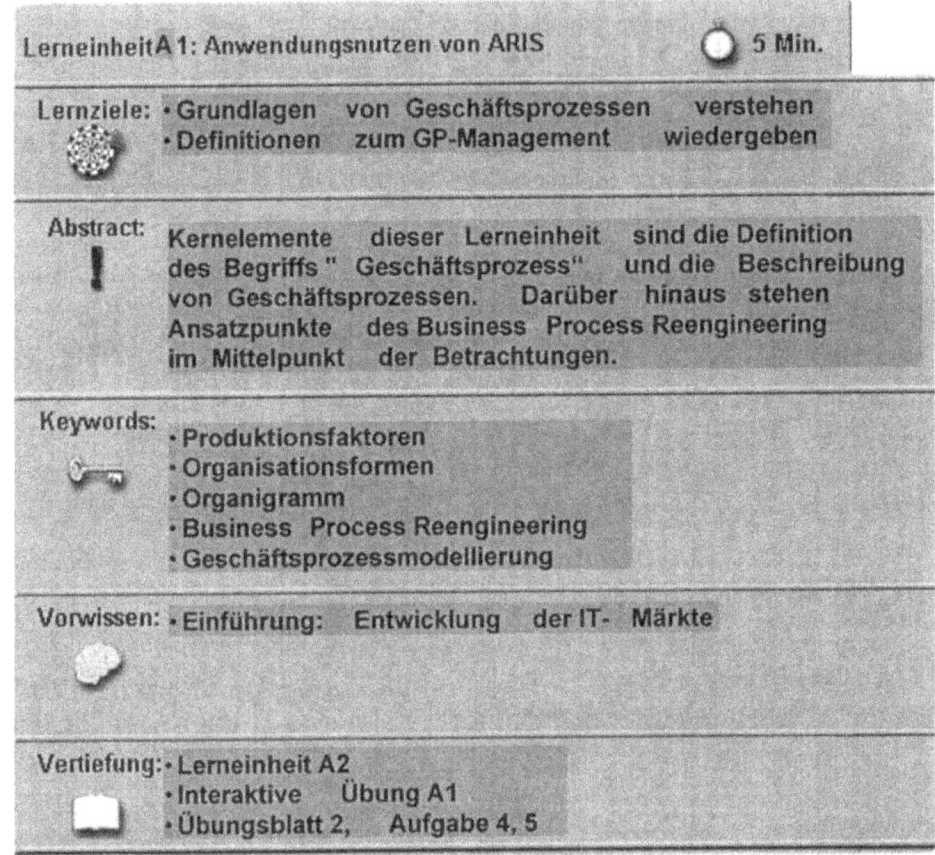

II. Lernprozesse

Abbildung 2 stellt vereinfacht Lernprozesse des Präsenzstudiums denen des virtuellen Studiums gegenüber (Geller 1996; Meyer 1993; Terhard 1989). Ein virtueller Lernprozess für eine Lerneinheit beginnt mit einer Präsentation, von multimedial aufbereiteten Inhalten. So wird ein schneller Überblick über Zusammenhänge gewonnen. Im nächsten Schritt kann das hierbei erworbene Wissen über das Lehrbuch bzw. Vorlesungsdokumentationen vertieft werden. Anschließend bietet sich die Überprüfung und Einordnung des erworbenen Wissens im Rahmen von Übungsaufgaben an. Hierbei wird neben den klassischen Übungsaufgaben (und Lösungen) der Präsenzveranstaltungen ein Schwerpunkt auf interaktive Übungen gelegt. Diese bieten mittels Multiple Choice und vor allem mittels multimedial animierten Tests die Möglichkeit, Wissen im Selbststudium zu überprüfen und direktes Feedback zu erhalten. Darüber hinaus bietet WINFO*Line* Fallstudien an, mit de-

Abb. 2: Lernprozesse im realen/virtuellen Studium

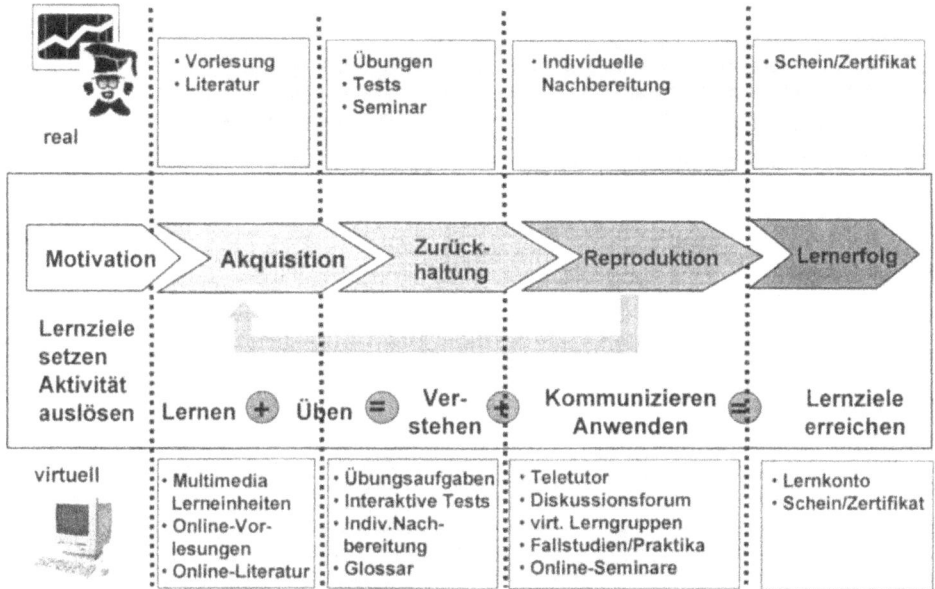

nen die erworbenen Lehrinhalte angewandt werden können. Durch das Diskussionsforum eines jeden Bildungsproduktes und Chatrooms werden Kommunikationsinstrumente bereitgestellt, die moderiert oder in freier Diskussion zu gegebenen oder sich frei entwickelnden Themen genutzt werden. Auf diese Weise entwickeln sich standortübergreifende Lerngruppen. Bei individuellen Fragestellungen können sich die Studierenden direkt an die Teletutoren wenden. Durch diesen interaktiven Austausch, verbunden mit der integrierten Verknüpfung der einzelnen Services und Lehrinhalte, entsteht eine Virtuelle Community, die ein kollektives Wissensmanagement im Rahmen von WINFO*Line* ermöglicht (Beinhauer 1999).

So können Lernprozesse zu einem erfolgreichen Abschluss gebracht werden, der sich letztlich in einem Prüfungserfolg dokumentiert. Begleitend zu den Lernprozessen unterstützt ein Lernkonto die Studierenden bei der Verwaltung individueller Lernteilerfolge. In diesem persönlichen Lernkonto werden z.B. für jede Übungsaufgabe die Bewertung und Hinweise für jeden Studenten abgelegt.

C. Infrastruktur eines virtuellen Studiengangs

I. Technische Infrastruktur

Für die Realisierung und den Betrieb der WINFO*Line*-Lernwelt werden die etablierten Techniken des Internet verwendet. WINFO*Line* basiert dabei auf einer zentral/dezentralen Architektur. Jeder der Projektpartner betreibt für seinen Teil des Bildungsangebotes einen eigenen Web-Server, auf dem sich die Bildungsprodukte und Anwendungen des jeweiligen Standortes sowie bildungsproduktspezifische Nutzerdaten (z.B. Lernkonto, das den aktuellen Lernstand des jeweiligen Studierenden anzeigt) befinden. Auf dem zentralen WINFO*Line*-Server werden die Stammdaten der WINFO*Line*-Nutzer verwaltet. Gleichzeitig erfolgt hier die Online-Immatrikulation der Studierenden. Darüber hinaus werden sämtliche Dienste verwaltet, die mehr als einen Standort betreffen (Stellen- und Diplomarbeiten-Börsen, allgemeine Informationen zum WINFO*Line*-Curriculum etc.). Das Login in die Lernwelt kann sowohl über den zentralen WINFO*Line*-Server als auch über die lokalen Server der jeweiligen Standorte erfolgen. Hierzu wird eine Spiegelung der für das Login relevanten Daten vom WINFO*Line*-Server auf die lokalen Server der Standorte vorgenommen. Auf diese Art und Weise sind ein Höchstmaß an Unabhängigkeit der einzelnen Standorte von einer Zentrale und die Ausbaufähigkeit des Gesamtsystems für weitere Inhalt-Anbieter gewährleistet. Die geschilderte Architektur zeigt die folgende Abbildung. Hieraus wird auch der Ablauf einer WINFO*Line*-Immatrikulation ersichtlich (vgl. A.II.1).

Abb. 3: Zentrale/denzentrale WINFO*Line*-Architektur und Immatrikulationsprozess

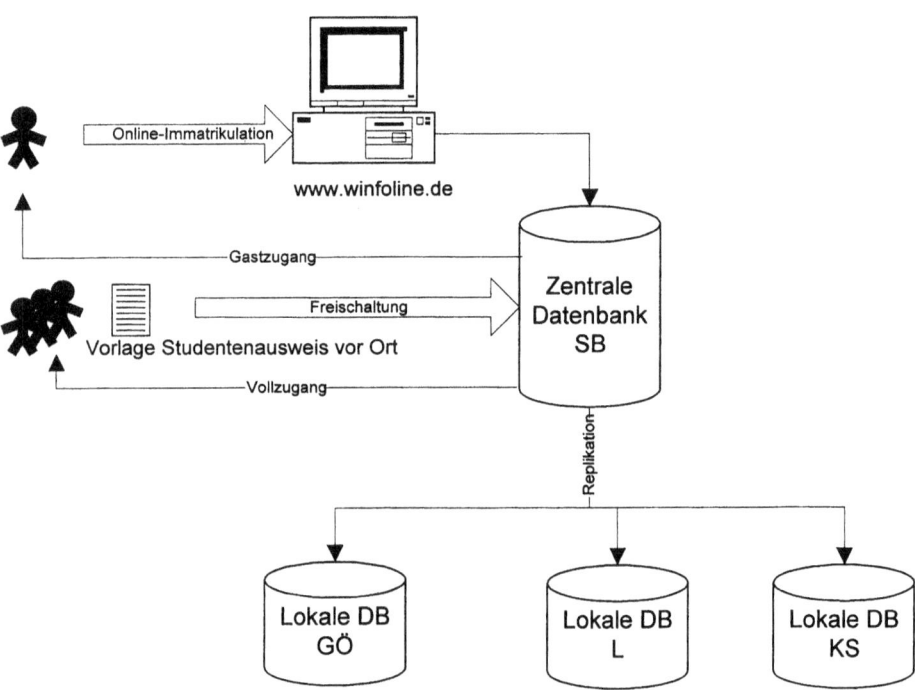

WINFO*Line* – ein Beispiel für eine kooperative internetbasierte Lernwelt

II. Organisatorische Infrastruktur

1. Immatrikulation als Voraussetzung

Voraussetzung für ein Studium mit WINFO*Line* ist die Immatrikulation eines Studierenden an einer der WINFO*Line*-Partneruniversitäten. Wird diese Bedingung erfüllt, kann die WINFO*Line*-Einschreibung via Internet vorgenommen werden. Die endgültige WINFO-*Line*-Immatrikulation erfolgt unter Gesichtspunkten der Authentizität in einem dreistufigen Verfahren.

1. Online-Immatrikulation via Internet. Zunächst werden in einem Online-Formular die persönlichen Daten, der Studienort, Studienfächer und andere Daten einmalig erfasst. Sie unterliegen dem Datenschutz und sind vor unberechtigten Zugriffen geschützt. Während dieser Online-Immatrikulation wird in der Datenbank ein persönlicher WINFO*Line*-Account eingerichtet, der zunächst den Status „Gast" besitzt.

2. Freischaltung eines persönlichen WINFOLine-Accounts. Nach der Online-Einschreibung bleiben jedem Benutzer zwei Wochen Zeit, um den Status seines WINFO*Line*-Accounts an einer der Partneruniversitäten auf Vollzugriff setzen zu lassen. Dazu muss sich der Benutzer bei einem WINFO*Line*-Betreuer mit Personal- und Studentenausweis identifizieren. Die Freischaltung erfolgt durch einen WINFO*Line*-Tele-Tutor über Datenbankzugriff und besitzt jeweils für ein Semester Gültigkeit. Erfolgt innerhalb dieser zweiwöchigen Frist keine Freischaltung, so wird der betreffende Account automatisch passiviert, um die Datenbank aktuell zu halten. Nach jedem Semester wird der Status der Accounts automatisch auf „Gast" zurückgesetzt. Eine Rückmeldung und erneute Freischaltung wird erforderlich.

3. Replikation der Logins und Paßwörter. In der zweiten Ausbaustufe der WINFO*Line*-Administration werden dann die freigeschalteten Kennungen wöchentlich auf die einzelnen Bildungsprodukt-Server repliziert, um so den Nutzern ein dezentrales Login zu ermöglichen

Um die Anforderungen an die Nutzerverwaltung zu spezifizieren, wurde ein fachliches Konzept mit Hilfe der Entity-Relationship-Methode erstellt. Dieses bildet die WINFO-*Line*-Nutzerverwaltung ab, ist darüber hinaus aber so gestaltet, dass neben der reinen Nutzerverwaltung in einer zweiten Ausbaustufe eine Personen-, Content-, Lernfortschritts- und Prüfungsverwaltung stattfinden kann, sodass auf Basis dieser Überlegungen ein integriertes Lernsystem entsteht (WINFO*Line* 1999).

2. Einbindung der Bildungsprodukte in den konventionellen Lehrstuhlbetrieb

Aus organisatorisch-administrativer Sicht ist es interessant zu sehen, wie die im Internet zur Verfügung stehenden Lehrmaterialien bzw. Bildungsprodukte in den konventionellen Lehrbetrieb eines Lehrstuhls eingebunden sind. In der WINFO*Line*-Lernwelt sind die Bildungsprodukte an den einzelnen Standorten auf unterschiedliche Arten integriert. Grundsätzlich können drei Standardszenarien nach dem Grad der Virtualität unterschieden werden (WINFO*Line* 1999):

- Das Bildungsprodukt existiert an der Universität des Produktanbieters vollständig als reguläre Präsenzveranstaltung und in der WINFO*Line*-Lernwelt.
- Der Inhalt der Lehrveranstaltung existiert an der Universität des Produktanbieters teilweise als konventionelle Präsenzveranstaltung und in WINFO*Line*.
- Das Bildungsprodukt existiert ausschließlich in der WINFO*Line*-Lernwelt.

Die regulären Lehrveranstaltungen können so um „virtuelle" Lehrveranstaltungen ergänzt oder substituiert werden. Diese Entscheidung bleibt den anbietenden Hochschulen überlassen. Durch die virtuellen Lehrveranstaltungen ergeben sich erhebliche prüfungsrechtliche Konsequenzen. Zu nennen sind hier die prüfungsrechtliche Wertigkeit und Anerkennung des Bildungsproduktes, damit verbunden die Umrechnung von Kreditpunkten oder vergleichbaren Modalitäten, die Dauer der Klausur sowie die Anzahl der Möglichkeiten zur Prüfungswiederholung. Für die WINFO*Line*-Lernwelt existieren auch hier unterschiedliche, lehrstuhlspezifische Lösungen, wie z.B. die Einordnung in Pflicht- oder Wahlbereiche.

3. Abnahme von Prüfungen und Anerkennung der Prüfungsleistung

Zu den WINFO*Line*-Bildungsprodukten können an jedem beteiligten Standort in jedem Semester Prüfungsleistungen abgelegt werden. Im Fall einer schriftlichen Prüfung werden die Klausuren von dem verantwortlichen Lehrstuhl per Post zu den verschiedenen Standorten geschickt, sodass die Studierenden die Prüfungen an der jeweiligen Heimatuniversität ablegen können. Um prüfungsrechtlich saubere Rahmenbedingungen zu schaffen, haben die Lehrstuhlinhaber von den Partneruniversitäten Lehraufträge erhalten, sodass z.B. in Kassel das Bildungsprodukt „Management Support Systeme" von Prof. Ehrenberg als Prüfungsleistung angeboten werden kann.

Das gegenseitige Anerkennen von Prüfungsleistungen hat sich dabei als ein nicht triviales Problem herausgestellt, da die verschiedenen Prüfungsordnungen der vier Standorte nur schwach miteinander kompatibel sind. Rein internetbasierte Lehrveranstaltungen und die damit verbundenen Besonderheiten (ein Lehrstuhlinhaber hält am entfernten Standort schließlich keine „realen" Vorlesungen im Hörsaal und kommt somit im prüfungsrechtlichen Sinne seinem Lehrauftrag auch nicht nach) sind in den bestehenden Prüfungsordnungen nicht vorgesehen bzw. die Prüfungsordnungen sind zu wenig flexibel. Hier besteht Modifikationsbedarf, um eine internetbasierte Lehre im Rahmen einer interuniversitären Kooperation leisten zu können. Diese Forderung wurde bereits 1998 von der Kultusministerkonferenz aufgestellt (Kultusministerkonferenz 1998).

Auch im operativen Bereich der Klausurabwicklung treten nicht unerhebliche Probleme auf: Zu nennen ist hier insbesondere die Festlegung einheitlicher Klausurtermine, verbunden mit der Problematik unterschiedlicher Prüfungszeiträume an den Partnerhochschulen. Im schlechtesten Fall muss zu einem Bildungsprodukt für jeden Standort eine eigene Klausur erstellt werden. Dieses ist für vier Standorte bereits mit erheblichem Aufwand verbunden. Ziel ist es, je Bildungsprodukt und Prüfungstermin maximal zwei Klausuren auszuarbeiten: eine für den Heimatstandort des Bildungsproduktes und eine für die Fernstandorte. Für das erste WINFO*Line*-Semester mit gegenseitiger Leistungsanerkennung (SS 99) wurden nach einigen Koordinationsanstrengungen für alle Beteiligten zufriedenstellende Lösungen gefunden.

III. Struktur der Bildungsprodukte

Den WINFO*Line*-Studierenden wird eine einheitliche Struktur der Bildungsprodukte geboten. Der Einarbeitungsaufwand der Studierenden beim Wechsel von einem Bildungsprodukt zu einem anderen Bildungsprodukt soll so für Studierende minimal gehalten werden. Die einheitliche Struktur wird durch Standards sichergestellt. Die WINFO*Line*-Standards haben sich in mehr als zweijähriger Erfahrung in der Praxis unter Berücksichtigung pädagogischer, didaktischer und psychologischer Erkenntnisse entwickelt. WINFO*Line* unterscheidet zwischen optischen, funktionalen und didaktischen Standards.

1. Optische Standards

Erstes gemeinsames Erkennungszeichen des WINFO*Line*-Servers und der WINFO*Line*-Bildungsprodukte ist das Logo in der linken oberen Ecke. Ferner sind optisch die Schriftformatierungen (Arial als Standardschriftart), das grundlegende Oberflächendesign sowie der Aufbau des Inhaltsverzeichnis (Lerneinheiten-Browser) in allen Produkten einheitlich (vgl. Abbildung 4).

Abb. 4: WINFO*Line* Registerleiste: Konfiguration

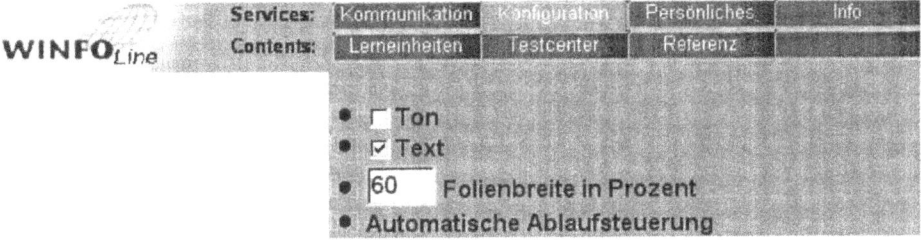

2. Funktionale Standards

Jedes Bildungsprodukt besteht aus einer Reihe von bildungsproduktspezifischen Services: Kommunikationsservices, Konfigurationsmöglichkeiten, persönlichen Serviceangeboten und allgemeinen Informationsangeboten. Im Content Bereich stehen den Lernenden neben einem im „Look and Feel" einheitlichen Lerneinheiten-Browser ein Testcenter sowie eine ausführliche Referenz zur Verfügung. Die genannten Register, sowie die dort vorhandenen Unterpunkte sind zum Teil optional, sodass nicht in jedem Bildungsprodukt alle Funktionalitäten vorhanden sind. Die WINFO*Line* Registerleiste befindet sich am oberen Bildschirmrand unmittelbar neben dem WINFO*Line*-Logo. Die Funktionalität dieser Leiste ist in allen Bildungsprodukten konform. Die Unterfunktionen innerhalb der einzelnen Register werden untereinander angeordnet. Beim Klick auf einen Menüpunkt öffnet sich ein blauer Container, in welchem die zum Register zugehörigen Unterfunktionen angezeigt werden. Ein aktiviertes Register wird hell hervorgehoben.

3. Didaktische Standards

Die Bildungsprodukte bestehen aus Lerneinheiten, die wiederum in Lektionen aufgeteilt sind. Die Lektionen beginnen mit der Nennung von Lernzielen und Keywords und werden durch Übungsaufgaben abgeschlossen (siehe Abbildung 1).

Die didaktische Aufbereitung der Inhalte hängt sehr stark von den Inhalten der Bildungsprodukte ab. In einer Lehrveranstaltung, die sich beispielsweise mit der Modellierung von betrieblichen Daten und Funktionen beschäftigt, bietet es sich an, ein Modell Schritt für Schritt mit Hilfe einer Animation aufzubauen. Diese Animation kann mittels kurzer, prägnanter Textpassagen in geschriebener oder gesprochener Form kommentiert werden. Zur Überprüfung und Festigung des Wissens können dem Lernenden Selbsttests angeboten werden, in denen er beispielsweise mittels Drag- and Drop-Technik zu einer kleinen Fallstudie ein Datenmodell aufbauen muss. Andere Lehrveranstaltungen wiederum lassen sich an ausgewählten Stellen sinnvoll mit Hilfe kurzer Videosequenzen unterstützen, sodass hier ein breiter Gestaltungsspielraum für die Erstellung von Lehrmaterial vorliegt. Dieser Spielraum ist angemessen und darf nicht durch Standardisierungsbestrebungen eingeschränkt werden. Daraus ergibt sich, dass die Erstellung der Inhalte je nach Medientyp auf unterschiedlichste Art erfolgen kann (WINFO*Line*-Jahresbericht 1999)

Darüber hinaus existieren in allen WINFO*Line*-Angeboten standardisierte Tools zur Kommunikation zwischen Lernenden und Betreuern sowie zwischen den Lernenden untereinander (Diskussionsforum, Chat, E-Mail).

D. Evaluation

Das Studieren mit WINFO*Line* wird einsatzbegleitend evaluiert. Zur Evaluation werden die teilnehmenden Studierenden kontinuierlich befragt. Die Befragungen zielen zum einen darauf ab, etwas über die *Akzeptanz* eines Studiums mit WINFO*Line* zu erfahren, zum anderen darauf ab, das *tatsächliche Studierverhalten* im Rahmen des Online-Studiums genauer zu erforschen. Dabei geht es um Fragen wie:

- Wie ändert sich das Studierverhalten beim Übergang vom konventionellen Präsenz- und Buch-Studium zum Online-Studieren qualitativ und quantitativ?
- Wie werden Lern-Ressourcen (Zeit, Anstrengung) auf die verschiedenen Verhaltensmöglichkeiten aufgeteilt?

Die Evaluation wird als Dienstleistung von extern in das WINFO*Line*-Angebot integriert. Dazu wird eine Anbindung an das Evalis-Angebot an der Universität Gießen hergestellt (**Eval**uation **i**nteraktiven **S**tudierens). Zur Durchführung der umfangreichen und wiederholten Befragungen wird WINFO*Line* mit dem Evalis-Evaluations-Server verknüpft. Das externe Evaluationsangebot verfolgt dabei eine transparente Philosophie, die den Teilnehmern Anonymität gewährleistet und gleichzeitig Dateneinsicht ermöglicht. Im Folgenden werden die technische Realisation der Einbindung von Evalis und der organisatorische Ablauf der Befragungen beschrieben.

Evalis bildet die Organisationsstruktur des Projektes ab (Universitäten, Fachbereiche, Lehrende, Kurse bzw. Bildungsprodukte), um Befragungen flexibel einzelnen oder meh-

WINFOLine – ein Beispiel für eine kooperative internetbasierte Lernwelt

Abb. 5: Evalis Zugänge

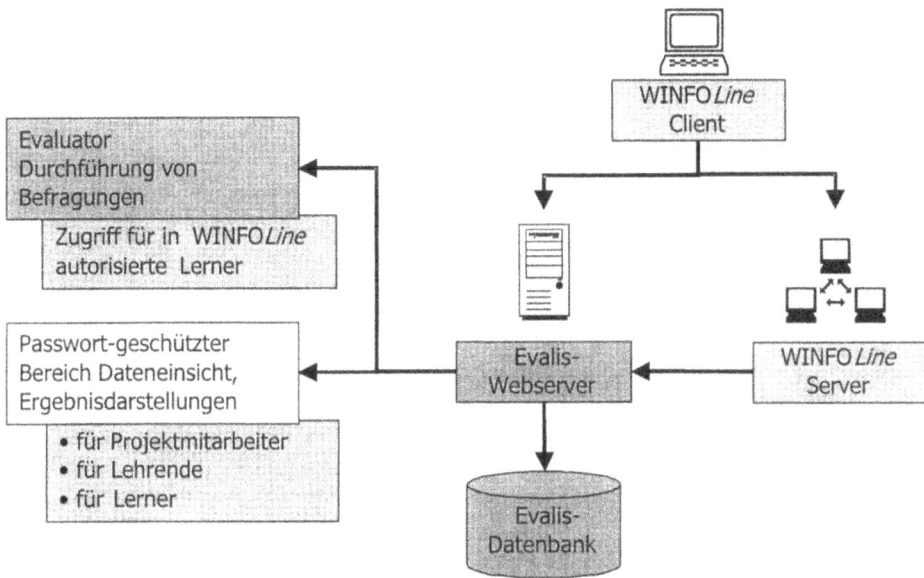

reren Einheiten zuordnen zu können. Zudem verwaltet Evalis aus datenschutzrechtlichen Gründen eigene Nutzeraccounts und Nutzergruppen (Lehrende, Lerner, Gäste), die unterschiedliche Sichten auf das Angebot und die eingegangenen Daten bekommen. Den einzelnen Bildungsprodukten werden semester-bezoge Befragungen zugeordnet, die z.T. wiederholt angeboten werden. Die Befragungen können in ihren Inhalten speziell auf das Bildungsprodukt, den Standort, den Zeitpunkt oder die Nutzergruppe angepasst werden.

Damit ein WINFO*Line*-Nutzer eine Befragung aufrufen kann, muss er sich zunächst im Bildungsangebot authentifizieren und wird dann mit einem zwischen Bildungsprodukt und Evalis vereinbarten Schlüssel auf das Evaluationsangebot verwiesen. Ist der so autorisierte Nutzer auf Evalis noch nicht bekannt, wird automatisch ein Account und ein Passwort erzeugt. Mithilfe des Passwortes kann der Nutzer später seinen Evalis-Account bearbeiten und z.B. summarische Ergebnisdarstellungen einsehen. Die Identität des Nutzers bleibt für Evalis geheim. Erst wenn der Nutzer von sich aus seinen Namen und seine Email-Adresse bekannt gibt, kann er als Person unter Evalis identifiziert werden.

Befragungen werden den Teilnehmern einige Tage vor Beginn per Email angekündigt. In einer weiteren Email erhalten die Teilnehmer eine Verbindung auf den eigentlichen Fragebogen. Die Fragen werden in einem interaktiven Webformular bearbeitet und dann in der Evalis Datenbank abgelegt. Wenn ein Teilnehmer sich später mit seinem Evalis Passwort einloggt, hat er nach Abschluß der Befragung sowohl die Möglichkeit, seine eigenen Daten einzusehen, als auch die Möglichkeit, einen summarischen Überblick über die Befragungsergebnisse zu bekommen (vgl. Abbildung 6).

Während eine Befragung läuft, können Lehrende und Projektmitarbeiter ständig den aktuellen Befragungsstand abfragen und Zwischenergebnisse komfortabel einsehen (Re-

Abb. 6: Evalis Beispiel für Befragung und Reporting

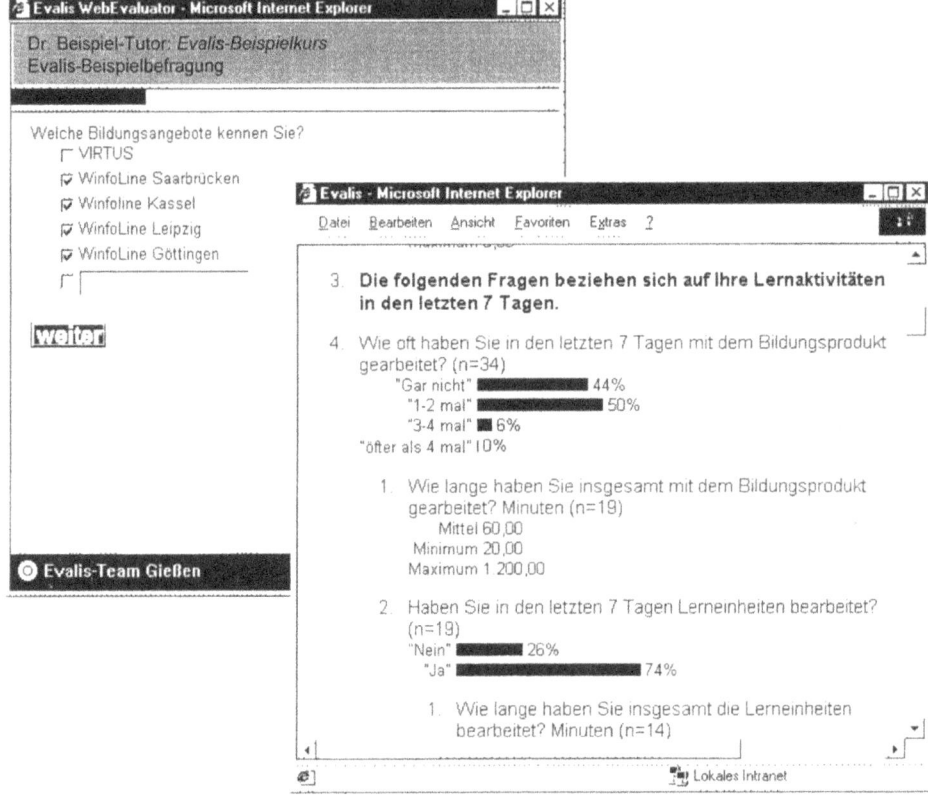

porting). Auf diese Weise ist gewährleistet, dass gewonnene Befragungsinformationen unmittelbar in die kontinuierliche Verbesserung der Bildungsprodukte einfließen können.

Überdies ist Evalis für die Weiterverarbeitung der Daten mit einer Schnittstelle zu Statistik-Softwarepaketen versehen. Im Rahmen der begleitenden Evaluationsforschung können damit über Bildungsprodukte aggregierte Aussagen zu den Fragen gemacht werden, mit denen wir diesen Abschnitt eingeleitet haben.

E. Schlussbetrachtung

Der vorliegende Bericht beschreibt das Konzept und Erfahrungen einer universitätsübergreifenden internetbasierten Lernwelt am Beispiel des Projektes WINFO*Line*. Die ersten Erfahrungen haben gezeigt, dass es insbesondere im operativen Bereich einer solchen Lernwelt eine nicht unerhebliche Zahl an kleinen verborgenen „Fallstricken" zu entdecken gibt, die bei Initiierung des Projektes nicht sichtbar waren. Es wird interessant werden zu beobachten, wie sich WINFO*Line* zukünftig aus organisatorisch-administrativer, technischer und pädagogischer Sicht weiterentwickeln wird. Insbesondere zu Letzterem wird die projektbegleitende Evaluation aufschlussreiche Erkenntnisse mit sich bringen.

Anmerkungen

* An der Erstellung des Artikels waren folgende weitere Autoren beteiligt: Dr. Gudrun Glowalla, Professor Dr. Ulrich Glowalla, Dr. Alfred Kohnert, Fachbereich Psychologie, Universität Gießen, Otto-Behaghel-Straße 10/F, 35394 Gießen. Das Manuskript faßt die Ergebnisse von fünf Arbeitsgruppen zusammen, an denen folgende weitere Personen beteiligt waren: Professor Dr. Matthias Schumann, Abteilung Wirtschaftsinformatik II, Universität Göttingen, Platz der Göttinger Sieben, 37073 Göttingen; Dipl.-Ing., Dipl.-Oec. Stefan Ring, Dipl.-Inf. Jörg Schellhase, Professor Dr. Udo Winand, Fachbereich Wirtschaftswissenschaften, Wirtschaftsinformatik, Universität GH Kassel, Nora-Platiel-Str. 4, 34127 Kassel; Dipl.-Wirtsch.Inf. Stefan Röder, Professor Dr. Dieter Ehrenberg, Institut für Wirtschaftsinformatik, Universität Leipzig, Marschner Str. 31, 04109 Leipzig, Dipl.-Kfm. Malte Beinhauer, Dipl.-Kfm. Christian Ege, Professor Dr. August-Wilhelm Scheer, Institut für Wirtschaftsinformatik, Universität Saarbrücken, Im Stadtwald, Geb. 14.1., 66123 Saarbrücken.

Literatur

Beinhauer, M. et al. (1999): Virtual Community – Kollektives Wissensmanagement im Internet, in: Scheer, A.-W. (Hrsg.): Electronic Business und Knowledge Management – Neue Dimensionen für den Unternehmungserfolg, 20. Saarbrücker Arbeitstagung für Industrie, Dienstleistung und Verwaltung, S. 403–431.

Geller, B (1996): Individuelle, institutionelle und metaorganisatorische Lernprozesse als konstituierende Elemente des ganzheitlichen organisatorischen Lernens, S. 67ff.

Hesse, F. W.; Mandl, H. 1999): Empfehlungen zur Gestaltung und Nutzung von multimedialen Lehr- und Lernumgebungen, Veröffentlichung in Vorbereitung.

Kraemer, W., Milius, F.; Scheer, A.-W. (1997): Virtuelles Lehren und Lehren an deutschen Universitäten – Eine Dokumentation, in: Bertelsmann Stiftung/Heinz Nixdorf Stiftung (Hrsg.), S. 19–31.

Kultusministerkonferenz (1998): Neue Medien und Telekommunikation im Bildungswesen (Hochschulbereich). Anerkennung von Studien- und Prüfungsleistungen in telematisch und multimedial unterstützten Studiengängen.

Meyer, H. (1993): Leitfaden zur Unterrichtsvorbereitung, S. 146 ff.

Terhard, E (1989): Lehr- und Lernmethoden, S. 134.

WINFO*Line* Jahresbericht (1999), Bertelsmann Stiftung, Heinz Nixdorf Stiftung (Hrsg.), Veröffentlichung in Vorbereitung.

Zusammenfassung

Die Wirtschaftsinformatik-Lehrstühle der Universitäten Göttingen, Kassel, Leipzig und Saarbrücken haben im Frühjahr 1997 die virtuelle Lernwelt WINFO*Line* (Wirtschaftsinformatik Online) initiiert. Hierfür entwickeln die Beteiligten modulares, multimedial aufbereitetes und teilstandardisiertes Lehrmaterial, welches von den Studierenden der involvierten wirtschaftswissenschaftlichen Fakultäten genutzt werden kann. Erbrachte Leistungen werden dabei gegenseitig anerkannt. Die Lernwelt basiert aus technischer Sicht auf einer zentral/dezentralen Server-Architektur. Durch eine Replikation der relevanten Nutzerdaten aus der zentralen Datenbank auf die dezentralen Server wird somit ein Login an jedem Standort ermöglicht.

Parallel zum Projekt hat der Evaluationspartner in Gießen einen Evaluationsserver aufgebaut und erste Befragungen bei den Studenten durchgeführt.

WINFO*Line* befindet sich seit Wintersemester 98/99 im uneingeschränkten Betrieb.

Summary

In spring 1997 the departments of the universities Göttingen, Kassel, Leipzig and Saarbrücken started creating the internet-based teaching co-operation WINFO*Line* (Wirtschaftsinformatik Online, information management online). The partners are developing multimedia teaching-modules. Students of the four partners can use the WINFO*Line* material. With no respect to their "home university" (the university, in which they are matriculated) they can pass exams on all WINFO*Line* lectures. Their credits are admitted at each of the partner-universities. The server-architecture of WINFO*Line* is an central/decentral one. By replicating the relevant user data user an decentral login is possible.

In addition to the teaching environment this project encloses an evaluation server developed by the evaluation partner in Gießen. First questionnaires are answered by the students.

WINFO*Line* can be used since winter term 98/99.

13: Ausbildungs- und Berufsfragen

Zu neuen Entwicklungen in der Hochschul-Kostenrechnung

Von Horst Albach

Überblick

- Der Beitrag setzt sich mit der fatalen Rückkehr zur Vollkostenrechnung in der Hochschulkostenrechnung am Beispiel der Technischen Universität Dresden auseinander.

- Der Beitrag fordert eine Hochschulkostenrechnung, die den Hochschullehrern/Dienstleistern in der Universität nur die Ausgaben/Kosten zeigt, für die sie verantwortlich sind. Die Kostenrechnung muß die Einsicht vermitteln, wie die Ausgaben von dem/der Verantwortlichen beeinflußt werden können.

- Der Autor hat die Hoffnung (immer noch) nicht aufgegeben, daß die Betriebswirtschaftslehre den Hochschulen praktische Hilfe bei der Einführung einer vernünftigen Hochschulkostenrechnung geben kann.

- Der Beitrag ermuntert vielleicht die Betriebswirte an den Hochschulen, insbesondere die Kostenrechner und Controller, sich vorrangig um den Ausbau einer verantwortungsorientierten Prozeßkostenrechnung an den Hochschulen zu kümmern.

Eingegangen: 20. März 2000

Professor Dr. Dr. h.c. mult. Horst Albach, Waldstr. 49, 53177 Bonn.

© Gabler-Verlag 2000

A. Einleitung

Die Technische Universität Dresden hat jüngst dargelegt, welche Grundsätze sie ihrer Kostenrechnung zugrunde legt. Die folgenden Ausführungen setzen sich mit diesen Grundsätzen kritisch auseinander.

B. Grundsätze einer modernen Hochschul-Kostenrechnung

1. Die Hochschulen, die eine vernünftige Kostenrechnung einführen wollen, müssen zunächst von der kameralistischen Buchführung auf die kaufmännische Buchführung übergehen.

2. Die Technische Universität Dresden arbeitet mit kalkulatorischen Kosten. Die modernen Kostenrechnungs-Systeme arbeiten auf der Grundlage von Cash-Flow-Rechnungen und vermeiden den Ansatz von kalkulatorischen Kosten. Das heißt nicht, daß nicht den Lehrstühlen Mieten berechnet werden könnten. Aber es muß sich um Mieten handeln, die ihre Basis in tatsächlichen Mietzahlungen der Hochschulen haben (tatsächliche Quadratmeterpreise). Die Mietkosten sind dann periodenfixe Kosten. Allerdings: Eine Verrechnung von Mieten auf die einzelnen Lehrstühle macht nur Sinn, wenn der Lehrstuhlinhaber Verantwortung für die Flächen hat, die er in Anspruch nimmt. Eine solche „Zurechnung" macht nur Sinn, wenn er die Mieten auch „verdienen" kann. Wer also Forschungsassistenten mit Mitteln der DFG beschäftigt, müßte die ihm belasteten Mieten auch wieder von der Hochschulverwaltung gutgeschrieben oder von der DFG erstattet (was nicht geschieht) bekommen.

3. Die Kostenstellen sind nach Verantwortungsbereichen gebildet. Das ist richtig. Es setzt aber auch voraus, daß die Kostenarten nach durch den Verantwortlichen beeinflußbaren und nicht beeinflußbaren unterteilt werden. Dresden macht diese Unterscheidung offenbar nicht. Das ist ein großer Fehler. Dresden sieht diesen Fehler klar: „Die TU Dresden ist sich der Kritik solcher Systeme bewußt".

4. Die Leistungen der „Hilfskostenstellen" (das sind alle Verwaltungsstellen!) werden vollständig auf die Kostenträger (das sind die Lehrstühle!) verrechnet. Das Prinzip der Verrechnung ist offenbar das der Kostenschlüsselung, nicht der Kostenverursachung. Das ist ein großer Fehler. Manche Systeme versuchen, diesen Fehler dadurch zu beheben, daß die Leiter der Hilfskostenstellen gebeten werden zu schätzen, welche Zeitanteile sie für die einzelnen Lehrstühle aufbringen. Ob diese Zeiten auch von den Kostenträgern „verursacht" worden sind, wird aber meist nicht gefragt. Im Sinne von „verursachten Aktivitäten" macht dieses Vorgehen nur dann Sinn, wenn der „Leistungsaustausch" zwischen liefernder Verwaltungsstelle und empfangendem Lehrstuhl/Institut auch wirklich vereinbart worden ist. Diese Vereinbarung ist im Rahmen der jährlichen Kostenplanung durchzuführen. Auch hier gilt, daß die Kosten (Ausgaben) der Verwaltung in periodenfixe und aktivitätsfixe (direkte) Kosten zu unterteilen sind.

5. Die Begründung der TU Dresden für die Vollkostenrechnung ist theoretisch und praktisch falsch: „Daher sollen alle Beteiligten wissen, in welcher Höhe fixe Kosten anfallen und aus welchen Gründen sie entstehen". Dieses Ziel ist zwar richtig, es wird aber nicht

Zu neuen Entwicklung in der Hochschul-Kostenrechnung

durch die Form der Vollkostenrechnung erreicht, die von der TU Dresden angewandt wird. Der Fehler soll durch HISCOB-GX korrigiert werden.

6. Kostenträger sind Lehre, Forschung, wissenschaftliche Dienst- und Transferleistungen. Der Studiengang ist Teil des Kostenträgers Lehre. Der Professor soll einmal (und nur einmal) angeben, „welche seiner Kosten auf Lehre, Forschung, Dienstleistung und Transfer entfallen". Diese Aufteilungskoeffizienten sollen in den nächsten Semestern beibehalten werden. Die Erfahrung lehrt, daß die Professoren die Aufteilung angeben, die in ihrem Anstellungsvertrag vorgesehen ist. Das ist an staatlichen Hochschulen im allgemeinen 50:50. Wenn dann dieses nicht auf Zeitmessungen beruhende Aufteilungsverhältnis auch noch in alle Zukunft beibehalten wird, verliert die Kostenrechnung die Führungs- und Steuerungswirkung, die sie erzielen soll. Mehr noch: Wie sind dann die Aktivitäten, die im Hochschul- oder Fakultätsinteresse wahrgenommen werden, zu bewerten? Sollen die zu Grenzkosten von Null bewertet werden? Bei amerikanischen Business Schools entscheidet der Dean darüber, ob EMBA-Kurse auf Kurse im regulären MBA-Programm angerechnet werden dürfen. Ist es in die Verantwortung des deutschen Professors gestellt, ob er seine Assistenten dann die Lehrleistung im Dipl.-Kfm.-Studiengang erbringen läßt oder die Forschung zugunsten eines Executive MBA-Studiengangs, wie sie jetzt so populär werden in Deutschland, einschränkt? Derartige Fragen kann Dresden offenbar nicht beantworten. Es kann ja sein, daß die Hochschullehrer sie auch nicht beantworten wollen oder können, aber dann erreicht die Kostenrechnung genau das, was die TU Dresden macht: Jeder Lehrstuhl ist sein eigener „Schrebergarten", dem die Gesamtheit nur durch seine „Kostenbelastungen" vor Augen geführt wird.

7. Die TU Dresden erkennt zutreffend, daß ein solches System der Kostenrechnung auf Ist-Kostenbasis kein Führungsinstrument ist. Sie hat daher ein Benchmarking-System eingeführt. Benchmarking ist modern. Es ist auch richtig dort, wo Leistungen auf unvollkommenen Märkten mit unvollständiger Transparenz erbracht werden. Besser ist natürlich ein analytisches System der Kostenplanung, wie es das activity based costing, bei uns auch Prozeßkostenrechnung genannt, anbietet. Der große Fehler von Dresden ist, daß seine Initiatoren offenbar noch nie etwas von „incentive-compatible costing" gehört haben.

8. Moderne Vorstellungen von einem kosten- und leistungsorientierten System der Führung einer Hochschule nach Verantwortungsbereichen beruhen auf den Gedanken des value-based management. Dieses geht von einer langfristig und am Markt orientierten Führung aus. Am Markt werden die Leistungen der Hochschule in Form von Absolventen, ausländischen Studenten, Forschungsergebnissen und Dienstleistungen (Beratung, Mitwirkung in Gremien außerhalb der Hochschule) sichtbar. Dies sind die „Kostenträger" einer Hochschule. Diesen sind die direkten Kosten (direkt von ihnen verursacht) zuzurechnen. Die leistungsfixen Kosten sind, abhängig davon, daß die Leistung erbracht wird, aber unabhängig von der Zahl der Leistungsträger. Die Kosten der Zentralen Dienste werden dann stufenweise verursachungsgerecht und verantwortungsbezogen von unten nach oben dort erfaßt und verrechnet, wo sie entstehen, und zwar durch Investitionsentscheidungen, die von mehreren oder gar allen verantwortet werden. Dann kann auf der Ebene der Lehrstühle der Professor verantwortlich über die von ihm verursachten Kosten diskutieren, auf der Ebene der Lehre können alle beteiligten Professoren gemeinsam über die von der Lehre (und unabhängig von der Zahl der Studenten, die eine bestimmte Lehrveranstaltung besuchen) verursachten „lehr-fixen Kosten" verantwortlich entscheiden, und

auf der Ebene der Zentralen Dienste können alle gemeinsam darüber beraten, wie z.B. die Verteilung der Rechnerkapazität auf die einzelnen Bereiche und auf einen Zentralrechner und auf Zentrale Beratung vorgenommen werden soll. In diesem System sind die Lehrstühle Kostenstellen und nicht Kostenträger, die Zentralen Dienste wie z.B. die Bibliothek werden mit ihren Kosten nicht auf die einzelnen Lehrstühle „geschlüsselt", sondern als das behandelt, was sie auch sind: Ausgaben für die Aufrechterhaltung von Kapazität für Forschung und Lehre. Natürlich erbringt die Bibliothek auch Leistungen für einzelne Studenten und einzelne Lehrstühle, die direkt abgerechnet werden können. Dann beantwortet sich auch die Frage, ob bei einer Erhöhung oder Verminderung der Studentenzahl auch die Anzahl der Mitarbeiter in der Bibliothek verdoppelt werden muß, von selbst: Es gibt in der Bibliothek periodenfixe Kosten, die nicht steigen, und solche, die steigen werden.

9. Die Aktivitäten, die kostenwirksam sind, müssen natürlich auch geplant werden. Deshalb ist es unrichtig, ein System der Kostenrechnung einzuführen, das nicht mit einer Kostenplanung verbunden ist. Es wäre sogar gut, wenn die Aktivitäten, die Studenten/Absolventen-bezogen sind, für die Regelstudienzeit fest geplant würden. Dann hätte jeder Student Gewißheit, daß er das bekommt, was er bei Beginn seines Studiums aufgrund der Lektüre von Informationsmaterial der Hochschule erwarten durfte. Jeder Student stellte nicht irgendwann fest, daß er aufgrund von Änderungen in eine hold-up Situation geraten ist: Jeder Student hätte andererseits auch keinen Anreiz, die Lehrpläne und Prüfungsordnungen im Rahmen seines eigenen Studiums im eigenen Interesse zu verändern. Sein Innovations-Interesse würde dem Ganzen zugute kommen. Der Konflikt würde nicht zwischen Hochschulleitung und Studenten behandelt werden müssen, sondern er würde zwischen den Studenten höherer Semester und Studenten niedrigerer Semester ausgetragen werden müssen. Die Erfahrung zeigt, daß es keinen Konflikt gibt, wenn eine neue Regelung nicht mit Geltung für die direkt Betroffenen eingeführt wird. Die Betriebswirte müssen mehr über die Anreizkompatibilität von Studien- und Prüfungsordnungen nachdenken.

10. Das System der Kostenplanung ist nach modernen Vorstellungen auch integraler Bestandteil des Systems der Finanzplanung. Alle Zahlen der Kostenrechnung folgen aus der Einnahmen-Ausgaben-Rechnung (was nicht ausschließt, daß im Rektorat oder im Ministerium mit den Ist-Gehältern der Professoren etc. gearbeitet wird, in der Kostenrechnung dagegen mit „Standard-Professoren-Gehältern". Es gibt keine „drei Säulen des Rechnungswesens". Es gibt eine einzige Säule. Das ist der Strategische Maßnahmenplan, der aus dem Strategischen Plan (aktivitätsbezogen, nicht notwendigerweise quantitativ) abgeleitet wird. Im Strategischen Plan sind natürlich die Institute und Lehrstühle mit der Dauer der Zusagen (z.B. Stiftungslehrstühle oder Dienstzeit bis zur Pensionierung des Inhabers) enthalten. Das absehbare Ende einer Zusage kann dann rechtzeigig für die strategischen Verhandlungen über die Verlängerung der Aktivität oder für Innovationen in der Hochschule genutzt werden. Der Strategische Maßnahmenplan ist Basis für die Finanzplanung und Grundlage für die operative Jahresplanung, aus der Budget- und Kostenplanung für das jeweils nächste Jahr abgeleitet werden.

11. Ohne ein solches System der Kostenrechnung, das die Einzelverantwortung und die Gesamtverantwortung der Professoren gleichgewichtig betont, reicht eine Ergänzung der Budget-Rechnung um eine Leistungsrechnung völlig aus. Die Leistungsrechnung geht aber auch heute schon aus den Lehrstuhlberichten hervor, die viele Lehrstühle regelmäßig erstellen. Eine gewisse Standardisierung dieser Berichte wäre sinnvoll.

Zu neuen Entwicklung in der Hochschul-Kostenrechnung

12. Natürlich kann es auch das Ziel der Hochschul-Kostenrechnung sein, die Effizienz der Hochschul-Verwaltung zu überprüfen. Dann sollte man damit anfangen und jedem Lehrstuhl klar machen, wieviel Zeit nach Ansicht der Leiter der Zentralen Dienste einschließlich der Kostenstellen in der Verwaltung ihre Mitarbeiter für die Lehrstühle tätig sind. Die Lehrstuhlinhaber würden dann sicher sagen, daß sie einige Dienste gerne noch mehr in Anspruch nehmen würden und auf welche Dienste sie gerne ganz verzichten würden. Diese Diskussionen können sehr spannend werden.

C. Schlußbemerkung

Es ist angesichts der Schnelllebigkeit unserer Zeit nicht verwunderlich, daß die Fortschritte auf dem Gebiet der Hochschulkostenrechnung so gering sind. Es liegt aber wohl auch an der mangelnden Lernbereitschaft von Hochschulverwaltungen und Ministerien, daß keine praktischen Fortschritte in der rationalen Führung von Hochschulen mit Hilfe der Kostenrechnung gemacht werden. Die Arbeiten von Angermann und Mertens werden nicht mehr zitiert, geschweige denn in die Praxis umgesetzt (Angermann, Adolf; Blechschmidt, Uwe: Hochschulkostenrechnung, Weinheim-Basel 1972. Mertens Peter; Back-Hock, Andrea; Sluka, Karen: Ein Modell zur Kalkulation der Kosten je Absolvent, in: ZfB-Ergänzungsheft 2/1994, S. 297–310), die Entwicklung einer Prozeßkostenrechnung für Fakultäten und Hochschulen aus einer Produktionstheorie der Hochschule ist offenbar nicht mehr bekannt (Albach, Horst; Fandel, Günter; Schüler, Wolfgang: Hochschulplanung, Baden-Baden 1978). Aber vielleicht müssen die Betriebswirte sich an die Brust klopfen: „Nostra culpa!"

Zusammenfassung

Der Beitrag wendet sich gegen den Einsatz der Vollkostenrechnung als Ist-Kostenrechnung in Universitäten und Hochschulen. Er fordert den Einsatz einer Prozeßkostenrechnung, die die Verantwortlichkeit klar definiert und die Ausgaben dort ausweist, so sie beeinflußt werden können. Umlagen sind des Teufels.

Summary

The paper argues against absorption costing in university cost accounting. The paper makes a strong plea for activity based costing such that each service unit is informed about the expenses/costs only that it is responsible for. The ABC-system should advise each service unit how to influence expenses such that the goals of the unit can be achieved with minimum input.

06: Öffentliche Betriebe
83: Betriebsabrechnung und Kostenrechnung

FÜR SIE IST JETZT ALLES DRIN!

JETZT NEU: DAS GABLER WIRTSCHAFTS-LEXIKON.

Erscheint im September 2000

Gabler Wirtschafts-Lexikon: 15. Auflage; 25.000 Stichworte; DM 348,–
+ Update-Service im Internet: www.gabler.de

JETZT VORMERKEN:
Im Buchhandel
ODER
Gabler Verlag, Abraham-Lincoln-Str. 46, 65189 Wiesbaden
Tel: 06 11.78 78-124, Fax: 06 11.78 78- 420
Änderungen vorbehalten.

Neu bei Gabler

Hans-Jörg Bullinger,
Frank Stille (Hrsg.)
Dienstleistungsheadquarter Deutschland
Eine anwendungsorientierte
Einführung.
Mit Entwicklungstrends
und Erfahrungsberichte
2000. X, 192 S.
Br. DM 68,00
ISBN 3-409-11495-5

Experten aus Wissenschaft und Praxis präsentieren in diesem Buch aktuelle Entwicklungstrends des globalen Dienstleistungshandels aus Sicht des Standorts Deutschland sowie die damit verbundenen Herausforderungen der heimischen Dienstleistungswirtschaft.

Joachim Wolf
**Strategie und Struktur 1955-1995:
Ein Kapitel der Geschichte
deutscher nationaler und
internationaler Unternehmen**
2000. XXXII, 673 S. mit 163 Abb.,
Br. DM 189,00
ISBN 3-409-11637-0

Joachim Wolf identifiziert mit seiner umfassenden theoriegeleiteten, vier Jahrzehnte überspannenden Untersuchung einschneidende Veränderungen der Strategien und Organisationsstrukturen deutscher Unternehmen und zeigt insbesondere die organisatorischen Konsequenzen der internationalen Geschäftstätigkeit sowie der Globalisierung der Wirtschaft auf.

Bestell-Coupon Fax: 06 11.78 78-420

Ja, ich bestelle zur sofortigen Lieferung:

___ Expl. Hans-Jörg Bullinger,
Frank Stille (Hrsg.)
Dienstleistungsheadquarter Deutschland
Br. DM 68,00
ISBN 3-409-11495-5

___ Expl. Joachim Wolf
Verkehrsökonomie
Br. DM 189,00
ISBN 3-409-11637-0

Vorname und Name

Straße (bitte kein Postfach)

PLZ, Ort

Unterschrift   321 00 003

Änderungen vorbehalten. Erhältlich im Buchhandel oder beim Verlag. Abraham-Lincoln-Str. 46, 65189 Wiesbaden, Tel: 06 11.78 78-124, www.gabler.de

Grundsätze und Ziele

Die **Zeitschrift für Betriebswirtschaft** ist eine der ältesten deutschen Fachzeitschriften der Betriebswirtschaftslehre. Sie wurde im Jahre 1924 von Fritz Schmidt begründet und von Wilhelm Kalveram und Erich Gutenberg fortgeführt. Sie wird heute von zehn Persönlichkeiten aus dem Bereich der Universität und der Wirtschaftspraxis herausgegeben.

Die Zeitschrift für Betriebswirtschaft verfolgt das Ziel, die **Forschung auf dem Gebiet der Betriebswirtschaftslehre** anzuregen sowie zur Verbreitung und Anwendung ihrer Ergebnisse beizutragen. Sie betont die Einheit des Faches; enger und einseitiger Spezialisierung in der Betriebswirtschaftslehre will sie entgegenwirken. Die Zeitschrift dient dem **Gedankenaustausch zwischen Wissenschaft und Unternehmenspraxis.** Sie will die betriebswirtschaftliche Forschung auf wichtige betriebswirtschaftliche Probleme in der Praxis aufmerksam machen und sie durch Anregungen aus der Unternehmenspraxis befruchten.

Die Qualität der Aufsätze in der Zeitschrift für Betriebswirtschaft wird nicht nur durch die Herausgeber und die Schriftleitung, sondern auch durch einen Kreis von Gutachtern gewährleistet. Das **Begutachtungsverfahren** ist doppelt verdeckt und wahrt damit die Anonymität von Autoren wie Gutachtern gemäß den international üblichen Standards.

Die Zeitschrift für Betriebswirtschaft veröffentlicht im Einklang mit diesen Grundsätzen und Zielen:

- **Aufsätze** zu theoretischen und praktischen Fragen der Betriebswirtschaftslehre einschließlich von Arbeiten junger Wissenschaftler, denen sie ein Forum für die Diskussion und die Verbreitung ihrer Forschungsergebnisse eröffnet,
- **Ergebnisse der Diskussion** aktueller betriebswirtschaftlicher Themen zwischen Wissenschaftlern und Praktikern,
- **Berichte** über den Einsatz wissenschaftlicher Instrumente und Konzepte bei der Lösung von betriebswirtschaftlichen Problemen in der Praxis,
- **Schilderungen von Problemen** aus der Praxis zur Anregung der betriebswirtschaftlichen Forschung,
- **„State of the Art"-Artikel,** in denen Entwicklung und Stand der Betriebswirtschaftslehre eines Teilgebietes dargelegt werden.

Die Zeitschrift für Betriebswirtschaft orientiert ihre Leser über **Neuerscheinungen** in der Betriebswirtschaftslehre und der Management-Literatur durch ausführliche Rezensionen und Kurzbesprechungen und berichtet in ihrem **Nachrichtenteil** regelmäßig über betriebswirtschaftliche Tagungen, Seminare und Konferenzen sowie über persönliche Veränderungen vorwiegend an den Hochschulen. Darüber hinaus werden auch Nachrichten für Studenten und Wirtschaftspraktiker veröffentlicht, die Bezug zur Hochschule haben. Die ZfB veröffentlicht keine Aufsätze, die wesentliche Inhalte von **Dissertationen** wiedergeben. Sie rezensiert aber publizierte Dissertationen.

Dem **Internationalen Herausgeber-Beirat** gehören namhafte Fachvertreter aus den USA, Japan und Europa an. In der ZfB können auch – wenn auch in begrenztem Umfang – englischsprachige Aufsätze veröffentlicht werden. Durch die Zusammenfassungen in englischer Sprache sind die deutschsprachigen Aufsätze der ZfB auch internationalen Referatenorganen zugänglich. Im Journal of Economic Literature werden die Aufsätze der ZfB zum Beispiel laufend referiert.

Herausgeber

Prof. Dr. Uschi Backes-Gellner
Universitätsprofessorin und Leiterin des Seminars für Allgemeine Betriebswirtschaftslehre und Personalwirtschaftslehre an der Universität zu Köln.

Prof. Dr. Hans E. Büschgen
(em.) Universitätsprofessor und Direktor des Seminars für Allgemeine Betriebswirtschaftslehre und Bankbetriebslehre an der Universität zu Köln.

Prof. Dr. Günter Fandel
ist o.Professor der Betriebswirtschaftslehre an der FernUniversität Hagen. Seine Hauptarbeitsgebiete sind Industriebetriebswirtschaftslehre, Produktions- und Kostentheorie und Hochschulmanagement.

Dr. Dieter Heuskel
Senior Vice President, The Boston Consulting Group. Leiter des Management Teams der BCG Deutschland und Mitglied des weltweiten Executive Committees von BCG.

Dr. rer. pol. Detlef Hunsdiek
Gesamtleiter Personal der Bertelsmann AG. Er ist Vorsitzender des Beirats des Reinhard Mohn Stiftungslehrstuhls an der Universität Witten/Herdecke und Mitglied des geschäftsleitenden Ausschusses des mcm Instituts St. Gallen.

Prof. Dr. Wolfgang Kürsten
ist Inhaber des Lehrstuhls für Allgemeine Betriebswirtschaftslehre, insbesondere Finanzierung und Banken an der Universität Jena. Seine Hauptarbeitsgebiete sind Finanzkontrakte, Bankbetriebswirtschaftslehre und Risikomanagement.

Dr. Bernd-Albrecht v. Maltzan
Deutsche Bank AG, Frankfurt, Bereichsvorstand Private Banking.

Hans Botho von Portatius
Geschäftsführender Gesellschafter von Kappa IT Ventures Beteiligungs GmbH.

Prof. Dr. Hermann Sabel
Professor der Betriebswirtschaftslehre, insbesondere Marketing, der Universität Bonn und Mitglied im Wissenschaftlichen Beirat des Universitätsseminars der Wirtschaft (USW) in Erftstadt-Liblar.

Prof. Dr. Dieter K. Schneidewind
Mitglied des Aufsichtsrates der WELLA AG und Honorarprofessor an der Justus-Liebig-Universität Gießen sowie an der Ruhr-Universität Bochum.

Prof. Dr. Joachim Schwalbach
Direktor des Instituts für Internationales Management, Humboldt-Universität zu Berlin.

Internationaler Herausgeberbeirat

Professor Alain Burlaud
Professor für Betriebswirtschaftslehre, insbesondere Rechnungswesen und Management Control, am Conservatoire National des Art et Métiers in Peru. Er ist Expert Comptable und Mitherausgeber zahlreicher bedeutender französischer Fachzeitschriften.

Prof. Dr. Santiago Garcia Echevarria
Professor für Betriebswirtschaftslehre, insbesondere Unternehmenspolitik, und Direktor des Departamento de Ciencias Empresariales der Universität Alcalá de Henares.

Prof. Dr. Lars Engwall
Professor für Betriebswirtschaftslehre an der Universität Uppsala.

Prof. Dr. Robert T. Green
Professor für Marketing und Internationale Betriebswirtschaftslehre an der University of Texas in Austin, Texas, und Director des Center for International Business Education and Research.

Prof. Hiroyuki Itami
Professor für Management an der Faculty of Commerce der Hitotsubashi Universität, Tokyo.

Prof. Dr. Don Jacobs
Gaylord Freeman Distinguished Professor of Banking und Dean der J. L. Kellogg Graduate School of Management der Northwestern University in Evanston bei Chicago.

Prof. Dr. Koji Okubayashi
Professor für Betriebswirtschaftslehre, insbesondere Human Resources Management in der School of Business Administration der Kobe University.

Prof. Dr. Adolf Stepan
Professor für Betriebswirtschaftslehre, insbesondere Industriebetriebslehre, und Direktor des Instituts für Betriebswissenschaften, Arbeitswissenschaften und Betriebswirtschaftslehre an der Technischen Universität Wien.

Prof. Dr. Kalervo Virtanen
Professor für Betriebswirtschaftslehre, insbesondere Management Accounting, an der Helsingin Kauppakorkeakoulu, der Helsinki School of Economics and Business Administration.

Schriftführender Herausgeber

Prof. Dr. Dr. h.c. mult. Horst Albach
Professor der Betriebswirtschaftslehre an der Humboldt-Universität zu Berlin und Direktor des Schwerpunkts IV, Wissenschaftszentrum Berlin, Honorarprofessor an der Wissenschaftlichen Hochschule für Unternehmensführung Koblenz (WHU).

Impressum / Hinweise für Autoren

Verlag

Betriebswirtschaftlicher Verlag Dr. Th. Gabler GmbH,
Abraham-Lincoln-Straße 46, 65189 Wiesbaden,
Postfach 15 46, 65173 Wiesbaden,
http://www.gabler-online.de
Geschäftsführer: Dr. Hans-Dieter Haenel
Verlagsleitung: Dr. Heinz Weinheimer
Programmleitung Wissenschaft: Claudia Splittgerber
Gesamtleitung Produktion: Reinhard van den Hövel
Gesamtleitung Vertrieb: Heinz Detering

SCHRIFTLEITUNG:
Professor Dr. Dr. h.c. mult. Horst Albach
Waldstraße 49, 53177 Bonn
Tel. (02 28) 31 31 47, Fax 31 11 42

Anfragen an die Schriftleitung: Briefe an die Schriftleitung mit der Bitte um Auskünfte etc. können nur beantwortet werden, wenn ihnen Rückporto beigefügt ist. Von Anfragen, die durch Einsicht in die Jahresinhaltsverzeichnisse beantwortet werden können, bitten wir abzusehen.

Redaktion: Ralf Wettlaufer, Tel.: 06 11/78 78-2 34,
E-Mail: Ralf.Wettlaufer@bertelsmann.de
Anneliese Meisenheimer, Tel.: 06 11/78 78-2 32, Fax: 06 11/78 78-4 11, E-Mail: Anneliese.Meisenheimer@bertelsmann.de
Kundenservice: Sabine Ebertz/Renate Heinrich,
Tel.: 06 11/78 78-1 29/1 32, Fax: 06 11/78 78-4 23,
E-Mail: gabler.service@bertelsmann.de
Abonnentenbetreuung: Doris Schöne, Tel.: 0 52 41/80 19 68,
Fax: 0 52 41/80 96 20
Produktmanagement: Kristiane Alesch, Tel.: 06 11/78 78-3 59,
Fax: 06 11/78 78-4 39, E-Mail: Kristiane.Alesch@bertelsmann.de.
Anzeigenleitung: Thomas Werner, Tel.: 06 11/78 78-1 38,
Fax: 06 11/78 78-4 30, E-Mail: Thomas.Werner@bertelsmann.de
Anzeigendisposition: Alexa Michopoulos, M.A.,
Tel.: 06 11/78 78-1 49, Fax: 06 11/78 78-4 30,
E-Mail: Alexa.Michopoulos@bertelsmann.de.
Es gilt die Anzeigenpreisliste Nr. 25 vom 1.10.1995.
Produktion/Layout: Gabriele McLemore

Bezugsmöglichkeiten: Die Zeitschrift erscheint monatlich. Einzelverkaufspreis 34,– DM, 248,– ÖS, 31,50 SFr; preisgebundener Jahresabonnementpreis **Inland** 336,– DM, 2278,– ÖS, 278 SFr; für Studenten 198,– DM, 1445,– ÖS, 176,– SFr (die aktuelle Immatrikulationsbescheinigung ist jeweils unaufgefordert nachzureichen); preisgebundener Jahresabonnementpreis **Ausland** 366,– DM, 2672,– ÖS, 325,– SFr.; Studentenpreis Ausland 240,– DM, 1752,– ÖS, 213,– SFr. inkl. Porto und ges. MwSt. Preis für besondere Versandformen auf Anfrage. Zahlung erst nach Erhalt der Abo-Rechnung. Persönliche Mitglieder des Verbandes der Hochschullehrer für Betriebswirtschaft e.V. erhalten einen Nachlaß von 20% auf den Abonnementpreis. Sie können das Abonnement – spätestens 6 Wochen vor Ablauf – zum Ende des Bezugsjahres kündigen (siehe letzte Abonnementrechnung). Geben Sie bitte unbedingt ihre Kundennummer an. Eine schriftliche Bestätigung erfolgt nicht.
– Jährlich können 1 bis 6 Ergänzungshefte hinzukommen. Jedes Ergänzungsheft wird den Jahresabonnenten mit einem Nachlaß von 25% des jeweiligen Ladenpreises gegen Rechnung geliefert. Bei Nichtgefallen kann das Ergänzungsheft innerhalb einer Frist von drei Wochen an die Vertriebsfirma zurückgesandt werden.

© 2000 Betriebswirtschaftlicher Verlag Dr. Th. Gabler GmbH, Wiesbaden.

Der Gabler Verlag ist ein Unternehmen der Fachverlagsgruppe BertelsmannSpringer.

Alle Rechte vorbehalten. Kein Teil dieser Zeitschrift darf ohne schriftliche Genehmigung des Verlages vervielfältigt oder verbreitet werden. Unter dieses Verbot fällt insbesondere die gewerbliche Vervielfältigung per Kopie, die Aufnahme in elektronische Datenbanken und die Vervielfältigung auf CD-ROM und allen anderen elektronischen Datenträgern.

Gesamtherstellung: Konrad Triltsch, Print und digitale Medien GmbH, D-97199 Ochsenfurt-Hohestadt.
Gedruckt auf säurefreiem und chlorfrei gebleichtem Papier.
Printed in Germany
ISSN: 0044-2372

Hinweise für Autoren

Wenn Sie einen Beitrag geschrieben haben, der in der Zeitschrift für Betriebswirtschaft erscheinen soll, beachten Sie bitte unbedingt folgende Punkte.

1. Bitte beachten Sie die „Grundsätze und Ziele" der ZfB.

2. Manuskripte sind in zweifacher Ausfertigung an die Schriftleitung zu senden. Für das Begutachtungsverfahren müssen die Beiträge anonymisiert werden. Daher darf der Name des Autors nur auf der Titelseite des Manuskripts stehen. Der Autor verpflichtet sich mit der Einsendung des Manuskripts unwiderruflich, das Manuskript bis zur Entscheidung über die Annahme nicht anderweitig zu veröffentlichen oder zur Veröffentlichung anzubieten. Diese Verpflichtung erlischt nicht durch Korrekturvorschläge im Begutachtungsverfahren.

3. Aufsätze, die im wesentlichen Ergebnisse von Dissertationen wiedergeben, werden nicht veröffentlicht. Um die Ergebnisse von Dissertationen breiter bekannt zu machen, hat die ZfB eine Rubrik „Dissertationen" im Besprechungsteil eingeführt. Hier werden vorzugsweise Erstgutachten von Dissertationen – in entsprechend gekürzter Form – abgedruckt.

4. Alle eingereichten Manuskripte werden, wie international üblich, einem doppelt verdeckten Begutachtungsverfahren unterzogen, d. h. Autoren und Gutachter erfahren ihre Identität gegenseitig nicht. Durch dieses Verfahren soll die fachliche Qualität der Beiträge gesichert werden.

5. Die Manuskripte sind in Times New Roman, 12 Punkt, 1½zeilig mit 5 cm Rand links zu schreiben. Sie sollten nicht länger als 25 Schreibmaschinenseiten sein. Der Titel des Beitrages und der/die Verfasser mit vollem Titel und ausgeschriebenen Vornamen sowie beruflicher Stellung sind auf der ersten Manuskriptseite aufzuführen. Dem Beitrag ist ein „Überblick" von höchstens 15 Zeilen voranzustellen, in dem das Problem, die angewandte Methodik, das Hauptergebnis in seiner Bedeutung für Wissenschaft und/oder Praxis dargestellt werden. Die Aufsätze sind einheitlich nach dem Schema A., I., 1., a) zu gliedern. Endnoten (Times New Roman, 12pt) sind im Text fortlaufend zu numerieren und am Schluß des Aufsatzes unter „Anmerkungen" zusammenzustellen. Anmerkungen und Literatur sollen getrennt aufgeführt werden. Im Text und in den Anmerkungen soll auf das Literaturverzeichnis nach dem Schema: (Gutenberg, 1982, S. 352) verwiesen werden. Jedem Aufsatz muß eine „Summary" in englischer Sprache von nicht mehr als 15 Zeilen Länge und eine deutsche Zusammenfassung gleicher Länge angefügt werden. Über Abbildungen und Tabellen ist eine Legende vorzusehen (z.B.: Abb. 1: Kostenfunktion, bzw. Tab. 2: Rentabilitätsentwicklung). Abbildungen und Tabellen sind an der betreffenden Stelle des Manuskripts in Kopie einzufügen und im Original (reproduzierfähig) dem Manuskript beizulegen. Mathematische Formeln sind fortlaufend zu numerieren: (1), (2) usw. Sie sind so einfach wie möglich zu halten. Griechische und Fraktur-Buchstaben sind möglichst zu vermeiden, ungewöhnliche mathematische und sonstige Zeichen für den Setzer zu erläutern. Auf mathematische Ableitungen soll im Text verzichtet werden; sie sind aber für die Begutachtung beizufügen.

Mit dem Manuskript liefert der Autor ein reproduzierfähiges Brustbild (Paßphoto) von sich sowie eine kurze Information (max. 7 Zeilen) zu seiner Person und seinen Arbeitsgebieten.

6. Wenn das Manuskript auch auf einer Diskette vorliegt, so sollte diese zur Vermeidung von Satzfehlern beigefügt werden. Papiermanuskripte sind aber in jedem Fall nötig.

7. Der Autor verpflichtet sich, die Korrekturfahnen innerhalb einer Woche zu lesen und die Mehrkosten für Korrekturen, die nicht vom Verlag zu vertreten sind, sowie die Kosten für die Korrektur durch einen Korrektor bei nicht termingerechter Rücksendung der Fahnenkorrektur zu übernehmen.

8. Der Autor ist damit einverstanden, daß sein Beitrag außer in der Zeitschrift auch durch Lizenzvergabe in anderen Zeitschriften (auch übersetzt), durch Nachdruck in Sammelbänden (z.B. zu Jubiläen der Zeitschrift oder des Verlages oder in Themenbänden), durch längere Auszüge in Büchern und zu Werbezwecken, durch Vervielfältigung und Verbreitung auf CD ROM oder anderen Datenträgern, durch Speicherung auf Datenbanken, deren Weitergabe und dem Abruf von solchen Datenbanken während der Dauer des Urheberrechtsschutzes an dem Beitrag im In- und Ausland vom Verlag und seinen Lizenznehmern genutzt wird.

NOW HIRING

Traumjobs und Tipps wie man sie bekommt

Der Gabler/MLP Berufs- und Karriere-Planer 2000/2001: Wirtschaft, das umfassende Handbuch und Nachschlagewerk zu Studium, Beruf und Karriere, enthält alles zum Thema:

- Studienorganisation und Examensvorbereitung
- Bewerbungsratgeber: „Program yourself for success"
- Internationale Karrierechancen und aussichtsreiche Existenzgründungen
- Branchen, Jobs und Gehälter: aktuell und übersichtlich
- Insider-Kontakte und die besten Internet Adressen

Neu Internet Zugangsberechtigung zum MLP-Stellenmarkt
Neu Internet-Zugang zu exklusiven Karriere-Datenbanken

CAREERBASE ® MLP

bler / MLP Berufs- und rriere-Planer 2000/2001: rtschaft
Studenten und Hochschulolventen. Mit über 300 Stelleneigen und Firmenprofilen akt. Aufl. 2000.
3 S. (Edition MLP) DM 24,80
N 3-409-33639-7

---

estell-Coupon

ich bestelle _____ Exemplare

bler / MLP Berufs- und Karriere-Planer 99/2000: Wirtschaft
akt. Aufl. 2000.
3 S. (Edition MLP) DM 24,80
N 3-409-33639-7

Name, Vorname   321 00 003

Straße (bitte kein Postfach!)

PLZ, Ort

Datum   Unterschrift

Ursula Günther
Abraham-Lincoln-Straße 46
D-65189 Wiesbaden
Tel: 0611. 78 78 - 124
Fax: 0611. 78 78 - 420
www.gabler-online.de

GABLER

derungen vorbehalten. Stand: Juni 2000. Erhältlich im Buchhandel oder beim Verlag.

GPSR Compliance

The European Union's (EU) General Product Safety Regulation (GPSR) is a set of rules that requires consumer products to be safe and our obligations to ensure this.

If you have any concerns about our products, you can contact us on

ProductSafety@springernature.com

In case Publisher is established outside the EU, the EU authorized representative is:

Springer Nature Customer Service Center GmbH
Europaplatz 3
69115 Heidelberg, Germany